特殊教育和融合教育中的评估
（第13版）

Assessment in Special and Inclusive Education
Thirteenth Edition

[美] 约翰·萨尔维亚　詹姆斯·E. 伊塞尔代克　萨拉·威特默　◎著
（John Salvia）　（James E. Ysseldyke）　（Sara Witmer）

谌小猛◎译　蔡雅娟◎校译　韦小满◎审校

Assessment in Special and Inclusive Education
John Salvia, James E. Ysseldyke, Sara Witmer

Copyright©2017 by Cengage Learning

Original edition published by Cengage Learning. All Rights reserved. 本书原版由圣智学习出版公司出版。版权所有，盗印必究。

Huaxia Publishing House Co., Ltd is authorized by Cengage Learning to publish and distribute exclusively this simplified Chinese edition. This edition is authorized for sale in the People's Republic of China only (excluding Hong Kong, Macao SAR and Taiwan). Unauthorized export of this edition is a violation of the Copyright Act. No part of this publication may be reproduced or distributed by any means, or stored in a database or retrieval system, without the prior written permission of the publisher.

本书中文简体字翻译版由圣智学习出版公司授权华夏出版社有限公司独家出版发行。此版本仅限在中华人民共和国境内（不包括中国香港、澳门特别行政区及中国台湾）销售。未经授权的本书出口将被视为违反版权法的行为。未经出版者预先书面许可，不得以任何方式复制或发行本书的任何部分。

978-7-5222-0470-3

Cengage Learning Asia Pte. Ltd.
151 Lorong Chuan, #02-08 New Tech Park, Singapore 556741

本书封面贴有 Cengage Learning 防伪标签，无标签者不得销售。

图书在版编目（CIP）数据

特殊教育和融合教育中的评估：第13版 /（美）约翰·萨尔维亚（John Salvia），（美）詹姆斯·E.伊塞尔代克（James E. Ysseldyke），（美）萨拉·威特默（Sara Witmer）著；谌小猛译. --北京：华夏出版社有限公司，2024.2
书名原文: Assessment in Special and Inclusive Education, Thirteenth Edition
ISBN 978-7-5222-0470-3

Ⅰ.①特… Ⅱ.①约… ②詹… ③萨… ④谌… Ⅲ.①特殊教育－教学评估 Ⅳ.①G76

中国国家版本馆 CIP 数据核字（2023）第 077325 号

©华夏出版社有限公司　未经许可，不得以任何方式使用本书全部及任何部分内容，违者必究。

北京市版权局著作权合同登记号：图字01-2021-4393号

特殊教育和融合教育中的评估（第13版）

作　　者	［美］约翰·萨尔维亚　［美］詹姆斯·E.伊塞尔代克　［美］萨拉·威特默
译　　者	谌小猛
校　　译	蔡雅娟
审　　校	韦小满
策划编辑	薛永洁
责任编辑	张红云
出版发行	华夏出版社有限公司
经　　销	新华书店
印　　装	三河市万龙印装有限公司
版　　次	2024年2月北京第1版　2024年2月北京第1次印刷
开　　本	880×1230　1/16开
印　　张	28
字　　数	597千字
定　　价	168.00元

华夏出版社有限公司　地址：北京市东直门外香河园北里4号　邮编：100028
网址：www.hxph.com.cn　电话：(010) 64663331（转）
若发现本版图书有印装质量问题，请与我社营销中心联系调换。

目 录

推荐序 ··· 1
译者序 ··· 1
前言 ·· 1

第一部分 概览和基本考虑

第 1 章 社会和教育情境下的评估 ·· 3
    1-1 每个学生需要不同程度的支持才能取得成功 ··· 5
    1-2 评估在学校和社会中的重要性 ·· 7
    1-3 为什么要学习特殊教育和融合教育中的评估？ ·· 10
    1-4 理解重要的评估概念 ·· 11
    1-5 好消息：评估方面的重大改进已经发生并将持续发生 ··· 15

第 2 章 学校中的评估和决策 ·· 16
    2-1 如何收集评估数据 ·· 17
    2-2 教育者所做的评估决策类型 ··· 18
    2-3 评估过程 ··· 25

第 3 章 影响评估的法律、伦理规范和专业标准 ·· 26
    3-1 法律 ·· 27
    3-2 伦理考量 ··· 34
    3-3 测验标准 ··· 37

第 4 章 测验分数意味着什么 ·· 39
    4-1 描述性统计 ·· 40
    4-2 对学生表现进行评分 ·· 54
    4-3 常模样本 ··· 65

第 5 章 技术要求 ··· 73
    5-1 信度 ·· 74
    5-2 效度 ·· 90

第 6 章 文化和语言考量 ·· 99

6-1	英语学习者的多样性	100
6-2	法律考量	103
6-3	评估不同文化和语言背景学生时需考虑的重要问题	104
6-4	测验英语学习者的替代方法	107
6-5	无需测验就可确定为特殊教育对象的情况	110
第7章	测验改编与测验便利	114
7-1	为什么要关心测验便利问题？	115
7-2	促进测验无障碍性的考虑	118
7-3	测验便利的类别	120
7-4	为个别学生制定关于便利的决策的建议	123

第二部分 课堂中的评估

第8章	教师编制成就测验	129
8-1	用途	131
8-2	学业评估的维度	132
8-3	测验准备的注意事项	135
8-4	回答形式	136
8-5	核心学业成就领域的评估	145
8-6	应对当前实践中的困境	153
第9章	通过观察评估行为	155
9-1	观察方法：定性和定量	156
9-2	非系统行为观察的两种示例	158
9-3	系统观察中的行为界定	160
9-4	行为取样	162
9-5	系统观察的实施	166
第10章	监测学生在实现教学目标上的进步	174
10-1	有效进步监测工具的特征	175
10-2	进步监测工具的例子	177
10-3	设定目标	179
10-4	明确何时做出教学调整	181
10-5	有关进度监测的其他议题	182

第 11 章　课堂评估管理 ··· 187
　　11-1　有效评估项目的特点 ·· 188
　　11-2　准备和管理测验 ·· 188
　　11-3　数据呈现 ·· 195
　　11-4　技术与课堂评估数据的管理 ·· 199
第 12 章　干预反应模式和多层支持系统 ··· 201
　　12-1　干预反应模式 ··· 203
　　12-2　多层支持系统与不同学生的需求 ······································ 215
　　12-3　RTI 或 MTSS 的有效性 ··· 218

第三部分　用于评估的正式测量

第 13 章　如何评价一个测验 ·· 223
　　13-1　测验的评价 ·· 224
第 14 章　多元技能学业成就评估 ··· 231
　　14-1　选择测验的注意事项 ··· 232
　　14-2　我们为什么要评估学业成就？ ··· 233
　　14-3　个别施测的成就测验 ··· 233
　　14-4　充分利用成就测验 ·· 243
第 15 章　诊断性阅读测验的使用 ··· 250
　　15-1　我们为什么要评估阅读技能？ ··· 251
　　15-2　阅读教学的方法 ··· 251
　　15-3　诊断性阅读测验评估的技能 ·· 254
　　15-4　具体的诊断性阅读测验 ·· 258
第 16 章　诊断性数学测验的使用 ··· 268
　　16-1　我们为什么要评估数学技能？ ··· 269
　　16-2　数学教学的方式 ··· 269
　　16-3　诊断性数学测验的行为取样 ·· 271
第 17 章　书面语言测验的使用 ·· 281
　　17-1　为什么要评估书面语言能力？ ··· 282
　　17-2　教授书面表达技能的方式 ··· 282
　　17-3　诊断性书面语言测验的行为取样 ······································ 285

17-4　具体的诊断性写作测验 ·· 286
第 18 章　智力测验的使用 ·· 294
　　18-1　我们为什么要评估智力？ ·· 296
　　18-2　学生特点对智力评估的影响 ·· 296
　　18-3　智力测验行为的取样 ·· 299
　　18-4　智力测验的理论 ·· 303
　　18-5　智力测验中常见因素阐释 ·· 304
　　18-6　认知强项、弱项的评估 ·· 306
　　18-7　智力测验类型 ·· 306
　　18-8　智力评估：常用的测验 ·· 307
第 19 章　社会和情绪行为测验的使用 ·· 322
　　19-1　我们为什么要评估社会情绪和适应性行为？ ·· 323
　　19-2　社会情绪功能和适应性行为评估中的重要考虑因素 ·· 324
　　19-3　社会情绪和适应性行为的评估方法 ·· 325
　　19-4　功能性行为评估与分析 ·· 327
　　19-5　社会情绪行为的特定评定量表 ·· 330

第四部分　基于评估结果的教育决策

第 20 章　教学决策制定 ·· 345
　　20-1　对未接受特殊教育服务的学生的相关决策 ·· 346
　　20-2　特殊教育的决策 ·· 359
第 21 章　特殊教育资格决定 ·· 371
　　21-1　官方归类的残疾学生 ·· 372
　　21-2　鉴别有学习障碍学生的 RTI 方法 ·· 379
　　21-3　建立特殊教育的教育需要 ·· 381
　　21-4　多学科团队 ·· 382
　　21-5　认定资格的过程 ·· 383
　　21-6　认定特殊教育资格的问题 ·· 388
第 22 章　参与问责项目的决策 ·· 390
　　22-1　法律要求 ·· 392
　　22-2　问责类型 ·· 393

22-3　重要术语 ··· 394
　　22-4　一切为了达到标准 ··· 396
　　22-5　替代性评估 ··· 398
　　22-6　为学生做出参与决定时的重要考虑 ··· 399
　　22-7　理解问责评估信息的重要考虑 ··· 401
第23章　协作型团队的决策制定 ·· 402
　　23-1　有效的学校团队的特征 ··· 403
　　23-2　学校团队的类型 ··· 407
　　23-3　向家长和学生传达评估信息 ··· 408
　　23-4　通过书面和电子记录传达评估信息 ··· 412

术语表 ··· 418

推荐序

近年来，我国政府连续发布了一系列有关教育评价改革的政策文件，力图通过有效发挥教育评价的杠杆作用，加快教育现代化。在特殊教育领域，同样面临教育评价理念更新、方法技术改进、教师专业素养提高、教育质量提升等问题。在此背景下，将国外相关领域的优秀书籍引进并翻译成中文是十分有必要的。

《特殊教育和融合教育中的评估（第13版）》的初版发表于1978年，经过40多年不断地修订和更新，目前已成为美国特殊教育领域的一本经典教科书。全书分为四个部分，第一部分论述了教育评估的一些基本问题，包括评估对学生、学校和社会的意义，为什么要学习教育评估，评估中的伦理、道德和专业标准问题，测验便利与公平等；第二部分介绍了教学中主要的评估方法，如教师自编测验、观察法、课程本位测量、计算机自适应方法、干预反应模式和多层支持系统等；第三部分介绍了评估中经常使用的标准化测验，包括多元技能学业成就测验、诊断性阅读测验、诊断性数学测验、书面语言测验、智力测验、社会和情绪行为测验等；第四部分阐述了评估结果在特殊教育资格认定、教育教学决策以及参与问责评估项目决策等方面的应用。

《特殊教育和融合教育中的评估（第13版）》一书内容全面而系统，经过几十年的积淀，目前呈现给读者的大多数是比较成熟的理论和方法。为了帮助读者更好地理解书中的重要概念、原则和操作程序，作者提供了丰富的真实案例。随着信息时代的到来，评估技术迭代更新的步伐加快，书中介绍了一些反映前沿发展趋势的评估模式和测评工具。

本书还论及特殊教育评估中的几个重要议题，可以引发读者思考和进一步探索。

第一，关于法律法规的强制性与灵活性问题。在美国的多部残疾人教育法案中都包含了有关评估的条款，例如，在《残疾人教育促进法》中对各类残疾学生有明确的界定，然而随着时间的推移，残疾概念、鉴别标准和评估方法都发生了变化，评估人员要根据具体情况做出合理决策。《不让一个孩子掉队法》要求所有学生（包括残疾学生在内）参与本州和地区的问责评估项目，然而有些重度残疾学生不能适应这种评估方式，评估人员要为他们提供测验便利或采取替代性评估。

第二，关于评估人员需不需要严格遵守专业标准的问题。虽然美国教育测量协会等组织机构联合制定了《教育和心理测量标准》，对测验开发和使用提出了很高的要求，但由于现阶段能完全达到专业标准的测量工具数量有限，所以评估人员有时不得不使用一些质量较差的测验。另外，出于商业目的，出版商仍然在销售一些质量不过关的测验。本书建议拒绝购买质量低劣的测验，也建议在自己开发和使用测验时，应该遵守专业标准，但在做一些低风险的评估决策时可以适当放宽标准。

第三，关于教师自编测验与标准化测验孰优孰劣的纷争。这两类测验的拥护者目前逐步由对立走向包容，本书也持包容的观点。虽然书中用大量的篇幅介绍了标准化测验，但作者认为教师自编测验比商业化的常模参照测验更适合评估学生的学业成就。教师自编测验在信度和效度方面不如标准化测验那么优良，但是教师自编测验能贴近教师正在教授的内容，因此对学生学习中微小但重要的变化非常敏感，能给教师提供有价值的信息，帮助教师调整教学方法和速度。合适的才是最好的，评估人员要根据评估目的来选择测量工具。

第四，关于教学与评估的关系是相互独立还是密切关联的问题。在许多情况下，评估要么在教学之前进行，要么在教学之后进行，二者往往是分离的。本书更强调教学与评估之间的紧密联系，其理由有三个：一是通过课程本位测量建立起评估与教学内容的一致性，可以为学生学习问题的诊断提供精准的信息；二是通过干预反应模式监测学习的进步幅度，能为教学计划的调整提供及时的反馈信息；三是借助多层支持系统把学生筛选到适当的层级，合理地分配教育资源，实施差异化教学，能满足所有学生的教育需要。

第五，关于应该个人决策还是团队决策的问题。书中介绍了筛查、进步监测、教学计划与调整、资源分配、特殊教育资格认定、项目评估和问责等七种评估决策，进步监测、教学计划与调整主要由教师个人做决策，其余的决策基本上由学校的各种团队做出，例如，学校干预援助团队负责转介前的筛查和资源分配，多学科团队负责特殊教育资格认定，个别化教育计划团队负责 IEP 制定。个人决策简便易行、效率高，但容易出现偏差。团队决策所花费的时间和精力比较多，但能发挥团队成员的专长，响应每个成员的诉求，因此做出的决定通常比较合理可靠。为了发挥团队决策的优势，书中建议团队决策的组成人员至少应包括特殊教育教师、行政管理人员、相关的专业人士和家长，决策过程要规范化，协商过程要有文字记录。

《特殊教育和融合教育中的评估（第 13 版）》特别适合特殊教育工作者、特殊教育研究者、教育行政管理人员、高等师范院校的本科生和研究生阅读。如果你们对特殊教育与融合教育中的评估理论和方法技术感兴趣，想系统地学习这方面的知识，那就来读一读这本译著吧。

北京师范大学中国基础教育质量监测协同创新中心教授

韦小满

2023 年 10 月

译者序

《特殊教育和融合教育中的评估》（Assessment in Special and Inclusive Education）一书的英文原版自1978年出版以来，发展到现在是第13版，从国外读者的反馈来看，它非常受欢迎。我还在北京师范大学特殊教育系读研的时候，也就是12年前，在图书馆看到了这本书，那个时候是第11版，我当时就被其中的内容吸引住了，主要是书中介绍了特殊儿童评估的最新进展，并且有许多案例。我当时就想，如果谁能够将其翻译出来就好了。时光荏苒，我从一名硕士生转变为一名已在大学工作8年的教师。在2021年，我再次找到了这本最新版的英文书，并且完整地看了一遍，突然想实现10多年前的想法，将其翻译出来。

目前我国介绍特殊儿童评估的类似的外版书籍并不多，而特殊儿童的评估在特殊教育实践中具有重要的地位，它往往是特殊教育教学或干预的开始。再加之我一直对特殊儿童的评估感兴趣，在华南师范大学特殊教育系承担着"特殊儿童诊断与评估"这一门课的教学任务，想要在课程教学上有所突破，介绍国外的一些新理念和技术，希望对自己、国内的高校特教同仁以及基层特殊教育工作者有所借鉴启示。此外，我一直在积极地从事特殊儿童评估实践，获得了韦克斯勒智力测验第四版（幼儿和儿童版）、适应性行为评估系统、孤独症及相关法语障碍儿童心理教育量表第三版、ASQ-3早期特殊儿童筛查量表等主试证书，积累了很多评估案例，同时也在参与一些学校的特殊儿童评估以及儿童的早期筛查等工作。基于此，我更想学习一些新的评估理念、方法和工具等，更进一步提升个人的实践能力。

这本书是一本介绍美国特殊儿童评估的经典教科书，基于社会和教育的背景所著。书中对特殊儿童评估的基本概念、理论、方法、工具、流程以及相关决策等进行了详细全面的介绍。此外，书中还对目前美国基层学校盛行的多层支持系统/干预反应模式（MTSS/RTI）教学干预模式进行了全方位阐述，并且对如何将评估与这些模式结合起来进行了深入分析。无论你是新手还是专家，这本书都会帮你学习掌握评估知识和工具，有效地评估学生的能力。这本书最大的特点是，不仅介绍了美国特殊儿童评估的理论和实践，更有大量案例、图表和批判性分析贯穿全书，帮助读者理解理论知识，明白如何应用实践。

本书的译文编辑工作离不开审校和校正人员，也离不开华夏出版社的编辑人员。本书的审校者是蔡雅娟老师，蔡老师本科、硕士均毕业于北京师范大学特殊教育系，且是国内本土图书《特殊儿童的心理评估（第2版）》的第二作者，她有着多年的特殊儿童评估理论和实践的经验，对本书的翻译工作严格把关，发挥了至关重要的作用。此外，华南师范大学特殊教育系和学前教育系的部分学生，也参与了校正工作，她们是黄凤雅、杨洁华、谢晓銮、赵颖曦、邹钰清、叶益然、王慕含、窦雅倩、王雅珅、杨雪悦、林玟熳、乔钰洁、蔡大燕、范雪连，还有 2020 级特殊教育系的其他本科生。北京师范大学的傅王倩老师也为本书的校正工作做出了贡献。本书的出版也得益于华夏出版社特殊教育编辑出版中心的编辑们，她们付出了大量心血。

  书籍翻译的工作量巨大且对译者的素质要求高。所以，我一直在不断修改和润色译稿，并且不断查阅书中介绍内容的原始文献。2022 年初，我更是利用来美国堪萨斯大学（University of Kansas）访学一年的机会，不断在当地查找资料，完善译文，向堪萨斯大学特殊教育系的教授请教，同时还上了一门关于孤独症儿童评估的课程，对于本书的翻译工作起了重要作用，尤其是一些直观的案例与书中所讲非常相似。但是，因学识和精力有限，书中难免存在不足之处，还请读者批评指正。

华南师范大学特殊教育系副教授

谌小猛

2022 年春访学于 University of Kansas

# 前　言

正如《特殊教育和融合教育中的评估（第 13 版）》的书名所示，我们继续关注残疾学生（students with disabilities, SWD）[1]的表现和进步评估，无论他们的教育是在普通环境还是在特殊教育环境中进行的。我们也关注发生在课堂上的评估，以确定和解决那些需要额外学业和社会情绪支持的学生的需求。自 1978 年本书首次出版以来，教育评估历经了巨大的变化，评估工具和评估策略的改进和发展是显而易见的。为了更有效地满足当今学生日益多样化的需求，学校评估的新模式和新技术应运而生。与学校评估实践相关的联邦法律和法规不断修订，试图不断促进学生成绩的提高，在我们完成这个最新版本的时候，这些法律和法规也正在修订之中。

在这些变化中，我们始终致力于改进基于数据决策的评估方法，我们相信原有版本中提出的许多概念和想法对我们的读者来说仍然是必不可少的，他们需要了解并知道如何应用。哲学上的分歧仍在分裂着评估界。标准化和非标准化测验、客观评分和主观评分、可泛化和不可泛化的测量、人际比较和自我比较等争论仍在继续。在这些分歧中，我们相信对学生能力和技能的客观、可靠和有效的评估，以及评估结果和干预之间的有意义的联系，对学生和社会是最有利的。

我们的立场基于以下几个结论。第一，美国《残疾人教育法》（Individuals with Disabilities Education Act, IDEA）要求客观的评估，因为客观的评估通常可以导向更好的决策。第二，在过去的 30 多年里，我们对评估工具和实践的大幅改进感到欣欣鼓舞。第三，虽然有些替代方法只是未经证实，但有些创新的评估方法——特别是那些宣扬主观性的方法，有严重的缺陷，这些缺陷自 20 世纪初就被人们所理解。幸运的是，最初对这些方法的热情已经消退了很多。第四，我们认为，在没有大量证据表明所提出的替代方案确实更好的情况下，放弃已有的有效程序是不明智的。很多时候，我们得知一项教育创新是无效的，是因为它已经让太多的学生失败了。

我们关注的是评估的意义。评估能够带来重要的变化，改善学生的生活。让我们的读者了解和理解关键的评估概念和原则，随时在学校环境中应用，我们相信他们能准备好参与到工作中去，从而真正改善所服务学生的学业状况，促进社会情绪发展。

本书的读者

《特殊教育和融合教育中的评估（第 13 版）》，旨在为那些有理解和使用评估数据的职业需求的人提供第一门评估课程。主要受众是那些正在担任或将要成为中小学特殊教育教师的人。次要

---

[1] 编注：后文中出现的 SW/OD，为 students without disabilities 的编写。

受众是为特殊教育者提供支持的庞大团队：学校心理学家、儿童发展专家、咨询师、教育行政人员、护士、阅读专家、社会工作者、言语语言专家以及艺术治疗专家。此外，在当今的改革形势下，许多任课教师也会报名参加学习评估课程，把评估作为自己专业发展内容的一部分。对于那些正在学习第一门评估课程的人，我们假定他们之前没有测量和统计概念的知识。

目的

残疾学生有权获得适当的评估，并在最少受限制教育环境中获得适当的教育。评估人员有很大的责任，因为评估结果常被用来做出直接影响学生生活的重要决定。评估人员有责任了解他们使用的工具和程序，并了解这些工具和程序的局限性。关于学生是否有资格接受特殊教育和相关服务的决定，必须基于准确和可靠的信息；人们决定在哪里教育残疾学生时，必须基于准确和可靠的数据。评估的最佳实践不仅有助于支持残疾学生的学习和发展，而且有助于支持所有需要各种不同程度支持的学生，因此，我们力图让书中的许多理念能够应用于促进所有学生发展的最佳实践中，而不仅仅是残疾学生。

本版的新内容

第13版继续提供简单明了的基本评估概念，作者对各个领域的标准化测验进行了公允的评论，并对其在决策过程中的应用进行了说明。所有的章节都已更新，有几个章节进行了大幅度的修改，还有几个章节被删除，以便更好地聚焦于对学生学业和社会情绪结果的评估上面。

整体变化

在整个修订过程中，我们的主要目标是专注于在学校环境中为服务学生所需使用的基本评估概念、原则和实践。近年来，特别是为了系统地监测学生的进步，对于评估工具的开发力度和可用性程度已经大大增强，网站上提供的信息也方便读者审查这些工具。因此，我们决定集中精力，有效地向读者传达在面临众多评估选择时应考虑的关键信息，而不是对现有工具进行过多详细的评价。我们将这一版的重点进一步聚焦于普通人（相对于专家）所必需的基本信息上，他们正在寻求用评估改善学龄学生的学业和社会情绪功能。因此，我们减少了与此目标不相吻合的主题。为了更好地帮助读者学习书本中的内容，所有的内容都直接呈现在书中，而不是同时在书中和另外单独的网站上呈现。此外，我们没有将（评估）技术单独列为一章，而是把对新技术的讨论融入最密切相关的章节中。最后，我们知道许多学校系统正趋向使用多层支持系统（multi-tiered system of supports，

MTSS）的模式。因此，我们认为有必要为读者提供更多关于这些评估和干预模式的背景。为此，我们对相关章节进行了修订，侧重介绍应用这些模式时需要理解的基本评估概念和原则。这些概念和原则在应用这些模式时非常重要，所以本书对模式应用中日益重要的关键词进行了界定，并提供了这些模式在学校应用的例子。总的来说，我们的目标是为读者提供一本全面的教科书，使他们能够轻松获得必要的评估概念和知识，以提升当今学校所有学生的学业和社会情绪应对能力。

新特点

除了重要的部分修订外，我们还在各章中加入了一些具有教学特色（pedagogical features）的新内容。

- 在每一章的开头，我们展示了专业标准和具体的学习目标。每个学习目标都直接与一个主要的章节标题相关联，并与章末的理解题相关联。
- 关键词用加粗字体突出，并在叙述中注明了定义。
- 每个评估场景都明确提到了本章提出的基本概念和观点。
- 以前放在本书的 CourseMate 网站上的高阶内容，是为高年级或研究生课程的学生准备的，此次在本书采用特殊格式加以呈现。

主要章节的修订

尽管第 13 版对先前版本的所有章节都进行了更新，但重要的修订主要有以下这些。

- 第 1 章：社会和教育情境下的评估

  对该章进行修订的时候，作者对基本的评估概念和主题进行了简要介绍，并在后面的章节中进行了阐述。
- 第 5 章：技术要求

  以前只在 CourseMate 网站上显示的高阶内容，现在被纳入章节中，并且以特殊格式加以呈现。
- 第 10 章：监测学生在实现教学目标上的进步

  我们没有对具体的进步监测工具进行评价，而是强调在评估相关工具时需要注意的关键特征。
- 第 12 章：干预反应模式和多层支持系统

  我们对这些模式在学校中不断发展应用的新关键词进行了界定，并提供了额外的场景来描述这些模式如何在学校环境中应用。
- 第 19 章：社会和情绪行为测验的使用

为确保读者掌握有关评估适应性行为的信息，相关主题内容被纳入本章。
- 第22章：参与问责项目的决策

本章经过修订后，重点放在为那些决定个别学生应如何参与基于问责目的的大规模评估的人提供关键信息，而不是为州一级的政策制定提供重要信息。
- 评估中的技术进展，以前是单独呈现在一个章节中（第23章），此次是被融入相应的章节之中。
- 此外，我们还删除了被认为是过于专业、侧重于非客观评估的实践内容，也就是与我们促进学生学业和社会情绪成果取得的关注点不一致的章节。具体地说，我们删除了关于感觉敏锐度和口语评估的内容（第14章和第20章）、成长记录袋评估（第25章）、知觉—运动评估（第16章），以及婴儿、幼儿和学前儿童的评估（第19章）。

修订后的测验

几个常用于评估残疾学生的测验已经发布了新版本。本书的相应章节中包括了以下最近更新的测验。

- 伍德科克—詹森成就和认知能力测验第四版（Woodcock‑Johnson Tests of Achievement and Cognitive Abilities‑Fourth Edition，WJ-COG-4，WJ-ACH-4）
- 韦克斯勒儿童智力量表第五版（Wechsler Intelligence Scales for Children‑Fifth Edition，WISC-V）
- 口头和书面语言量表第二版（Oral and Written Language Scales‑Second Edition，OWLS-2）
- 儿童行为评估系统第三版（Behavior Assessment System for Children‑Third Edition，BASC-3）
- 格雷朗读测验第五版（Gray Oral Reading Test‑Fifth Edition，GORT-5）
- 成套诊断性成就测验第四版（Diagnostic Achievement Battery‑Fourth Edition，DAB-4）

本书的组织

第一部分"概览和基本考虑"，我们将测验放在评估的大背景下分析考虑。

- 在第1章"社会和教育情境下的评估"中，我们描述了当今学校为解决不同学生的需求所面临的挑战，并介绍了基本概念和原则，这些概念和原则在本书的后面章节中有更深入的介绍。
- 在第2章"学校中的评估和决策"中，我们描述了收集评估信息的四种主要方法，以及在学校环境中涉及评估的主要决策类型。
- 在第3章"影响评估的法律、伦理规范和专业标准"中，我们讨论了立法和诉讼如何规范和授权人们开展评估实践的方式，以及可用于指导评估实践的各种伦理准则。
- 在第 4 章"测验分数意味着什么"中，我们描述了量化测验成绩和解释数据的常用方法。
- 在第 5 章"技术要求"中，我们解释了信度和效度的基本测量概念，并为想了解更多测量知识的人提供了相关的高阶内容。
- 在第 6 章"文化和语言考量"中，我们讨论了在收集和解释评估信息时需要考虑的各种文化和语言因素、相关的法律要求，以及建议的评估实践指南。
- 在第 7 章"测验改编与测验便利"中，我们介绍了一些针对学生需求改变各种测验施测方式的情况，并为在资格认定和问责测验中做出的关于便利的决策提供相关指导。

第二部分"课堂中的评估"，我们介绍了在课堂上进行评估所需的基本知识，以及有关新技术的信息，这些技术可以促进人们有效地收集和总结数据信息，以便在课堂上做出决策。

- 在第 8 章"教师编制成就测验"中，我们系统地介绍了教师编制的测验，以测量学生在课程学习中的进步情况。
- 在第 9 章"通过观察评估行为"中，我们介绍了对学生相关行为进行系统观察的主要概念。
- 在第 10 章"监测学生在实现教学目标上的进步"中，我们描述了用于测量学生学业进展的概念、理念和策略。
- 在第 11 章"课堂评估管理"中，我们致力于帮助教育者规划评估项目，从而充分有效地节约师生的时间。
- 在第 12 章"干预反应模式和多层支持系统"中，我们讲解了评估信息如何用于这些创新模式的决策制定，以及用以确保在应用这些模式时提供适当的指导。

在第三部分"用于评估的正式测量"中，我们提供了学校中最常测评的能力和技能的有关信息。

- 第三部分以第 13 章"如何评价一个测验"为开始。这一章是关于在使用商业化开发的测验时应该注意什么的入门介绍。
- 第三部分接下来的六章概述了学校使用正式测验评估的各个领域，并对最常使用的测验进行了回顾。包括：第 14 章"多元技能学业成就评估"、第 15 章"诊断性阅读测验的使用"、第 16 章"诊断性数学测验的使用"、第 17 章"书面语言测验的使用"、第 18 章"智力测验的使用"、第 19 章"社会和情绪行为测验的使用"。

在第四部分"基于评估结果的教育决策"中，我们讨论了教育者为残疾学生做出的最重要决策。

- 在第 20 章"教学决策制定"中，我们讨论了在学生被转介到特殊教育机构之前做出的决策以及在特殊教育机构中做出的决策。

- 在第 21 章 "特殊教育资格决定"中，我们讨论了多学科团队的作用以及认定学生接受特殊教育和相关服务资格的过程。在这个新增加的章节中，我们描述了基于学生干预反应模式信息做出特殊教育资格决定的方法。
- 在第 22 章 "参与问责项目的决策"中，我们解释了各州和各学区为达到《不让一个孩子掉队法》（No Child Left Behind Act of 2001, NCLB）和 IDEA 要求的学业标准的法律要求，以及在决定学生如何参与问责项目时的重要考虑因素。
- 在第 23 章 "协作型团队的决策制定"中，我们概述了与学校团队就评估和决策进行沟通的情况，并包括以下信息：有效学校团队的特点、与家长和学生沟通评估信息的有效策略，以及有关数据收集和保存的规则。

教师的在线资源[1]

在线教师手册与试题库

本书附有一本在线教师手册。它包含了协助教师设计课程的信息，包括教学大纲模板、讨论的问题、教学活动、现场经验、学习目标和其他在线资源。为了支持评估，每一章更新后的题库包括了是非题、多项选择题、匹配题、简答题和论述题。

讲座 PPT

每个章节生动形象的讲座幻灯片，通过使用直接来自教科书的图像、数字和表格可以帮助你理解概念，协助你进行教学演讲。

COGNERO

由 Cognero 提供支持的 Cengage Learning 测验是一个使用灵活的在线系统，允许你编写、编辑和施测来自多个 Cengage Learning 解决方案的题库；在很短时间内人们可以创建多个测验版本；并在你的学习管理系统、你的教室或任何你想要的地方进行测验。

鸣谢

多年来，许多人帮助了我们。在本版的编写过程中，我们衷心感谢卡西·拉多姆斯基（Kassi

---

[1] 编注：该部分资源未引进。

Radomski）在整个开发过程中的协助，感谢产品经理马克·克尔（Mark Kerr）对本版的奉献；感谢萨门·伊克巴尔（Samen Iqbal）和洛丽·哈泽德（Lori Hazzard）的帮助。我们还感谢克里斯滕·施劳本（Kristen Schrauben）在"教师资源手册与测验题目"（Instructor's Resource Manual with Test Items）中的协助，该手册与本教材配套。

最后，特别感谢第12版的审稿人，他们帮助我们打造了这个新版本：德克萨斯A&M大学圣安东尼奥分校的米沙林·艾伦（Mishaleen Allen）、安杰洛州立大学的德博拉·安妮·班克（Deborah Anne Banker）、丘卡学院的安迪·贝格尔（Andy Beigel）、斯普林安阿伯大学的唐娜·伯格曼（Donna Bergman）、罗克福德大学的克里·伯德（Kerry Burd）、康科德大学的南希·伯顿（Nancy Burton）、奥本大学蒙哥马利校区的劳拉·卡彭特（Laura Carpenter）、得克萨斯大学布朗斯维尔分校的史蒂夫·张伯伦（Steve Chamberlain）、东密歇根大学的珍妮弗·德西德里奥（Jennifer Desiderio）、东斯特劳兹堡大学的卡罗琳·迪皮皮—霍伊·费姆斯特伦（Caroline DiPipi-Hoy Femstrom）、北亚拉巴马大学的帕姆·钱尼（Pam Chaney）、莫尔黑德州立大学的丹尼尔·格蕾斯（Daniel Grace）、萨尔韦里贾纳大学的艾丽斯·格雷厄姆（Alice Graham）、诺瓦东南大学的戴维·格里芬（David Griffin）、圣保罗康科迪亚大学黛安娜·哈尔（Diane Harr）、亚利桑那州立大学的朱丽叶·哈特·巴尼特（Juliet Hart Barnett）、曼哈顿维尔学院的卡琳·赫斯（Caryn Huss）、宾夕法尼亚加利福尼亚州大学的贾森·凯特（Jason Kight）、威廉玛丽学院的苏珊·兰普雷克特（Susan Lamprecht）、温思罗普大学的德布拉·利奇（Debra Leach）、艾奥瓦州立大学的琳达·林德（Linda Lind）、圣约瑟夫学院的杰茜卡·莉萨（Jessica Lisa）、卡森—纽曼大学的桑迪·龙（Sandy Long）、阿尔韦诺学院的帕特里夏·利布基（Patricia Luebke）、康科迪亚大学的科里萨·马祖尔凯维奇（Corissa Mazurkiewicz）、田纳西大学查塔努加校区的特德·米勒（Ted Miller）、纽约州立大学波茨坦分校的安贾莉·米斯拉（Anjali Misra）、湾径大学的丹尼丝·奥康奈尔（Denise O'Connell）、北得克萨斯大学的帕梅拉·皮克（Pamela Peak）、迦太基学院的凯西·瑞安（Kathy Ryan）、东新墨西哥大学的迈克尔·肖内西（Michael Shaughnessy）、伊利诺伊大学厄巴纳—尚佩恩分校的詹姆斯·施里纳（James Shriner）、罗斯福大学的玛丽亚·斯泰特尔（Maria Stetter）、肖尼州立大学的道格拉斯·斯特金（Douglas Sturgeon）、里维尔大学的贾斯廷·托伦（Justyn Thoren）、克拉里恩大学的莉萨·特纳（Lisa Turner）和纽约州立大学布罗克波特学院的张洁（Jie Zhang）。

约翰·萨尔维亚（John Salvia）

詹姆斯·伊塞尔代克（James Ysseldyke）

萨拉·威特默（Sara Witmer）

第一部分
概览和基本考虑

PART 1

第 1 章

社会和教育情境下的评估

学习目标

1-1 确定个体在技能、能力和行为方面的差异,以及具有这些差异的个体需要何种程度的支持才能在学校取得成功。

1-2 明确评估在学校和社会中的重要性。

1-3 解释为什么评估在特殊教育和融合教育中很重要。

1-4 阐明关键主题,这些主题对于理解如何更好地开展评估实践非常重要。

1-5 探讨评估领域中已经发生并将继续发生的重要改进。

本章中论述的标准

CEC 美国特殊儿童委员会初级准备标准

标准 1: 学习者的发展和个体学习差异

　　1.0 初级特殊教育专业人员了解如何将个体的特殊性与学习发展结合起来,并利用这些专业知识为有特殊需要的个体提供有意义和富有挑战性的学习体验。

标准 4: 评估

　　4.0 初级特殊教育专业人员在做教育决策时,使用多种评估方法和数据来源。

CEC 美国特殊儿童委员会高级准备标准

标准 1: 评估

　　1.0 特殊教育专家开展有效和可靠的评估实践来减少偏见。

Ψ 美国学校心理学家协会专业标准

　　1　基于数据的决策和问责

　　8　发展和学习的多样性

教育旨在为所有学生提供他们所需的技能和能力，以改善他们及与之共同生活的人们的生活质量。我们期待学校工作人员帮助所有学生发展出一系列预先设定的能力，这些能力通常是国家共同核心内容标准或特定的国家教育标准规定要求的。然而，即使所有学生都以同样的能力进入学校，要都以同样的方式和速度来学习，这也是极其困难的，更何况他们的情况各不相同。例如，今天是史蒂文森小学开学的第一天，几个学生出现在学前班[1]的场景如下：

- 金在前门下车。他不会说英语，学校工作人员也不知道他要来。
- 马歇尔知道如何阅读、用印刷体书写和做加减法。
- 乔伊丝害怕来学校，并在妈妈试图离开时不停地哭。
- 卡姆琳和她的母亲带来了一个文件夹，里面有她所有的在幼儿园[2]的记录、免疫和医疗记录，以及从2岁起就接受2名心理学家评估的报告。
- 麦克没有出现。学校的名单上有他的名字和完整的注册信息，以及一名社会工作者的说明，表明他有资格享受免费和低价午餐。

每个学生并不是以相同的能力水平开始进行学习的，他们在课程学习上取得进步的速度也有所不同，他们有着不同的教学需求。例如，在一年级期中的时候，萨莉在没有额外帮助的情况下掌握了所学的内容，她就是"学到了"。比尔需要有针对性的教学，以帮助他克服在字音对应上（letter-sound correspondence）的不足，每周接受两次家教。乔需要更多帮助，需要接受密集的特殊教育服务。

如今，在校生是一个比过去更加多样化的群体，班级环境也更具多元文化和多语言性质。学生表现出了不同程度的学业技能：例如，在一些大城市中，75%的六年级学生的阅读水平比年级水平至少高2年，数学技能之间的差距高达10个年级水平跨度。有650多万残疾儿童和青少年（约占学龄人口的13%）在接受特殊教育和相关服务。这些儿童和青少年中的大多数都在自己社区的学校与同龄人一起上课——过去的情况并不总是如此，目前在专门的特殊班级或环境中接受特殊教育服务的残疾学生越来越少。

本书针对的是特殊教育和融合教育中的学生。**特殊教育**（special education）是为符合特定残疾标准的学生提供的一套独特的教育服务和支持；这些服务可以在单独的环境中提供，也可以在包含残疾学生和非残疾学生的（融合）环境中提供。**融合教育**（inclusive education）是指促进所有学生，包括残疾学生和非残疾学生，在同一环境中学习的教育途径。

---

1 编注：此处"学前班"的英文原文是"kindergarten"，附设于小学中。在美国，kindergarten属于小学阶段，是小学的最低年级，称为K年级。接收的是5岁、6岁的儿童，相当于中国的幼儿园大班年龄段的儿童。

2 编注：此处"幼儿园"的英文原文是"preschool"。接收的是3岁、4岁的儿童，相当于中国的幼儿园小班、中班年龄段的儿童。

1-1 每个学生需要不同程度的支持才能取得成功

教师和相关服务人员经常面临一些挑战，需要为在同一班级里的不同能力水平的学生提供与其相匹配的教育。不管学生的能力处在什么样的水平，学习的积极性如何，我们的工作就是提升他们的能力，与家庭、社区机构、教会以及其他影响学生发展的各方一起建设学校，满足学生的需要。在更广阔的社会背景下，评估者或个案协调员（case coordinator）在评估学生时必须考虑这些因素，并支持学生以满足其个性化需求。例如，罗莎在当地拉美裔社区中心接受的辅导实际上可能是干扰而不是帮助。或者我们可能会发现，帮助穆罕默德的一个真正有效的方法是与当地的索马里邻里组织合作，为其提供作业上的帮助。作为公民和社区成员，我们对以这些方式支持学生能力的系统也同样感兴趣，可以通过考虑这些多角度和系统因素提升工作效率。若要讨论所有的影响因素，便超出了本书的范围，但在讨论学校和社区环境中的适当评估和决策时，我们将考虑诸多此类因素。

学校必须提供多层次的支持，使每个学生都能够按照各州和联邦法规的要求成功地达到共同核心标准（common core standards）。学校工作人员必须决策出学生需要得到什么支持以及什么强度水平的教学，如何开展教学以及教学发挥作用的程度。**差异化教学**（differentiated instruction）是一种将教学内容和教学方法与学生的个别化学习需求相匹配，以便加速全体学生学习过程的方法。在某一年级班级内，有的学生可能还没有掌握一位数的加减法，而有的学生可能已经掌握了这一技能，并准备好学习与两位数加减相关的进位和借位规则。有些学生可能需要老师在一道两位数的附加题中提供 10 个进位的例子，而有的学生可能只需要 2 个例子。只有进行适当和持续的评估，才能确保所选择的内容和教学方法是真正符合学生需要的，并且是有效的。**评估**（assessment）是收集信息（数据）的过程，目的是为学生做决策或做与学生相关的决策。评估中的知识和最佳实践可以帮助教师提供差异化教学，优化学生的学习。阅读本章的评估场景和相关问题，以便更细致地思考，教师应如何用信息来指导其在课堂上向不同学生提供恰当的教学。

评估场景

约翰逊老师

约翰逊老师在一个四年级班级教学，班上的学生是一个异质性群体，班级里包括以下不同类别的学生：4 名学生每周接受 1 小时的拓展教学（enrichment）[1]，2 名学生每周接受两次 30 分钟的语言治疗，2 名学习障碍学生每天接受特殊教育巡回服务，12 名学生在所有学科领域都高于自己所属的年级水平，6 名学生在一个或多个

---

[1] 编注：这是为资优或超常生提供的一种安置形式，也可译为"丰富""充实"。

学科领域的表现低于年级平均水平，还有2个学生的教育档案尚未从其他州送过来。

约翰逊老师打算在开学的第一周回顾学业内容，评估每个学生的已有知识，这样就可以区分不同学生的教学。她将会见一些专家，这些专家将为学生提供"抽离式（pull-out）"服务[1]，这些专家包括：特殊教育巡回指导教师，为此约翰逊老师开始协调她的2名学习障碍学生获得巡回指导教师的教学支持；言语治疗师，为此约翰逊老师安排2个需要言语治疗的学生离开她的班级接受语言训练；拓展教师（enrichment teacher），为此约翰逊老师安排4个有天赋的学生参加拓展活动，这也将是她课程的一部分。对于约翰逊老师，这看起来又是忙碌的一年。

这个场景强调了教师在班级中可能会有十分多元的学生群体。这些学生可能有着非常不同的教学需求。这些学生的技能水平和已有学习经验的额外信息可以帮助这位教师做出教学决策，从而优化学生的学习。你认为收集哪些额外信息可能会有所帮助，能为教学决策提供信息呢？

差异化教学是所有教师，包括普通教育和特殊教育教师，努力接纳所有学生的教学方式，无论这些学生是否残疾或是否需要接受特殊教育服务。在对需要特殊教育服务的残疾学生进行教学时，普通教育工作者和特殊教育工作者需要共同努力，以确定如何使学业教学与学生的需求相匹配。符合条件的特殊教育学生可以在单独的环境中接受部分或全部教育。然而，无论残疾学生在哪里接受教育，普通教育和特殊教育教师必须共同努力，一起制订、实施、监督和评估差异化教学计划，以确保学生有充分的机会学习普通课程。普通教育工作者往往最熟悉普通课程，因此能够清楚地阐明教学内容。特殊教育工作者往往最熟悉残疾学生的独特需求，因此可以帮助残疾学生确定学习普通课程的潜在障碍，并提出减少这些障碍的方法。除了学校环境之外，通常还有额外的支持资源，包括社区中心、宗教组织和心理健康服务人员，学校团队可以与之交流，以帮助解决残疾和非残疾学生的独特需求。评估工具和策略的使用可以在很大程度上帮助教师决定哪些支持是必要的。

尽管差异化教学经常应用于课堂层面，但学校层面也经常使用各种程序来促进差异化教学。在过去十年，许多学区和学校开始使用多层支持系统模式，以更有效地将教学内容、教学方法和教学强度与学生个人需求相匹配。在某些能力上特别差且无法以预期速度获得进步的学生，需要更密集的教学和干预。使用这些模式的目标是确保资源的合理分配，满足学生所需的支持，使所有学生都能获得成功。教师之所以需要明晰学生的教学需求并监测他们的学习进度，是为了在必要时对教学做出调整。与课堂层面的差异化教学一样，在多层支持系统模型下，评估可以发挥非常重要的作用。在第12章将进一步阐述多层支持系统，以及评估在多层支持系统模型中的作用。

---

1 编注："抽离"式服务指学生离开课堂，单独接受特殊教育辅助服务。意为专家为学生单独提供的课堂外的特殊教育辅助服务。

1-2 评估在学校和社会中的重要性

评估的最终目的是提高学生的教育成就。看到学生们的能力在日益增长，教师、学校心理学家、言语语言病理学家、行政管理人员和其他学校人员的工作就获得了回报。学校工作人员告诉我们，这是一项令人兴奋的工作。

评估与每个人的生活息息相关。它尤其影响从事儿童和青少年工作以及在学校工作的人员。特别是考试成绩，现在被用来做出各种重要的决定。以下只是考试成绩影响人们生活的几个例子：

- 众所周知，作为各州认证过程的一部分，你必须参加测验，以便认证机构能够评估你在教学实践、学习、儿童发展方面的知识。
- 约翰逊夫妇接到女儿摩根的三年级老师的电话，老师说他很关心摩根在阅读测验中的表现。他想让摩根做进一步的测验，以确定她是否有学习障碍。
- 厄夫迈耶夫妇告诉你，他们的儿子没有资格获得特殊教育服务，因为他在智力测验中得分"太高"。
- 公布的测验结果显示，与其他工业化国家的学生相比，美国学生的成绩排名较低。针对这一情况，美国教育部部长呼吁为所有学生制定更严格的教育标准，并增加联邦援助。
- 从一个大城市的学校负责人处得知，她所在的学区只有40%的学生通过了州毕业考试。
- 你所在的学区要求志愿者加入一个特别小组，设计一个关于技术素养的测量标准，作为对学生的测验。

在美国，几乎所有人都会去上学。似乎每个人对测验都有自己的看法。**测验**是向一个人或一组人给出一些预定的问题或任务，对这些问题或任务寻求预先确定的行为反应类型，以获得分数的过程。重要的是要认识到，除了测验之外，还有许多种评估方法。此外，与测验不同的是，评估的最佳实践方法除了通过测验获得分数之外，还包含更多。在使用测验时，必须考虑一些因素，诸如基于特定测验的分数可以做出的决策类型，以及在何种条件下测验分数可以被视为有效。然而，这种情况仍然存在：测验常常成了影响人们做出生活中重要决策的"直接（go to）"方法。

收集数据和实施评估的流程理应得到公众的极大关注，这些公众既有直接受到评估影响的个人（如家长、学生和教师），也有间接受到影响的个人（如纳税人和当选的官员）。同样，也应得到学校评估者认证机构或个人的极大关注。最后，这也是评估界非常关注的。为方便起见，将分别讨论这些群体所关注的问题。然而，读者应认识到，许多问题是重叠的，并不是某一群体独有的。

1-2a 学生、学生家庭和教师的关注

当考试分数被用来进行人际比较，使自己或自己所爱的人看起来不如别人时，人们的反应会很强烈。我们能预想当考试成绩被用来决定孩子的人生机遇时，父母的反应会很强烈，例如，他们的孩子是否能够进入大学、通过一门课程、晋升到下一个年级、接受特殊教育或被安排进入超常学生项目。父母永远不想听到他们的孩子是不成功的，或者他们孩子成年后的生活前景有限。学生不想听到自己与众不同或是做得不如同龄人好，不想被称为残障人士或残疾人士。学生成绩差也会影响到教师。有些教师否认学生的成绩是真的不够好，认为考试测试的是琐碎的内容（不是他们教授的重要内容），考试将知识内容抽离了相应情境使其支离破碎，是人为化处理的。还有一些教师把学生的失败当作生活中的事实来接受（这些教师已经精疲力竭了）。而优秀的教师则会更加努力工作（例如，学习实际有效的教学技术和个性化教学）。

当人们遇到不理想的评估结果时，往往会对测验的类型、测量的技能或行为以及它们的技术充分性产生怀疑。特殊教育和矫正教育（remedial education）的相关决定往往会产生一些结果。有些结果是人们所期待的，如为有资格接受特殊教育的学生提供额外服务。还有些结果是人们不期望看到的，如被剥夺特殊教育服务或因残疾标签而降低学生的自尊。

1-2b 公众的关注

当学校公布考试成绩，并与其他社区学校的成绩进行比较时，整个社区都会对此非常感兴趣。考试成绩"好"的学区比较受欢迎，房地产售价可以反映家长想住在这些学区的事实。对于残疾学生家长来说尤其如此，好的特殊教育项目会吸引许多人。阅读下面的评估场景和相关问题，思考学区考试成绩是如何影响社区的。

评估场景

迈克尔

商人萨姆刚升职，并被调到了其他州。他和妻子弗吉尼亚以及他们的三个孩子正在找房子。他们的儿子迈克尔是一名患有孤独症的学生，他们的家庭在选择新住址时首要考虑的因素之一，是学区为孤独症学生提供的项目。

这个家庭搬入的地区有三个学区、一所教会学校和一所委办学校。学区一有三名孤独症学生（其中一名与迈克尔年龄相仿），这些学生被安排在为智力障碍学生准备的教室里。学区二是农村地区，所有患有孤独症的小学生都被安排在一个教室

里接受教育，并与其他普通同龄人一起参加活动。学区三是最大的学区，在学校的几栋大楼中为患有不同程度孤独症的学生（高功能和低功能的学生）开设班级。委办学校里没有残疾学生。教会学校的残疾学生被囊括进来，到学区三接受言语、作业和物理治疗。萨姆和弗吉尼亚联系了当地的孤独症支持组织，看看能否得到关于学校的系统的建议。该组织强烈推荐学区三。学区三除了有一个优秀的特殊教育项目，还为非残疾学生提供很好的教育。每年的州测验结果显示，包括许多残疾学生在内，学区三的大多数学生都达到了预期的年级水平。尽管学区三的房子要贵几千美元，萨姆和弗吉尼亚还是在那里买了新房子。

这个场景提供的例子，说明考试成绩对决策是多么重要。在这种情况下，学校的考试成绩会影响一个家庭对居住地点的选择。考试成绩是如何影响你生活中的重要决定的呢？

通常，测验结果被用来做出高风险的决定。这些决定可能会对学校或学校系统可否获得持续资助，对州课程的修订以及工资谈判产生直接和重大的影响。最终在校外参加考试的人也会受到影响。我们参加驾校考试以获得驾照。我们通常必须参加入学考试才能被大学录取。当测验结果限制了人们的特殊利益（access to privileges）时，那些遭到拒绝的人通常会认为测验是不民主的、精英主义的，或根本就是不公平的。

1-2c 认证委员会的关注

认证和许可委员会制定标准，以确保评估者具备适当的评估资格。测验的不同类型，决定了测验的实施、评分和解释需要不同程度的培训和专业知识。所有州都对在学校工作的教师和心理学家进行认证，要求他们接受正式的培训，有些州还要求进行能力测试。虽然大多数教师可以很容易地施测或学习施测团体智力、成就测验以及进行课堂学业成就评估，但一个人必须接受相当多的训练，才能对大多数个体的智力和人格测验进行评分和解释。**基于能力的评估**（competency-based assessment）是指使用真实或模拟的情境对非常具体的知识和技能进行评估。在这些情境中，知识和技能可以得到展示。这种评估方法正在被更频繁地使用，这就要确保那些测验人员和用测验做重要决策的人真正具备必要的测验技能和知识。在对学生进行测验时，我们应该能够假设测验人员接受了足够的培训，可以正确地实施测验（包括建立融洽的关系、正确施测、对测验进行评分，并准确地解释测验结果）。

美国教育研究协会（National Education Association）、美国心理学会（American Psychological Association）和美国教育测量协会（National Council on Measurement in Education）三个专业协会的联合委员会，为测验的构建和使用制定了一套标准，并讨论了测验的重要性：

教育和心理测验是认知和行为科学对我们的社会最重要的贡献之一，它提供了关于个体和群体的基本和重要的信息来源。并不是所有的测验都很完善，也不是所有的测验实践都是明智的或有益的，但大量证据证明：结构良好、解释合理的测验可以发挥较大的作用。结构良好且能有效达成预期目的的测验，可以为接受和使用测验的人提供实质性的帮助。与不使用测验相比，正确使用测验可以为个体和项目做出更好的决策，还可以为人们提供一条更广泛、更公平地获得教育和就业机会的途径。另一方面，测验的不当使用会对接受测验的人和其他相关人员造成相当大的伤害（美国教育研究协会、美国心理学会和美国教育测量协会，2014）。

1-3　为什么要学习特殊教育和融合教育中的评估？

教育专业人员必须对自己和他人所施测的评估结果进行了解和分析。评估是一项重要的实践，旨在将教学与学生的技能水平相匹配，监测学生的进步，改进教学，并努力提高学生的能力。这是教学的重要组成部分，因此教师必须具备良好的评估技能和对评估信息的理解能力。

尽管评估对于专业工作者和正在接受专业培训的人来说可能是一个"可怕"的话题，但了解评估的一些重要议题有助于人们减少焦虑。教育评估总是会对学生及其家庭产生重要影响。我们可以预料到，好的评估会带来正确的决策——这些决策有助于学生朝着理想目标（尤其是长期目标）迈进，即成为一个快乐、独立、适应良好和有生产力的社会成员。糟糕的评估会减缓、终止进步，有时甚至逆转进步。评估的过程也是令人敬畏的，因为要了解的东西太多了，评估专业的学生很容易迷失在测量理论、法律要求、教学启示和国家政治的细节中。

1978年，本书的第一版出版时，情况还比较简单。有关评估的联邦立法和法院判例很少。有一些州对学生的评估设置了各种法律保护，有一些州则没有。针对特殊教育学生使用的测验较少，许多测验在技术上存在不足（由于各种原因，测验缺乏有效性）。心理学家可以决定学生是否有权利接受特殊教育，那时候的学生也没有个别化教育计划（individualized educational programs，IEP）。那时，我们需要解决的主要问题是如何选择技术上合适的测验，如何恰当地使用它，以及如何正确地分析测验分数。尽管已出版的测验的质量在过去几年有了显著提高，但仍然有一些质量较差的测验还在使用中。

如今的情况变得越来越复杂了。联邦法律规定要对接受特殊教育的儿童进行评估。教育工作者和心理学家有更多的工具可以使用——有些工具很好，有些不太好。教育工作者和心理学家必须做出比以往任何时候都更艰难的决定。例如，法律承认更多的障碍类型，教育工作者需要能够分辨出不同类型之间的重要差异。

测量理论和计分仍然是很难搞懂的，但却是评估中不可或缺的一部分。不理解有效测量的基本要求或测验分数的确切含义会不可避免地导致错误的决策。通过阅读和思考后面章节中提供的信息，我们相信你将获得选择和使用评估方法的宝贵知识和技能，这些方法可以改善学校的决策，特别是那些涉及满足不同学生群体需求的评估方法。

1-4 理解重要的评估概念

评估模式、方法和材料都在不断发展。过去四十年里，我们一直在撰写和修订这本书，我们看到学校参与了许多不同的评估实践，其中有好的也有坏的。我们在此重点介绍一些基础概念，相信你对评估的了解会逐渐深入，理解这些概念非常重要，在后续章节中会有更多信息。对这些概念的全面理解，将有助于你在基于学校的实践中应用相关评估知识。

1-4a 表现水平与进步速度

通过了解学生当前的表现水平和进步速度，可以更好地制定教学决策，而了解两者之间的差异也非常重要。它们有时也被称为表现状况（status）和进步速率。假设在一周的教学结束时，卡拉能正确拼出 20 个目标拼写单词中的 12 个，而考利能全部正确拼出。尽管考利目前似乎在拼写目标单词方面具有更高的技能，但她在多大程度上受益于所接受的教学仍不清楚。假设在一周开始时，教师从收集的信息中得知，卡拉在 20 个目标单词中只能拼对 1 个，而考利在这 20 个目标单词中能拼对 18 个。因此，卡拉是在以每周 11 个（12－1）单词的速度学习拼写，考利是在以每周 2 个（20－18）单词的速度学习拼写。卡拉的进步速度似乎要快得多，这表明教学对她特别有效；不过，她还没有掌握这一系列单词。尽管考利已经掌握了目标单词，但教学对她是否特别有效，这一点是值得怀疑的——如果给她机会，她也许能学到更多。对于决定教什么以及确定学生是否掌握了某项技能来说，表现水平的确定是很重要的。但是，要知道教学是否明显有效，还需要了解进步速度。在本书中，你将了解评估表现水平和进步速度的工具和方法。一些工具主要是为了测量表现水平而开发和使用的，还有一些工具则是为了测量表现水平和进步速度的双重目的而开发的。第 8～11 章提供了更多关于如何在课堂环境中测量表现水平和进步速度的信息，第 12 章解释了这些信息是如何被应用在多层支持系统中的。

1-4b 不同的决策通常需要不同的数据信息

在学校环境中做出的不同决策，带来的后果或附带的利害关系差异很大。在有些情况下，决策可能对学生的学习影响相对较小。例如，一名高中教师可能需要数据来决定在特定的课堂中是否将更多的教学时间花在内战原因的分析上，或者是否继续讲述战争中的各种战役。在这种情况下，教师可能会很快地采取一个非常简单的措施，查明班上大多数人是否知道爆发战争的明确原因。在有些情况下，一个决定可能会对学生产生重大影响。例如，确定一名学生是否残疾及是否有资格获得特殊教育服务，这可能对学生的未来影响巨大。做这样的决策时，应参考长期以来仔细收集的数据，这些数据应具有可靠的信度（数据测量的一致性）和效度（测量的结果反映所想要考查的内容）。尽管大家都希望看到具有良好技术特征（信度和效度）的数据，但这并不总是必要的。在某些情况下，依赖高标准的信度和效度可能会延长决策的时间，而有些决策需要更快速地做出才有效。因此，必须考虑所做决策的利害关系，以了解评估工具在技术上的要求程度。第 4、5 和 13 章提供了在决定使用何种评估工具时应该考虑的技术特征信息。本书第二部分（第 8、9、10、11 和 12 章）讨论了评估方法和工具，这些方法和工具通常用于为不同学生做课堂上的教学决策。本书第三部分（第 14、15、16、17、18 和 19 章）描述了用于为学生做决策的常用评估工具，这些学生可能终将需要获得比许多教室里能提供的更多的实质性资源，包括那些需要接受特殊教育的学生。第 20、21、22 和 23 章描述了在做出不同类型的决策时使用的评估流程。

1-4c 不同学生的评估可能需要不同的方法

测验开发人员在研发测验时，常试图使他们的测验应用于广泛的人群。然而，测验如何施测、受测者如何作答，以及与之比较的常模群体特征，都可能会影响既定测验对特定学生的适应程度。例如，一些旨在测量数学技能的测验，是以学生需要具备视觉和一定的阅读能力才能理解测验题目的方式编写的。但这样的测验可能无法准确测量失明或阅读障碍学生的数学技能。英语不熟练或来自独特文化的学生可能不具备必要的语言和文化知识，无法在基于主流文化研发并建立常模的测验中展示自己的认知能力。在这种情况下，必须谨慎地选择和使用针对特殊群体的测验，考虑可能做出的调整，以使测验更适合特定的学生，或者使用替代的评估方法。第 6 章和第 7 章讨论了评估英语学习者和残疾学生这两类独特学生群体的重要考量因素。第 22 章强调了有效地将残疾学生纳入问责制评估项目的重要考虑因素。

1-4d 不同能力的评估通常需要不同的方法

在第 2 章中，你将学习收集学生学业和社会情绪能力数据的四种主要方法：档案回顾法、访谈法、观察法和测验法。因为测验能够以相当客观的方式进行，所以它通常是收集这些数据的首选方法。然而，我们有时想要测量的一些技能是具有高度情境依赖性的，这意味着学生可能只能在特定的条件下或特定的环境中展示这些技能。因此，试图为这些技能创建"测验"可能是困难的。而通过对能经常观察学生在不同情境下展示相应技能的人进行访谈，使用能在不同情境下对学生进行观察的方法，可能会对学生的评估更为有效。例如，很难开发出一个愤怒管理能力的测验。因为真正可以收集此类数据的机会往往就在一瞬间，在特定时间内设置一组预定的任务或问题以了解学生的愤怒管理能力的方法不大可能提供有用的信息。相反，人们可能更加重视教师或家长关于学生在这方面能力的报告，它能够反映学生在真实情境下使用这些技能的情况。第 14~19 章讨论了用于特定学业和社会情绪能力评估的各种方法和措施。

1-4e 仅陈述观察到的行为

在学生参加测验时，我们只观察他们做了什么，我们从不观察他们能做什么。如果某个学生在拼写测验中正确拼写了一半的单词，我们就知道她正确拼写了一半的单词。我们无法知道她是只能正确拼写一半的单词，还是她以后也是这样。任何关于未来表现的陈述都是一种推论。学生在某一天测验中的表现是由许多因素决定的，重要的是要记住，我们只观察学生做了什么，而不是能做什么。

1-4f 推理的多或少，会影响决策制定

在评估中，我们通常使用一部分信息来推论学生的水平和进步速度。然而，进行过多推理可能是有问题的。当测验中只有少数项目或任务来反映所考查的某一特定行为或能力时，以及完成题目或任务所需的技能不能充分地反映测量的目标技能时，推理就特别明显，并且可能存在问题。例如，使用一个简短的三道选择题测验来测量学生解决数学问题的技能，这就属于过多推理。因为它只包括少量的题目，而且学生只需要从每个题目列出的答案中进行选择，并不是实际完成一个数学问题。数学解题能力不太强的学生也可以（仅仅是偶然的）在这样的考试中得高分。在这种情况下，认为考试分数能准确反映学生的数学解题能力的推论就是不正确的。一个需要较少推理的测验会要求学生自己解决问题，而不是给学生提供潜在的正确答案。

此外，目前在学校环境中存在的一些测量的概念，与学业和社会情绪能力仅是有所关联。在使用与这些概念相关的测验时，就需要较多推理，以便将评估信息与教学指导有意义地联结起来。例如，尽管有资料表明短期记忆（通常是在智力测验中测量的一种概念）与学习成绩有关，但即便知道学生在短期记忆测验中表现不佳，这种表现也并不能为教学内容或教学方式提供有针对性的指导。虽然这可能意味着一个学生需要更多的重复来掌握某一项特定技能，但是如果测验能直接地测量学生学习某件事情所需的重复次数，人们可以更有信心地得出这个结论。

我们认为，应该避免使用需要较多推理的评估工具。这是因为，通过此类工具获得的结果可能歪曲学生的实际能力，以及得出对教学没有帮助的结论。相反，我们更倾向于直接测量实际的学业和行为技能，这些技能可以通过教学来改变。第10章描述了直接评估的特点和示例。第8～19章介绍了评估工具的信息，这些评估工具在制定教学决策时所需的推理水平差异很大。

1-4g 评估信息收集、评分、解释和交流的准确性

评估工具的实施和评分通常都有非常具体的规则。这些规则的制定是为了确保评估工具能够对目标技能进行准确和有意义的测量。偏离这些规则可能导致分数无法准确反映学生在目标领域的能力水平，并最终导致糟糕的决策。因此，必须十分谨慎，确保数据收集仔细，并适当地注意施测和评分的规则。

然而，仅仅关注数据收集的准确性是不够的。这些数据只有以适当的方式用于决策时才有帮助。我们经常听到这样的情况：学校收集了大量的数据，但这些数据从来没有用于促进教学的改进，因为没有人来花时间使用这些数据，或者数据被用在了意想不到的地方。在收集数据之前，重要的是要搞清楚如何使用这些数据，并确保合理用于特定的目的。在许多情况下，数据被用来为团队的决策提供信息。因此重要的是确保评估信息能被很好地传达给所有团队成员。第3章讨论了在学校环境中收集和使用数据的规则和道德规范，第23章说明了如何与团队成员更好地沟通数据。

1-4h 公平至上

公平是评估中的指导原则，也是贯穿本教材的指导原则。学校工作人员应始终致力于最大限度地实现评估的公平性。这意味着应选择技术适当的、与改进教学结果有关的测验，并且始终考虑学生的社会和文化背景、以往的学习经历和学习机会，始终对个体差异和残疾情况保持敏感性。我们在第一部分讨论评估和技术充分性的基本概念，在第二部分讨论课堂评估实践，在第三部分讨论正式评估，在第四部分讨论将评估应用于决策时，应始终秉持公平和无偏见的指导原则。

1-4i 重要的评估

现今在学校中，有四种评估实践：技术上不充分但重要的评估、技术充分但不重要的评估、技术上不充分也不重要的评估，以及技术上充分且重要的评估。评估的基本目的是收集信息，从而提高学生在相关领域的行为能力和成就。如果实践做不到这一点，那么评估就毫无意义。当评估能够服务于有效干预措施的制订并为其提供支持，那就是有价值的，而且是明显符合个人、家庭、学校、社区和社会的最大利益的。

1-4j 评估实践是动态的

教育工作者定期更新评估方法。新的联邦和州的法律、法规或指导方针规定了（在某些情况下授权了）新的评估方法。新的测验可以使用，旧的测验废除了。各州改变了他们的特殊教育资格标准，而且，技术上的进步使我们能够以新的、更有效的方式收集数据。在校学生的数量也发生了变化，这给致力于提高所有学生学业和行为能力的教育工作者带来了新的挑战。因此，尽管本章的这一部分侧重于强调具有普遍性的关键概念，但需要注意的其中一个概念就是评估方法的变化。通过熟悉本书中介绍的基本概念，我们希望你能掌握初步的技能可以评价将来的评估实践，并展开那些不仅符合法律和道德准则，而且有助于促进学生学习的实践。

1-5 好消息：评估方面的重大改进已经发生并将持续发生

好消息是，自 1978 年本书第一版《评估》（*Assessment*）出版以来，评估已经有了显著的改进，正在以若干重要的方式发展。

- 研发测验的方法已经改变。
- 更好的统计分析方法能够促进测验研发者更好地建构评估工具。
- 随着理论和相关认识的发展，我们评估的技能和能力也在发生改变。我们认为，注意力缺陷多动障碍和孤独症是单独的残疾类型；智力测验反映了智力理论；成绩的测量标准与学生的学习方式更加密切相关。
- 每个州曾经有不同的标准，这导致了各州标准之间的混乱。在过去的几年里，许多州共同努力，在阅读和数学领域建立了一套共同的核心标准，这套标准是所有学生都要达到的。
- 更好的评估方法已经付诸实践，包括系统观察、功能评估、课程本位测量（curriculum-based measurement）、课程本位评估（curriculum-based assessment）、技术增强性评估（technology-enhanced assessments）。
- 各州和学区采用了多层支持系统的概念，使评估聚焦于教学和教学干预设计，旨在提高学生能力、建设满足学生需求的系统。
- 技术的进步使评估数据的收集、存储和分析变得更加易于管理和方便使用。
- 联邦法规定了学校在进行评估时必须遵循的程序，并要求学校对其进行的评估承担更多的责任。

我们完全有理由期待评估实践继续朝着更好的方向发展。

章节理解题

根据本章内容，回答以下问题：

1. "个体差异"是什么意思？举两个例子，说明为什么我们努力在帮助学生在学校取得成功时，考虑个体差异是很重要的。
2. 陈述评估为什么在学校和社会中是重要的。
3. 教育人员如何确定学生需要得到哪些支持才能在学校取得成功？
4. 描述至少五个重要的关键概念，理解这些概念将是本书后面章节的重点。
5. 列举两个例子，说明近年来评估实践是如何改进的。

第 2 章

学校中的评估和决策

学习目标

2-1 描述收集评估信息的四种方式。

2-2 阐释利用评估信息做出的七种教育决策。

2-3 讨论评估过程中每一层次（通用的、目标的、强化的）活动和决策的顺序。

本章中论述的标准

CEC 美国特殊儿童委员会初级准备标准

标准 4: 评估

    4.0 初级特殊教育专业人员在做教育决策时，使用多种评估方法和数据来源。

标准 5: 教学计划策略

    5.0 初级特殊教育专业人员选择、调整和使用一系列循证教学策略，以促进有特殊需要个体的学习。

CEC 美国特殊儿童委员会高级准备标准

标准 1: 评估

    1.0 特殊教育专家开展有效和可靠的评估实践来减少偏见。

Ψ 美国学校心理学家协会专业标准

    1 基于数据的决策和问责

    5 促进学习的学校实践

评估是一个收集信息的过程，目的是为学生做决策或做与学生相关的决策。在本章中，我们介绍了四种收集评估信息的主要方式，以及利用评估信息做出的七种主要决策。在本章的结尾，我们介绍了学校中的评估过程。

2-1 如何收集评估数据

大多数人听到"评估"这个词时，会想到测验，但评估比测验更为广泛。**测验**（testing）是向一个人或一群人提出一组特定的问题让其回答，以求得分数的过程。这个分数是测验的最终结果。测验只是收集信息的数种评估技术或程序之一。在评估过程中，查阅档案记录、访谈、观察和测验的数据都将发挥作用。为了实现最高效率，评估者首先查阅被评估者的档案记录来寻找相关信息，然后访谈相关专家以及那些非常了解被评估者的人，之后再通过观察来获取有用的信息。测验可以获得更有针对性的信息，这些信息包括学生当前能力和行为的精确数据，可用于教学调整以及教学决策。肯尼思·豪厄尔（Kenneth Howell）最先使用的 R.I.O.T.[1] 是一种便捷的记忆方式，可以帮助你记住收集信息的四种评估方式（Hosp, Hosp, Howell & Allison, 2014; Howell & Morehead, 1987）。

2-1a 档案回顾

档案回顾（record review）是一种查阅学生前期记录或病历的评估方法。在学生档案中，学校人员留存了学生的个人基本信息、之前的考试成绩、出勤率数据，以及教师关于学生行为和表现的评价。评估者几乎都会查阅学生之前的各种表现记录。在了解问题首次出现的时间、严重程度和尝试的干预措施上，档案回顾是非常有用的。如果学生以前没有表现出困难，档案回顾也是同样有帮助的。评估者往往也会查阅课堂教学要求，并将这些要求与学生的表现进行比较，以了解学生的能力与其要完成的任务要求之间的差距。

2-1b 访谈

另外一个常用的收集信息的方法是回忆所观察到的事情并进行解释。通过对熟悉学生的人进行访谈，并让其填写评分表，会获得非常有用的信息。**访谈**（interview）是一种涉及两个或两个以上的人之间对话的评估方法。它由访谈者提出问题，然后从受访者那里获得事实或相关陈述。访谈可以是随意的谈话，也可以是以高度结构化的形式进行。在访谈中，访谈者对一组预先确定的问题按照一定的顺序进行提问。非结构化访谈是由松散定义的问题和开放式回答所组成的。半结构化的访

---

[1] 译注：R.I.O.T. 的英文全称是 Record Review–Interviews–Observations–Tests。

谈包括一组标准化的问题和开放式的回答。结构化访谈的问题和可能的回答都是标准化的。常用的结构化访谈，见于儿童行为评估系统第三版（Behavioral Assessment Scale for Children-3，BASC-3，Reynolds & Kamphaus，2015）和吉列姆孤独症评定量表第三版（Gilliam Autism Rating Scale 3，GARS-3，2014）。一般来说，访谈的结构越严谨，不同访谈者获得信息的一致性就越高。评定量表被认为是最正式的访谈评估工具。评定量表以标准化的方式提出问题，并附有相应的刺激材料，提供了一套标准化的、有限的反应选项。

2-1c 观察

观察不仅可以提供关于被评估者的高度精确、详细和可验证的信息，还可以提供关于周围环境的信息。观察分为系统观察和非系统观察。在**非系统**或**非正式的观察**（nonsystematic, or informal, observation）中，观察者只需要关注环境中的某个人，并记录一些看起来重要的行为、特征和社交互动。在**系统观察**中，观察者需要观察一个或多个精确定义的行为。观察者指定目标行为的可观察事件，然后计算或测量行为发生的频率、持续时间、强度或潜伏期。

2-1d 测验

测验（test）是提供一组预先设定的问题或任务，并探究受测者在预定问题上的行为反应。测验特别有用，因为它们允许任务和问题以完全相同的方式呈现给每个受测者。测验人员以一种预先确定的、一致的方式对行为进行探测和评分，所以无论谁做测验，最后获得的表现均可以进行比较。因此，测验使得评估中的许多情境因素对于受测者都是一致的。这种一致性的代价是，预先设定的问题、任务和回答不是对所有学生都具有公平性。测验产生定量和定性两种类型的信息。**定量数据**（quantitative data）是列成表格或以其他方式给出数值的观测数据。它们是在测验中取得的实际分数。定量数据的一个例子是李在数学考试中得 80 分。**定性数据**（qualitative data）是基于非系统化和非量化的观察收集的信息片段，它是测验时获得的对受测者的观察信息。定性数据可以告诉我们李是如何取得分数的。例如，除了那些需要重新组合的加减法，李可能已经解决了其他所有的加法和减法问题。使用测验时，我们通常不仅想知道学生的分数，还想知道他们是如何获得这些分数的。

2-2 教育者所做的评估决策类型

在学校工作，你可能要收集并使用评估信息来为学生做出决策。教育评估决策是用来解决问题的。其中一些评估决策与问题识别有关（确定是否存在问题），而另一些则涉及问题分析和问题解决。大多数教育问题始于我们对学生的期望和他们实际表现之间的差异。这种差异可能表现在学生的学业上（学习速度不如预期）、行为上（行动不如预期）或身体上（感知或反应能力不如预期）。如果这种差异达到一定的程度，就成了一种问题，而不再被认为是人在发展中的正常差异。差异和问题之间的交叉点是许多因素的共同作用：差异的重要性（例如，无法拼写出一个字母与忘记在英文字母"i"上加点）、差异的强度（例如，在课堂上清嗓与大声说脏话）等。还有一些评估决策涉及解决问题（如何解决问题来改善学生的教育）。表2.1列出了学校工作人员利用评估信息做出的各种决策。阅读下列评估概要以及相关问题，了解一个团队用评估数据来为残疾学生的决策提供信息的情况示例。

表2.1 使用评估信息做决策

筛查	是否存在被忽略的问题？
进步监测	学生是否取得足够的进步？ ——在个人目标上的进步 ——在州标准或共同核心标准上的进步
教学计划和调整	我们能做些什么来提升已有能力、建设新能力，我们该如何去做？
资源分配	是否需要额外资源？
特殊教育服务的资格	学生是否有资格获得特殊教育及相关服务？
项目评估	所使用的教学方案是否有效？
问责	是否达到了预期的结果？

© Cengage Learning

2-2a 筛查决策：是否存在被忽略的问题？

筛查决策（screening decisions）涉及评估信息的收集，目的是确定学生是否存在被忽略的、未被识别出的问题。目前，教育者已经意识到，在学生的早期学校生涯，发现其身体、学业和行为方面的问题是非常重要的。早期发现能让我们及早对学生开展治疗或实施干预措施，减轻或消除相关问题。教育者也明白，对特定情况进行筛查是很重要的，比如出现视力困难的话（通过筛查得知后），矫正镜片的使用能让学生在学校表现更好。学校里的每一个人都应参与普遍筛查，通过对所有学生进行测验，来筛查出一些潜在问题。我们认识到，感官问题可以通过矫正措施来缓解，比如眼镜、助听器或扩音器，因此所有年幼的儿童都应当接受视力或听力检查。所有学生都必须接受体检，并且大多数学生在入学前都要接受入学准备情况评估。筛查测验通常在普通学校的所有学生中进行，以筛查出那些与预期表现水平有差异的学生。这样的筛查被称为普遍筛查。

2-2b 进步监测决策：学生是否取得足够的进步？

学校工作人员评估学生的目的是为了做出两种**进步监测决策**（progress monitoring decisions）：①学生在个人目标上是否取得了足够的进步？②学生在州共同核心标准（Common Core State

Standards，CCSS）或特定州标准方面是否取得了足够的进步？

个人目标的进步监测

学校工作人员应定期评估学生在特定学业领域是否具备某些技能，如解码单词、理解所读内容、数学计算、解决数学问题和写作等。我们想知道学生是否能够在指定的时间内（例如，在学年结束或中学毕业前）完成所有的教学目标。收集数据的目的是为了做出关于教什么和教何种水平内容的决定。例如，掌握了个位数加法的学生在个位数加法方面不再需要进一步的教学（尽管他们可能还需要练习），没有掌握这项技能的学生则还需要接受进一步的教学。接受特殊教育服务学生的具体目标应列在其个别化教育计划中。

我们会监测学生的进步表现，这样我们就可以调整没有达到预期目标的教学或干预措施。持续或定期地进行进步监测，既能够确保学生掌握所学的知识和技能，也能够在一段时间内巩固新学的知识和技能，并将这些所学进行归纳迁移。特殊学生的个别化教育计划必须包含评估学生实现个别化目标的方法。不管怎样，这些信息被用来确定教学或干预是否有效，以及是否需要改变教学。

州共同核心标准或特定州标准的进步监测

学校工作人员为学校、班级和学生个人的表现设定目标/标准/期望。美国教育部制定了一份"州共同核心标准"的清单，所有学生都要达到清单上的标准。一些州将这些标准作为其评估和问责的基础。某个倡导州共同核心标准的网站包含了联邦政府行动的最新信息。所有的州都确定了学业内容和表现标准（performance standards），具体规定了学生在阅读、数学、社会研究、科学等方面的学习要求。重度残疾学生则需要达到替代性的成就标准（这将在第22章详细讨论）。

此外，法律要求各州建立与其目标/标准/期望相一致的评估系统，用于确定群体或个人是否达到或超过了州标准/目标/期望。随着时间的推移，州共同核心标准可能会发生重大变化。请务必在互联网上搜索"州共同核心标准的变化"和"《不让一个孩子掉队法》的变化"，以获得最新的信息。

2-2C 教学计划和调整决策：我们能做些什么来提升已有能力、建设新能力，我们该如何去做？

教学计划和调整决策（instructional planning and modification decisions）涉及评估信息的收集，目的是规划个性化的教学或调整学生正在接受的教学。融合教育教师可以按照标准的课程来制订教学计划。虽然课程因学区而异（主要是受社区和学校价值观的影响），但对于大多数年龄或年级接近的学生来说，课程的内容都是相当的。然而，对于那些在学业和行为能力上与同龄人或学区标准有显著差异的学生，教师应如何处理？这些学生需要特别的帮助才能从课程和教学中受益，学校人员必须收集数据为这些学生规划特别的方案。

在教学计划中会涉及三种决策：教什么、怎么教、哪些期望是可以实现的。决定教什么是教学内容方面的决策，它通常是在对学生所具备和不具备的技能进行系统分析的基础上做出的。考试分数和其他信息有助于教师判断学生是否具备特定的能力。测验信息可用于确定学生阅读能力的等级位置，或是否需要参与特定的补偿或补救项目。教师还可利用观察和访谈的信息来决定教学内容。他们通过尝试不同的教学方法和监测学生在教学目标上的进展来获得关于如何教学的信息。符合实际的期待，通常是基于对学校环境和考试成绩的观察得出的推论。

《不让一个孩子掉队法》是针对中小学教育的联邦法律，其中一条规定是，学校应采用"基于循证的"的教学方法。对有特殊需要的学生应使用有经验证据的干预措施或支持。许多网站致力于介绍循证教学，包括美国密集干预中心（National Center on Intensive Intervention）、美国干预反应中心（National Center on Response to Intervention）、美国干预中心（Intervention Central）和美国教育部的有效教育策略资料中心（What Works Clearinghouse）的网站等。

2-2d 资源分配决策：是否需要额外资源？

资源分配决策（resource allocation decisions）涉及收集和使用评估信息，确定学生需要何种资源和支持，以便在学校取得成功。评估结果可能表明个别学生需要特别的帮助。这些学生可能会被转介到教师协助团队[1]，或者被转介到多学科团队进行评估，决定这些学生是否有资格获得特殊教育服务[2]。学校工作人员收集关于学生社会情绪困难或学业技能的数据，以确定是否需要额外资源。他们还利用评估信息来决定，如何让家长、学校、教师和社区机构参与支持，以提高学生的能力。

当大多数或所有学生明显需要额外的项目或支持时，教育系统可能会发生一定的改变。加强学校建设以满足学生需求的例子包括：普及学前教育、由联邦政府为提高学生的数学和科学能力提供资金、实施积极行为支持方案、联邦政府要求学校工作人员制订个别化计划以指导学生从高中到毕业后的就业转衔。

2-2e 特殊教育服务资格决策：学生是否有资格获得特殊教育及相关服务？

资格决策（eligibility decisions）涉及评估信息的收集和分析，确定学生是否符合国家规定的残疾标准，是否需要特殊教育服务才能在学校取得成功。学生必须被证明是残疾的且有特殊学习需要

---

[1] 原注：学校通常有两种团队。第一种通常只由教师组成，他们是帮助任课教师解决个别学生问题的一线教师。这些团队通常被称为教师协助团队、主流协助团队或全校协助团队，团队定期开会讨论解决教师所面临问题的方法。第二种团队是法律要求的多学科团队，致力于做出特殊教育资格决策。这些团队通常由负责人、普通教师和特殊教育教师以及相关服务人员，如学校心理学家、言语语言病理学家、作业治疗师和护士等组成。这些团队在不同的地方有不同的名字，最常见的是被称为儿童研究团队；但在明尼阿波利斯市，他们被称为特殊教育转介委员会或 IEP 团队。

[2] 原注：有天赋的学生被认为是超常的。然而，根据美国《残疾人教育法》，超常学生在联邦层面并没有资格获得特殊教育服务。但一些州有特别规定，超常学生有权获得特殊服务。是否可以获得特殊服务，以及如何享受特殊服务，要以各州的官方教育网站公布的规定为准。

的，才能获得特殊教育服务资格。这一点非常重要，尤其与学校的评估相关。仅有残疾或仅有特殊学习需求是不够的，需二者兼备。有的学生虽然残疾，但并不需要特殊教育服务。例如学生可能是视觉障碍，但失明并不一定会影响他的学习成绩。同样，有的学生可能有特殊学习需要，但其自身状况不符合国家发布的残疾标准。例如，对于行为障碍学生，联邦并没有要求给他们提供特殊教育服务。而且在许多州，有行为障碍的学生没有资格获得特殊教育服务（学生需要被认定为有情绪障碍，才能接受特殊教育服务）。接受特殊教育的学生需满足两个条件：①已被确诊为残疾；②需要特殊教育服务才能取得教育成就。

除了联邦政府采用的残疾分类制度外，每个州都有教育法典规定学生的残疾类型。各州对同一残疾可能有不同的名称。例如，在加利福尼亚州，有的学生被称为"聋"或"重听"；在其他州，如科罗拉多州，相同类别的学生被称为"听觉障碍"。各州可以扩大特殊教育服务，为未列入美国《残疾人教育法》的残疾学生提供服务，但各州不得将IDEA所列的残疾学生排除在服务之外。还有，虽然州可以为超常学生提供特殊的项目和保护，但超常学生并不包括在IDEA中，也没有资格获得联邦特殊教育资助。我们将在关于做出资格决定的章节中详细阐述这些概念。

2-2f 项目评估：教学方案是否有效？

项目评估是指基于数据做出项目是否有效的评价。**项目评估决策**（program evaluation decisions）的重点是衡量具体课程在满足学校目标和教学目标方面的有效性。学校工作人员常用这些信息制订全校范围的课程计划。例如，如果要比较某一领域的两种教学方法的优劣，学校可以这样做：在年初对应用两种不同的教学方法的群体进行前测，然后对两个群体进行两种不同方式的教学，在年底对两个群体进行后测。通过对比学生前测、后测的表现，评估这两种教学方式的有效性。

如果有许多学生参与，并且决策的标准是用统计学术语撰写的，那么评估教育项目的过程可能非常复杂。例如，对两个教学项目的评估可能会涉及数百名学生的数据收集，比较他们的前后表现，并应用多种统计方式验证结果。项目成本、教师和学生的意见，以及每个项目目标和项目目的的性质都可以进行比较，从而确定哪个项目更有效。这种大规模的项目评估可能由学区的行政人员来执行。当然，程序评估的规范性可能会较低。例如，麦肯齐是一位三年级的教师，当麦肯齐想知道她正在使用的一种教学方法的有效性时，她可以自己做评估。最近，她想知道在阅读教学中运用直接拼读法和抽认卡法，哪种方式教单词识别更有效。在三个星期的教学过程中，她使用了这两种教学方法，结果发现使用直接拼读法进行教学时，学生们能够更快速地学会认字。

2-2g 问责决策：我们所做的事情是否产生了预期的结果？

问责决策（accountability decisions）是指使用评估信息来确定学区、学校和教师个人与他们所教的学生，取得了多大程度的进步。根据《不让一个孩子掉队法》的规定，学校、学区和州教育机构（state education agency, SEA）要对学生的个人表现和进步负责。学区必须每年向州教育部门报告所有学生，包括残疾学生在内，在州要求学生参加的考试中的表现。根据法律，各州、学区和学校必须证明其就读的学生取得了适当的年度进步（Adequate Yearly Progress, AYP）。如果州判定某所学校没有取得 AYP，或特定学生群体（处境不利学生、残疾学生或特定种族/族裔群体）没有取得 AYP，就会被处罚，这所学校会被认为是一所需要改进的学校。如果学校在两年内未能取得 AYP，在该校就读的学生的家长可获准将其子女转移到其他学校就读（被认为无须改进的学校）。如果学校在三年之内没有取得 AYP，学生有权获得补充教育服务（通常是课后辅导）。如果更长时间不能够取得 AYP，被处罚的力度更大，直到州最终接管学校或学区并对其进行重组为止。

评估场景

琼

琼是一名八年级学生，在一年级时曾留级，三年级结束时琼被认定有学习障碍，从那时起她一直在接受特殊教育。在每个年级，琼都会取得进步。目前，琼在普通课堂参与学习，并在资源教室中接受资源服务，在课堂上接受英语、数学、科学和社会研究等科目的学业支持。在资源教室中，她接受了写作（尤其是拼写）和阅读方面的指导，她的问题在于流畅性不足，妨碍了她的理解。

琼有很多优点，她按时上学，并且充满热情，听觉理解能力突出，对任务的注意力维持较好，积极参与班级活动和课堂讨论，拥有创新的想法，并且能够流畅地表达自己的想法。她能向老师请求帮助，接受老师的帮助，同时能够被同学接纳。

然而，最近她开始表现出自卑的迹象。琼明年就要上高中了，所以现在琼的父母开始担心了。她的父母认为时间紧迫，琼需要对自己有更清晰的认知，了解她现在所达到的程度。因此，她的父母要求召开 IEP 团队会议，以消除对琼的阅读、写作和自尊心等方面的担忧。他们想知道琼是否需要一个强度更高的特殊教育计划。

这个案例表明了这样一种情况，即我们需要更多的信息来为接受特殊教育服务的学生作出决策。参考表 2.1 以及决策类型的相关描述信息，为了解决琼的父母所关注的问题，你将需要哪些信息来作出何种决策呢？

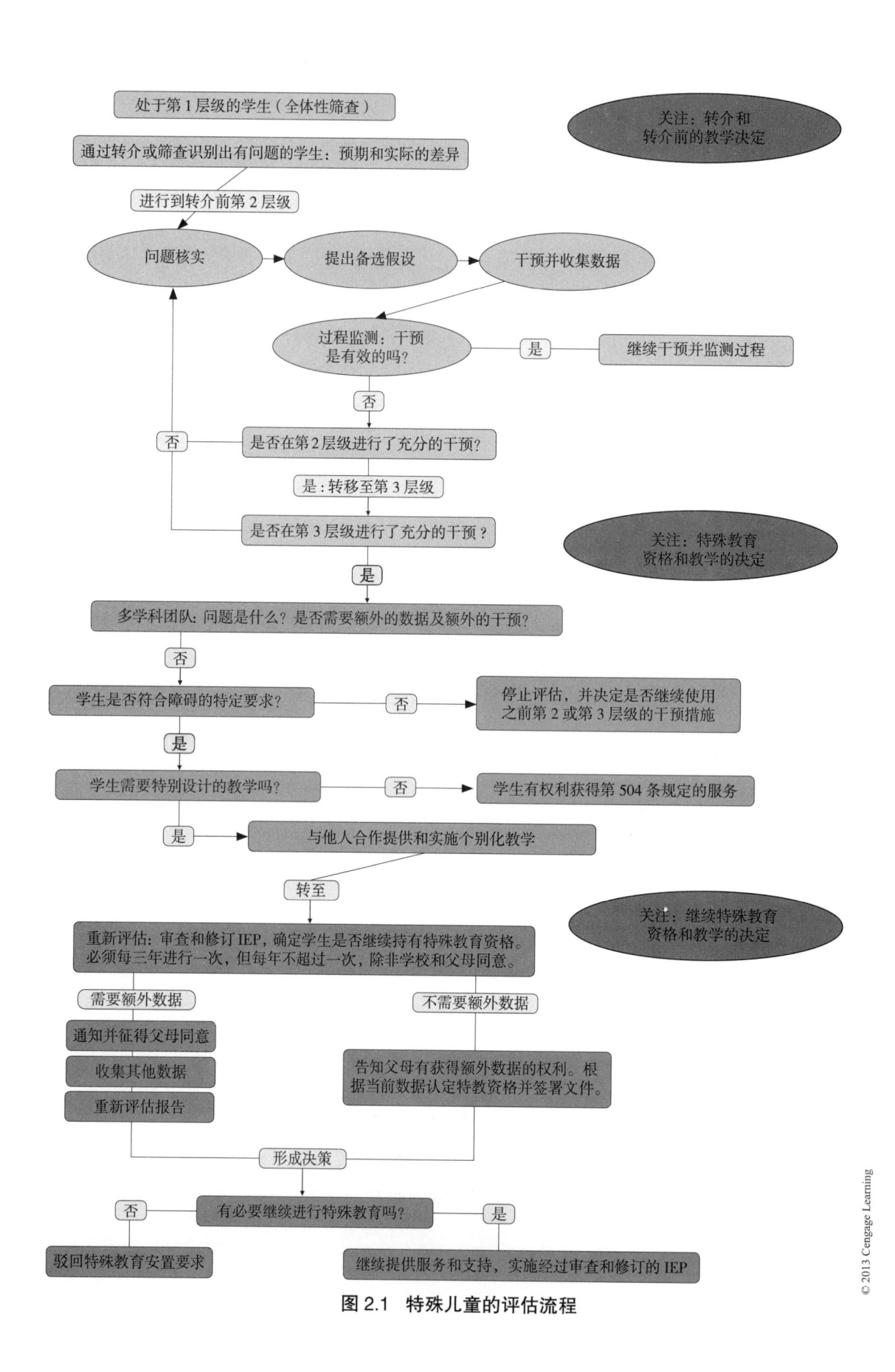

24 特殊教育和融合教育中的评估

图 2.1 **特殊儿童的评估流程**

2-3 评估过程

针对每个学生的评估和决策过程不同，但在程序上存在共性。图 2.1 展示了在普通课堂中，教师从最初的关注到实施转介前干预的活动流程。学生的进步情况受到监测，并根据表现得到不同程度的服务。这也说明，收集评估信息的目的是评估学生是否有资格获得特殊教育服务，并据此做出最终决策。图 2.1 展示了评估的一般过程，但我们要认识到，对于某些学生来说，评估的过程可能会包括一些额外的步骤，且针对不同的学生完成这些步骤所花费的时间也必定不同。我们也需要认识到，许多残疾学生在入学前就已经接受过特殊教育服务，尤其是失明、失聪、多重残疾或身体状况影响了学习的这部分学生。

下面介绍评估和决策过程中的步骤是如何开展的。有一名学生叫萨拉，在普通班级就读。普遍筛查（对她所在年级的所有学生进行的筛选测验）结果显示，她现有的阅读水平（在筛选测验中观察到的水平）和她所在的年级阅读水平之间存在差异。为了弥补萨拉在阅读技能方面的缺陷，我们决定采取有针对性的干预措施（第 2 层级），即对问题进行核实，就如何有效解决问题提出备选假设，尝试干预措施，并收集评估数据。如果在采用多种干预措施后，萨拉未能取得足够的进步，则向她实施强度更高的干预措施（第 3 层级）。如果在进行了各层级干预后，萨拉仍未能取得足够的进步，她将会被转介接受进一步的评估，以确定她是否有资格获得特殊教育服务。特殊教育服务资格的决策必须由多学科团队做出，该团队包括普通教育教师、特殊教育教师、学校管理者、学校心理教师和其他人员，人员组成依据具体情况而定。多学科团队将制订个别化教育计划，明确萨拉的短期目标和长期目标，以及实现这些目标的具体教学方法。长期目标将以国家的教育标准为基础，因此，这些目标也通常被称为基于标准的目标。

当学生接受特殊教育服务时，教师应该根据 IEP 目标对学生的学习进步进行监测。此外，学校人员也需定期审查学生是否仍有资格接受特殊教育服务；如不再符合资格，则必须停止特殊教育服务。筛查、教学计划、资格和学习进度的评估决策都是针对个别学生制订的。资源分配的决策是仅适用于个别学生的系统性决策，而教育方案的评估和问责的决策则通常是针对群体而不是个人。

章节理解题

根据本章内容，回答以下问题：

1. 列举并简述评估信息收集的四种主要方式。
2. 列出并描述利用评估信息做出的七种决策。
3. 描述在评估过程中的预审查、资格审查和重新评估阶段所进行的活动顺序。

第3章

影响评估的法律、伦理规范和专业标准

学习目标

3-1 介绍影响评估的主要法律,以及法律的具体规定[例如,个别化教育计划、最少受限制环境(least restrictive appropriate environment, LRE)和正当程序(due process)]。

3-2 描述由专业协会制定的评估的广泛伦理原则和标准,说明遇到伦理困境时的处理过程。

3-3 解释测验标准如何促进具有更好技术充分性(technical adequacy)的测验的开发。

本章中论述的标准

CEC 美国特殊儿童委员会初级准备标准

标准4: 评估

  4.0 初级特殊教育专业人员在做教育决策时,使用多种评估方法和数据来源。

标准6: 职业道德实践

  6.0 初级特殊教育专业人员以特殊教育的专业基础知识及其职业道德原则和实践标准来指导特殊教育实践,终身学习,并促进职业发展。

CEC 美国特殊儿童委员会高级准备标准

标准1: 评估

  1.0 特殊教育专家开展有效和可靠的评估实践来减少偏见。

标准6: 职业道德实践

  6.0 特殊教育专家以特殊教育的专业基础知识及其职业道德原则和实践标准来指导特殊教育实践,终身学习,促进职业发展,并履行领导职责,以促进同事和有特殊需要的个体取得成功。

美国学校心理学家协会专业标准

  1 基于数据的决策和问责

  10 法律、伦理和职业实践

评估学生的做法大多都是联邦法律、法院裁决、专业标准和伦理规范直接规定的。美国的联邦法律规定，学生在获得特殊教育服务之前必须接受评估，而且为每一位残疾学生制订个别化教育方案；这些学生的教学目标应来源于全面而个性化的评估；各州每年需向美国教育部提交一份关于包括残疾学生在内的所有学生的学习成绩报告。美国特殊儿童委员会（Council for Exceptional Children）、美国学校心理学家协会（National Association of School Psychologists）和美国心理学会等专业协会，规定了专业实践标准和伦理原则，用以指导评估学生的行为。

3-1 法律

法律、法规和条例经常发生变化。向政策制定者提供的（案件）信息推动了这些变化，使政策制定者相信法律方面的变化是有益的。当相关的法律、法规和条例不够明确时，往往就会有一些模糊的情况要应对，此时人们通过法庭判例了解法律中的一些模糊条款，使得法律法规更为清晰。阅读本章时，我们建议你在搜索引擎中输入"美国《残疾人教育法》的变化""美国《中小学教育法》[1]的变化"或"美国《不让一个孩子掉队法》的变化"，阅读其内容了解法律方面的最新进展。

了解美国残疾人教育和评估的联邦立法历史是非常重要的。1975年以前，联邦政府没有要求残疾学生上学，也没有要求学校尽可能接收残疾学生。对残疾学生的入学要求因州而异，执行各不相同。自20世纪70年代中期以来，向特殊教育和融合教育学生提供服务的事宜由联邦法律监管。1973年《康复法》第504条（Section 504 of the Rehabilitation Act of 1973）是一项重要的联邦法律，它给予残疾人平等的机会去获得由联邦资助的项目和服务。1975年，国会通过了**《所有残疾儿童教育法》**[94-142公法]（Education for All Handicapped Children Act, EAHCA），这是一部包含许多教学和评估相关要求，以服务和鉴别特殊教育需要学生的法律。这部法律在1986年、1990年、1997年和2004年得到重新授权、修订和更新。1990年，这部法律有了一个新的名称：**《残疾人教育法》**。它与其他重新授权的法律一样，包括了鉴别残疾学生并为其提供服务的更新条款。为了反映实时变化，国会用"children with disabilities"取代了"handicapped children"的说法[2]。在2004年的重新授权中，这部法律改名为：《残疾人教育促进法》（Individuals with Disabilities Education Improvement Act, IDEIA），以此强调这部法律的主要目的是改善残疾学生的教育服务。

2001年的《中小学教育法》（通常被称为《不让一个孩子掉队法》），是另一部对当前的评估实践有着重要影响的联邦法律。该法要求各州每年向美国教育部报告所有学生的成绩和进步数据。各州是从学区获得信息的，所以这部法律也要求学区向州教育部门报告包括残疾学生和英语学习者

---

1 编注：《中小学教育法》（Elementary and Secondary Education Act, ESEA）。
2 编注：handicapped children 与 children with disabilities 的中文都可译为"残疾儿童"，因handicapped 与 disabilities 都有残疾、缺陷的意思，为体现英文变化，此处未做翻译处理。但在英文语境中，handicapped 已过时，许多人认为该词含冒犯意。

在内的所有学生的成绩和进步情况。表 3.1 列出了对评估实践特别重要的联邦法律，并突出强调了其中每项法律的主要新规定。

表 3.1 与评估相关的主要联邦法律及其中的关键规定

法律	规定
1973 年《康复法》（93-112 公法）第 504 条	仅仅因为残疾人的残疾就拒绝他们参与活动或项目，或以任何方式歧视残疾人，都是违法的。 残疾人必须有平等的机会参与项目和获得服务。 必须为言语、动作或感觉能力受损的人提供辅助设备。
《家庭教育权和隐私权法案》（93-380 公法）（Family Education Rights and Privacy Act, FERPA）	接受联邦资助的教育机构必须给家长提供检查和质疑学生档案的机会，并得到家长的同意才可公布相关数据。一旦孩子年满 18 岁，这些权利就转移到孩子身上。
1975 年《所有残疾儿童教育法》（94-142 公法）	残疾学生享受免费、适当的公立教育（free appropriate public education, FAPE）。 学校必须为每个有资格接受该法案服务的学生提供个别化教育计划。 家长有权查看孩子的学习记录。当学生的教育安排或课程发生变化时，必须通知家长。家长有权质疑记录中的内容或质疑安置的变化。 残疾学生有权在最少受限制教育环境中接受教育。 必须以公平和非歧视的方式来评估残疾学生。他们享有特定的保护。
1986 年修正案《所有残疾儿童教育法》（99-457 公法）	《所有残疾儿童教育法》涉及的所有权利也适用于学龄前残疾儿童。 每个学区都必须进行多学科评估，并为每个学龄前残疾儿童制订个别化家庭服务计划。
1990 年《残疾人教育法》（101-476 公法）	该法案重新授权了《所有残疾儿童教育法》。 在残疾学生的定义中增加了两个新的残疾类别（创伤性脑损伤和孤独症）。 添加了转衔服务的全面定义。
1990 年《美国残疾人法》（The Americans with Disabilities Act, ADA）	保障残疾人在就业、公共服务、交通、州和地方政府服务以及通讯方面的平等机会。
1997 年《残疾人教育法修正案》（105-17 公法）	这些修正为 IDEA 增加了一些重要规定，并调整了法律。 在州和学区的评估中，关于个别化教育计划和纳入残疾学生的要求，这些变化是强制性的。 增加了对调解纠纷和惩戒残疾学生的重要规定。
2001 年《中小学教育法》（《不让一个孩子掉队法》）（107-110 公法）	提供有针对性的资源，以确保处境不利学生能接受优质的公众教育[一号标题资金（Title 1）]。 该法案旨在最大限度地提高学生的学习能力，促进教师的发展，并提高学校系统的效用。 该法案要求各州和学区报告所有学生的年度进步情况，包括残疾学生在内。 该法案为学区提供了更大的灵活性，也赋予了学区更大的责任。 该法案规定，如果孩子在州"不合格学校名单"上就读两年，家长有权将孩子转到另一所学校。 在"不合格学校"就读三年的学生有资格获得补充教育服务。
2004 年 IDEA 重新授权	采取了新的办法以防止种族或族裔的过度鉴别。 各州必须为残疾学生制订可测量的年度目标。 不要求学区用能力和成绩之间的严重差异来判断学生是否有学习障碍。
2008 年《美国残疾人法修正案》（Americans with Disabilities Act Amendments, ADAA）	该法案进一步定义和澄清了根据《美国残疾人法》和第 504 条确定学生是否有残疾的必要标准。

3-1a 1973年《康复法》第504条

1973年《康复法》第504条是禁止歧视残疾人的民权法律。该法案规定：

任何符合条件的残疾人都不能因为身患残疾，而被排除在联邦财政援助的项目或活动之外、被剥夺利益，或在这些项目或活动中受到歧视。

第504条第1款禁止学校仅仅由于学生患有残疾就将其排除在所有活动之外，第2款要求学校应采取合理的措施预防其他人对残疾学生的欺凌，第3款要求学校提供必要的便利，使残疾学生能够参与学校所有的活动和获得服务（Jacob, Decker & Hartshorne, 2011）。如果美国教育部的民权办公室（Office of Civil Right, OCR）发现州教育机构或地方教育机构（local education agency, LEA）的做法不符合第504条，并且州或学区没有采取行动纠正时，民权办公室可以扣留该州教育机构或地方教育机构的联邦资助。

第504条中的大部分规定被纳入扩充到1975年《所有残疾儿童教育法》（94-142公法）中，并成为2004年《残疾人教育促进法》的一部分。第504条涉及的范围比其他法案更广，因为它的规定不局限于特定的年龄群体或教育类型。

第504条用于为残疾人教育立法中未被列出的其他特殊学生提供服务。其中最常见的是注意力缺陷多动障碍（attention deficit hyperactivity disorder, ADHD）。与IDEA不同，第504条没有说明是否会向学校提供资金。然而，无论出于何种目的接受联邦资助的学校都必须遵守第504条规定，否则就会失去后续资助。而且更复杂的是，第504条和2008年的《美国残疾人法案修正案》都要求，学校必须为学生提供必要的便利，使他们能够参加个别化的评估和基于标准的评估（standards-based assessment）。拒绝为学生提供以上便利（如增加额外时间、考试间隔或手语翻译）是违法的。评估者必须评估学生在多大程度上有资格获得教学和考试所需要的便利。这些便利措施必须始终由一组人员（通常是儿童研究团队或IEP团队）决定，而且必须根据学生的需要而非其残疾类型。

3-1b 《残疾人教育促进法》涉及的主要评估条款

国会于1975年通过《所有残疾儿童教育法》时，与评估有关的四个主要规定是：①针对每个残疾学生制订个别化教育计划；②对评估程序提供保护措施；③在最少受限制环境中进行教育；④享有正当程序的权利。2004年重新授权的《残疾人教育促进法》延续了联邦法律的规定。

个别化教育计划规定

1975年《所有残疾儿童教育法》（94-142公法）规定，所有残疾学生都有权获得免费、适当的公立教育，学校必须为每一名有特殊需要的残疾学生提供一份**个别化教育计划**。IEP是一份具有法律效力的文件，它描述了为有资格获得特殊教育服务的残疾学生提供的服务内容。在 IEP 中，学校工作人员必须详细说明教学计划的长期目标和短期目标。每份 IEP 必须根据多学科团队的综合评估来制订。我们强调，收集评估数据的目的是帮助团队成员明确 IEP 的内容。他们不仅必须明确计划的目标和实施的教学计划，还必须具体说明如何评估，以及何时评估目标的完成和进步情况。请注意，IEP 中需要具体列出构成项目基础的评估活动和教学目标。IEP 将由一个多学科的儿童研究团队与家长共同制订。家长有权利同意或不同意计划的内容。阅读评估案例中的场景和相关问题，思考有关 IEP 的法律要求是如何影响残疾学生的学习经历的。

在 1997 年的修正案中，国会授权对 IEP 的规定进行了一些修改。IEP 核心团队扩大，新增一名特殊教育教师和一名普通教育教师。1997 年的法律还规定，残疾学生应纳入州和学区的大型测验，各州必须每年报告包括残疾学生在内的所有学生的成绩和进步情况。IEP 团队必须决定学生是否可以在便利条件下进行评估，或者进行替代性评估。

评估场景

李

李是一个有中度智力障碍的年轻人。他在出生时就被诊断出患有一种与智力缺陷相关的遗传综合征。因此，李的父母非常关心他的成长。不幸的是，大家很快就发现，他在辨别面孔、坐立、发音等方面的表现落后了。2 岁时，由于发育迟缓，他被认定有资格接受早期干预服务。专家为其制订个别化家庭服务计划（Individual Family Service Plan, IFSP）（见 IDEA 的 C 部分）。不仅李得到了相关支持，他的家人也得到了各种支援服务。李进入社区学校时，他和家人继续接受特殊教育服务。在那里，他接受了父母参与制订的个别化教育计划中描述的免费、适当的公立教育。在小学时，李接受过解决发音问题的言语治疗和如何使用铅笔和剪刀的作业治疗。李的父母参加过家长咨询，学习如何管理特殊儿童的就寝和如厕行为。李在小学阶段取得了较大的进步，掌握了较多的生活技能（比如辨识硬币），也认识了一些图片词汇。总之，他达到了个别化教育计划的年度目标，似乎很享受学校的生活，并且交到了朋友（主要是在特教班里）。

进入高中的那一年，李满 14 岁了，他的教育重点是为中学后的职业培训、就业和社区生活做好准备，帮助他在高中毕业后在生活方面变得更加独立。因此，他的进步主要是在以下领域衡量的：就业选择偏好、娱乐休闲活动、个人管理（例如，使用公共交通、洗衣服、金钱管理等）、家庭社会关系等。李参加了勤工俭学项目，在当地一家超市工作，还有一位工作辅导员（job coach）协助他适应超市的工作。21岁时，李完成了他的公立教育。

如今，李住在当地的公寓里，在之前实习的那家超市做全职工作，还交了几个朋友。他计划在不久的将来与交往已久的女友结婚。他还有一位律师，可以在许多问题上为他提供建议。

如果是在50年前，在94-142公法、IDEA法案和99-457公法诞生之前，在各州和联邦政府开始保障中度或重度残疾学生的教育权利之前，李的生活会完全不同。那个时候没有早期教育或公立教育。李是无法独立地生活、工作，无法有自己的家庭的。

这个场景突出反映了联邦法律是如何保障残疾学生获得免费和适当的公立教育的。IEP的制订是为了满足学生的个人需要，并对学生的个人目标领域的进步情况进行监测。如果没有规定要求制订IEP并通过评估来提供信息，李的受教育状况又会如何呢？

评估程序中的保护（protection in evaluation procedures, PEP）规定

国会在94-142公法中列入了一些具体要求。这些要求旨在保护学生，确保评估程序和活动的公正、公平和非歧视性。具体地说，国会授权了八项规定：

1. 测验的选择和实施应确保评估对象在种族和文化上不受歧视。
2. 在可行的范围内，以学生母语或主要交流方式（如美国手语或沟通板）对其进行评估。
3. 在实施特定目的的评估时，测验必须有效。
4. 测验必须由训练有素的人员按照测验研发者提供的说明施测。
5. 对学生使用的测验必须考虑学生的特殊教育需求，不能仅仅是为了得出一个智商分数。
6. 对学生的决策不能仅基于他们在一次测验中的表现。
7. 评估由多学科团队进行，团队中至少包括一名具有特殊障碍领域知识背景的教师或专家。
8. 必须对儿童实施与残疾有关的所有方面的评估，可能包括健康、视力、听力、社会和情绪行为、智力、学习成绩、沟通技能和运动技能。

在通过1997年修正案和2004年修正案时，国会重新授权了下面这些规定。

最少受限制环境规定

国会在1975年起草《所有残疾儿童教育法》时，希望在最大程度上将残疾学生恰当地安置在能够最大限度地使他们有机会与普通学生互动的环境中。2004年IDEA的第612（a）（5）（A）

条中确定了**最少受限制环境**的定义，具体为：

在适当的最大限度内，残疾儿童……和普通儿童一起接受教育。只有当残疾儿童的障碍性质或严重程度无法使其令人满意地在普通教室里使用辅助工具或服务来接受教育时，才会采取特教班级、特教学校或其他将其从普通教育环境中移除的安置方式。

最少受限制环境的规定源于一些法院判例。在这些案例中，州法院或联邦法院裁定，当残疾学生有两个同样合适的安置时，优先选择最常规（即限制最少）的安置。之后，所有法律都在修订中重新授权了最少受限制环境的规定。

正当程序规定

在 94-142 公法中，国会规定了学校和学校工作人员必须遵守的程序，以确保在决策过程中遵循正当的程序，这通常被称为"**正当程序**"。具体地说，当要做出影响残疾学生的鉴别、评估或安置的决定时，必须给予学生的父母或监护人陈述意见的机会，让他们有权通过公正的正当程序听证来解决意见矛盾。

学校必须提供机会，使父母可以查阅子女的档案，并对他们认为不应包括在这些档案中的材料提出质疑。父母有权让独立的机构对其子女进行评估，并在做出心理教育决定时考虑这些评估结果。此外，在任何教育机构开始对学生评估之前（此评估可能导致学生的教育安置发生改变），家长必须收到书面通知。

在 1997 年的 IDEA 修正案中，国会明确规定各州必须将调解作为家长和教育工作者的自愿选择，作为解决争议的初始部分。如果调解不成功，任何一方均可要求进行正当程序听证。正当程序条款在 2004 年的 IDEA 中重新予以授权。

3-1c 2001 年《不让一个孩子掉队法》

2001 年的《不让一个孩子掉队法》是对之前的联邦《中小学教育法》的革新，它于 2002 年 1 月 8 日由总统签署，成为法律，其中几项主要条款对残疾学生和处境不利学生的评估和教学有影响。该法规定，各州必须制定具有挑战性的州教育标准，每年对三至八年级的学生进行测验，并明确规定全州范围内学生的进步目标，确保每个学生在十二年级前都能熟练掌握课程，还要求加强对结果的问责。该法还赋予地方有了更大的灵活性和控制权，规定各州可决定其具体标准和程序，但同时必须对结果负责。有了这部法律，家长可以有更多的教育选择权，在被认定为"不合格学校"就读的学生有权进入其他公立学校，包括公立特许学校[1]。这项法律的一条主要规定是"把阅读放在第一位（putting reading first）"，确保所有孩子在三年级结束前都能阅读。这些规定要求向学校提供

---

1 编注：公立特许学校（public charter school），是指获得法律批准、与州（学区）签订办学合同章程、获得公共教育经费资助，由大学、社区学院、教师团体、社区组织、工商企业甚至个人来经营和管理的学校，产生于 20 世纪 90 年代初。

资金，用于从学前班到三年级学生的强化阅读干预措施。最后，法律明确规定，所有学生都有权接受"**循证教学法**（evidence-based instructional methods）"，即经证明行之有效的教学方法。这项法律要求各州将所有学生，包括残疾学生和英语学习者，纳入全州的问责制。

《中小学教育法》（即 2001 年《不让一个孩子掉队法》）原定于 2007 年重新授权；然而，截至本书撰写之时，国会尚未采取相关行动[1]。针对缺乏重新授权的问题，奥巴马总统在法律的具体要求方面赋予各州以灵活性；前提是各州提交问责计划，表明各州坚定地致力于改善所有学生的成绩。此外，"**力争上游**（Race to the Top）"项目也启动了。这是一个联邦计划，它向两个州的联盟提供资金，用于制定共同评估标准，依据学生在大学和工作场所中取得成功所需的技能标准来测量学生的学业成就。与此同时，各州领导人还制定了**州共同核心标准**，以便各州在教学和测评方面保持更高的一致性。有关这些项目的更多信息请见本书的第 22 章。虽然没有得到联邦政府的授权，但许多州已决定参与这些举措，从而获得相关资金。

3-1d 2004 年《残疾人教育法》重新授权发布

《残疾人教育法》于 2004 年获得重新授权发布。这项法律的一些新要求对残疾学生的评估有特别的影响。经过激烈的辩论，国会取消了学习障碍鉴别的"差异模式"，即学生必须在能力和成绩之间出现严重差异才能被视为有学习障碍。它允许各州和学区在做出服务资格决定时，使用学生对干预反应的数据来取代"差异模式"。我们在第 12 章提供了一个关于评估干预反应的广泛讨论。国会还规定，各州必须为所有残疾学生制定可测量的目标和达标标准。

3-1e 1990 年《美国残疾人法》

《美国残疾人法》要求接受联邦资助的机构为残疾人提供适当的活动机会。在涉及残疾人就业或在大学为残疾学生提供适当教育的法庭案件中，这是最常引用的法律。简单地说，任何接受联邦资金的机构或组织都必须提供必要的通道（如建筑坡道），交通工具（如专车或轮椅升降机）或便利条件（如戏剧和音乐活动中的手语翻译），使残疾学生能够参与各种服务和活动。

3-1f 2008 年《美国残疾人法修正案》

2008 年，国会重新授权并修订了《美国残疾人法》。**《美国残疾人法修正案》**（ADAA）是新法律的名称，其中的修订主要是为了澄清有关特殊教育服务等应享权利资格的认定标准。"504/ADAA 障碍"一词指那些符合第 504 条或 ADAA 规定的残疾资格，但没有资格接受 IDEA 规定的特

---

[1] 译注：本书在撰写时，《不让一个孩子掉队法》还未重新颁布。2015 年，《不让一个孩子掉队法》被《每一个学生都成功法》（Every Student Succeeds Act，ESSA）所更新替代。本书介绍的情况发生在《每一个学生都成功法》颁布之前。

殊教育和相关服务的学生。只要他们也符合"需要"标准，他们就有权根据第504条或ADAA获得特殊教育服务。

3-1g 1974年《家庭教育权和隐私权法案》

根据《家庭教育权和隐私权法案》[1]，接受联邦资金的教育机构必须允许所有家长能够查看并修改他们孩子的教育档案，直到孩子满18岁时，相关的权利就被授予孩子本人。在校外共享孩子的基本信息，也需要得到相关个人的同意。相关的规则将在关于团队协作决策的第23章中进一步说明，它们也被纳入IDEA中。

3-2 伦理考量

评估学生的专业人员有责任遵循伦理准则。大多数专业协会都制定了一整套标准，指导其成员的伦理实践，其中许多标准与评估实践直接相关。与教育专业人员最相关的是美国特殊儿童委员会、美国教育协会（National Education Association）、美国教师联合会（American Federation of Teachers）、美国学校心理学家协会和美国心理学会的伦理原则（可在各组织的网站上找到）。我们在与教师和相关服务人员的合作中发现，最有帮助的一套伦理原则和指导方针是美国学校心理学家协会的原则和指南，这些原则和指导方针主要基于加拿大心理学会（Canadian Psychological Association）的伦理原则。

在发布伦理原则和专业标准时，各个协会进行了严肃承诺，希望推动评估工具具有高技术性的标准，评估者具有高水平的道德标准。在此，我们参考了一些重要的伦理考量，大量借鉴了**美国学校心理学家协会（2010）的《职业道德原则》**（Principles for Professional Ethics），**美国心理学会（2010）的《心理学家伦理原则和行为准则》**（Ethical Principles of Psychologists and Code of Conduct for Psychologists），以及**美国教育协会的《教育专业伦理规范》**（Code of Ethics of the Education Profession），这些准则代表了各专业组织的伦理规范。我们没有明确地引用这些标准，但我们从中提炼出了一些指导评估实践和行为的广泛伦理准则。

"伦理"一词一般指的是指导个人行为的行为原则体系。伦理规范的作用是保护公众。然而，伦理行为并不是简单地遵守一套原则或专业标准规则。它往往需要仔细思考并在决策过程中实施。鉴于每一种情况都是不同的，不可能为可能遇到的每一种情况都提供同一种伦理方法。专业人员必须对特定情况有很好的了解，才能知道如何在特定情况下最好地应用相关原则和标准。美国学校心理学家协会2010年的《伦理规范》（Code of Ethics）围绕四个广泛的伦理主题展开：尊重所有人

---

1 编注：也被称为《巴克利修正案》（Buckley amendment）。

的尊严和权利；专业能力和责任；在职业关系中诚实正直；对学校、家庭、社区、职业和社会的责任（Jacob，Decker & Hartshorne，2011）。在接下来的章节中，我们简要地描述这四大伦理主题，并介绍一个流程，以指导你在不确定如何继续进行的情况下做出伦理决策。

3-2a 四大伦理原则

尊重人的尊严

学校工作人员致力于"促进提高所有学生、家庭和学校社区的生活质量"（Jacob et al., 2011）。这适用于在学校工作的每一个人。简而言之，这一广泛原则意味着，我们始终承认学生及其家庭有权参与到影响学生福利的决策中，学生有权自行决定是否分享自己的思想、感受和行为。

评估者会定期获得有关学生的大量个人信息，这些信息必须严格保密。大多数专业组织秉持的一项伦理原则是，只有当个人或社会面临明显且紧迫的危险时，这些隐私信息才有可能被公布。评估者不得与学校教职员工非正式地讨论学生考试成绩。考试成绩的正式报告必须得到受测者或其父母或监护人的允许才可公布。

评估者应当对学生档案进行保密存储和处理。在对未成年人或无法表达自我意愿的人进行评估时，评估者应特别注意最大程度地保护这些人的权益。评估者应该保证测验的安全性。准备评估前，评估者不应向他人透露测验的名称或测验题目的内容。同时，对于可能对个人产生不利影响的测验数据，评估者应进行备份。

专业能力和责任（负责任的关怀和慈善）

慈善原则，通常是所有公益类职业道德守则的共同主题。**慈善**（beneficence），或负责任的关怀，意味着教育专业人员所做的事情要最大限度地造福学生，或至少不对学生造成伤害。让接受服务的学生获得最大利益，是教育专业人员行事的出发点。对学生的评价，会产生一定的教育结果和社会影响。评估者根据评估结果做出教育和安置决策，这些决策可以较大程度地影响学生未来的个人生活。因此，评估者必须为自身工作产生的后果承担责任，他们必须尽一切努力确保学生得到适当的评估服务。简而言之，评估者要致力于应用专业知识，促进学生、家庭、学校和社区生活质量得到改善。学校系统要求的评估有时可能会与学生切实需要做的评估相矛盾，对评估人员来说，这一伦理标准可能意味着要拒绝学校系统中的不适当的评估，而选择学生切实需要的评估。

职业关系中的诚实和正直

我们都必须认识到自己专业能力的局限。负责评估和为学生做决策的人有着不同的能力水平。专业人员不仅需要进行定期的自我评估，以认识自身的局限性，还应认识所使用的评估技术的局限性。对评估者而言,若在相关领域缺乏相应的能力,也应拒绝参与相应的评估活动。为了更好地使用符合公认标准的评估技术,专业评估者需要必要的继续教育,以保持高水平的评估能力。作为一个评估学生的专业人士,你必须为你的工作结果承担责任,并努力避免带来任何负面后果。

随着学校教学对象日益多样化,专业人员在与来自不同文化和语言背景的学生,以及不同障碍类型的学生来往时,必须表现出专业的敏感性。评估者应具有与来自不同文化和语言背景的学生接触的经验,并具有相关的文化理解和语言能力,否则应避免对这些学生进行评估和为其做决策。

对学校、家庭、社区、职业和社会的责任

教育专业人员对他们的工作和社区负有责任。这意味着他们的表现要具有专业性,不能做那些对聘请自己的人或对职业有不良影响的事情。作为专业人士,我们有责任推动学校、家庭和社区环境的健康发展,遵守法律,通过监督、指导和教育同事,确保所有学生能够在没有歧视、骚扰、暴力和虐待的环境中上学、学习和成长(Jacob et al., 2011)。与我们一起工作的学生(特别是残疾学生)往往是社会中最脆弱的成员。我们有责任保护他们的权利。

评估者有责任以公平和无歧视的方式选择和实施测验。有责任选择有效的评估方法,准确反映学生的能力,并避免受其残疾影响。测验的选择和实施不应带有种族和文化歧视,应以学生的母语或主要交流方式(例如盲文或沟通板)进行。

如何解决伦理困境?

什么样的评估行为是符合伦理的?

为此,雅各布等人(Jacob et al., 2011)提供了一个八步骤问题解决模式:

1. 描述基本情况。
2. 明确所涉及的潜在伦理—法律问题。
3. 查阅可能适用于解决每一个问题的伦理准则和法律及学区政策。
4. 评估所有的受影响者(学生、同伴、教师、学校其他教职员工、家长、兄弟姐妹)的权利、责任和福利。
5. 列出可以应对这些情况的替代解决办法。
6. 列出每个行动的结果。

7. 参考以往案例结果，考虑每个决定将产生的所有有利影响和不利影响（进行风险—利益分析）。

8. 做出决定。

如果你遇到一个存在职业道德不规范情况的专业人士，你需要采取以下步骤予以应对：

1. 说出你所观察到的情况，让他知道这种行为是违法或不道德的。通常，人们可能意识不到他们的行为是违法、错误或有害的（这种情况并不少见）。

2. 如果这种违规行为持续存在（例如，一再使用不完善的测验），则与另一个专业人士一起讨论你们观察到的情况。

3. 如果这种行为持续存在，向他的领导报告，并要求领导有所行动。如果你所在的学区有律师，请律师参与讨论。

4. 如果这种行为仍持续存在，要么向相关伦理委员会报告，要么让学校法务人员采取必要的行动。

改编自 Jacob, S., Decker, D., and Hartshorne, T. 所著：《学校心理学家伦理与法律》(*Ethics and Law for School Psychologists*)（6th ed）。

3-3 测验标准

评估学生的人员必须遵守评估的专业标准。

《教育和心理测验标准》（*Standards for Educational and Psychological Testing*）是由美国教育研究协会、美国心理学会和美国教育测量协会联合委员会制定的（2014），形成了一套测验开发和使用的要求。开发测验的人员必须按照标准行事，评估者必须使用符合标准的工具和方法。

在本书的第三部分，我们回顾了常用的测验，并讨论了这些测验在多大程度上符合《教育和心理测验标准》中规定的标准。我们还提供信息帮助评估者对特定测验的技术充分性做出有事实根据的判断。目前，联邦或州机构没有采取行动限制不完善的测验的出版和使用。只有评估者拒绝使用不完善的测验，才会迫使测验开发人员对测验进行改进。毕竟，如果你是一名测验开发人员，你会继续出版一个很少有人购买和使用的测验吗？如果一个测验不用做任何改变，人们仍然继续购买和使用它，你会投入公司资源来改变这个技术上不充分，但能为公司带来巨大年收益的测验吗？

章节理解题

根据本章内容，回答以下问题：

1. 影响评估实践的三大规律是什么？
2. IDEA 的主要组成部分（个别化教育计划、最少受限制环境、对评估程序的保护和正当程序的听证权利）如何影响评估实践？
3. 特殊教育是一个常使用缩略语的领域。"SWD 有权享用 IDEA 的服务；一些被贴着 ADHD 标签的人没有资格获得 IDEA 的服务，但曾经获得 ADA 的服务，现在符合 ADAA/504 的服务。 由于 NCLB，Title I 学生有资格获得服务。学校工作人员要为残疾学生制订 IEP，但不必为 SW/OD 编写 IEP。残疾学生有权在 LRE 获得 FAPE、PEP 和教育。"用容易理解的方式翻译这些句子。
4. 从以下职业中，选出你认为需要对个人行为进行道德伦理规范指导的两种职业：管道工、股票经纪人、杂货店经理、二手车销售员、医生、酒保和教授。并说明这两种职业的道德伦理规范有哪些，为什么是这些规范，以及它们在不同的职业中有何不同，是否存在共性？
5. 评估人员的慈善、专业能力的有限性、尊重评估对象的尊严、对评估相关信息的保密和评估的公平性等广泛的伦理原则，是如何影响评估实践的？
6. 你可以采用哪两种做法来支持评估工具的开发和完善？

第 4 章

测验分数意味着什么

学习目标

4-1 描述以下基本量化概念：测量量表、分布特征、平均分数、离散性和相关性。

4-2 阐释如何通过解读标准参照、学业成就标准参照和常模参照来使测验成绩具有意义。

4-3 描述如何根据重要的个人特征（例如，性别和年龄）按人口比例来构建常模，常模必须包含大量的人群，必须代表现在的人群，必须与评估目的有关。

本章涉及的标准

CEC 美国特殊儿童委员会初级准备标准

标准 4: 评估

    4.0 初级特殊教育专业人员在做教育决策时，使用多种评估方法和数据来源。

CEC 美国特殊儿童委员会高级准备标准

标准 1: 评估

    1.0 特殊教育专家开展有效和可靠的评估实践来减少偏见。

Ψ 美国学校心理学家协会专业标准

    1 基于数据的决策和问责

    9 研究与项目评价

学校工作人员应该在整个职业生涯中使用他们收到的测验结果。教育者要理解这些测验的分数，才能正确运用这些测验结果。假设你查阅秋季即将入学学生的学校文件袋，了解到威利斯的智商为87，他在阅读词汇量的测验中名列第22百分位的位置。伊莱恩在一次数学测验中获得了年级当量4.2的成绩。在去年春季的州阅读测验中，你们班有65%的学生取得了"熟练（proficient）"级别的成绩，有22%的学生取得了"合格（basic）"级别的成绩。你们班大多数学生在写作方面的得分都处于州中位数的水平。显然，这些信息应该对你有一定的意义，而且可能影响你的教学方式。这些分数意味着什么？它们是否会影响你将来的教学决策？

理解各种测验分数的意义需要基本的统计概念知识。本章第一节回顾了一些基本的统计概念，这些概念对于想要理解评估的人具有一定作用，因为他们将会用这些信息为特殊教育和融合教育中的学生做出决策。

4-1 描述性统计

我们使用描述性统计来描绘或总结数据。在测验中，数据就是分数：同一个体有好几个分数，不同个体有同一个分数，或者不同个体有好几个分数。描述性统计是用加、减、乘、除的基本数学运算以及简单的指数运算（平方或平方根）来计算，不需要高级的数学知识。虽然许多计算是重复而繁琐的，但是借助计算器或计算机能方便地进行，并且测验的研发者通常会提供所有相关的描述性统计数据的表格。本章涉及理解描述性统计所需的基本概念：测量量表、分布、集中趋势、离散性和相关性的测量。

4-1a 基本统计符号

统计中使用了许多符号，不同的作者会使用不同的符号。表4.1列出了我们在本书中使用的符号。求和符号Σ表示"全部相加"；X表示任意分数。一个分布中的分数数量用N来表示；n表示一个分布中某个子集的数量。一个分布的算术平均值用$\bar{X}$表示，方差用S^2表示，标准差用S表示。

表 4.1 常用统计符号

符号	意义
Σ	求和符号
X	任意数
N	总样本数
n	子样本数

（续表）

符号	意义
$\bar{X}$	平均数
S^2	方差
S	标准差

4-1b 测量量表

总结数据的方式取决于表示分数的量表类型。测量量表有四种类型：命名量表、顺序量表、比率量表和等距量表（Stevens, 1951）。

这四种量表是根据测量量表上相邻或连续的值之间的关系来区分的。在这种情况下，邻近值表示潜在的或可能的标度值，而不是获得的或测量的值。在图4.1中，2英寸和6英寸之间的可能值，以 $\frac{1}{8}$ 英寸的测量间隔来描绘。刻度上任意两个连续的点（例如 $3\frac{1}{8}$ 英寸和 $3\frac{1}{4}$ 英寸）是相邻的。刻度上任何两个中间有数值的点（例如 $3\frac{1}{8}$ 英寸和 $4\frac{1}{8}$ 英寸）都不是相邻的。当然，不同的量表有不同的邻近值——邻近间隔大于或小于 $\frac{1}{8}$ 英寸。

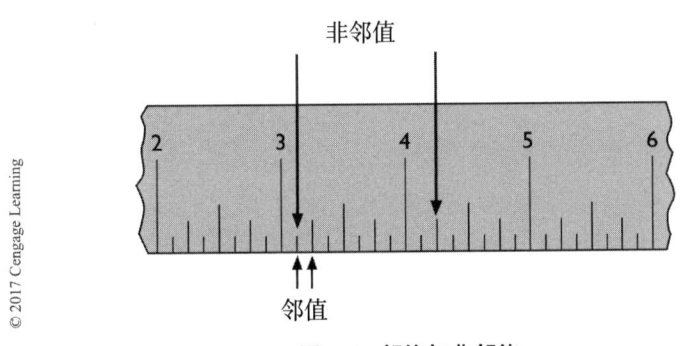

图 4.1 邻值与非邻值

命名量表（nominal scales）是以量表的值来命名的，但相邻的值之间没有内在联系。这些值可以描述属性特征（例如，性别、眼睛颜色、种族）、居住的地理区域（例如，太平洋西北地区）、教育分类（例如，学习障碍或情感障碍），等等。

由于命名量表上的相邻值没有内在的关系，因此不能对它们进行各种数学运算。例如，球衣上的号码数字之间没有数学关系。穿80号球衣的选手不一定比穿79号或70号球衣的选手打得更好、体型更大或更年长——他们只是不同的选手而已。球衣上的数字没有隐含的等级顺序。把球衣号码加起来以确定哪支球队表现最好，是没有任何意义的。从数学上讲，命名量表所能做的就是确定每个值出现的频率（例如，男孩和女孩的数量）。

顺序量表（ordinal scales）将数值从差到好进行排序（例如，不合格—合格，差—一般—好—更好—

最好），相邻的分数之间存在关系。高分比低分好，但是相邻值之间的差值大小是未知的，且不太可能是相等的。因此，我们无法确定"更好"的表现比"好"的表现好多少，或者"好"和"更好"之间的差异是否与"更好"和"最好"之间的差异相同。由于相邻值之间的差异是未知的，并且假定它们不相等，所以顺序分数不能相加、相乘、相除或计算平均分。

比率量表（ratio scales）除了把数值按照顺序排列外，还有两个非常重要的特征：①相邻值之间的差值的大小明确且相等；②每个量表都有绝对的和逻辑的零点。举例来说，相邻值之间的相等差值意味着 4 磅和 5 磅之间的差值等于 40 磅和 41 磅之间的差值，也等于 555 磅和 556 磅之间的差值。因为在相同的间隔量尺上，相邻值之间的差异是相同的，所以可以用数学方法处理分数（例如，相加、相乘、平方等）。具有绝对的和逻辑的差值，意味着我们可以用任意两个变量来计算比率。例如，如果约翰重 300 磅，鲍勃重 150 磅，约翰的体重是鲍勃的 2 倍。

等距量表（equal-interval scales）是没有绝对零点和逻辑零点的比例量表。请思考图 4.2 中的信息。A、B、C、D 四条线段之间的差异是很容易测量的。我们可以从任意一点开始测量，例如从直线 S 与线段 A、B、C、D 的交点开始。A 线在 S 右侧的长度为 $\frac{1}{2}$ 英寸，B 线在 S 右侧的长度为 1 英寸，C 线在 S 右侧的长度为 $1\frac{1}{4}$ 英寸，D 线在 S 右侧的长度为 $1\frac{3}{4}$ 英寸。这些线是在等距量表上测量的，无论起点 S 在哪里，这些线段之间的差异都是相同的。但是，因为 S 不是一个逻辑上的绝对零点，我们不能对这些线段进行比率比较。虽然从 S 开始测量的时候，我们发现以 S 为起点的 A 线长 $\frac{1}{2}$ 英寸，以 S 为起点的 B 线长 1 英寸，但是 B 线的整体长度显然不是 A 线的 2 倍。

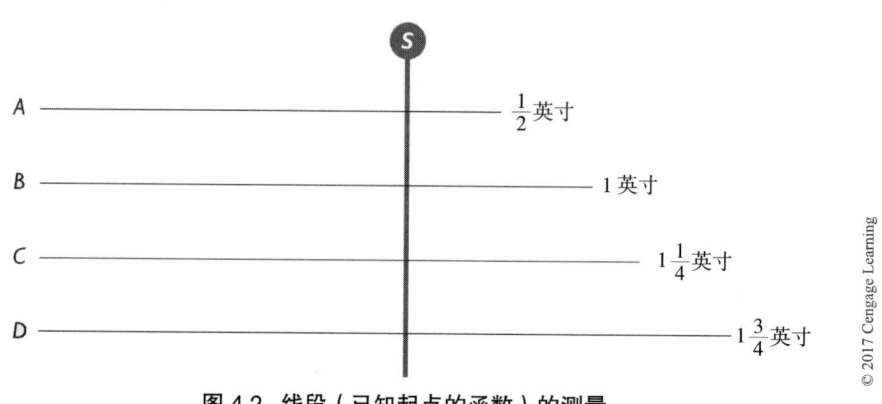

图 4.2 线段（已知起点的函数）的测量

大多数测验没有逻辑零点或绝对零点。课堂测验如史密斯老师的算术测验（表 4.2），也缺少绝对零点。因为一个学生没有答对任何问题并不意味着这个学生完全不懂算术。由于等距量表缺少绝对零点，所以我们不能用这些量表上测量的数据来构建比率。例如，萨姆的算术知识并不会比卡萝尔多一倍。在本章的后面，你将了解到所有的标准分数都是等距的。我们可以对测量到的数据进行加、减运算，这使得它们在对测验分数做出复杂解释时变得非常有用。

表 4.2　史密斯老师的算术测验分数中学生的排名

学生	原始分	排名	与前一名的分数差异
鲍勃	27	1	0
露西	26	2	1
萨姆	22	3	4
玛丽	20	4	2
路易斯	18	5	2
芭芭拉	17	6	1
卡门	16		
简	16	8	1
查尔斯·J.	16		
赫克托	14		
弗吉尼亚	14		
弗朗基	14		
肖恩	14	13	2
乔安妮	14		
吉姆	14		
约翰	14		
查尔斯·B.	12		
静—珍	12	18	2
罗恩	12		
卡萝尔	11	20	1
伯尼斯	10	21	1
休	8	22	2
兰斯	6	23	2
路德维格	2	24	4
哈勃	1	25	1

4-1c 分布特征

分布形状（distribution's shape）是一条由获得每个分数的人数组成的二维的分数曲线。等距分数的分布（例如，学生在课堂测验中的分数）可以用四个特征来描述：平均数、方差、偏态和峰度。**平均数**（mean）是指分布中分数的算术平均值（例如，美国女性的平均身高是指所有美国女性的身高的平均数）。**方差**（variance）是指分布中每个分数和其他分数之间的平均距离。这些特征非常重要，将会在本书中反复讨论。

偏态是指分数分布的不对称性。在**对称分布**（symmetrical distribution）中，高于平均分的分数与低于平均分的分数具有对称性。简单的问题与难的问题相平衡。然而，在简单的测验中，获得高分的学生很多，而获得低分的学生很少时，分布就会出现**负偏态**（negatively skewed）。分数的分布将不对称。这将会有更多高于平均数的分数被更少的但更极端的低于平均数的分数所平衡，如图 4.3 所示。当测验很难的时候，获得低分的学生很多，而获得高分的学生很少，分布就会出现**正偏态**（positively skewed）。如图 4.3 所示，正偏态分布中，会有更多低于平均数的分数被更少但更极端的高于平均数的分数所平衡。

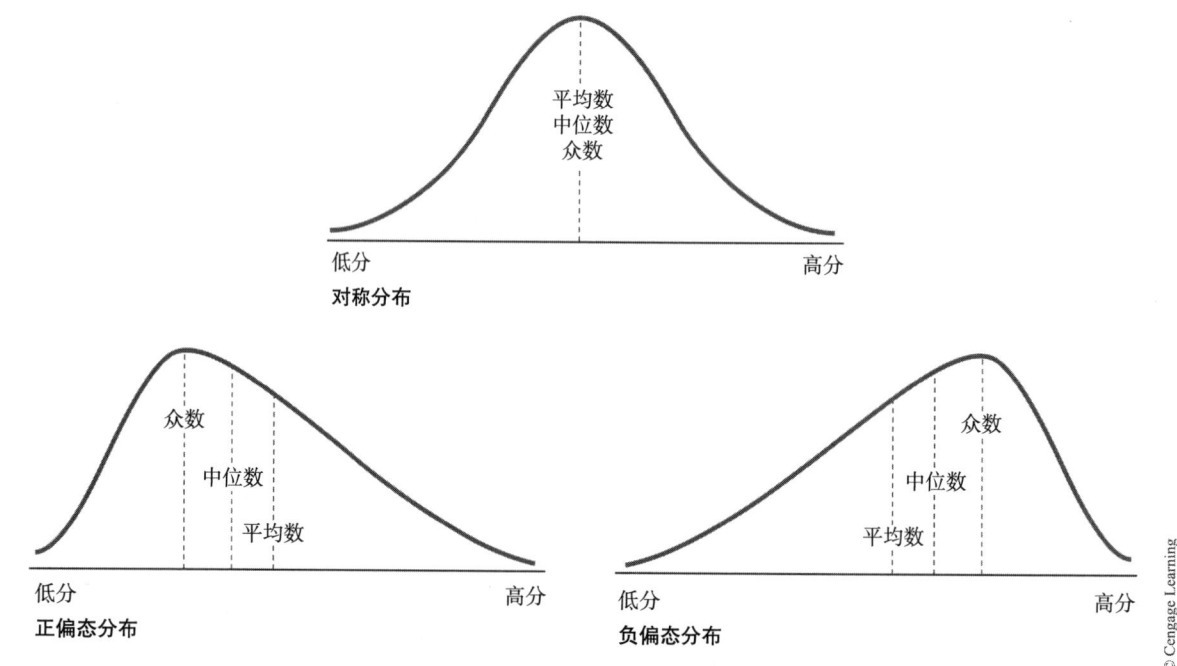

图 4.3　对称分布与非对称分布中的众数、中位数和平均数的关系

峰度（kurtosis）反映了曲线的峰态——曲线上升和下降的速率。相对平坦的分布将受测者分散开来，被称为**平峰**（platykurtic，前缀 plat- 表示平坦，就像鸭嘴兽或高原的样子）。**尖峰**（leptokurtic）是快速上升的分布，具有明显的峰值。图 4.4 显示了平峰和尖峰曲线。

平峰曲线　　　　　　　　　　　　　　尖峰曲线

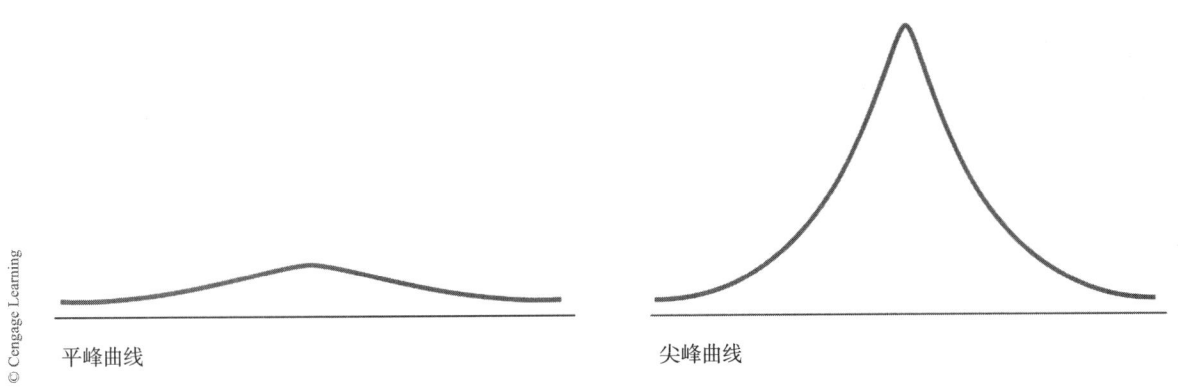

图 4.4　平峰和尖峰曲线

正态曲线是一种特殊的对称曲线。许多变量本质上是正态分布的，但也有许多变量不是正态分布。正态曲线的唯一价值在于，对这条曲线来说，落在水平轴上任意两点之间的比例是明确已知的。

4-1d　平均分数

平均分数让我们了解一个群体的整体表现。平均分数有三种度量：众数、中位数和平均数。**众数**（mode）是最经常获得的分数。众数（如果有的话）可以出现在命名、顺序、比率或等距量表的数据中。一些分布可能有两个众数（称为"双峰分布"），或者更多众数。

中位数（median）是指分布中高于 50% 的受测者（非测验分数）和低于 50% 的受测者（非测验分数）的分界点。

中位数可以在顺序、等距和比率量表的数据中出现，但不能在命名量表中出现。在一个分数分布中，中位数分数可能是学生实际获得的分数，也可能不是。比如，对于分数 4、5、7 和 8 的集合，它的中位数为 6，但是没有人的得分是 6。对于分数 14、15、16、17 和 18 的集合，中位数为 16，有人获得了 16 这个得分。

平均数是指一个分布中分数的算术平均数，是评估中最重要的平均分数。它是分数的总和（$\sum X$）除以分数的数量（N），其符号为 $\bar{X}$。就像中位数一样，学生获得或没获得平均数的得分都有可能。平均数可用来计算等距和比率量表属性的数据。

$$\text{Mean} = \bar{X} = \sum X / N \qquad \text{公式 4.1}$$

4-1e　离散性测量

离散性显示的是分数在平均水平上下的分布状况。离散性的三个度量是全距、方差和标准差。**全距**（range）是指一个分布中极值之间的距离，通常由最大值减去最小值得出。这是一种相对粗糙的离散性测量方法，因为它只基于两项信息。全距不适用于命名量表数据的计算。

方差和标准差是最重要的离散性指标。**方差**是描述一组分数围绕均值分布的离散程度的数值指标,计算方式见公式4.2。描述样本方差的符号是S^2,描述总体方差的符号是σ^2。因为方差是个平均值,所以集合中或分布中的数值个数并不会对方差的大小产生影响。大集合（large sets of scores）可能会有很大或很小的方差,小集合（small sets of scores）也可能有很大或很小的方差。

此外,因为方差是根据各个数值与均值的距离来测量的,所以与均值的实际值无关。均值大的分布可能具有很大或很小的方差,均值小的分布也可能有很大或很小的方差。一个分布的方差可以用公式4.2计算。方差（S^2）等于每个数值与均值的差值的平方[$(X-\bar{X})^2$]的总和（Σ）除以数值个数（N）。

$$S^2 = \Sigma(X-\bar{X})^2/N \qquad \text{公式 4.2}$$

计算示例

例如,我们使用史密斯老师算术测验的分数来计算方差（见表4.3）。表4.3中的B列包含每个学生获得的分数。计算方差的第一步是求均值。因此,分数相加,总和（350）除以总人数（25）就能得到平均值。例子中的均值是14。下一步是从每个得分中减去均值,这在表4.3的C列中已完成,并被标记为$X-\bar{X}$。需要注意的是,高于均值的分数为正,等于均值的分数为零,低于均值的分数为负。接着,将差值（C列）乘以它们自己,得到D列（差值的平方）,标记为$(X-\bar{X})^2$。需要注意的是,这一列所有的数字都是正数。然后,对差值的平方进行求和。在该例中,所有分数与平均值的差值的平方之和为900。方差等于所有分数与平均值差值的平方之和除以数值个数,在这种情况下,方差等于900/25,为36。

表 4.3　史密斯老师的算术测验分数的方差计算

学生 A列	测验分数 B列	$X-\bar{X}$ C列	$(X-\bar{X})^2$ D列
鲍勃	27	13	169
露西	26	12	144
萨姆	22	8	64
玛丽	20	6	36
路易斯	18	4	16
芭芭拉	17	3	9
卡门	16	2	4
简	16	2	4
查尔斯·J.	16	2	4

（续表）

学生 A 列	测验分数 B 列	$X-\bar{X}$ C 列	$(X-\bar{X})^2$ D 列
赫克托	14	0	0
弗吉尼亚	14	0	0
弗朗基	14	0	0
肖恩	14	0	0
乔安妮	14	0	0
吉姆	14	0	0
约翰	14	0	0
查尔斯·B.	12	−2	4
静—珍	12	−2	4
罗恩	12	−2	4
卡萝尔	11	−3	9
伯尼斯	10	−4	16
休	8	−6	36
兰斯	6	−8	64
路德维格	2	−12	144
哈勃	1	−13	169
总和	350	0	900

方差在心理测量理论中非常重要，但在分数解释中的应用非常有限。然而，为获得标准差，方差的计算是必要的，这在解释测验分数时非常重要。**标准差**（standard deviation）是一个数值指标，描述一组分数围绕均值的离散程度，计算结果为方差的正平方根。样本数据标准差的符号为 S，总体数据标准差的符号为 σ。

标准差经常用作测量单位，其方式与使用英寸或吨的方式大致相同。等距量表的分数可以从平均值转换为标准差单位（standard deviation units）。测量标准差的优势在于，当分布为正态时，我们可以确切地知道均值和特定标准差之间数值的比例。

如图 4.5 所示，正态分布中，大约 34% 的数值总是分布在高于或低于均值的 1 个标准差之间。因此，约 68% 的数值分布在低于平均值的 1 个标准差和高于平均值的 1 个标准差之间（34%+34%=68%）。约 14% 的数值分布在低于均值 1 到 2 个标准差之间或高于均值 1 到 2 个标准差之间。因此，约 48% 的数值分布在均值和高于或低于均值的 2 个标准差之间（34%+14%=48%）。约 96% 的数值分布在高于平均值的 2 个标准差和低于平均值的 2 个标准差之间。

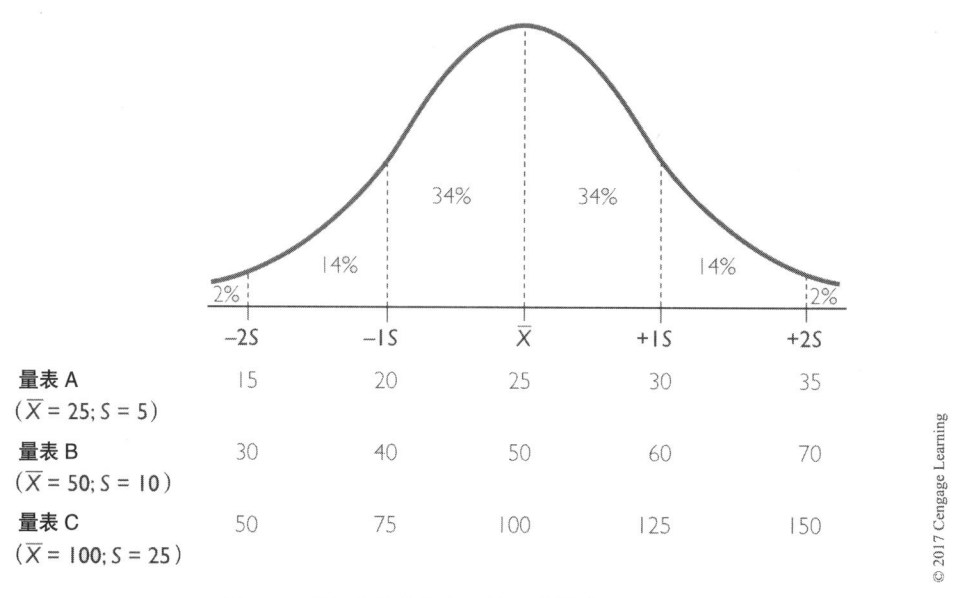

图 4.5　用标准差单位表示的三个量表分数

如图 4.5 中，量表 A、B 和 C 的位置和值所示，均值和标准差的值无关紧要。这种关系适用于不同的平均值和标准差。举例如下，对于量表 A，其均值为 25，标准差为 5，34% 的分数出现在平均值（25）和低于平均值的一个标准差（20）之间，或者出现在平均值和高于平均值的一个标准差（30）之间。类似地，对于量表 B，其均值为 50，标准差为 10，34% 的样本发生在均值（50）与低于均值的一个标准差（40）之间或均值与高于均值的一个标准差（60）之间。

4-1f　相关性

相关性让变量之间的关系得以量化。**相关系数**（correlation coefficients）是两个变量之间关系的数值指标（三个或更多变量之间的相关称为多元相关）。相关性可以告诉我们任意两个变量相关的程度——一个变量的变化反映在第二个变量的变化上的程度。相关系数表示为十进制值，用符号（+ 或 -）表示关系的方向——一个变量的低值与另一个变量的高值或低值的关联。数值表示关系的大小，范围可以从 0.00 到 +1.00 或从 -1.00 到 0.00。+1.00 或 -1.00 的相关系数表示两个变量之间的完全相关。因此，我们如果知道一个人在一个变量上的得分，就可以准确地预测这个人在第二个变量上的得分。我们可以对 0.00 和 +1.00（或 -1.00 和 0.00）之间的相关系数进行一些预测，并且相关系数越极端，其预测能力就越好。

相关系数在评估中非常重要。在下一章中，"信度"部分说明了如何使用相关系数来估计与测量相关的误差值，"效度"部分说明了如何使用相关系数来提供测验有效性的证据。

关于相关性的更多信息

散点图（scatterplot）使用笛卡尔坐标来描述一个人在两个度量上的得分——一个在 x 轴上，一个在 y 轴上。表4.4显示了史密斯老师算术课上学生的测验分数。图4.6显示了这些分数的散点图。从这个散点图上可以清楚地看出，在测验1中获得高分的学生也可能在测验2中获得高分；在测验1中获得低分的学生往往在测验2中也获得低分；在一项测验中，得分中等的学生也往往在另一项测验中得分中等。由此可得，这两个测验之间存在很强的相关性。

表4.4 史密斯老师算术课中两次测验分数

学生	测验1的原始分数	测验2的原始分数
鲍勃	27	26
露西	26	22
萨姆	22	20
玛丽	20	27
路易斯	18	14
芭芭拉	17	18
卡门	16	16
简	16	17
查尔斯·J.	16	16
赫克托	14	14
弗吉尼亚	14	14
弗朗基	14	16
肖恩	14	14
乔安妮	14	12
吉姆	14	14

（续表）

学生	测验1的原始分数	测验2的原始分数
约翰	14	12
查尔斯·B.	12	14
静一珍	12	11
罗恩	12	12
卡萝尔	11	10
伯尼斯	10	14
休	8	6
兰斯	6	1
路德维格	2	2
哈勃	1	8

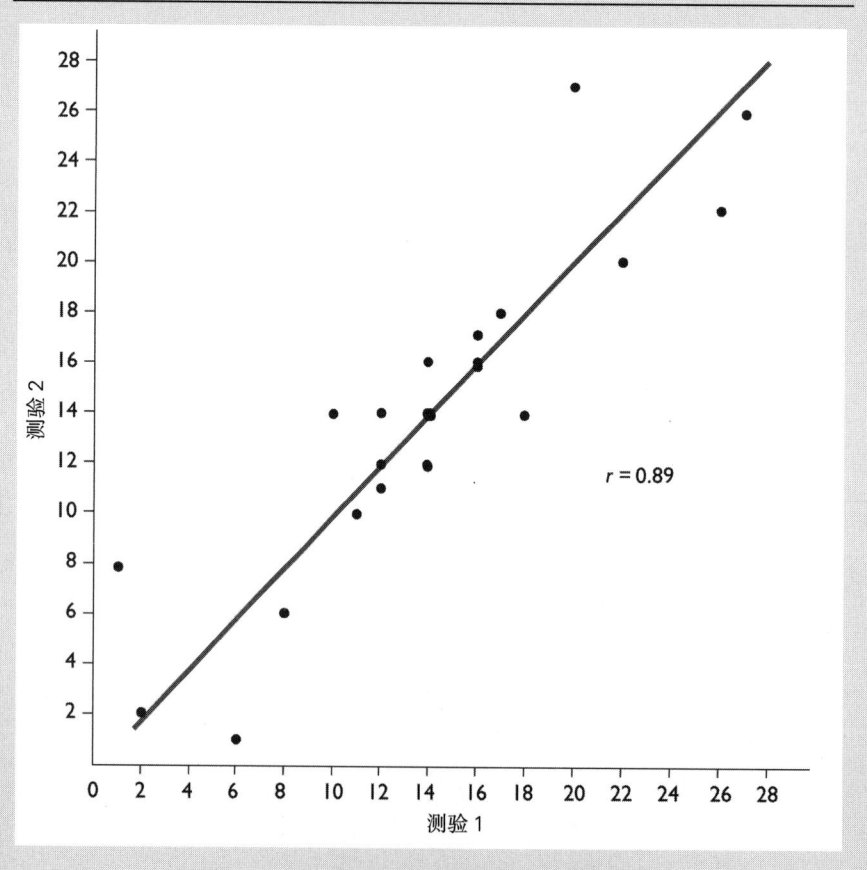

图 4.6　史密斯老师两个测验的散点图

图 4.7 显示了三个不同相关程度和两个不同方向的六个散点图。在 a 和 b 部分，所有的点都落在回归线上，因此变量之间是完全相关的。a 部分的相关系数为 +1.00，意味着一项测验的高分与另一项测验的高分完全相关。b 部分的相关系数为 −1.00，意味着一项测验的高分与另一项测验的低分完全相关（这种负相关有时被称为"反向关系"）。c 部分和 d 部分分别表现出高度的正相关关系和负相关关系。

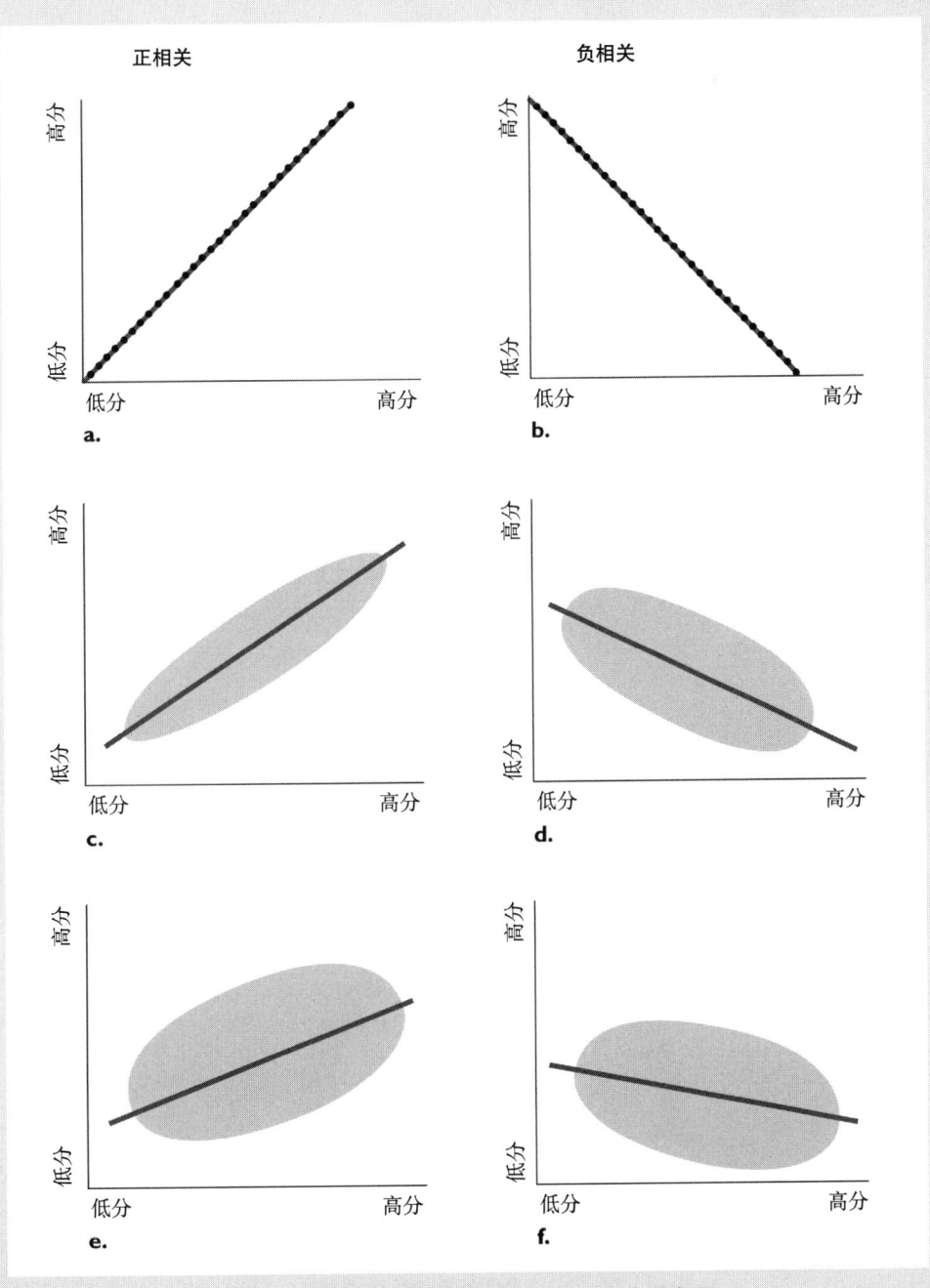

图 4.7　表明关系的不同程度和方向的六个散点图

需要注意的是，与最佳拟合线的偏离表示的是较低程度相关。e 部分和 f 部分显示了低相关性的散点图，请注意其与最佳拟合线之间的较大偏差。

两个变量之间的相关系数为 0.00，意味着变量之间没有线性关系。变量是独立的，第一个变量的变化与第二个变量的变化无关。零相关可以通过三种方式出现，如图 4.8 所示。第一种，如果散点图基本上是圆形的（a 部分），则相关性为

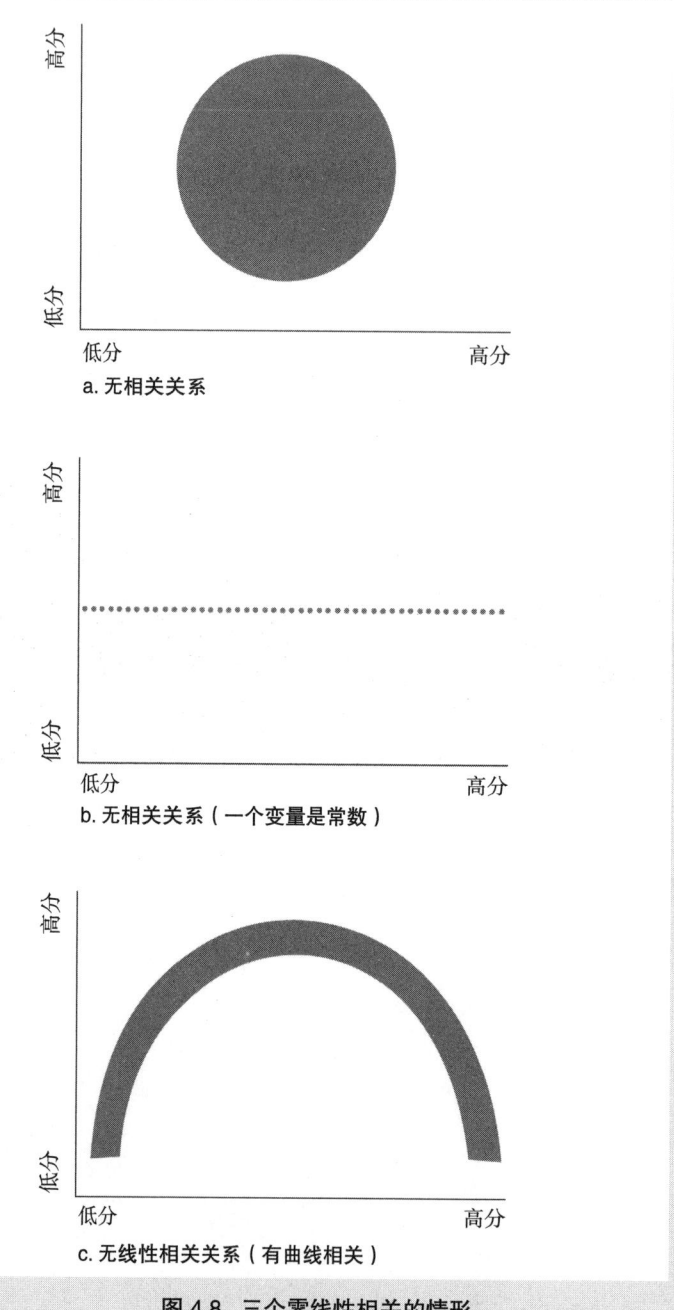

a. 无相关关系

b. 无相关关系（一个变量是常数）

c. 无线性相关关系（有曲线相关）

图 4.8　三个零线性相关的情形

0.00。在这种情况下，两个变量之间没有关系；第一个变量的每个值都可以与第二个变量的任何（也许所有）值相关联。第二种，如果任一变量是常数（b 部分），则相关性为 0.00。例如，如果一个研究人员试图用一个完全由男孩组成的样本来关联性别和阅读成绩，相关性将为 0.00，因为性别只有一个值（男性）；这里的性别是一个常数，而不是变量。第三种，两个变量以非线性方式相关（c 部分）。例如，冒险的意愿与年龄有关。年龄较小的儿童和成年人比青少年更不愿意冒险。虽然存在很强的曲线关系，但线性回归线将与其中一条轴平行。因此，虽然两个变量之间存在曲线关系，但是线性相关系数约为 0.00。

测验研发者可能会用不同的名称报告相关系数，这与变量的度量尺度有关［例如，相关关系中的一个或两个变量是二分的（只有两个值）还是连续的（有多个值）］。最常报告的系数是皮尔逊系列相关系数，这意味着它们都是通过等效公式（equivalent formula）计算出来的。当两个相关变量属于等距或比率量表数据时（例如智商和 SAT 言语分数），相关系数被称为皮尔逊积差相关系数（Pearson product-moment），该统计量符号为 ρ。当两个相关变量属于顺序量表时（例如在学校高年级能力考试中的班级和排名），相关系数被称为斯皮尔曼等级相关系数（Spearman rho），其符号为 ρ。有时，相关变量是二分变量（例如，男性/女性）。当两个二分变量相关时，相关系数被称为 phi 系数，其符号为 ϕ。当相关的两个变量是二分变量（例如，试题的对错）和连续变量（例如，测验中正确的总数）时，相关系数称为点二列相关系数，其符号为 r_{pb}。虽然还有其他皮尔逊系列的相关系数（如二列相关系数）和在计算方面不同的系数（如四项和双列），但它们很少在测验说明书中被提及。

未提及因果关系的相关讨论是不完整的。相关是因果关系的必要条件，但不是充分条件。除非相关，否则两个变量不能有因果关系。然而，仅仅存在相关并不能建立因果关系。对于变量（A 和 B）之间的任何相关系数，有四种可能解释（第一种取决于概率，其他三种则不然）。

第一种，变量之间可能偶然相关。例如，埃及的水痘发病率（A）可能与美国亚利桑那州的普瑞纳狗粮价格（B）高度相关。但除了机缘巧合之外，这种相关根本没有合乎逻辑或合理的解释。（可以确定特定值相关系数偶然发生的概率；一个相关系数在 0.05 水平上，被认为"有统计学意义"，这种程度的相关在 100 次中只偶然出现 5 次）。第二种，A 可以导致 B，例如燃烧的建筑物（A）导致消防员在场（B）。第三种，B可以引起A，例如，布拉德伯里在《华氏451》(*Fabrenbeit 451*)中提到，消防员（B）会燃火（A）[1]。第四种，C可以引起A和B，例如鞋号和心理年龄之间实际上存在正相关关系。但显然，大脚不会促进智力发育（A不会导致B）。此外，智力发育不会导致出现大脚（B不会导致A）。对于相关性，最令人满意的解释是成熟度，第三个变量C导致A和B：随着孩子年龄的增长，他们的心理和身体都得到了发展。

尽管前面的例子说明了明显不适当的推理的情况，但在测验情形下，错误或潜在的错误并没有那么清晰。例如，智商分数和成就测验的分数是相关的。有些人认为智力促进成就，还有一些人认为成就促进智力。因为相关的数据至少有四种可能解释——相关数据没有告诉我们哪种解释是正确的——我们绝不能仅从这些数据中得出因果结论。

4-2 对学生表现进行评分

在结构化、标准化的情形下进行测验和系统观察。测验要求以预先确定的方式向个人展示标准化材料，以便使用预先确定的标准评估个人的反应。系统观察时，我们会采用既定的行为定义，以便在既定的时间和环境下进行观察。

如何量化个人的反应，取决于使用的材料、测验研发者的意图以及诊断人员选择程序的意图。如果我们只对学生是否习得特定的事实或概念感兴趣（例如，"3+5等于几"），我们就会明确什么是构成正确反应的标准，并将学生的回答归类为对或错。如果我们对学生是否学习了一组有限的事实感兴趣（例如两个个位数的所有组合之和），我们可以将学生对每个事实的反应分类为对或错。教师经常使用这种方法来获取学生必须掌握的最重要的（常常也是最基本的）信息。更为常见的是，我们将学生的表现量化为已知事实的数量或百分比。

评估所有可能被测验的事实和关联通常是不切实际或不可能的。例如，似乎不太可能有人编一个测验来评估学生对莎士比亚戏剧各个方面知识的学习；然而，即使这是可能的，测验人员要向学生提出所有问题，也几乎是不可能的。虽然我们无法测验所有的信息，我们可能仍想知道学生学了多少知识。为此，测验人员会提出一些问题，并根据学生对这些问题的回答估计他们的知识水平。在测验术语中，我们使用题目样本（测验）来估计整体（所有可能的题目）表现。当我们从题目样本的表现中估计学生整体的表现时，我们假设题目样本具有整体的公平代表性。在这种情况下，除

---

[1] 编注：科幻小说《华氏451》中，消防员的任务是燃火烧书。

了估计整体表现，单个题目没有什么重要意义。

4-2a 主观与客观评分

人们采用两种方法对学生的回答进行评分，即主观和客观评分。**主观评分**（subjective scoring）取决于个人标准，这些标准因测验人员而异。主观评分经多次证实会受到无关变量的影响，例如学生的种族、性别、外貌、宗教信仰，甚至名字（Ysseldyke, Algozzine, Regan & McGue, 1981）。

客观评分（objective scoring）则是基于可观察的共同标准，当多个测验人员或观察者使用客观评分程序评估学生表现时，他们会获得相同的分数。基于客观评分可以系统地做出更好的决策，因此《残疾人教育法》要求进行客观评价[*Federal Register* 71（156），2006年8月14日]。

4-2b 总结学生表现

当我们评估某个行为或技能时，且只评估一次，评估者通常会采用二分评分法：正确或错误，存在或不存在，等等。通常，二分法的正确答案或正确选项是被精确定义的，错误答案是默认定义的。例如，"1+2=?"的正确答案可能被定义为"3，清楚地写在'='之后，并以正确的方向书写"；答案被视为错误，可能是因为没有满足正确答案的其中一个或多个标准。

在一些情况下，某个答案也可能得到部分得分，即介于完全正确到完全错误之间。例如，教师可能会客观地给学生的回答打分，并给予部分得分，因为学生使用了正确的步骤解决了一个数学问题（即使学生犯了计算错误）。当我们想要记录学生朝向目标的缓慢进步时，学生得到的部分得分是有用的。例如，在一门生活技能课程中，教师可能会对"在没有帮助的情况下用杯子喝水"这个行为进行测量，如表4.5所示。当然，要对每一个水平的得分进行定义。

表 4.5 用杯子喝水

水平	定义
良好的	几乎不洒出来，或不需要帮助
可接受的	滴出几滴
学习中的	需要大量的提示，或有溢出
初学的	需要手把手教学

© Cengage Learning

当评估涉及多个题目时，测验人员可以简单地报告学生在每个题目上的表现。但是通常测验人员会总结学生在所有测验题目上的表现，以提供总体表现的指标。正确回答的题目总数通常是第一个计算出的汇总指标。

正确回答的题目总数不一定能够如实体现学生的表现水平，因为它欠缺理解该表现的重要背景信息。通常使用以下五个总结分数（summary scores）来为总分进行更有意义的解释：正确率、准确率、正确回答的比率、流畅度和记忆率。

正确率（percent correct）被广泛用于各种评估场合。正确率的计算方法是：正确数量除以问题的总数量，再乘以100%。这一指标（index）最适用于能力测验（power tests）——学生有充分时间回答所有问题的测验。[1]

百分比被赋予文字标签，目的是便于教学。两个最常用的标签是"熟练度（mastery）"和"教学水平（instructional level）"。"熟练度"将百分比分为两部分："熟练"一般设置为90%或95%的正确率，而"不熟练"则是低于"熟练"的百分比。熟练标准是随意的，在现实生活中，我们经常把熟练的标准定得过低。

教学水平将百分比范围分为三个层次：挫败（frustration）、需学习（instructional）和独立（independent）。当材料对学生来说太困难时，被称为挫败水平；这一水平通常指学生对材料的理解正确率低于85%。需学习水平指的是给学生提供了一定程度的挑战，这一水平的学生可能会成功，但不能保证成功；这一水平通常指学生回答的正确率介于85%～95%之间。独立水平是指学生可以在没有帮助的情况下完成学业；这一水平通常指学生的正确率超过95%。例如，在阅读时，能够解码文章中95%以上单词的学生，应该可以在没有帮助的情况下阅读一篇文章；解码85%～95%单词的学生，能够在帮助下阅读和理解文章；而那些不能解码85%单词的学生，即使在帮助下也很难解读和理解材料。

准确率（accuracy）的计算方式是正确回答问题数除以尝试回答总题数（the number of attempted responses），乘以100%。当评估不要求学生回答所有问题时，使用准确率是合适的。例如，教师可能会要求一个学生朗读两分钟，但这个学生（或其他学生）不可能在规定的时间内阅读整篇文章。[2]本尼尝试阅读一篇包含350个单词的文章，在两分钟内他读了175个单词，如果他正确地读了其中150个单词，他的准确率大约是86%，也就是100%×（150/175）。

流畅度（fluency）是指每分钟正确回答（correct responses）的次数。教师经常希望自己的学生能够轻松识记并牢记大量的信息，这样他们就可以不加思考、流畅地（或自动）回答问题。例如，教师可能希望他们的学生不用发音就能认出单词，不用想就能回忆起事情，或者能说出所呈现的英语单词对应的西班牙语单词。成功表现标准的比率通常是由经验决定的。例如，根据年级水平，理解能力优秀的阅读者通常能以每分钟100个或更多个单词的速度连贯地阅读散文（见 e.g., Read Naturally, Inc., 2010; National Assessment of Educational Progress, Oral Reading Rate, 2002; Mercer & Mercer, 1985）。

---

1 原注：这种有更多的机会做出反应而不是限定时间内做出反应的情况被称为自由操作。
2 原注：为了避免学生在发展基本技能的同时犯错，在他们达到独立水平之前，不应该给他们布置家庭作业（独立练习）。

记忆率（retention）是指识记信息被回忆起来的百分比。记忆率也可称为对所学知识的回忆、保持或记忆的比率。不管称之为什么，它的计算方法都是一样的：用记住的量除以最初学会的量，然后再乘以100%。例如，如果海伦学习了40个视觉词汇（sight vocabulary words），两周后能回忆起其中的30个，她的记忆率是75%，也就是100%×（30/40）。因为学习和记忆评估之间的间隔越长，个体就越可能遗忘，所以说记忆率通常是由达到熟练程度和记忆评估之间的时间间隔决定的。因此，在两周的时间里，海伦的记忆率为75%。

4-2c 解读测验表现

有三种常见的方式解释学生在特殊教育和融合教育中的表现：标准参照、水平参照和常模参照。

标准参照解读

当我们对学生关于某一事实的知识水平感兴趣时，我们会将学生的表现与客观、绝对的表现标准（准则）进行比较。因此，**标准参照**（criterion-referenced）必须对每个问题或问题的每一部分（如果有部分得分）的正确答案，都有明确、客观的标准。

水平参照解读

在用于问责目的的大规模评估中，学区必须确定他们达到州和国家成就标准的程度。为了做到这一点，各州规定了合格的学习者需要拥有的素质和技能。根据与州标准的比较来解释个体的表现，被认为是**水平参照**（standards-referenced）解读。这些指数（indices）由四个部分组成：

- 学业成就水平：学生的整体表现（从非常差到优秀）被分为若干级别或系列。系列中的各个文字标签表示不断提高的成就水平。例如，学业成就可以分为4个等级水平：差、中、良和优（poor, emerging, proficient, advanced）。
- 客观标准：各个水平的表现都是通过对学生完成任务的精确、客观描述来定义的。这些描述可以量化。
- 示例：提供各个级别学生的表现示例。这些示例说明了各个级别的表现情况。
- 分数线：这些分数提供了量化的标准，可以清楚地描述学生的学业成就水平。

常模参照解读

有时测验人员想知道一个学生的表现与其他学生的表现相比如何——通常是具有相似人口学特征（年龄、性别、年级等）的学生，这被认为是**常模参照**（norm-referenced）解读。为了进行这种类型的比较，某个学生的分数被转化为转换分数。**转换分数**（derived scores）有两种类型的常模参照分数：发展分数（developmental scores）和相对地位分数。

发展分数　　有两种类型的发展分数：发展当量和发展商数。**发展当量**（developmental equivalents）可以是年龄当量或年级当量，并以个人的平均表现为基础。假设 10 岁儿童在一项测验中平均能答对 27 道，而霍勒斯正确回答了 27 道题。那么霍勒斯正确回答问题的数量就相当于 10 岁儿童的平均水平。他的发展当量年龄相当于 10 岁。**年龄当量**（age equivalent）意味着某个孩子的原始分数是其年龄组的平均成绩（中位数或平均值）。年龄当量以年和月表示，在年龄分数中使用连字符（例如，7 岁 1 个月大时用 7-1 表示）。如果测试的是心理能力，霍勒斯的分数就被称为心理年龄；如果测试的是语言，那就被称为语言年龄。**年级当量**（grade equivalent）意味着某个孩子的原始分数是某个特定年级的平均成绩（中位数或平均数）。年级当量以年级加一位小数表示，中间使用小数点（例如，7.1）[1]。年龄当量和年级当量分数分别被解释为等于 X 岁学生的平均成绩、X 年级学生的平均成绩。

年龄当量和年级当量的解释需要非常小心。在使用发展分数时容易出现以下五个问题。

1. 出现系统性误解：年龄当量为 12-0 岁孩子回答的问题与 12 岁儿童平均答对的题数相同。他们的表现不一定像 12 岁孩子那样；与许多 12 岁学生相比，他们很可能以不同的方式解决问题，或出现不同的表现模式。例如，二年级和九年级的学生获得的年级当量可能都是 4.0，但他们的表现可能并不相同。我们已经知道，年幼的孩子在完成较低水平的工作时准确率更高（例如，成功回答了 45 个问题中的 38 个），而年龄较大的孩子尝试回答更多的问题，但准确率较低（例如，成功回答了 78 个问题中的 38 个）（Thorndike & Hagen,1978）。

2. 需要进行内插预测（interpolation）和外推预测（extrapolation）[2]：平均年龄和年级的得分是通过对那些未接受测验的儿童群体估计得来的。内插分数是对实际参加测验的样本范围内的学生群体进行估计。例如，8 岁生日后 30 天内的学生可能会参加测验，但是其年龄当量则是从 8-1 岁、8-2 岁等学生的分数估算而来的。外推分数是对比受测孩子年龄小或大的学生进行估计的。例如，即使没有 6 岁以下的孩子接受测验，也可能有一个学生获得了年龄当量 5-0 岁的发展水平。

3. 增强了典型思维/类型逻辑思维（typological thinking）[3]：年龄当量为 12-0 岁的学生只是统计学上的抽象概念。平均 12 岁学生的家庭里有 1.2 个孩子、0.8 只狗和 2.3 辆汽车；但事实是，平均儿童并不存在。更准确的是，平均 12-0 岁的学生代表了一个表现范围，通常是中间的 50%。

1　编注：此处 7.1 可理解为七年级学生学完 1 个月时的平均水平。由于一年当中学生的在校时间为 10 个月，所以满 10 个月提高 1 个年级，小数归 0。

2　译注：简单来说，内插/插值法就是在样本数据范围内预测；外推法就是在样本数据范围外预测。内插法比外推法预测得更准。

3　译注：与典型思维/类型逻辑思维对应的是，人口思维/总体逻辑思维（population thinking），这是自然科学和社会科学的区别。自然科学关注典型现象、完整的事物，有平均的概念；社会科学关注个体和差异，由个体组成大整体。达尔文提出人口思维是社会科学的起源，达尔文的表弟将人口思维引入社会科学领域。

4. 暗示了错误的成就标准（false standard of performance）：教育工作者期望三年级学生达到三年级当量水平，9岁的孩子达到9岁年龄当量水平。然而，当量分数的构建方式确保了任何年龄或年级组中都会有50%的学生的表现低于年龄或年级水平，因为有一半学生的成绩低于中位数。

5. 顺序量表而非等距量表趋势：如图4.9典型发展曲线所示——与不同年龄对应的数值的线通常是弯曲的，在较高的年龄或年级时曲线会变平。年龄/年级当量是顺序量表，并不是基于相等的间隔单位（等距量表），因此量表分数不能进行任何相加或相乘的运算。

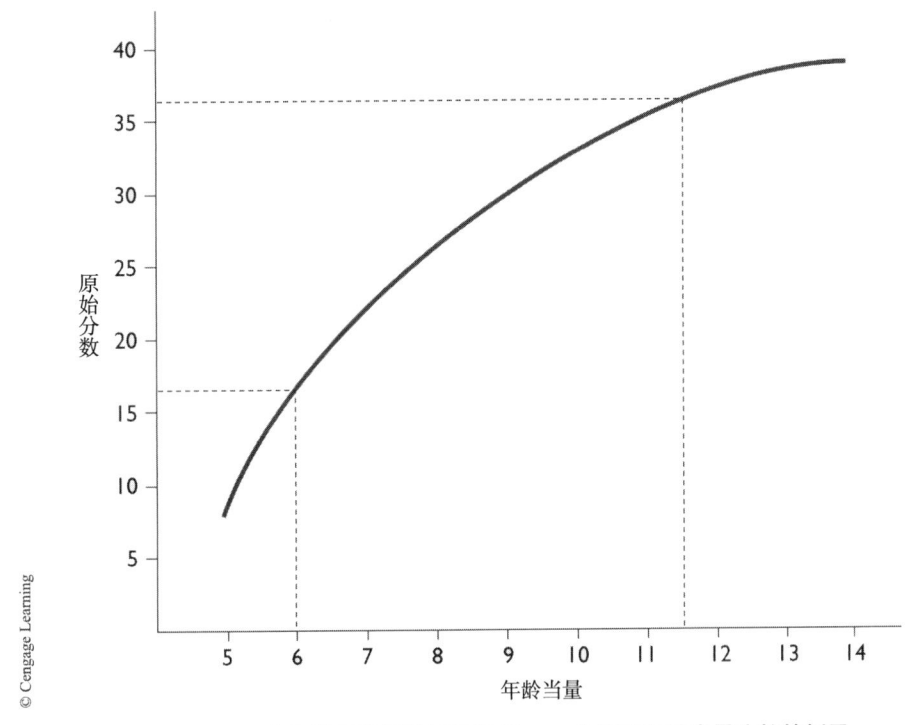

图4.9 10岁年龄组的平均正确数量：一个达到年龄当量分数的例子

要解释一个发展分数（例如，心理年龄），了解这个人的年龄通常是有作用的。了解发展年龄和生理年龄（chronological age, CA）可以让我们判断一个人的相对表现。假设安娜的心理年龄（mental age, MA）为120个月。如果安娜的生理年龄是8岁（96个月），那么她的表现高于平均水平。然而，如果她是35岁，则表现低于平均水平。发展年龄和生理年龄之间的关系通常被量化为发展商（developmental quotient）。例如，比率智商IQ是这样的：

IQ=心理年龄（按月计算）×100÷生理年龄（按月计算）

所有适用于发展水平的问题也适用于发展商。

相对地位分数 相对地位分数（scores of relative standing）是将某个学生的表现与类似（同龄或同年级）学生的表现进行比较的转换分数。从本质上说，这些分数告诉了我们成绩更好或更差学生的百分比或比例。这些分数有几个优点。

1. 无论学生的年龄或测验内容如何，这些分数的含义都是一样的。
2. 它们能够让我们比较一个人在几项测验中的表现——例如，比较杰里在数学、科学和语言分测验中的分数。
3. 它们还允许我们在同一个测验中比较几个人的表现，例如比较杰里、玛丽和托尼的数学分测验成绩。

如果分数有不同的平均值和标准差，那么对分数的解释就会困难得多。用不同的刻度尺来测量学生身高，进行比较。假设乔治 70 英寸高，布里奇特 6 英尺 3 英寸高，布鲁斯 1.93 米高，亚历山德拉 177.8 厘米高。为了比较他们的身高，必须将高度转换为可比较的单位。比如说，以英尺和英寸为单位，他们的身高如下：乔治，5 英尺 10 英寸；布里奇特，6 英尺 3 英寸；布鲁斯，6 英尺 4 英寸；亚历山德拉，5 英尺 10 英寸。相对地位分数将原始分数转化为可比较的单位，如百分位数或标准分数。

百分位数系列（percentile family） **百分等级**（percentile ranks）/**百分位数**（percentiles）是转换分数，表明分数小于或等于某个原始分数的人数的百分比。尽管百分位数很容易计算，但测验研发者通常会提供表格，将考试的原始分数转换为各个年龄或年级的百分位数。对百分位数的解释是直截了当的。如果比尔在一个测验中获得的百分位数为 48，比尔的测验成绩就等于或高于（与他进行比较的）48% 的受测者的分数。（同样正确的说法是，52% 受测者的成绩等于或高于比尔。）从理论上讲，百分位数的跨度可以从 0.1 到 99.9，也就是说，受测者的成绩从等于或优于 0.1%，到等于或优于 99.9%。百分等级的中位数是第 50 百分等级。

计算百分等级的实例 当测量量表为顺序量表或等距量表时，可以使用百分等级。它们是转换分数，表明分数达到或低于某个原始分数的人数的百分比。正确率百分比与百分等级（得分达到或低于某个分数的人的百分比）有所不同。对应特定分数的百分位数可以通过以下四个步骤来计算。

1. 将分数从最高到最低（最好到最差）排序。
2. 计算得分低于你想要转换为百分等级的某得分的人的百分比（累计百分比）。
3. 计算得分等于你想要转换为百分等级的某得分的人的百分比。
4. 将分数低于特定分值（想要转换为百分等级的某得分）的人的百分比（上述第 2 个步骤的百分比），加上分数在特定分值（想要转换为百分等级的某得分）的人的百分比（上述第 3 个步骤的百分比）的二分之一，就获得了最后的百分等级。

格林伯格老师在他的班级进行了一次发展性阅读测验，班上共有 25 名学生。表 4.6 的第一列是学生获得的分数。第 2 列是实际获得对应分数的人数。第 3 列是获得对应分数的人数占所有人数的百分比。第 4 列给出低于对应分数的人数占所有人数的百分比。在最后一列中，计算百分等级。只有 1 名学生得了 24 分；得这个分数的人数占班级的 1/25，即 4%。没有人的得分低于 24 分；所以

0%（即 0/25）的分数低于 24 分。得分为 24 分的学生得到的百分等级是 2，即 $0+\frac{1}{2}\times 4$。下一个分数是 38 分，同样只有 1 名学生子得到了这个分数。因此，总数的 4%（即 1/25）的得分为 38 分，总数的 4% 的得分低于 38 分。因此，38 分对应的百分等级为 6，即 $4+\frac{1}{2}\times 4$。2 名学生得了 40 分，2 名学生的得分低于 40 分。因此，得分为 40 分的百分等级为 12，即 $8+\frac{1}{2}\times 8$。每一个分数的获得都遵循同样的计算程序。班上最好的成绩是 50 分，有 2 名学生获得。班级最高分对应的百分等级是 96。

百分等级的解释是基于人口百分比。所有在测验中获得 48 分学生的百分等级为 84。这 4 名学生在测验中取得了与 84% 的同学相同或更高的分数。类似地，在智力测验中获得百分等级 21 的个体，得分相当于或高于常模样本中 21% 的人。

表 4.6 假定 25 人班级的百分等级计算

分数	获得该分数的学生人数	获得该分数学生的百分比	低于该分数学生的百分比	+	获得该分数学生百分比的一半	=	百分位数
50	2	8	92	+	$\frac{1}{2}\times 8$	=	96
49	0						
48	4	16	76	+	$\frac{1}{2}\times 16$	=	84
47	0						
46	5	20	56	+	$\frac{1}{2}\times 20$	=	66
45	5	20	36	+	$\frac{1}{2}\times 20$	=	46
44	3	12	24	+	$\frac{1}{2}\times 12$	=	30
43	2	8	16	+	$\frac{1}{2}\times 8$	=	20
42	0	—					
41	0	—					
40	2	8	8	+	$\frac{1}{2}\times 8$	=	12
39	0	—					
38	1	4	4	+	$\frac{1}{2}\times 4$	=	6
.							
.							
24	1	4	0	+	$\frac{1}{2}\times 4$	=	2

因为百分等级是使用获得特定分数人的百分比的一半计算的,所以百分等级不可能是 0 或 100。一般来说,百分等级包含小数,因此一个分数可能获得 99.9 或 0.1 的百分等级。第 50 百分等级是中位数。

偶尔,分数会以百分位数带的形式报告。最常见的两种形式是十分位数和四分位数:

- **十分位数**(deciles)由范围为 10 的百分等级组成,每个十分位数包含了常模组的 10%。第一个十分位的范围为 0.1 ~ 9.9,第二个十分位的范围为 10 ~ 19.9,第十个十分位数的范围为 90 ~ 99.9。
- **四分位数**(quartiles)由范围为 25 的百分等级组成,每个四分位数包含了常模组的 25%。第一个四分位数范围为百分位数 0.1 ~ 24.9,第四个四分位数范围为百分位数 75 ~ 99.9。

标准分数系列 标准分数(standard scores)是由预先确定的平均值和标准差得到的转换分数。虽然分数的分布可以被转换成任何预先确定的平均值和标准差,但有五种常用的标准分数分布:Z 分数、T 分数、离差智商[1]、正态曲线当量(normal-curve equivalents, NCE)和标准九分数(standard nines,缩写为 stanines)。

Z 分数(z-scores)是最基本的标准分数,不管原始(获得的)分数的平均值和标准差是多少,它都能将原始分数转换为一个平均值总是等于 0、标准差总是等于 1 的分布。任何原始分数都可以使用公式 4.3 转换为 Z 分数。

$$Z = (X - \bar{X}) \div S \qquad 公式 4.3$$

正的 Z 分数高于平均值,负的 Z 分数低于平均值。Z 的绝对值越大,分数就越高于或低于平均值。Z 分数被解释为高于或低于平均值 X 个标准差。当分数的分布呈钟形或正态分布时,我们就知道对应于任何 Z 分数的确切百分位数。

因为符号和小数在实际情况中可能会阻碍理解,Z 分数通常被转换成其他四个标准分数:T 分数、智商分数、正态曲线当量和标准九分数。将 Z 分数转换为不同标准分数的一般公式见 4.4,其中 SS 和 SS_{ss} 代表标准分数。

$$SS = \bar{X} + (SS_{ss})(Z) \qquad 公式 4.4$$

- T 分数是平均值为 50、标准差为 10 的标准分数。一个 T 分数为 40 的人的得分比平均值低一个标准差,而一个 T 分数为 60 的人的得分比平均值高一个标准差。
- 智商分数是平均值为 100、标准差通常为 15 的标准分数。智商为 85 的人的得分比平均值低一个标准差,而智商为 115 的人的得分比平均值高一个标准差。
- 正态曲线当量是平均值为 50 而标准差为 21.06 的标准分数。虽然标准差初始看起来很奇怪,

---

1 原注:智商最初被引入时,被定义为心理年龄与生理年龄之比,乘以 100。由于心理年龄的标准差随年龄而异,所以比率智商在不同年龄也有不同的百分位数。基于此以及其他原因,比率智商基本上在 20 世纪 60 年代被弃而不用了。

但这个度量可将正态曲线划分为 100 个相等的间隔。
- 标准九分数是划分为 9 个部分的标准分数等级。第 1 个标准九分数包括所有低于平均值 1.75 个标准差的分数，第 9 个标准九分数包括所有高于平均值 1.75 个标准差的分数。第 2 个至第 8 个标准九分数的跨度各为 0.5 个标准差，第 5 个标准九分数的范围从低于均值 0.25 个标准差到高于均值 0.25 个标准差。

评估场景

斯坦利太太

斯坦利太太是一位特殊教育教师。去年 12 月，她和家人搬到了希尔斯代尔学区，她 12 岁的女儿凯特也在今年 1 月初进入了当地一所中学。凯特一直担心在新学校交新朋友的问题，所以她的父母很想知道她在新学校第一天的情况。

那天晚上吃晚饭时，凯特说，除了数学课，学校似乎还不错。她说她们在做自己几年前就学会做的数学内容。然后，那一周，凯特对数学课的描述都没有改变，所以斯坦利太太就约了凯特的辅导员诺伍德老师讨论情况。诺伍德老师证实了凯特所说的情况，她在一个低年级数学班学习，"数学是我们为数不多追踪学生情况的课程。我们用智商对学生进行分组，凯特的智商在她的团体智力测验中刚刚超过 90 分。所以她被安排在一个和她能力差不多的学生班级里。"

斯坦利太太惊呆了。因为凯特在之前的教育安置中是被视作超常生的。当时，在一项个别施测的智力测验中，她的智商是一百二十几。于是，斯坦利太太问她是否可以看一下测验结果。

诺伍德老师翻阅了凯特的档案，找到了她的智力测验报告。斯坦利太太看了看报告，慢慢地笑了起来。"这里有人搞错了，"斯坦利太太指着报告上的一个数字说，"这里的数字是 92，但这不是凯特的智商，而是她在智力测验中的百分等级。她的分数等于或超过接受测验的 92% 的学生的分数。"诺伍德老师说，他将在下学期纠正这个错误。斯坦利太太建议说，这周末就纠正的话，这事还能接受。

在第二周的晚餐上，凯特说在上新数学课时认识了很多孩子。

这个场景强调了理解报告上不同类型分数含义的重要性。要用对分数的正确理解和解释保护学生。你还能想到其他容易混淆的分数吗？这样的混淆会如何导致不恰当的决策？

标准分数往往比百分位数更难理解，因为没有一定统计学知识的人无法广泛理解均值和标准差的概念。因此，对于学生和家长来说，标准分数可能更难理解。除了这个缺点，标准分数包含了百分位数的所有优点，还另加一个额外的优点：因为标准分数是等距的，所以它们可以组合（例如，相加或平均）。[1]

对常模参照分数的总结　　测验研发者在他们的手册中列入了将原始分数转换成转换分数的表格。因此，使用测验的人不需要计算转换分数。标准分数可以很容易地转化为其他标准分数。只有当分数的分布是正态的时，它们才能在没有转换表的情况下被转换成百分位数。在正态分布中，百分位数和标准分数之间的关系是已知的。图 4.10 比较了正态分布的各种标准分数和百分位数。当分数的分布不是正态的时，要将百分位数转换为标准分数就需要转换表（反之亦然）。这些转换表是测验独有的，所以只有测验研发者才能提供它们。此外，即使测验分数的分布是正态的，为了将发展分数转换为相对地位分数，总是需要转换表。如果测验中唯一可获得的转换分数是年龄当量，那么使用测验的人就无法将原始分数转换为百分位数。但是，年龄或年级当量可以转换回原始分数，如果提供原始分数的平均值和标准差，则可以转换为标准分数。

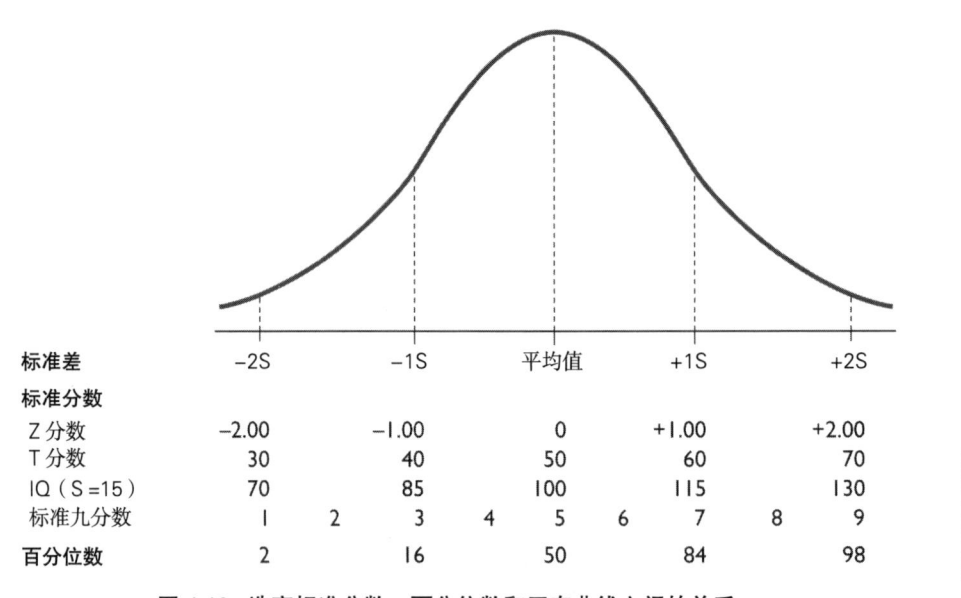

标准差	−2S		−1S		平均值		+1S		+2S
标准分数									
Z 分数	−2.00		−1.00		0		+1.00		+2.00
T 分数	30		40		50		60		70
IQ（S =15）	70		85		100		115		130
标准九分数	1	2	3	4	5	6	7	8	9
百分位数	2		16		50		84		98

图 4.10　选定标准分数、百分位数和正态曲线之间的关系

使用和报告特定类型分数的选择取决于测验目的和用户群体的复杂性。在我们看来，发展分数永远不应该被使用。外行人和专业人士都很容易误解这些分数。为了准确理解发展分数的含义，解释者必须大致知道平均值和标准差，然后将发展分数转换为一个更有意义的分数，即相对地位分数。

1　原注：标准分数还解决了另一个微妙的问题。当分数被合并为一个总数或组合时，该组合中的元素（例如，每周的拼写测试获得 18 分，将这些分数组合起来得到一个学期的平均成绩）不被认为是相同的（也就是说，它们的权重不一样），除非它们有相同的方差。具有较大方差的测验比方差较小的测验对组合的贡献更大。当每个元素都被标准化成相同的标准分数时（例如，每周的拼写测试都被标准化为 Z 分数），则这些元素（每周得分）组合在一起时，它们的权重是完全相同的。此外，教师区分测验权重的唯一方法是将所有的测验标准化，然后再乘以权重。例如，如果教师想把第二次测验的分数算为第一次测验的 3 倍，那么两次测验的分数就必须标准化，而且第二次测验的分数要乘以 3 后才能合并。

各种专业组织［例如，国际阅读协会（International Reading Association）、美国心理学会、美国教育测量协会和美国特殊儿童委员会］也对发展分数和商数持非常负面的观点。

标准分数对测验研发者来说很方便。在使用中研发者可以组合分测验，并给予各个测验组成部分或分测验同等的权重。它们对用户具有双重意义。第一，如果分数是正态分布，用户可以很容易地将标准分数转换为百分等级。第二，因为标准分数是等距分数，它们在分析学生的优缺点和研究中是很有用的。

我们赞成使用百分位数。这些简单的分数通过最少的假设就能准确解释。测量量表只需要顺序量表即可，即使等距量表和比率量表的分数对于计算百分位数也非常合适。分数的分布不一定是正态的，任何形状的分布都可以计算百分位数。专业人士、家长和学生很容易理解它们。然而，最重要的是，百分位数所告诉我们的仅仅是任何一个常模参照转换分数所能告诉我们的——个体在群体中的相对地位。以百分位数报告分数可能会消除一些围绕测验分数的花里胡哨的解释（the aura surrounding test scores），但它允许以用户能够理解的方式展示测验结果。

4-3 常模样本

常模样本最明显的用途是提供与受测者原始分数相关的转换分数。**常模样本**（normative sample）也被称为**标准化样本**（standardization sample）或**常模**（norms），是指当一个人获得转换分数时，与之进行比较的样本。在实践中，测验人员实际上并不计算百分位数、标准分数或发展分数，而是使用测验研发者开发的基于标准化样本的常模表。测验人员只需选择适当的常模表，并找到与测得的原始分数相对应的转换分数（如，百分位数、标准分数和发展分数）。

因为常模表被用来解释受测者的分数，所以它"应该能清楚地描述常模群体。这些人群应该是测验人员能够用来对比受测者表现的群体"（美国教育研究协会等，2014）。常模样本不仅必须包含具有相关特征和经历的群体，而且这些情况必须与在目标人群的比例相同，以便进行比较。

4-3a 重要特征

常模样本特征取决于被测量的概念。有些特征与一个人的发展有明确的、逻辑的实证关系，而有些特征则是间接的实证关系。以下要讨论的是最常见的发展和社会文化特征：性别、年龄、学校年级、父母的文化适应性、种族和民族认同、地理位置和智力。

性别

男女之间的一些差异可能与如何理解学生的测验分数有关。例如，在头一两年，女孩的身体发育往往比男孩快，而且在学前和小学阶段，较晚成熟的男孩比女孩多得多。青春期过后，男性往往比女性更高更强壮。除了身体上的差异，因为榜样、同伴压力，或重要成人的反应，性别角色期望也可能不同，不同性别的儿童参与活动的类型也受到系统的限制。然而，在大多数心理和教育测验中，性别差异很小，男性和女性的分数分布往往有很大重叠。

在两种情况下使用混合常模（常模同时包含男性和女性）是合适的。第一种情况，当性别差异很小时，常模组应该包含美国普通人口中适当比例的男性和女性（大约48%的男性和52%的女性）。第二种情况，当性别差异很大时，如果测验的目的是选择具有必要背景知识或技能的学生进行进一步培训，则仍可首选男女混合的常模组。

当使用混合常模导致误解或糟糕的决定时，对男性和女性分开制订常模是首选。例如，3岁的阿龙在发展性测验中可能获得的百分位数为35，该发展性测验常模包括男孩和女孩。他的分数表明他的发展落后于其他男孩和女孩。然而，按照3岁男孩的常模，他的表现可以得到百分位数为52的成绩。这个成绩表明，就他这个年龄的男孩来说，他是中等水平的。需要重视的是，分开的性别常模等于男性的转换分数和女性的转换分数，但分开的常模并不能消除潜在的表现差异。

年龄

就许多能力和技能而言，生理年龄显然与成熟度有关，而常模经常使用1岁作为一个年龄组。然而，我们50多年前就知道，不同的心理能力有不同的发展速度（Guilford, 1967）。因此，测验可能使用更窄或更宽年龄范围的常模。当一项能力或技能快速发展时（例如，婴儿和学步儿童的运动），常模组的年龄范围可能比1年小得多——例如，6个月的常模。对于技能和能力已经稳定的成年人，年龄范围可以是几岁，例如使用59岁至65岁、65岁至70岁等人群的常模。决定一个年龄组跨越的月数或年数是一个经验问题。测验研发者可以依靠其他类似的研究或自己研发测验的结果，来决定常模组的年龄范围。

学校年级

所有的学业成就测验测的都应该是在学校里学过的事实和概念。学生读的年级越高（受的教育越多），他们应该学得越多。因此，最有用的常模通常是对同一年级的学生进行的，而不管他们的年龄如何。[1] 同样重要的是，大多数年级都存在不同年龄的学生。例如，有些7岁的孩子可能还没有入学，有些可能在学前班、一年级、二年级，甚至在三年级。

父母的文化适应性

文化适应是一个无法精准定义的概念，指的是对语言（包括习惯和语用）、历史、价值观和社会习俗的理解。没有什么比语言更能说明文化适应的复杂性了。文化适应要求人们不仅懂得标准的美式英语，还必须知道各种单词和习语的适用语境，说话者和听话者之间的适合音量和距离，表示

---

[1] 原注：如果学生不按年级分组，也许就需要做年龄上的对比。

尊重的适合姿势等。

由于文化适应是一个宽泛的概念，很难精确地定义或衡量。通常，测验研发者会把父母的社会经济地位（通常通过对父母的教育和职业的双重考量），作为家庭文化适应水平的一个非常普遍的指标。学生父母的社会经济地位与各种测验分数密切相关，包括智力、成就、适应性行为和社会功能。从历史上看，中产阶级和上层阶级父母的孩子往往在这类测验中得分较高（Gottesman, 1968; Herrnstein & Murray, 1994）。无论造成儿童成绩差异的原因是什么，常模样本必须包括社会的所有阶层（与一般人口的比例相同），以便具有代表性。

种族认同

种族与我们对常模的讨论特别相关，原因有二。其一，科学界和教育界往往并不敏感，偶尔还有公然倡导种族主义（例如，Down, 1866/1969）。就在 1972 年，斯坦福—比内智力量表（Stanford-Binet Intelligence Scale）将非白人个体排除在常模样本之外。虽然这种公开的歧视在今天已经很少见，但是有色人种仍然可能面临微妙的歧视和有限的机会。

其二，在测验成绩和能力方面依然存在种族差异，尽管这些差异在持续缩小。科学家和哲学家长期以来一直试图理解为什么会这样，他们提供了各种各样的解释——遗传学、环境、基因和环境之间的相互作用、糟糕的测验结构等。[1] 然而，尽管试图阐释这些原因在科学和政治上可能是有趣的，但这些远远超出了本书探讨的范围。对于我们来说，重要的是要明白在开发常模时，必须考虑这些差异。

地理（geography）

生活在美国不同地理区域的人的学识存在系统性差异，各种心理教育测验都反映了这些地域差异。最为一致的是，生活在美国东南部（不包括佛罗里达州）的人的平均分数，通常低于生活在美国其他地区的人的平均分数。此外，社区规模、人口密度（位于城市、郊区还是农村）以及人口的流失也与学业和智力发展有关。

对于这些关系，有几种看似合乎逻辑的解释。例如，受过良好教育的年轻人往往会离开就业机会和文化发展受限的社区。当受教育程度较高的人离开一个社区时，该社区的平均智力和受教育水平会下降，而这些人移居到的社区的平均能力和水平会提高。不管地理差异的原因是什么，测验常模应该包括来自所有地理区域的人，以及来自城市、郊区和农村的人。

智力

智力与心理教育评估中考虑的许多变量有关。智力与成绩当然有关，因为大多数智力测验实际上是为了预测学业成绩而开发的。智力和学业成绩之间通常为正相关，但随着学生年龄的增长相关

---

1 原注：我们还注意到，也许所观察到的种族和文化差异中，有高达 90% 的部分可以归因于社会经济的差异。

性有所下降。对于小学生来说，相关性可高达 0.7，但对于高中生和大学生来说，相关性往往会下降（Atkinson, Atkinson, Smith & Bem,1993）。

语言发展和熟练程度通常被认为是智力发展的标志，因此智力测验通常是以语言为导向的。相应地，智力往往与语言或心理语言能力测验的分数相关。各种知觉任务也被用于智力测验。评估知觉能力的题目早在 1941 年瑟斯顿的基本心理能力测验（Thurstone's Primary Mental Abilities test）中就已经出现了。

在制订知觉和知觉运动测验常模时，必须考虑智力的全部范围。从历史上看，常模一直存在偏见，例如，将样本限制在准备入学和上学的学生（通常是普通教育班级）上，排除智力障碍者，或只选择智力正常的学生。这种做法提高了测验的平均数，缩小了标准差，使转换分数出现了偏差。

4-3b 其他注意事项

常模是多样的

大多数测验都有多个常模样本，统称为常模样本。例如，一项学业成就测验的常模样本可能包含从学前班到十二年级的 2600 名学生。然而，该常模样本由 13 个常模组（12 个年级加上学前班）的各 200 名学生组成。如果每个年级的男生和女生也有各自常模，那么将有 26 个常模组，每个组 100 名学生。因此，当我们测试一名二年级男孩时，我们不会将他的表现与总常模样本中 2600 名学生的表现进行比较。而是将男孩的表现与 200 名二年级学生进行比较（如果对男孩和女孩有不同的常模，则与 100 名二年级男孩进行比较）。

每个常模组的样本人数应足够多，才能保证稳定性。如果常模样本很小，每次常模群体发生变动，则会导致不同的平均值和标准差。而且，样本数量足够大，才能代表少数人群。例如，如果大约 1% 的人口是印第安人，25 人或 50 人的样本甚至不太可能包含一个印第安人。此外，要有足够的样本数，才能保证有全范围（full range）的转换分数。实际上，每个常模组的样本人数至少要有 100 名。

至关重要的是，每一个常模样本中，各种群体的比例应与他们在普通群体中的比例相同。每个常模组必须具有代表性，而不仅仅是汇总或组合样本。应该证明每个常模组的代表性。

常模的年代性

要使常模样本具有代表性，它必须能代表当前总体。技能和能力水平会随着时间推移而变化。今天，技术娴熟的运动员跑得更快、跳得更高，比上一代最好的运动员更强壮。一些改善可归因于更好的训练，但也有一些可归因于更好的营养和社会变化。同样，智力和教育方面的表现也在一代一代地提升，尽管这种提升既不是稳定的，也不是线性的。

例如，在一个已使用 5～7 年的常模参照成就测验中，超过一半的学生成绩超过了平均水平。在这种情况下，测验常模是明显过时的，因为只有一半的人口能够高于中位数（Linn, Graue

& Sanders，1990）。虽然考试成绩的提高一些可以归因于教师对考试内容的熟悉（Linn et al.，1990），但毫无疑问，还有一些变化代表了成绩的真正提高。

这些变化可能有多种原因。当然，计算机革命永远改变了信息的可用性。从未有过如此多的知识可供如此多的人使用。今天的学生比2000年的学生懂得更多，今天的学生也可能比2025年的学生知道得少。

重要的是，旧常模往往会错误地高估学生在人群中的相对地位，因为旧常模太低了。常模过时的程度，部分取决于被评估的能力或技能。出于这种谨慎，在我们看来，15年是能力测验常模样本的最长使用年限，7年是成就测验的最长使用年限。尽管测验出版机构应该确保随时可以获得最新的常模，但使用测验的人还是要注意，避免使用过时的常模（美国教育研究协会等，2014）。

特定常模

如果我们想知道一个特定的学生在智力、知觉、语言或身体上是如何发展的，全国常模是最合适的。然而，有时教育工作者对某个受测者与全国人口中的一个特定亚群体进行比较更感兴趣。**特定常模**（specialized norms）一词指的是所有非全国性的比较。有一种特定常模被称为地方常模。地方常模可能基于整个州、学区，甚至是一个教室。这些常模有助于确定学生个人从学校教育中获益的程度，也有助于对学生的表现进行回顾性解释。

特殊群体常模是第二种特定常模样本。这些常模是建立在个人特征或成就基础上的。例如，美国智力和发展障碍协会（American Association on Intellectual and Developmental Disabilities）的适应性行为量表（Adaptive Behavior Scale）可以将学生的分数与智力障碍者的分数进行比较。

第三种特定常模叫作成长常模。**成长常模**（growth norms）用于为一个测验与另一个测验之间的分数差异分配百分位数和标准分数（例如，从前测到后测的增益量）。增长分数有独特的分数可靠性问题，将在下一章中讨论。

> **关于寻找代表性样本的更多信息**
>
> 寻找一个具有广泛代表性的样本需要有细致的计划。因此，测验研发者或出版机构通常会制订抽样计划，试图寻找具有所需特征的潜在参与者。抽样计划涉及在地理区域内寻找特定规模的社区。整群抽样和选择有代表性的社区（或两者的某种组合）是选择这些社区的两种常见方法。在整群抽样中，会选择城市地区、周边郊区和农村地区。这种抽样计划的优点是所需要的测验人员和行程都更少。当抽样计划要求选择代表性社区时，代表性社区通常被定义为居民的平均人口特

征（如教育水平和收入）与全国或地区平均水平大致相同的社区。例如，约51%的人口是女性，约19%的人口生活在该国东北部地区，约25%的25岁或25岁以上人口拥有四年制大学学位。那么在东北地区的一个代表性社区中，大约51%的人口是女性，大约25%的人口从四年制院校获得学位。

系统地开发代表性常模既耗时又费财。方便的样本，如来自大城市所有教区学校的志愿者，减少了确定被试所需的时间。但是，它们不太可能具有代表性，即便被试的数量惊人。

然而，无论是整群抽样还是选择有代表性的社区，都不能保证参与者成为一个群体的代表人口。因此，测验研发者可以调整常模，使其具有代表性。调整常模的一种方法是系统地过度采样（选择比所需更多的被试），然后挑选被试，直到获得一个代表性样本。另一种方法是对常模样本中的被试进行差异加权。特征代表性不足的被试可被视为多个被试，而特征代表性过高的被试可被视为部分被试（fractions of persons）。两种方法都可以使用。通过这种方式，可以控制常模样本以符合群体特征。

常模修正（smoothing of norms）

常模样本最终确定后，就要编制常模表。由于取样都会有微小波动，即使是精心选择的常模组也会在分布形状上表现出微小的变化。轻微的修正被认为可以更好地估计转换分数、均值和标准差。例如，可能会有一些异常值位于极端的分数分布，这些分数之间的分布不相邻，但超出分布中的最高或最低分数。测验研发者可能会删除这些异常值。同样，不同年龄之间的常模组平均值的发展可能也不连贯，或者不同年龄之间的常模组方差也会由于未知原因而略有不同。因此，测验研发者通常会修正这些值，以符合理论或基于经验的表现模型（例如，使用预测平均值而不是获得的平均值）。

人们还可以通过调整标准分数和百分位数之间的关系来进行常模修正，以消除年龄或年级分布形状中不必要的波动。即使在理论上预期正态分布的情况下，得到的分数分布也不完全是正态分布。例如，多种智力模型假定分数呈正态分布，而实际上，考试成绩的分布是偏态的，因为获得低分的人数过多。因此，标准分数不符合正态分布中所期望的百分等级。在这种情况下，测验研发者可以根据标准分数与正态分布中百分位数之间的关系，将标准分数分配给百分等级，从而迫使标准分数达到正态分布。例如，与第84个百分位数相对应的原始分数被赋予60的T分数，而与计算值无关。这个过程被称为"面积变换",或标准化分布。当不需要正态分布时,测验开发人员可能会删除分布形状中年龄与年龄或年级与年级之间的微小差异。为了消除微小差异,测验研发者可以将与特定标准分数相关的百分等级进行平均。例如,T分数60分可能分别与6岁、7岁和8岁年龄组的72、74和73百分等级相关。这些百分位数可以被平均,每个年龄组中T分数60分的测验分数可以被指定为百分等级73。

常模的更新

因为系统标准化测验的开发费用非常昂贵,测验发布者可能会更频繁地更新测验常模,而不是修订测验。常模更新可以通过两种方式完成。第一种,系统地制订一套完全不同的常模。在程序上,这种更新与任何一套常模的研制都是相同的。第二种,基于小的代表性样本的统计数据来调整(或重新校准)旧的常模。所需的统计量[例如,经典测验理论中的均值和标准差,或项目反应理论(item-response theory)中的各种参数]可以从小样本个体中准确估计。可以用新的统计数据对旧的常模进行线性转换,并用新的表格将原始分数转换为新的标准分数。此外,如果分数的分布是正态的,新的百分位数可以根据它们与标准分数的关系计算出来。

常模更新的困难在于内容不变。如果测验内容是固定的,那么更新常模就不成问题。但如果测验内容变得更容易(就像学业成就测验经常出现的情况),新的常模就可能难以区分出高分者。此外,常模更新可能无法解决与信度或其他效度考量相关的问题。

水平外测验(out-of-level testing)

当学生的能力极其有限时,为同龄个体设计的测验对于这些学生来说可能太难了。在这种情况下,测验就失去了区分受测者的能力,地板或天花板效应限制了学生可得的分数。面对这样的学生,一些测验人员可能会求助于水平外测验——使用年龄更小受测者的常模。虽然这种程序可以提供有用的定性信息(qualitative information),但它不能提供常模参照解读,因为常模组中的个体年龄和受测者的年龄不一样。

当测验人员利用常模表,使用一个人的心理年龄而非生理年龄来转换原始分数时,就会出现一个更严重的错误。我们假设这种做法背后的原因是,如果这个人在智力上像一个8岁的儿童,那么使用基于8岁儿童表现的换算表是合理的。然而,这种做法是不正确的,因为这些常模不是按心理年龄来抽样建立的。评估的青少年或成年人的阅读能力低于第一个百分位数时，测验人员便不需要进一步或更精确的常模参照比较。因为测验人员已经知道，这个人不是一个好的阅读者。如果测验人员想确定一个人拥有或缺乏哪些阅读技能，标准参照（无常模）工具会更合适。有时候，看似最合适的常模使用起来却是无效的。

章节理解题

根据本章内容，回答以下问题：

1. 比较和对比在教育和心理测量中最常用的两种测量量表。
2. 解释以下术语：平均值、中位数、众数、方差、偏态和相关系数。
3. 解释以下分数的统计意义：百分位数、Z分数、智商、NCE、年龄当量和年级当量。
4. 为什么常模样本中学生家长的文化适应性很重要？

第 5 章

技术要求

学习目标

5-1 了解信度的基本概念、估计方法以及影响信度的因素。

5-2 解释测验效度验证中使用的基本信息。

本章所涉标准

CEC 美国特殊儿童委员会初级准备标准

标准 4: 评估

4.0 初级特殊教育专业人员在做教育决策时，使用多种评估方法和数据来源。

CEC 美国特殊儿童委员会高级准备标准

标准 1: 评估

1.0 特殊教育专家开展有效和可靠的评估实践来减少偏见。

Ψ 美国学校心理学家协会标准

1 基于数据的决策和问责

9 研究与项目评价

5-1 信度

每天，学校工作人员都在通过评估（以测验与观察为主）获取信息，并在此基础上制定教育决策。为了确保评估的有效性，评估过程必须按正确的程序进行，且评估结果需要得到合理的解释。而遵循正确的评估程序只是最基本的要求，此外，评估结果还必须具有可推广性。除了学校特有的规则（例如，禁止在走廊上奔跑），学生在学校学到的其他任何东西，只有能够推广到学校以外的生活中，才具有价值。学校教育的本质是假定学生能够迁移泛化他们所学的所有知识。在测量中，**信度**（reliability）是指一个特定的人在一个特定的时间所做的观察或给出的测验分数，推广到不同时间或不同人群的类似表现的程度。当评估结果不能被推广时，说明此结果存在较大误差，是不准确的。评估的误差与三个维度（供选择的题目、时间和评分者）相关，这三个维度是相互独立的（不相关）和可叠加的。测量误差是三种误差之和。[1]

假设杰弗里斯老师想知道他的学生是否能读出字母表中的大写字母，他可以测试每一个字母，因为字母只有 26 个。学生在该测验中的分数将是他们在该领域测验的真分数。假设杰弗里斯老师并不想测试每一个字母，而是倾向于选择一组字母样本，例如，5 个字母的组合。学生在所有可能的 5 个字母组合的测验中的成绩，就是他们在该测验上的真分数。其中一些字母的测验（例如，B、C、D、E、O）会比其他字母容易得多。学生们得到的分数会高于他们的真分数——所有可能的 5 个字母组合的测验平均分。而另外一些测验（例如，J、Q、S、Z、A）会比测验的平均难度大得多，学生得到的分数会低于他们在该测验中的真分数。学生的真分数与实际得分的差异便是"误差"。这些误差是随机的，与真分数并不相关。随着样本数量增加到足够大，得分高的样本与得分低的样本相平衡，平均误差趋近于 0。

在涉及初级材料（beginning material）和特定类型行为观察的成就测验中，有时可以对整个领域进行评估（例如，算术）。在这种情况下，获得的分数是真分数，因此没有必要计算该测验的信度。但通常情况下，即使是在小学阶段，对整个领域进行评估也是很难实现的。在更高级的课程中，通常不可能评估整个领域——尤其是当该领域实际上是一个猜想性概念（如智力、视觉感知）时。因此，在这种情况下，我们必须要计算测验样本的信度。

除样本的选择外，时间也是考虑信度的一个重要因素。如果我们只对学生在某一特定场合的表现感兴趣，那么这个学生在这个特定场合的表现就构成了评估的整个领域，获得的分数则为该测验的真分数。但在现实中，很少有某一场合的表现可以囊括整个领域（不同场域）的表现。比如犯罪行为、英雄行为等，在某一时刻做出犯罪行为并不意味着未来也将犯罪，无犯罪记录也不代表在将来的某一场合不会犯罪。

---

[1] 原注：与随机误差不同，偏差（bias）是指系统的、可预测的测量误差。偏差对一个人（或一个群体）的得分的影响是一个方向的。偏差可能夸大人们的实际能力，也可能低估人们的实际能力。

同样，如果我们仅对一个人或一个委员会（committee）的评估感兴趣，那么这些评估就构成了整个评估领域。由一个人评估的表现构成的整个领域，学生的分数是他们的真分数。虽然这种情况在学校里很难想象，但在校外，个人评价往往是最重要的。例如，你对某家餐馆某个食物的评价，可能是你判断这个食物是否好吃的唯一重要评价。

人们应该关注评估过程中存在的误差。阅读下面的评估场景和相关问题，思考在课堂测验中可能出现的误差。误差是不可避免的，对评估者而言，最重要的问题是确定误差的大小。但遗憾的是，这个问题通常没有直接的答案。为了估算一个分数中所含误差大小和总误差，我们需要两个统计量：①推论时的信度系数；②测量标准误。

评估场景

乔治和朱尔斯

乔治和朱尔斯在历史课上要进行有关第二次世界大战的考试。为了准备考试，乔治集中精力研究战争的原因和后果。朱尔斯复习了笔记，然后看了电影《巴顿将军》（Patton）。第二天，孩子们参加了历史考试，考试内容包括三个简答题和一个论述题，论述题是"讨论二战前后巴顿在欧洲战场上的作用"。最终，乔治的考试成绩取得了C，而朱尔斯取得了A。乔治抱怨说，他的考试分数并不能准确反映出他对这场战争的了解，而且这个考试是不公平的，因为考试内容没有涉及二战更广泛的原因和后果。而朱尔斯对自己的分数非常满意，尽管有可能如果老师问其他问题的话，他的分数会低得多。该测验并不能准确地检验两人对二战知识的掌握程度。

这个场景强调了使用一个题目样本来确定一个人在特定领域的知识或技能时，误差是如何出现的。有限的测验内容往往会造成更大的误差，以及更低的信度。怎样做才能提高像乔治和朱尔斯所做的历史测验的信度呢？

5-1a 信度系数

信度系数是相关系数的一种特殊用法。相关系数（r）的符号加上两个相同的下标（例如，r_{xx} 或 r_{aa}）表示信度系数。**信度系数**（reliability coefficient）表示，一组分数的变异性反映个体之间真实差异的比例。当误差相对较小时，真分数方差与实际分数方差之比接近于1.00（完全可信）；如果存在的误差相对较大，则真分数方差与实际分数方差的比值接近0（完全不可信）。因此，信度系数为0.90的测验的测量误差相对较小，测验结果比信度系数为0.50的测验更可靠。用1减去真分数方差的比例，可得到误差方差的比例。因此，如果信度系数为0.90，则分数分布中10%的变异性可归因于误差。

在其他条件相同的情况下，我们希望使用最可靠的程序和测验。由于完全可靠的测验是相当罕见的，因此我们需要确定在不同的测验目的下，所需达到的最低信度系数。我们建议遵循表5.1中提出的信度系数标准。

表 5.1 信度标准

- 如果测验对象是团体，且测验结果用于行政管理的目的，那么最低信度系数应当达到0.60。这种相对较低的标准是可以接受的，因为群体平均数不受缺乏信度的影响。
- 如果用每周（或更频繁的）测验来监测学生的进步，那么最低信度系数应当达到0.70。这种相对较低的标准是可以接受的，因为在测量行为或技能时，随机波动（random fluctuations）会被考虑在内。
- 如果测验结果用于做出筛选决定（例如，进一步评估的建议），就需要更高的信度。我们推荐使用信度系数高于0.80的测验工具。
- 如果测验分数用来做出的重要决定是关于个别学生的决策（例如，教育追踪或特殊教育安置），最低的信度系数应该是0.90。

三种类型的信度

在教育和心理评估中，我们关注三种类型的信度或泛化推广度（generalizations）：泛化到其他相似题目，泛化到其他时间，以及泛化到其他观察者。这三种泛化有不同的名称，分别为：项目信度、稳定性以及观察者一致性，三种信度分别有各自的评估程序。

项目信度 项目信度（item reliability）的评估主要有两种方式：复本信度和内部一致性。

复本信度（alternate-form reliability）指同一批人在两个不同的测验版本中得分之间的相关性。这两个版本不仅测量的是相同的指标或技能，而且在相同的人群中已进行了标准化。复本测验是基本等效的测验（但测验题目是不同的）。事实上，它们有时被称为等价形式。复本测验的均值和方差假定是（或应该是）相同的。在没有测量误差的情况下，任何被试在两个测验中都有望获得相同的分数。为了评估一种测验的两种备选形式（例如A和B）的可靠性，我们对一个大样本的学生群体进行了两种形式的测验。一半被试先接受A测验，再接受B测验；另一半被试先接受B测验，再接受A测验。这两个测验的得分可以用来计算相关系数，由此得到的相关系数就是测验的信度系数。

内部一致性（internal consistency）可以估算我们推广泛化到其他测验题目的程度，是测验题目之间相关程度的测量。内部一致性的计算不需要两个或更多的测验。而是在进行测验后，将测验题目平均分为两部分，计算其相关程度，得到该测验的信度。假设我们用内部一致性来估算一个包含10道题目的测验的信度（测验结果如表5.2所示）。在对一组学生进行测验后，我们对每个学生的偶数项和奇数项的得分进行求和（将测验分为奇偶两个部分，每个部分包含测验题目总数的一半）。然后，我们将奇数项的和与偶数项的和求相关，计算两部分之间的关联程度，即为该测验的分半信度。

表 5.2 20 名学生在 10 道题目测验中的表现（假设）

学生编号	\multicolumn{10}{c	}{题目}	\multicolumn{3}{c}{总分}
	1	2	3	4	5	6	7	8	9	10	得分题目数	偶数项正确数	奇数项正确数
1	+	+	+	−	+	−	−	−	+	−	5	1	4
2	+	+	+	+	−	+	+	+	−	+	8	5	3
3	+	+	−	+	+	+	+	−	+	+	8	4	4
4	+	+	+	+	+	+	+	+	+	−	9	5	4
5	+	+	+	+	+	+	+	+	+	−	9	4	5
6	+	+	+	+	−	+	+	+	+	−	8	5	3
7	+	+	+	+	+	−	+	−	+	+	8	3	5
8	+	+	+	−	+	+	+	+	+	+	9	4	5
9	+	+	+	+	+	+	−	+	+	+	9	5	4
10	+	+	+	+	+	−	+	+	+	+	9	4	5
11	+	+	+	+	+	−	+	−	−	−	6	2	4
12	+	+	−	+	+	+	+	+	+	+	9	5	4
13	+	+	+	−	−	+	−	+	−	−	5	3	2
14	+	+	+	+	+	+	+	−	+	+	9	5	4
15	+	+	−	+	−	−	+	−	−	−	4	2	2
16	+	+	+	+	+	+	+	+	+	+	10	5	5
17	+	−	+	−	−	−	−	−	−	−	2	0	2
18	+	−	+	+	+	+	+	+	+	+	9	4	5
19	+	+	+	+	−	+	+	+	+	+	9	5	4
20	+	−	−	−	−	+	−	+	−	−	3	2	1

将一个测验分成两等份的方法有很多。假设整个测验包含 10 个题目，且这 10 个题目是按照难度递增的顺序排列的，那么两个等分部分既要包括测验开始比较简单的题目，也要包括测验结尾比较难的题目。还有许多其他将测验进行等分的方法（例如，将题目 1、4、5、8、9 分为一组；将题目 2、3、6、7、10 分为一组）。最常见的等分方法是按照题目序号的奇偶数进行划分（见表 5.2）。

克伦巴赫（Cronbach）在 1951 年提出了一种较为完善的内部一致性计算方法，此方法得到的内部一致性系数被称为 α 系数。α 系数的计算基于测验所有可能的分半相关系数的平均值。但在实践中，我们不需要计算所有可能的分半相关系数，α 系数可以由单个测验题目分数的方差和总测验分数的方差计算出来。

当测验题目的结果为"通过/不通过"，或答案可被赋予多个分值时，我们可以使用 α 系数。早先，库德（Kuder）和理查森（Richardson）开发了一种比较受限的计算测验信度的方式，该方法基于所有可能的分半相关系数的平均值。这种方法被称为KR-20，只能用于计算二分法评分测验（结果为"通过/不通过"，"正确/不正确"的测验）的 α 系数。

稳定性 稳定性是指测验分数在不同时间点上的一致性。当学生学习了知识和行为后，我们想要检验他们在测验之外，是否掌握学到的知识、使用学到的行为。我们希望能够将今天的测验结果推广到未来。教育者们往往对人的那些不会随时间改变的特质与性格感兴趣。例如，在5岁时被诊断为色盲的儿童，在其一生中的任何时候都会被诊断为色盲。色盲是一种无法矫正的遗传特征，该特性是完全稳定的。因此，当一项评估在某一场合鉴别出一个学生是色盲，而在之后的场合却显示其不是色盲时，这项评估就是不可靠的。

还有一些发展性的特征。例如，从出生到成年，人的身高会增加。增长速度相对缓慢且可预测。因此，我们预计在两周内身高不会有太多变化。人的身高在短时间内急剧变化（尤其是下降），会让我们质疑测量工具的可靠性。大多数教育和心理特征已被概念化。例如，我们认为阅读成绩会随着受教育时间的延长而增加，但在短时间（比如两周）内相对稳定。

如果评估是为了做出教育决策，那么用来评估特性的工具必须能产生足够一致和稳定的结果。当学生在某一领域的表现的测验结果能够从一个时间推广到另一个时间，这个测验会被认为是稳定的或具有重测信度的。显然，稳定性的概念排除了系统干预对行为改变的情况。因此，如果一项测验结果表明一个学生不知道长元音，而之后教师教会了他如何发长元音，那么学生在长元音测验上成绩的变化就不能表明该测验是缺乏信度的。

求得稳定性系数的方法很简单。需要大样本的学生先接受一次测验，然后在短时间内（最好是在两周之后）重新进行测验。然后求得学生两次成绩的相关系数，即为稳定性系数。

观察者一致性 观察者一致性（interobserver agreement）是指测验评分者之间的一致程度。我们希望具有同等资格的评分者们在进行测验或观察时，能给出相同的结果。假设阿米格老师在检测学生字母认读的测验中给了巴尼70分，而另一位教师给了巴尼50分或90分，那这个分数就没有太大用处了。当我们的评分或其他观察结果，与受过类似训练、同时观察同一现象的观察者的评分或其他观察结果一致时，这些观察结果就被称为具有观察者一致性或评分者信度。[1] 阿米格老师倾向于假定其他教育专业人士也会以同样的方式给她的学生打分。

---

1 原注：观察者一致性有几个不同的名称。观察者可以被称为测试者、计分者或评分者；这取决于他们行为的性质。一致性也可以被称为信度。

计算观察者一致性系数的方法有两种：相关性方法和一致性百分比方法。相关性方法类似于前面讨论过的复本信度计算方式。两个测验人员独立地给一组测验打分，之后计算两组分数之间的相关性，由此产生的相关系数就是评分者信度系数。

一致性百分比在课堂和应用行为分析中更为常见。以这种方式计算出的不是两个评分者评分之间的相关性，而是评分者之间一致次数的百分比。通常有三种计算一致性百分比的方法：简单一致性、点对点一致性和发生一致性。[1]

简单一致性（simple agreement）的计算方法是用较小的事件发生数除以较大的事件发生数，然后将商乘以100%。例如，假设阿米格老师和她的助手卡特老师观察了萨姆20次，以确定他在阅读教学中执行任务的频率。他们的观察结果见表5.3。阿米格老师的观察结果显示萨姆共执行任务13次，而卡特老师的观察结果显示萨姆执行任务11次。使用简单一致性计算方法可以得出观察者一致性为85%，也就是100% × （11/13）。

表5.3 萨姆阅读任务执行记录表（"+"为执行；"−"为未执行）

观察编号	阿米格老师	卡特老师	观察结果是否一致
1	+	+	是
2	−	−	是
3	−	+	否
4	+	+	是
5	+	+	是
6	+	+	是
7	−	−	是
8	−	+	否
9	+	+	是
10	+	−	否
11	−	−	是
12	+	+	是
13	+	+	是
14	+	+	是
15	−	−	是

---

1 原注：还有第四种指数Kappa，这个指数很少在课堂上使用。点对点一致性和发生指标的一致性协议都受到偶然性的影响。科恩（Cohen）在1960年提出了一个被称为Kappa的一致性系数，它消除了偶然发生的一致的情况。Kappa值的范围从−1.00（完全不一致）到1.00（完全一致）；Kappa值为0表示偶然一致。因此，一致性的正指数表明一致性高于测验人员期望的偶然发现。kappa的计算比其他一致性指标的计算更为复杂。

（续表）

观察编号	阿米格老师	卡特老师	观察结果是否一致
16	+	−	否
17	+	+	是
18	−	−	是
19	+	−	否
20	+	−	否
执行总次数	13	11	14

第二种一致性百分比的计算方式为点对点一致性（point-to-point agreement），这是一种更精确的计算方式，因为每个数据点都被考虑在内。点对点一致性的计算方法是：两位观察者的一致次数（发生和未发生）除以观测总数，然后将商乘以100%（数据见表5.4）。阿米格老师和卡特老师的观察结果有14次一致，其中9次萨姆在执行任务，5次萨姆未执行任务。因此，点对点一致性为70%，也就是100%×（14/20）。

表5.4 萨姆阅读执行任务观察总结

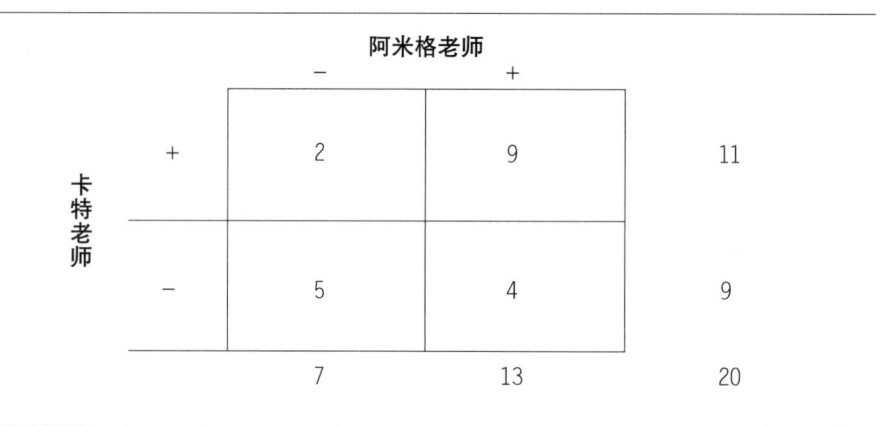

	阿米格老师 −	阿米格老师 +	
卡特老师 +	2	9	11
卡特老师 −	5	4	9
	7	13	20

相比于点对点一致性，**发生一致性**（agreement for occurrence）提供了一个更好的计算一致性的方法，因为当发生的和未发生的次数有很大的不同时，点对点一致性容易高估一致性。公式5.1为发生一致性的公式。我们将用表5.3中的数据来说明如何计算发生一致性。阿米格和卡特老师的观察一致总数为14次，其中9次为"执行任务"，5次为"未执行任务"。但阿米格和卡特老师一致认为萨姆未执行任务的那5次并不重要，因此不纳入计算之内。用公式5.1进行计算，我们可得到两位观察者一致认为萨姆有60%的时间在执行任务——100%×[9/（20-5）]。

发生一致性 =（100% × 一致发生次数）/（观察次数 − 一致的未发生次数） 公式5.1

5-1b 影响信度的因素

有几个因素会影响测验的信度，并可能夸大或降低信度估计值：测验长度、前后测间隔时长、被试能力范围的受限或扩展（constriction or extension of range）、猜测和测验现场的变化。

1. 测验长度。一般来说，一个测验包含的题目越多，测验的信度就越高。较长的测验往往比较短的测验更可靠。尤其是在计算分半信度时，这一因素就更为重要，因为分半信度实际上需要计算一半测验的信度。因此，斯皮尔曼（Spearman）和布朗（Brown）对分半信度计算公式进行了适当的校正。如公式 5.2 所示，总测验的信度等于分半信度乘以 2，再除以 1 加分半信度的和。例如，如果一个测验的分半信度为 0.80，那么修正后的测验信度为 0.89，即 2×0.8/（1+0.8）。在这个过程中，我们必须要考虑每个被试的有效试题的数量。测验分数处于中间范围（±1.5 个标准差内），信度更高。一项测验要想在分布极端的情况下有效，就必须为非常优秀的学生设置足够多的难题，也必须为能力差的学生设置足够多的简单题。通常，考试中非常简单和非常难的题目都不够多。因此，极高或极低的分数往往不如分布在中间的分数可靠。

$$r_{xx} = \frac{2\, r_{(\frac{1}{2})(\frac{1}{2})}}{1 + r_{(\frac{1}{2})(\frac{1}{2})}} \qquad \text{公式 5.2}$$

2. 前后测间隔时间。正如之前提到的，一个人的真实能力在两次测验之间会发生变化。两次测验之间的时间间隔越长，真实分数发生变化的可能性就越大。因此，当使用稳定性或复本信度方法时，评估者必须密切注意测验的时间间隔。一般情况下，时间间隔越短，测验结果的信度越高。

3. 被试能力范围的受限或扩展。被试能力范围的受限或扩展是指在测量信度时，测验适用人群的能力范围被缩小或扩大了。当被试的能力范围小于实际测验适用人群的能力范围时，测验的信度会被低估。能力范围越缩小，信度系数被低估的偏差越大。如图 5.1 所示，当对完整范围内的测验适用人群施测时，运用复本信度方法可以计算出显著的正相关关系。然而，当被试的能力范围受限时（只是完整范围的一部分），如黑色矩形所示，得出的相关性系数可能非常低（虽然可以修正能力范围受限的相关系数，但通常不提倡这样做）。而当被

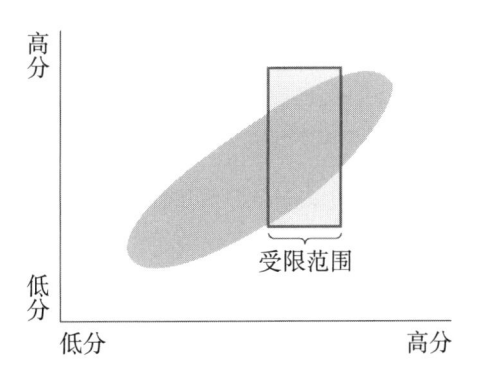

来源：*Psychological Testing, 7e* by Anastasi, ©1997. Reprinted by permission of Prentice Hall, Upper Saddle River, NJ

图 5.1　范围受限时测验成绩与被低估的信度

试的能力范围大于测验适用人群的能力范围时，则会造成信度被高估。图5.2显示了对一年级、三年级和五年级学生进行复本测验后得到的相关系数。单纯从每个年级的成绩散点图看，测验的信度较低。从图中可看出，拼写成绩会随着学校的教学而得到提升，年级越高的学生成绩越好。而当测验研发者将几个年级的成绩综合起来看时，本来较低的相关性可能产生虚假的高相关性。因此，对于随着学生年龄或年级上升，测验分数会提高的测验，应该提供各年龄组的信度。

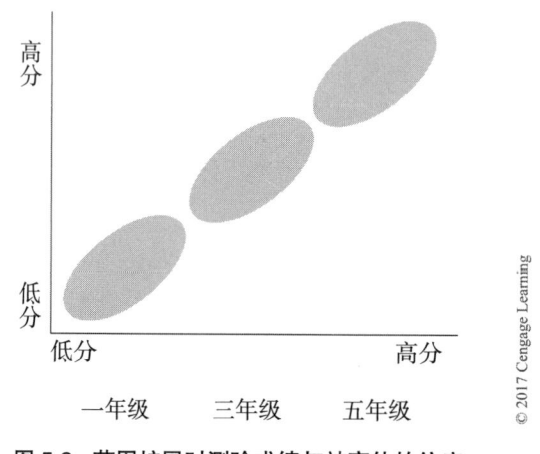

图 5.2　范围扩展时测验成绩与被高估的信度

4. 猜测。猜测是指被试对测验题目的随机反应。当被试无法确定某一题目的答案，而随意猜测一个答案时，即使猜测的答案是正确的，也会造成测验分数与我们对分数解释之间的误差。
5. 测验现场的变化。由测验现场情况变化导致的误差可能有很大的不同。学生们可能会误读或误解考试说明，在考试中途头疼，在答题纸上找不到答题位置，弄断铅笔的笔尖，或者走神看一只松鼠在教室的窗台上吃东西而不答题。所有的这些情况变化都会造成测验结果的误差，降低测验的信度。

5-1c　信度方法的选择使用

在选择计算信度的方法时，首先要考虑希望得到的是何种泛化推广度，我们必须选择与推广度相适应的方法。例如，如果我们想知道测验分数或观察结果是否在时间上存在稳定性，就应该采用重测信度法来计算，因为用观察者一致性来计算不同时间点的稳定性是不合适的。在确定信度计算方法时应考虑以下几个因素。

1. 当使用稳定性指标来计算信度时，一般前后测的时间间隔为两周。两周这个数字并没有什么特别的，但是如果所有的测验都使用相同的间隔，比较测验的相对稳定性就会更容易。
2. 农纳利（Nunnally & Bernstein, 1994; Nunnally, 1978）在许多年前提供了一种用来估计测验推广程度的范式。首选以两周为间隔（这两周没有任何特殊意味，只是平常的两周），进行复本信度的计算。如果没有复本测验，则将测验等分为两部分，间隔两周，分别施测前后两部分，采用斯皮尔曼—布朗公式（公式 5.2）校正相关性。当没有复本测验且被试只能参与一次时，我们可采用分半信度计算法，计算该测验的克伦巴赫 α 系数。

3. 当我们想知道测验结果在不同评分者之间的推广程度时，我们更倾向于计算相关系数而不是一致性百分比。相关系数与信度的其他指标以及信度系数的其他用途有直接关系；而一致性百分比则不然。我们还认识到，目前的做法是报告一致性百分比，而不去报告它在信度上的其他用途。

关于信度系数的总结性评论

项目信度、稳定性信度和评分者信度是相互独立的。因此，每个信度指标都只提供与其测量相关部分的误差信息。

在学校，当我们测验学生整个领域的能力时（例如，字母表中的所有大写和小写字母），项目信度通常不存在问题。但当我们只测验学生在某个领域的一个项目样本上的表现时，则必须要计算项目信度（例如，用一个关于乘法的 20 道题的测验来推断学生对所有乘法的掌握程度）。当我们的评估足够客观，且对正确答案的标准非常明确时（例如，多项选择题测验），评分者一致性通常不是问题。但当使用主观或定性标准来对学生的回答进行评分时（例如，使用评分标准来给主观题评分），我们就必须将评分者一致性信度考虑在内。当经常用平行的测验或练习来评估学生时，评估者通常在干预之前就会计算稳定性，在三天或更长时间内进行测验，直到学生的表现稳定下来。但如果一个测验只施测一次，评估者就必须计算它的稳定性，尽管在实践中教师很少会计算测验的稳定性。

5-1d 测量标准误

测量标准误（SEM）是测验误差的另一个指标。SEM 是指围绕人们的真实得分分布的误差的平均标准差。虽然评分者、时间和项目样本的测量标准误都可以计算，但项目样本的标准误是最常使用的。

举例说明，假设我们想评估学生在命名字母表中的字母方面的技能，并决定使用 10 个字母的测验来评估学生的掌握程度。有许多 10 个字母的测验样本可以开发。如果我们构建了 100 个这样的测验，并且只测验了一家幼儿园的学生，我们可能会发现那家幼儿园学生的分数近似正态分布，该分布的均值就是学生的真分数。但真分数附近的分布可能会受不完美字母测验样本的影响，有些字母样本的测验结果会高估学生的水平，有些则会低估学生的水平。因此，均值附近的方差是误差的结果。该分布的标准差是由抽样偏差引起的误差的标准差，也就是测量标准误。

学生接受常模参照测验时，一般只会进行一次测验。所以，我们无法生成类似于图 5.3 所示的分布。因此，我们不知道考生成绩的真分数，也不知道真分数附近分布的测量误差的方差。通过使用我们已知的测验成绩标准差和项目信度，我们可以估算误差的分布。然而，估算误差分布时，使用测验的人必须明白，测量标准误是一个平均值，有些标准误差会大于这个平均值，有些则会小于该平均值。

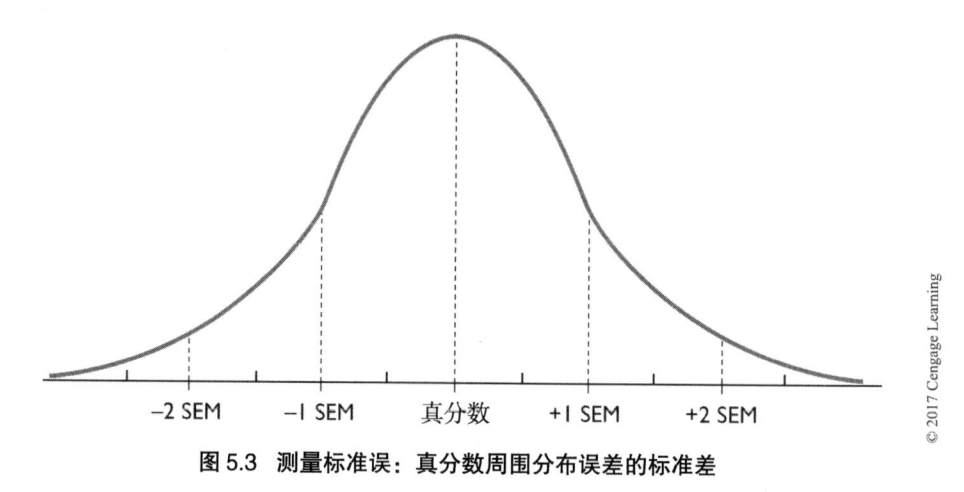

图 5.3 测量标准误：真分数周围分布误差的标准差

公式 5.3 是计算测量标准误的一般公式。测量标准误等于分数的标准差（S）乘以根号下 1 减去信度系数的差。标准差的单位类型（智商、原始分数等）也是测量标准误的单位。因此，如果将测验分数转换为 T 分数，则标准差以 T 分数为单位，即为 10。测量标准误也以 T 分数为单位。由公式 5.3 可知，标准差增大，测量标准误增大；信度系数减小，测量标准误增大。同样，如果信度系数是采用稳定性指标计算的，则测量标准误是针对测验次数的。如果信度系数是采用评分者一致性计算的，则测量标准误是针对评分者的。

$$SEM = S\sqrt{1-r_{xx}}$$ 公式 5.3

由于测量误差是不可避免的，所以真分数总是存在着不确定性。而标准误则为我们提供了能够确切解释分数的有效信息。当测量标准误较大时，不确定性较大，我们不太能确定学生的真分数。当测量标准误较小时，不确定性较小，我们可以更加确定学生的真分数。

5-1e 估计真分数

在测验中获得的分数并不是对真分数的最佳估计，因为获得的分数和误差是相关联的。高于测验平均值的分数会有更多的"幸运（lucky）"误差（使获得的分数高于真分数的误差），而低于平均值的分数有更多的"不幸（unlucky）"误差（使获得的分数低于真分数的误差）。为理解这一现象，我们假设学生迈克在一次测验中，对几个题目进行了猜测。如果迈克的猜测都是正确的，那他就非常幸运，但他得到的分数并不能代表他真正掌握了所学知识。如果他所有的猜测都是错误的，那么他得到的分数比他的真分数要低。

事实证明，比均值高出许多或低出许多的分数与真分数存在更大的差异。如图 5.4 所示，测验的信度越低，得到的分数与真分数的差异越大。农纳利（Nunnally & Bernstein, 1994; Nunnally, 1978）提供了一个公式（公式 5.4）来估算真分数（X'）。真分数等于测验的得分平均值加上信度系数与所得分数与平均值之差的乘积[1]。因此，实际得分与真分数之间的差异，是通过实际得分的信度，以及实际得分与得分平均值之间的差异来计算的。同时，我们必须记住，公式 5.4 得出的并不是真分数的确定值，而是真分数的估算值。

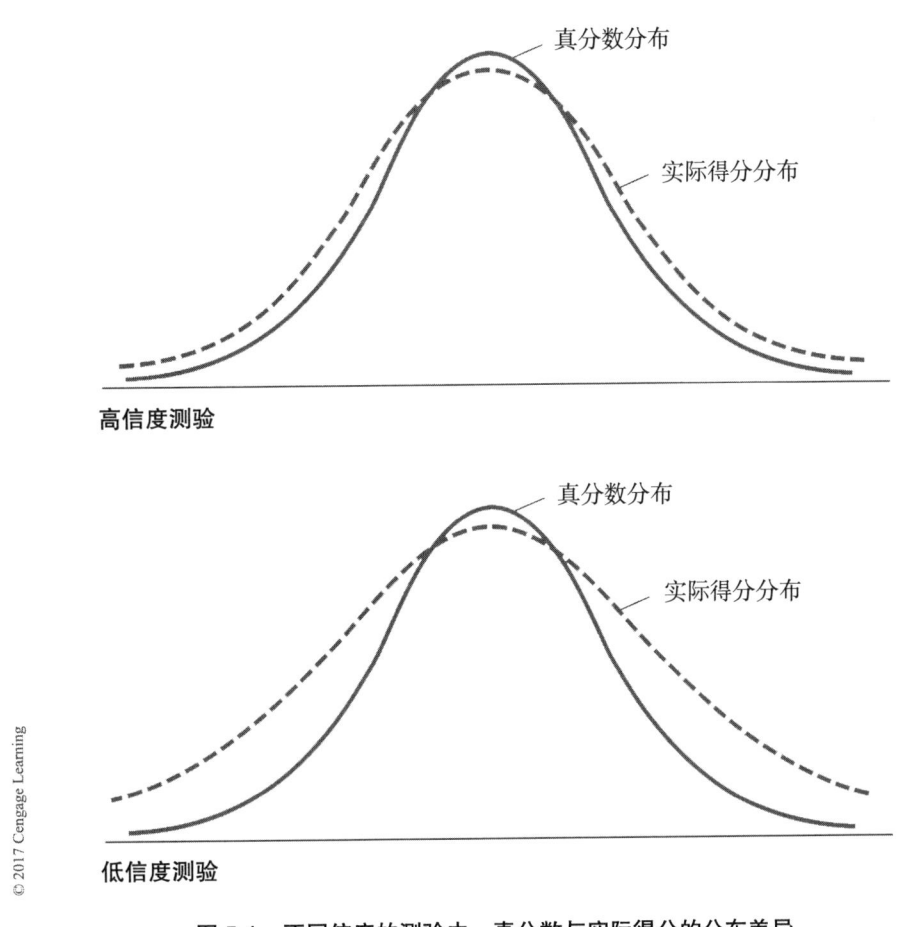

图 5.4　不同信度的测验中，真分数与实际得分的分布差异

$$X' = \bar{X} + (r_{xx})(X - \bar{X}) \qquad \text{公式 5.4}$$

5-1f　置信区间

虽然我们永远不可能知道一个人的真分数是多少，但我们可以估算他的真分数是在一个特定的范围内。这个范围被称为置信区间。置信区间有两个组成部分。第一个组成部分是得分范围，在这

---

[1] 原注：使用何种平均值一直都存在着争议。我们认为，首选的平均值是最能代表特定儿童人口群体的平均值。因此，如果学生是亚洲人，居住在城市的中产阶级的街区，那么最合适的平均值应该是来自中等阶层背景，居住在城市的同龄的亚洲学生。在缺乏针对特定学生的方法的情况下，我们不得不使用学生年龄的总体平均值。

个范围内我们可能会找到真分数。例如，置信区间范围为［80,90］，表示真分数可能是在80至90之间。第二个组成部分是置信水平，一般在50%至95%之间。置信水平表示对真分数存在于某一区间的确定程度。因此，如果乔智商的90%的置信区间是［106,112］，表示我们有90%的确定性认为乔的真实智商在106至112之间。这也意味着，有5%的可能性她的真实智商高于112或低于106。要有更高的置信水平，就需要更大的置信区间。表5.5显示了常用来构建置信区间的Z分数的极限区域。极限区域是正态曲线尾部的比例，即从正或负X个标准差到曲线末端的面积。置信区间的计算公式如公式5.5所示。

表5.5 Z分数、极限区域、正负值间区域面积

Z分数	极限区域面积	正负值间区域面积
0.67	25.0%	50%
1.00	16%	68%
1.64	5%	90%
1.96	2.5%	95%
2.33	1.0%	98%
2.57	0.5%	99%

置信区间下限 = $X' - Z$ 分数 × SEM

置信区间上限 = $X' + Z$ 分数 × SEM

公式5.5

有时置信区间是内隐性的。通常是分数后面可能会跟着一个"±"和一个数字（例如，109±2）。一般来说，这种符号表示68%的置信区间，±后面的数字就是标准误。因此，置信区间的下限等于分数减去标准误（即109-2），上限等于分数加上标准误（即109+2）。这个置信区间的解释是，我们可以有68%的信心认为学生的真分数处于107至111之间。

若分数后面带有测量可能误差（probable error，PE），这也是一种隐含的置信区间。例如，一个分数可能报告为105 PE±1。一个PE表示50%的置信水平。因此，105 PE ±1意味着真分数50%的置信区间为［104,106］，即我们有50%的把握认为学生的真实分数在104至106之间。真分数有25%的可能性低于104分，有25%的可能性高于106分。

建构置信区间

在测验手册中经常会列出置信区间，因此测验人员一般无需建构置信区间。然而，如果测验人员需要建构置信区间的话，建构的整个过程是明确的，尽管在建构方法上还存在一些争议。农纳利（Nunnally & Bernstein, 1994; Nunnally, 1978）推荐使用SEM来建构置信区间。其他学者更倾向于使

用估计标准误（standard error of estimate），即真分数与实际分数之间的平均标准差。当测验的信度较高时，这两种方法之间的差异可以忽略不计。

建构置信区间的步骤如下。

1. 确定置信水平，例如95%。
2. 找到与该置信水平相对应的Z分数（例如，95%的置信区间对应的Z分数为+1.96与-1.96之间）。
3. 将标准误SEM与对应的Z分数相乘。
4. 计算真分数的估算值。
5. 将Z分数与SEM的乘积加到真分数的估算值中，得到置信区间的上限；从真分数估算值中减去Z分数和SEM的乘积，得到置信区间的下限。

例如，假设估计一个人的真实得分是75，标准误是5。如果想构建一个68%的置信区间，我们可查表5.5得到68%的置信水平对应的Z分数为1.00。因此，真分数有68%的可能性包含在70至80的区间，即[75 - 1×5, 75 + 1×5]；真分数小于70或大于80的概率分别都是16%。如果我们不想有32%的可能性是错的，那我们就必须增加置信区间的宽度。因此，对于相同的真分数和平均标准误，如果要达到95%的置信水平，置信区间的范围应增加至[65,85]，即[75 - 1.96×5, 75 + 1.96×5]。因此，真分数有大约95%的可能性是在这个区间内，且真分数低于65分或大于85分的概率皆为2.5%。

5-1g 差异分数

在许多情境下，我们往往对两个分数之间的差异感兴趣。这种差异可以表现为几种形式。它们可以是前测成绩与后测成绩的增益量。差异分析可以用来比较学生的实际增长水平和预期增长水平。有时这种增长是用百分比来表示的，以比较相似水平学生（通常是具有相同前测成绩的学生）分数的增长情况。分数差异可以用在学生的学业成就和智力的比较上。一些教育方面的障碍（例如，学习障碍）可能需要一个"显著的"差异作为障碍的定义特征，还有一些障碍（例如，智力障碍）则需要利用缺乏显著差异性来排除。

"显著差异"一词可指三种不同的差异：信度差异、罕见差异、教育意义差异。这里我们关注的是信度差异，信度差异是由测验题目、时间或观察者/评分者的不良样本造成的。在面对不同的得分时，我们必须要记住两点。第一，两个不同测验（A和B）得分的差异是四个因素造成的：①测验A的信度；②测验B的信度；③测验A和测验B之间的相关性；④测验常模群体的差异。只有前三个因素造成的信度差异是可以计算的。第二，当两项测验是相关的，一个人在两项测验中得分的差异总是比差异分数更不可信。

关于差异分数的更多信息

有几种方法可以计算差异分数的信度。以下两种方法都比较常用，它们基于不同的假设，并以不同的方式组合数据（使用不同的公式）。其中一种方法使用回归模型，最初由桑代克（Thorndike）提出（1963）。在这个模型中，一个分数会导致第二个分数。例如，智力被认为是决定成就的因素。因此，智力被确定为一个自变量（或预测变量），而成就被确定为因变量（或被预测变量）。当预测得分（例如预测成就分）与实际得分不一致时，则出现了差异分数。公式5.6为预测差值的信度的计算公式。

$$\hat{D} = \frac{r_{bb} + (r_{aa})(r_{ab}^2) - 2r_{ab}^2}{1 - r_{ab}^2} \qquad 公式5.6$$

预测差值 $\hat{D}$ 的信度等于因变量的信度（r_{bb}）加上自变量的信度和自变量与因变量相关系数的平方的乘积（$r_{aa}r_{ab}^2$），得到的结果减去自变量和因变量之间的相关系数平方的两倍（$2r_{ab}^2$），这个值除以1减去自变量和因变量之间的相关系数平方（$1-r_{ab}^2$）。预测差异的标准差 $S_{\hat{D}}$ 也被称为"估算标准误"（SE_{est}），如公式5.7所示。预测差异的标准差 $S_{\hat{D}}$ 等于因变量的标准差（S_b）乘以根号下1减去自变量和因变量之间的相关系数的平方的差。

$$S_{\hat{D}} = S_b \sqrt{1 - r_{ab}^2} \qquad 公式5.7$$

第二种评估差异信度的方法是由斯塔克（Stake）和沃德罗普（Wardrop）提出的（1971）。在这种方法中，一个变量并不是另一个变量的原因，这两个变量也都不是自变量。这种方法要求两种测量方法使用相同的测量单位（例如，T分数或智商）。差异分数的信度计算公式如公式5.8所示。差异分数的信度（r_{dif}）等于两个测验的平均信度 $[\frac{1}{2}(r_{aa} + r_{bb})]$ 减去两个测验之间的相关系数（r_{ab}），再除以1减去两个测验的相关系数（$1-r_{ab}$）的差。

$$r_{dif} = \frac{\frac{1}{2}(r_{aa} + r_{bb}) - r_{ab}}{1 - r_{ab}} \qquad 公式5.8$$

差异分数的标准差如公式 5.9 所示。

$$S_{dif} = \sqrt{S_a^2 + S_b^2 - 2r_{ab}S_aS_b}$$　　　　　公式 5.9

计算差异分数的标准差（S_{dif}），要先用测验 A 和测验 B 的方差和（$S_a^2+S_b^2$）减去测验 A 与测验 B 的相关系数与测验 A 的标准差以及测验 B 的标准差的乘积的 2 倍（$2r_{ab}S_aS_b$），将所得结果再进行开方。利用公式 5.3，可以将差异分数的信度和标准差结合起来得到差异分数的平均标准误（SEM_{dif}）。差异分数的标准差（S_{dif}，见公式 5.9）代替公式 5.3 中测验分数的标准差（S）；差异分数的信度（r_{dif}，见公式 5.8）代替公式 5.3 中测验的信度（r_{xx}）。替换后生成公式 5.10。

$$SEM_{dif} = \sqrt{S_a^2 + S_b^2 - 2r_{ab}S_aS_b} \times \sqrt{1 - \frac{\frac{1}{2}(r_{aa}+r_{bb})-r_{ab}}{1-r_{ab}}}$$　　　公式 5.10

差异分数的标准误差（SEM_{dif}）表示实际得分之间的差异分布。要评估差异分数，最简单的方法是设定一个置信水平（例如，95%），并找到与该置信水平相关的 Z 分数（例如，1.96），然后我们用分数差异除以差异平均标准误。如果结果大于设定的置信水平所对应的 Z 分数（1.96），说明得到的差异是可靠的。同估算测验的真分数一样，我们也可以估计真正的差异值。一般情况下，我们假设组间均值差为 0.00。因此，估计某一学生的真正差异的公式可简化为公式 5.11。

真实差值估算值 = 实际差值 $\times r_{dif}$　　　　　公式 5.11

5-1h　理想的信度标准

对于测验研发者来说，应当在测验手册中为使用测验的人提供足够的信息，以便能够准确地解释测验结果。要使测验有效，它就必须要有信度。虽然信度不是必须满足的唯一条件，但它是效度的必要条件。只有有信度，测验才能达到它的测试目的，测验的分数才可以得到合理解释。

因此，测验研发者和出版机构必须提供足够的信度数据，让使用者能够对所有的分数进行合理的解释。所以在解释分数时，应该报告信度的估算值。此外，应该报告每个年龄和年级的信度系数，且这些指标应以表格形式明确列出。测验研发者不应该隐藏或不明确说明信度数据。推荐计算差异分数的测验研发者应该尽可能提供差异的信度系数（r_{dif}）和差异的平均标准误（SEM_{dif}）。一旦使用测验的人得到了信度数据，他们就可以判断测验的充分性。请参阅我们建议的信度标准（见表 5.1）。

5-2 效度

效度（validity）是指以证据或理论支持测验分数解读测验目的的有力程度。因此，效度是开发和评估测验时需要考虑的最基本的因素。在校验过程中，我们必须积累相关证据为分数解释提供可靠的科学基础。而且，被评估的是测验分数对测验目的的解释，而不是测验本身。（美国教育研究协会，美国心理学会，美国教育测量协会，2014）。

实际上，所有关于效度的问题都是局部的，如测验是否能够得出对一个在特定情况下、有特定目的的人的正确推断。一项测验可以得出对一般学生或大多数学生的有效推论，却不能得出对特定学生的有效推论。有两种情况可以说明这一点。首先，假如一个学生没有系统地适应以美国大众文化为背景的价值观、行为方式和知识观念时，这种假设文化适应的测验就不可能得到对该学生的合理推断。举个例子，对一个刚刚移民到美国的学生进行口语形式的智力测验是不合适的，因为这种智力测验不仅要求精通英语，还要求熟知美国的文化习俗等。

其次，除非一个学生在一项成就测验的内容上得到了系统的指导，否则关于教学的测验将很难合理地推断出学生从教学中获益的能力水平。例如，对一个被鼓励使用创造性拼写并因此得到强化的学生，实施标准化的书面语言测验（将我们所认为的拼写错误当作错误）是不合适的，测验结果也不太可能帮助我们正确地推断该生从拼写教学中获益的能力水平。阅读评估场景和相关问题，认真思考教学和测验内容保持一致的重要性。

评估场景

埃尔姆伍德学区

埃尔姆伍德学区采用了一套以儿童为中心的数学概念探索课程，这一课程强调问题解决、写作以及数学思维。学生们被要求在学习过程中发现数学原理并以书面形式加以解释。今年春天，该学区施行了特拉诺瓦成就测验（TerraNova），以确定学生是否掌握了该学区计划的学习内容。令人沮丧的是，数学测验的平均分数大体上低于平均水平，许多曾被认为在学校表现不错的学生被转介，以确定他们在数学计算方面是否存在学习障碍。一直到学校心理学家对学生的表现进行初步复盘后，问题才渐渐浮出水面。特拉诺瓦测验虽被广为认可，却没有测量埃尔姆伍德学区正在教授的内容。由于教学中并没有强调数学计算（甚至没有系统地教授数学计算），埃尔姆伍德学区的学生没有机会和其他学区的学生进行同步学习。因此，在埃尔姆

> 伍德学区，特拉诺瓦测验并不是一个有效的测验，尽管它在其他许多地方适用。测验的效度是针对被评估对象而言的。
>
> 这个场景强调，如果测验的目的是检验学生在学校学到的内容，那么教学的内容应该在测验的题目中有所体现，否则测验就是无效的。为了检验特定的学生在学校学到了什么，我们应当采用哪些必要的方法来确保测验是有效的呢？

5-2a 一般效度

由于对所有可能从测验中得出的推论进行验证基本上是不可能的，所以测验研发者通常只验证最常见的推论。因此，使用测验的人应该期望得到各个常见的推论效度的相关信息。尽管各个推论的效度都是基于不断积累的证据，但测验研发者应该在测验投入使用时，就给出证明关于特定推论效度的相关证据。此外，测验研发者应当给出该测验在具有代表性的目标群体中使用的效度情况。

5-2b 证明效度的证据

收集推断有效性的证据的过程被称为效度验证。通常考虑五种一般类型的证据：

○ 基于测验内容的证据
○ 基于内部结构的证据
○ 基于与其他变量关系的证据
○ 基于测验结果的证据
○ 基于反应过程的证据（美国教育研究协会等，2014）

这五种证据并不是相互独立的，只是为更好地理解这个复杂的概念而人为进行的分类。因此，我们既可以轻松地把基于内部结构的证据视为单独的证据类型，也可以把它当作测验内容的一部分。

（一）基于测验内容的证据

测验内容是指测验题目、任务或问题的主题、措辞和格式。测验的施测以及评分也可能与基于内容的证据相关（美国教育研究协会等，2014）。具体而言，我们关心的是测验的题目能够代表测量领域的程度。测验内容是验证任何成就测验、教育和心理测验、观察和评定的主要证据来源。要对测验内容进行分析，我们必须先明确测验领域的定义。最终，一个测验的内容效度是由所包含题目的合理性、未包含题目的重要性，以及题目如何评估测验内容这三个因素决定的。

题目的合理性

在检验测验中所含题目的合理性时，我们必须自问：这是一个合适的题目吗？这个题目真的能够测出我要测验的领域或概念吗？我们可以看一看图5.5中假设的初级（从学前班到二年级）算术成就测验中的四个题目。第一题要求学生阅读并将两个个位数的数字相加，完成10以内的加法，这似乎是一个适合初级算术测验的题目。第二题要求学生完成一个等比数列的问题。虽然这也是一个数学问题，但是在小学二年级及之前的课程中却没有教授过这道题所需的技能和知识。因此，对于从学前班到二年级的数学成就测验而言，这道题是一个无效的题目。第三题同样要求学生完成10以内的加法，但这个题目是用西班牙语写的。尽管问题的内容是合适的，但阅读题目需要的语言技能是这个年龄大多数学生所缺乏的。这个题目犯错的原因可能是学生不懂西班牙语，也可能是因为学生不知道3+2=5。因此，测验编制者必须清楚，这个题目对不懂西班牙语的学生是无效的。第四个题目要求学生选择正确形式的拉丁动词amare（"爱"）的形式。显然，这道题作为算术测验题目并不恰当，也应该视作无效题目。

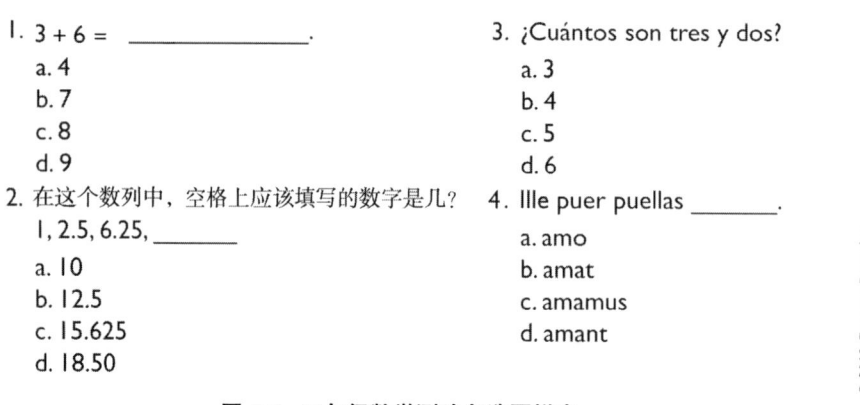

1. 3 + 6 = _____.
   a. 4
   b. 7
   c. 8
   d. 9

2. 在这个数列中，空格上应该填写的数字是几？
   1, 2.5, 6.25, _____
   a. 10
   b. 12.5
   c. 15.625
   d. 18.50

3. ¿Cuántos son tres y dos?
   a. 3
   b. 4
   c. 5
   d. 6

4. Ille puer puellas _____.
   a. amo
   b. amat
   c. amamus
   d. amant

图5.5 二年级数学测验多选题样本

未包含的题目

我们还必须检查是否有重要内容未被纳入测验当中。例如，初等算术测验中如果只包含10以内的加法，那它的效度就会受到质疑。教育者期望算术测验能包含更广泛的任务样本（如两位数和三位数的加减法，对加法过程的理解，等等）。不够完善的测验内容通常会导致无效的评估。

如何测量内容

显然，我们评估内容的方式会直接影响评估的结果。比如，我们有很多方法可以评估学生对10以内加法的掌握程度：可以让学生回答多项选择题，也可以让学生演示加法过程，可以在应用题里考查，也可以让学生写一篇文章来论述解决问题的过程。而越来越多的人意识到，评估学生知识水平的方法应该与教学中使用的方法相一致。[1]

---

1 原注：在不同的测量方法下对特质或能力适用的一致性的现有理论和研究方法，仍处于萌芽阶段。目前的许多方法论源自坎贝尔（Campbell）和菲斯克（Fiske）在早期（1959年）提出的聚合效度和区分效度，但这超出了本书的范围，暂不讨论。

（二）基于内部结构的证据

测验的内部结构的证据与测验内容的证据非常相似。内部结构指的是测验题目和子测验如何构成测验及总分的方式。大多数测验领域有不止一个维度或成分。例如，阅读考试通常评估口语阅读能力和理解能力，数学考试通常使用整数、分数和小数等来评估计算能力和问题解决能力。

人们很自然地期望测验研发者可以提供能证明他们的测验确实具有设想结构的证据。当一个测验评估一个一维技能或特征时，我们希望看到测验题目是同质的证据（例如，α 系数）。当一个测验是多维的时候，我们期望因子分析的结果能够与理论上的因子结果相一致。[1]

（三）基于与其他变量关系的证据

新测验的结果与其他测验结果之间的关系是至关重要的。基于与其他变量关系的证据可分为两大类。第一大类，新测验的结果与其他测验的预期结果一致（或相关）。若新测验的测量结果在很大程度上与效标测量中的表现相一致，就表明新测验能够测量它想要测量的东西，即具有效度。这种关系通常表示为新的评估程序（例如，测验）和标准之间的相关性。新测验的评估结果与标准测验结果之间的相关系数被称为效度系数。该效度一般分为两类：同时效度和预测效度。这两种效度在参与标准化测验的时间上存在区别。同时效度指的是一个人的当前表现（例如，考试分数）与同一时间此人参与标准测量中的表现的一致程度，即一个人在新测验上的表现，是否与他在一个效度已得到广泛验证的相关测验中的表现相符合。预测标准相关效度指的是一个人目前的表现（例如，考试分数），与他之后在标准化测验中的表现的一致程度。因此，同时效度和预测效度的区别在于参与新测验和标准化测验的时间顺序，它们在获得标准测验分数的时间上有所不同。测验分数和其他变量之间的正相关也可以为测验效度提供证据。正如许多技能和能力是会不断发展的，我们猜测学生的年级水平或心理年龄与实际年龄呈正相关。

第二大类证据，则是指新测验的结果与其他技能或能力之间相互独立（不相关）。有时，人们在评估某一项特定技能或能力时，无法直接对这项能力进行评估，因为这和学生的表现有很大的关系。例如能力测验和速度测验——能力测验无需计时，而速度测验需要计时。对于一些有学习障碍或情绪问题的学生来说，他们可能在速度测验中表现不佳，这单纯是他们残障的表现。在这种情况下，学生基于流利程度的数学和阅读成绩可能相似，而能力测验能揭示阅读和数学成绩的差异。

---

[1] 原注：除了判断某个题目在一个领域中适合的程度，测验开发人员经常依据单个测验题目和总分之间的点二列相关来确定题目是否合适。和总分不相关的题目，或弱相关的题目（相关系数为 0.25 或 0.30）会被排除。只保留与总分呈正相关的题目，确保了测验题目的同质性和内部一致性（信度）。此外，当测验题目是同质的，它们才有可能衡量相同的技能或特征。因此，为了获得可靠的测验，测验开发人员很可能会排除统计数据上不适合该领域的题目。

当测量领域不同质的时候，如果测验研发者通过选择一定的题目来提高测验的内部一致性，这样的做法一定会损害测验的效度。因此，从逻辑上或统计上分析测量的结构通常是必不可少的。当一个领域包含两个或更多的同质类测验题目时，测验研发者可以使用点二列相关来开发同质子测验（代表每个因素），从而提高测验的有效性。

（四）基于测验结果的证据

"测验开发人员希望能够从测验的施测和分数的解释中获益。测验可以为人类社会带来很多益处，如帮助医生选择有效的治疗方法，把工人安置在合适的岗位工作，把能力不合格的人排除在岗位之外，或改进课堂教学实践。效度验证的基本目标便是证明一个测验是否能够带来这些具体的益处。因此，对于用作安置决定的测验而言，效度验证是为了通过证据表明，替代安置对个人和机构都有好处。"（美国教育研究协会等，2014）

尽管这类证据已经被美国教育研究协会、美国心理学会和美国教育测量协会的联合测验标准委员会所采用，但我们必须要明确，它关注的是如何使用测验分数，而不是测验是否提供了准确的信息。假如一个测验正确地表明一个高一的学生无法阅读小学二年级的材料，那么学校如何使用这些信息与这些信息的准确性无关。无论学校是决定什么都不做，还是提供无效的指导，或是提供有效的补救措施，都不会影响到测验结果的准确性。然而，如果测验结果被用于提供无效教学给学生，这样也是不恰当的。因此，测验的使用者一定要以一种能够产生积极结果的方式去使用测验。因为除了测验分数的准确性之外，还有很多不同的因素影响着学生是否能从该测验中获益，所以我们发现根据这个指标来评估测验效度几乎不可能。之后在本书中我们还会提供各种测验的综述。在这些测验的综述中，我们将效度分析的重点放在了测验的结果在多大程度上是准确的这一点上，使其适用于每一个典型的个体。

（五）基于反应过程的证据

反应过程指的是，学生回答测验问题的方式以及考官如何对学生的回答打分。在某些情况下，我们想要评估学生使用正确方法去解决问题的能力。例如，在一个乘除法问题的解决中，他们是否遵循了正确的数学算法。如果测验的目的是测量反应过程，那么我们就更希望能有关于学生实际使用过程的相关证据。这类证据包括：面试学生，让学生"展示他们的作业"，或者让学生写文章来论述得出答案的过程。

5-2c 影响一般效度的因素

当一个评估程序不能测量它想要测量的东西时，它的效度就会受到威胁。因此，任何导致测验测量了"其他内容"的因素都会影响测验效度。非系统误差（不可靠性）和系统误差（偏差）都威胁着测验效度。

信度

信度是检验效度的上限，是效度的必要而非充分条件。因此，具有效度的测验都是有信度的，无信度的测验都是无效度的，但有信度的测验不一定有效度。一个测量程序的效度永远不会超过它的信度，因为不可靠的程序会将测量误差包含在内，而有效的程序则会测量出它们所要测量的特质。

系统偏差

一些系统偏差会降低测验的效度。以下是最常见的系统偏差。

启动行为（enabling behaviors）

启动行为是一个人展示目标知识或行为所必须依靠的技能和事实。例如，为了在作文考试中阐明美国内战的原因，学生必须具备书写的能力。没有书写能力（启动行为），学生就不能进行书面作答（目标行为）。同样地，掌握评估所使用的语言也是至关重要的，许多关于评估的失败案例的直接原因在于语言问题。又例如，对不讲英语的孩子进行英语智力测验曾经非常普遍，直到家长们对学区提起了诉讼（戴安娜诉讼州教育委员会，1970）。失聪的学生即使听不见指示，也要接受韦克斯勒成人智力测验（Baumgardner, 1993）。而有沟通障碍的儿童经常被要求口头回答测验问题。这些可能存在的明显弊端会使测验结果无效，可它们在测验环境中还是往往被忽视。阅读下方的评估场景和相关问题，认真思考如果在评估中忽视评估对象的行为能力，将会造成什么样的结果。

评估场景

克里娜

克里娜出生在东欧，10岁之前基本上都在孤儿院度过，在那里她还需要照顾更小的孩子。在11岁生日前不久，她被俄亥俄州的一个家庭收养。克里娜带到美国的东西仅有她的护照、洗礼证书和孤儿院的信，信中说克里娜的父母已经去世。

克里娜的养父母学会了一些克里娜的语言，克里娜在被当地学校录取之前的几个月里尝试着学习英语。进入当地的公立学校时，她被安排在一个同龄普通班级中，并接受英语作为第二语言（English as a second language, ESL）的课程教学。

但事情进展得并不顺利。克里娜不适应学校常规，她几乎不了解任何要学习的领域，所有教师们都认为她是教不了的。她在学校的大部分时间都在帮教师打扫房间、分发材料和跑腿。在克里娜上学的第一周，她的老师向ESL老师、校长和学校心理学家寻求额外的帮助。尽管所有人都提出了建议，但似乎都没有奏效，学校里找不到一个会说克里娜母语的人。在上学的第一个月里，克里娜被转介给一个儿童研究团队，该团队又转介她去接受心理和教育评估。

这所学校的心理学家对克里娜进行了韦克斯勒儿童智力测验（Wechsler Intelligence Scale for Children）和韦克斯勒个人成就测验（Wechsler Individual Achievement Test），而这两项测验都是用英语进行的。在不要求她说或理解英语的测验中，克里娜表现得更好，例如积木分测验。她的智商分数估计在40多分；她在成就测验中表现得很不好，以至于无法获得相应的分数。

考虑到她的年龄和需求程度，学校团队建议将她安置在一个生活技能班，与其他有中度智力障碍的学生在一起学习。克里娜的母亲拒绝了这个安排，因为克里娜已经掌握了大部分生活技能：在孤儿院，她打扫卫生、做饭、洗澡、照顾年幼的孩子等。此外，她的母亲认为，比起生活技能班的学生，语言能力较强的学生能够给克里娜树立更好的语言榜样。她的母亲想要一套更合适的基础学习课程——不仅能让克里娜学习英语读写、练习基本的计算技能，而且能够让她交朋友，适应美国文化。

但由于一些未知的原因，学校拒绝妥协，于是双方进入了正当程序听证会。克里娜母亲自己请专家对克里娜进行教育评估，她请心理学家评估了克里娜的适应性行为。由于克里娜的独特情况，该测验的效度有限，心理学家估计克里娜的适应性行为水平在她的年龄平均范围内。心理学家还对克里娜进行了非语言智力测验——既不要求她理解口头指示，也不要求她做出口头回应。同样，评估结果再次显示了克里娜的能力在她年龄的平均范围内。也就是说，学校输了，克里娜和她的父母赢了。

道德。针对特殊情况的学生使用测验时，我们必须非常小心。该学区虽然遵循政策，为教师提供支持，为克里娜组织多学科团队提供支持服务，使用的测验也是具有信度、效度且规范的。但是，学区没有考虑到克里娜的特殊情况。显然，克里娜缺乏的是语言技能、文化知识和学业背景，所以学校的测验无法对她进行有效的评估。尽管其父母请的心理医生进行的测验更合适，但由于文化因素，这些测验仍可能低估了克瑞娜的能力。

圆满结局。在接下来的几年里，克里娜努力学习英语，结识了自己的朋友，足够的读写技能让她能够找到工作。克里娜在毕业离开学校时，对自己的经历和成就感到非常满意。

这个场景强调了测验使用者在选择测验和评估方法时所担负的责任，我们选择的测验和方法必须能够为学生提供有效的测验结果。在克里娜的例子里，考虑到克里娜的语言和文化差异，在选择测验方法时，必须仔细考虑测验内容是否适合衡量她的能力和成就水平。

题目有效性的差异

测验的题目对不同的学生应当具有一致的测验模式。杰森（Jensen, 1980）提出了几种应用于不同群体时的题目有效性的证明方法。首先，我们应该期望测验题目在不同群体中的相对难度不变。例如，对男性来说最难的题目，对女性来说也应该最难。对白人来说最容易的题目，对非白人来说也应该是最容易的。其他也同理。同时，我们还期望，对所有接受测验的群体来说，测验的信度、效度都是相同的。

题目对不同人群的测验效果存在差异，最可能的解释是测验对象对测验内容有不同程度的接触。对于经历过不同文化适应或不同教学的学生来说，测验题目的效果是不同的。例如，标准化成就测验暗含的假设是，参加测验的学生曾接触过类似的课程。如果教师没有教授过测验的内容，那么这个测验对学生来说是非常困难的，而且得到的关于学生从教学中获益的能力的推断，也可能是不正确的。

系统实施误差

除非测验是按照标准化程序进行测量的，否则基于测验的推论就是无效的。假设威廉斯老师希望通过实施智力测验和成就测验来证明她的教学有效果，但她在智力测验的标准时限上减少了五分钟，而在标准化成就测验时限上增加了五分钟。结果学生获得了更高的成就测验分数和较低的智力测验分数（因为他们没有足够多的测验时间）。可见，在这个结果基础上得出不太聪明的学生比预期学得更多的推断，是不正确的。

常模

若测验常模选择的样本不具有代表性，那么该测验对总体的估算也是错误的。在这个意义上，常模样本在集中趋势或离散性方面没有系统地代表总体，那么基于这些分数的差异是不正确且无效的。

有效测验的责任

有效地使用评估程序是评估程序研发者和使用者的责任。测验研发者应该为测验的主要推理类型和预期用途提供各种证据。测验使用者应确保测验适用于被评估的学生（美国教育研究协会等，2014）。

章节理解题

根据本章内容，回答以下问题：

1. 解释测量误差的概念。
2. 0.75 的信度系数表示真分数变异性和误差变异性是多少？
3. 比较和对比项目信度、稳定性和观察者一致性三者的区别。
4. 简单一致性与点对点一致性的区别是什么，分别适用于什么情况？
5. 什么是测量标准误？
6. 什么是基于与其他测验关系的效度证据？
7. 什么是基于测验内容的效度证据？
8. 举出三个影响测验效度的因素，并进一步说明。

第 6 章

文化和语言考量

学习目标

6-1 确定美国公立学校中存在的文化和语言多样性的程度。

6-2 总结针对英语学习者（English language learners, ELLs）的各种法律保护和测验要求。

6-3 阐明几个问题，指导对来自不同文化和语言背景的学生进行评估的过程。

6-4 描述几种测验英语学习者的方法及优缺点。

6-5 说明无需测验就能将英语学习者确定为特殊教育对象的几种情况。

本章涉及的标准

CEC 美国特殊儿童委员会初级准备标准

标准 1：学习者的发展和个体学习差异

　　1.0 初级特殊教育专业人员了解如何将个体的特殊性与学习发展结合起来，并利用这些专业知识为有特殊需要的个体提供有意义和富有挑战性的学习体验。

标准 4：评估

　　4.0 初级特殊教育专业人员在做教育决策时，使用多种评估方法和数据来源。

CEC 美国特殊儿童委员会高级准备标准

标准 1：评估

　　1.0 特殊教育专家开展有效和可靠的评估实践来减少偏见。

美国学校心理学家协会专业标准

　　1 基于数据的决策和问责

　　8 发展和学习的多样性

对于教育和心理工作者来说，对具有独特文化和语言背景的学生进行评估是一项特别困难的工作。绝大多数课堂测验和商业测验都是用英语进行的。不会说或不会读英语的学生不能理解这些内容，可能无法对这些测验做出口头回应。例如，假设卢佩不懂英语，但要接受智力测验，主试问她"什么是雪橇？"或"什么是桔子？"时，她就无法理解这些问题，尽管她也许能用母语理解这些词。显然，这项测验对卢佩来说是无效的，她不懂英语，所以很难对她进行有效的测验，她的分数不能反映她的真实智力。

在评估具有文化差异和语言差异的学生时，教育和心理工作者面临的挑战不仅仅是学生不懂测验所用的语言，还涉及一系列与文化适应和语言发展相关的问题。英语学习者，有时被称为英语水平有限的学生（limited English proficiency, LEP），可能会说一些英语。但即便他们掌握了足够的英语进行社交对话，也不等于具备了足够的英语水平来接受课程教学，或辨别高度抽象概念的细微差别。

此外，许多英语学习者本身的文化背景可能与美国大众文化迥然不同。因此，每当测验的题目需要依赖学生的文化知识来测试某个领域的成就或能力时，这个测验必然是无效的，因为它也会考查学生对美国文化知识的理解。在本章中，我们将讨论使评估过程复杂化的社会、政治和人口问题，以及如何对英语学习者进行评估。

6-1 英语学习者的多样性

根据美国人口普查局提供的信息，有大量居住在美国的居民不会说英语。表6.1显示了这部分人群最常说的语言、每种语言的使用人数，以及这些人数随时间的变化情况。除英语之外，西班牙语、汉语和法语是美国家庭中最常使用的语言。

表 6.1[1] 家庭主要使用语言：1980年、1990年、2000年和2010年[2]

（单位：百万）

特征	1980年	1990年	2000年	2010年	2010年较1980年人数增长百分比（%）
5岁及以上人口	210.25	230.45	262.38	289.22	37.6
在家只说英语	187.19	198.60	215.42	229.67	22.7
在家说其他语言[3]	23.06	31.84	46.95	59.54	158.2
西班牙语或西班牙克里奥尔语	11.12	17.35	28.10	37.00	232.8

原注：1 美国人口普查局，1980年和1990年的人口普查，2000年的人口普查以及2010年的美国社区调查结果。
2 本表中的语言是这四个时期的语言。
3 "在家里说其他语言"包括未出现在列表中的语言。

（续表）

特征	1980年	1990年	2000年	2010年	2010年较1980年人数增长百分比（%）
汉语	0.63	1.32	2.02	2.81	345.3
法语[1]	1.55	1.93	2.10	2.07	33.4
他加禄语	0.47	0.84	1.22	1.57	231.9
越南语	0.20	0.51	1.01	1.38	599.2
韩语	0.27	0.63	0.89	1.14	327.1
德语	1.59	1.55	1.38	1.07	32.7
俄语	0.17	0.24	0.71	0.85	393.5
意大利语	1.62	1.31	1.01	0.73	55.2
葡萄牙语[2]	0.35	0.43	0.56	0.69	95.6
波兰语	0.82	0.72	0.67	0.61	25.9
日语	0.34	0.43	0.48	0.44	31.9
波斯语	0.11	0.20	0.31	0.38	256.5
希腊语	0.40	0.39	0.37	0.31	23.5
塞尔维亚—克罗地亚语	0.15	0.71	0.23	0.28	89.1
亚美尼亚语	0.10	0.15	0.20	0.24	0.14
意第绪语	0.32	0.21	0.18	0.15	51.0

语言的多样性和使用这些语言的人群分布情况给测验研发者和测验人员带来了挑战。首先，因为母语为其他语言的英语学习者较少，所以对于测验出版机构来说，研发和规范这些语言的测验版本是无利可图的。其次，即使出版机构研发了这些语言版本的测验，可能也没有足够数量的双语心理学家和教师能够使用这些版本的测验。最后，同一语言群体的学生可能不具有文化同质性。例如，有来自蒙特利尔的法语人士和来自太子港的法语人士，有来自哈萨克斯坦的俄语人士和来自白俄罗斯的俄语人士。因此，说同一种语言的学生不一定有共同的文化或历史背景。

尽管说西班牙语的英语学习者数量足够多，测验出版机构研发西班牙语版本的测验有利可图，但说西班牙语的学生也不是一个同质群体。在美国，大约有63%说西班牙语的人是墨西哥裔，大约13%是中美裔或南美裔，大约9%是波多黎各裔，大约3.5%是古巴裔（美国人口普查局，2006）。此外，墨西哥裔的西班牙语学生包括在美国出生的学生和从墨西哥移民的学生，波多黎各

原注：1 包括方言土语、卡津语和克里奥尔语。
2 包括葡萄牙克里奥尔语。

裔说西班牙语的学生包括出生在美国的学生和来自波多黎各的学生。那些来自中美洲或南美洲的说西班牙语的人，他们除了会说西班牙语之外，可能还会说一种美洲原住民语言（例如，盖丘亚语）。因此，学生说西班牙语并不意味着，他们与其他以西班牙语为第一语言和主要语言的人有共同的文化和历史。

最后，英语学习者之间存在着政治上和社会上的差异，这些差异影响着他们对英语的学习和对美国文化的理解。不管他们说什么语言，学生及其父母是如何来到美国的，这都受到社会和政治的影响。有些学生是移民或移民的子女，他们打算把美国作为自己的新家。一些移民在美国寻求更好的生活，还有一些人则是为了逃离专制政府。一些移民乘飞机抵达肯尼迪机场或洛杉矶国际机场，还有一些人则乘木筏穿越佛罗里达海峡。一些移民是随着大家庭一起来或者来加入大家庭的，还有一些人则是单独来或者与父母兄弟姐妹一起来的。一些移民渴望成为美国人，还有一些人则倾向于保留自己的文化，与美国和美国学校的文化保持"距离"。所有这些情况都可能影响他们的文化适应和受教育水平。

一些英语学习者的父母信奉美国的文化和思想，英语最终很可能成为孩子接受教育和社会化的主要语言。一些英语学习者的父母则是美国的短期访客。例如，这些英语学习者可能是就读于美国高校研究生的子女、为外国公司工作的商界人士子女、外交官的子女、寻求政治庇护者的子女，这些人都打算在未来回国。对于这些学生来说，他们需要理解美国文化，但是他们不会接受这些文化，因为真正意义上融入美国文化对他们来说可能没有任何好处。因此，英语可能是他们的临时教学语言，在他们的家庭中，母语更受到重视。

还有一些学生既不是移民的后裔，也不是短期访客的后裔，他们是生活在被美国政府占领或购买土地上的人的后裔。例如，许多美洲原住民、太平洋岛民和墨西哥裔美国人。这些学生及其父母对英语和美国文化的态度可能会经历一个变化的过程，从想要被同化融入其中，到拥有多元的民族或族裔身份，最后到拒绝英语和美国文化以抵抗美国政府。

在过去这些年里，美国关于英语学习者的政策在不断演变。在20世纪60年代中期之前，人们能够接受许多做法，但是这些做法在今天看来是非法的和令人厌恶的。例如，在一些州，选民登记规定潜在选民（potential voters）必须通过识字测验，这些测验有时被用来剥夺少数族裔选民的选举权。此外，美国本土学生会因为在课间休息时说母语而受到处罚。其中一种特别令人反感的惩罚是，要求学生用肥皂把自己的嘴洗干净——好像他们的语言都是脏话。而与本章密切相关的一种做法是，英语学习者要定期接受英语版本的测验，以确定他们是否有智力障碍。当他们无法通过英语版本的智力测验时，他们就会被安排在隔离的特殊教育班级中。

如今，美国官方宣扬其音乐、舞蹈、艺术和食物具有多样性。他们在形式上欢迎游客和移民，但这种欢迎既不包括所有公民，也不为所有公民接受。事实上，一些文化习俗被绝大多数美国人拒绝，例如，限制妇女机会或对女孩进行性虐待。

此外，尽管州政府和联邦政府支持多样性，但多样性所需的相关费用必须由地方社区承担。如果联邦政府控制移民，那么地方学区就得承担起教育英语学习者的额外费用。

在许多方面，如何应对英语学习者体现了对一个国家的本质的争论。这场争论的核心在于如何对英语学习者进行评估。尽管我们对这一争论没有异议，但在本章中，我们将尽量避免与英语学习者评估相关的政治和社会话题。相反，在对英语学习者进行测验时，我们首先着重于法律层面的考量。然后，我们再确定对不同文化和语言背景学生进行评估时应该考虑的问题。最后，我们讨论评估此类学生的具体策略。

6-2 法律考量

《残疾人教育法》和《不让一个孩子掉队法》都包含了对英语学习者进行评估的具体内容。《残疾人教育法》明确规定，要给参与评估以认定特殊教育服务资格的学生及其父母提供一些保护措施。《不让一个孩子掉队法》讨论了如何将英语学习者纳入评估范围以实现问责。

6-2a 《残疾人教育法》中的保护措施

对接受评估学生的保护

对英语学习者进行评估的基本原则是，确保使用的评估材料和程序能真实反映学生的目标知识、技能或能力，而不受学生理解和使用英语能力（或有限能力）的影响。假设安东尼奥是一名英语学习者，他有一道加法应用题不会计算。这道题包含三条信息，每条信息都涉及一个两位数，但是有一条信息涉及的两位数是无关题意的干扰信息。那么，测验人员应该将安东尼奥的失败归因于什么？是因为他不会加法运算，还是因为他不懂英语？安东尼奥只有具备足够的英语知识，测验人员才会把他的失败归因于数学技能差，而不是英语水平有限。显然，《残疾人教育法》和所有其他相关法院判决的目的是希望能够评估学生的成就和能力，而这些成就和能力不能受有限的英语水平影响。在《残疾人教育法》中说明了在评估过程中保护英语学习者的主要理由。正如《残疾人教育法》的第 300.532（a）（2）条所述，"用来评估英语学习者的材料和程序（必须）具有针对性，以确保它们测量的是儿童的残疾程度和特殊教育的需要，而不是其英语能力"。为了实现这一目标，测验人员必须以不存在种族或文化歧视的方式选择和实施测验。实际上，在可行的情况下，测验和评估材料必须以学生的母语或其他交流方式进行选择和实施。这一原则在《残疾人教育法》的第 300.534（b）条中得到体现。如果测验失败的决定因素是英语水平有限，则禁止将学生确定为特殊教育服务对象。

然而，需要注意的是，如果评估的目标是测量学生当前的英语能力水平，那么用英语去考查学生是合适的。如果学生不能理解英语文章中的单词，那么他们就不能理解英语文章的内容。如果学生不能理解英语段落中单个单词的含义，那么他们就不能理解该段落的含义。通过评估能够了解学生当前的英语能力水平。

评估过程中对父母的保护

父母是教育系统中孩子的主要代理人，《残疾人教育法》也规定了许多对父母的保护措施，尤其是在通知父母、让父母参与和征求父母同意这三方面。例如，第300.503（b）条规定，如果学校打算使用或更改孩子的残疾学生身份，他们的父母应事先收到通知。而且该通知必须"以父母的母语或他们使用的其他沟通方式提供，除非这样做明显行不通"。虽然这些通知通常是以书面语言形式呈现的，但《残疾人教育法》还规定，如果父母的母语或沟通方式不是书面语言，则应该使用口译员（interpreter）。学校必须把程序性保障措施告知父母。如果父母不懂英语[第300.504（c）条]，此通知必须以他们的母语或其他沟通方式提供。此外，学校必须采取措施确保特殊需要学生的父母有机会参加团队会议。为此，第300.345（e）条规定，可以为失聪或母语非英语的父母使用口译员或采取其他适当措施。在需要征求父母同意的情况下（例如，对学生进行初步评估以认定特殊教育资格），也必须以父母的母语或沟通方式去征得同意[第300.500（b）（1）条]。

《不让一个孩子掉队法》的相关规定

在第22章"参与问责项目的决策"中，我们讨论了《不让一个孩子掉队法》这项法案对学校问责的要求。根据《不让一个孩子掉队法》规定，包括英语学习者在内的所有学生必须参加旨在让学校承担责任的评估。[1]事实上，当有足够数量的英语学习者时，结果是可靠的。他们的分数将在学校学生能力报告中分类并汇总，以便人们可以具体了解英语学习者在测验中的表现。在确定学校或学区是否取得适当的年度进步时，如果英语学习者的数量足够多，则会着重考虑这些学生的进步。尽管他们不能参加美国公立学校第一学年举办的英语/语言艺术测验，但他们将在第一学年参加其他所有测验，在未来几年参加所有测验（包括英语/语言艺术）中的每个部分。与此同时，根据《不让一个孩子掉队法》的有关规定，他们还需要参加额外的英语语言能力测验。为了帮助英语学习者规避在某些领域测验中面临的语言障碍，他们可能会获得各种不同的援助，每个州都为英语学习者提供了一份已经批准的便利清单。

6-3 评估不同文化和语言背景学生时需考虑的重要问题

在减少语言和文化障碍的前提下，为了能够有效评估学生的目标技能、知识和能力，有几个重要问题需要考虑。

---

1 原注：正如本书其他章节中所指出的，许多州已经申请豁免《不让一个孩子掉队法》关于问责的规定，并且要求对这些规定进行修改。请务必查阅当前各州的要求，了解你所在的州目前如何处理英语学习者的问责测验的规定。

6-3a 学生在英语和母语方面有哪些背景经历?

英语学习者习得一门新语言的速度具有明显的个体差异。这一速度会受到多种因素影响，例如他们第一次接触新语言的年龄，以及他们在家庭、学校和社区环境中接触新语言的程度。此外，他们所受教育的使用语言也各不相同，有些人接受过大量的母语和英语教学，而有些人只接受过英语教学。评估过程应考虑这些因素，在下文中进一步介绍。

英语作为第二语言

区分语言的社会/人际功能和认知/学业功能是至关重要的。根据吉姆·卡明斯博士（Dr. Jim Cummins）的理论，一般来说，将英语作为第二语言学习的学生至少需要两年时间来培养社交和人际沟通能力，有时这也被称为基本人际沟通技巧（basic interpersonal communication skills, BICS）。但是，他们可能需要五到六年的时间来培养足够的语言能力，才能达到认知学业所要求的语言水平（cognitive academic language proficiency, CALP）（Cummins, 1984）。换句话说，即使经过三四年的学校教育，那些在社交场合上使用英语很少出问题的学生，可能仍然缺乏足够的语言能力接受英语版本的测验。

学生达到一定的英语认知和学业水平所需的时间，至少受三方面因素影响。在决定如何对英语学习者进行评估时，需要考虑以下问题：

1. 学生从几岁开始学习英语？随着孩子年龄的增长，学习新语言变得越来越困难（Johnson & Newport, 1989）。因此，在所有条件都相同的情况下，年幼的学生会比年长的学生更快地掌握英语。

2. 学生是在什么环境中接触英语的？使用英语的语言环境越好，习得的速度就越快。因此，学生将英语作为第二语言进行学习，在某种程度上取决于父母在家使用的语言。如果父母在家说母语，那么学生的英语学习进步得会比较慢。于是，这就给那些既想让孩子学习（或记住）母语，又想让孩子学习英语的父母带来了两难的选择。

3. 学生的母语与英语的相似程度如何？语言之间的差异体现在以下几个方面。第一，语音体系可能不同。英语的44种音素的发音可能与其他语言的发音相同或不同。例如，科萨语（一种非洲语言）有三种不同的咔嗒声，而英语没有。英语缺少西班牙语 ñ、葡萄牙语 nh 和意大利语 gn 的发音。第二，拼写体系可能不同。英语使用拉丁字母，而其他语言可能使用不同的字母表（例如，西里尔文）或不使用字母（例如，中文）。英语不使用变音符号，而其他语言使用。第三，字音对应可能有差异。例如，字母 h 在西班牙语中不发音，但在一种巴西方言中发音为 r。第四，语法可能不同。英语往往以名词为主，而其他语言则以动词为主。词序有调整。在英语中形容词放在名词之前，但在西班牙语中形容词通常放在名词之后。

所以，第二语言与第一语言的相似度越高，学习第二语言就越容易。

双语学生

"双语"意味着对两种语言具有同等熟练程度。但是，孩子们必须学会对不同的人使用不同的语言。例如，他们与兄弟姐妹交谈时，可以在英语或西班牙语之间随意切换，与祖父母只能说西班牙语，与仍未学习西班牙语的姐夫只能说英语。

虽然孩子们可以在两种语言之间切换（有时是在句子中进行切换），但他们很少能同时精通这两种语言。无论在什么情况下，他们都很少能同等熟练或同样很自然地使用两种语言。在特定情况下，这些学生倾向于选择使用其中的一种语言。例如，在家里和邻里间可能会说西班牙语，而在学校会说英语。此外，当家里说两种语言时，这个家庭可能会从每种语言中借用一点，从而发展成一种混合语言。例如，在西班牙语中，caro 的意思是"昂贵的"；在英语中，car 的意思是"汽车"。而在一些双语家庭（和社区）中，根据上下文，caro 的意思可能是"汽车"。尽管这些人在交流方面没有问题，但他们可能不会说"正宗的"西班牙语或英语。

这些因素使双语学生的测验变得非常复杂。一些双语学生能用英语更好地理解学业问题，但他们回答问题的语言可能会各不相同。如果学业内容是用英语学习的，他们用英语回答可能会更好。但是，如果答案需要逻辑解释或信息整合，他们用其他语言回答可能会更好。最后，语言优势和用于测验目的的语言能力是不一样的，这一点再怎么强调也不为过。一个学生的西班牙语水平比英语水平高，这并不意味着该学生的西班牙语水平就足以通过该语言版本的测验。

6-3b 学生哪些独特的文化特征可能会影响测验？

文化因素会使学生的测验变得复杂化。在某些文化中，儿童应该尽量少与成人或权威人士交谈，过多解释或说话太多可能被视为是不尊重的行为。还有一些文化中，回答问题可能会被视为是自我夸大、争强好胜和不谦虚的行为。在大多数的测验中，这些文化价值观对学生来说是不利的。

一些难民儿童可能因受到本国内乱的影响，或者在前往美国的旅程中遇到危险而受到了精神创伤。另外，男女关系可能也会受到文化差异的影响。女学生可能不愿与男教师交谈，男学生（及其父亲）可能不会将女教师视为权威人士。还有，儿童可能不愿与来自其他文化的成年人交谈。一些研究表明，儿童可能更容易与具有相同种族和文化背景的测验人员进行互动（Fuchs & Fuchs, 1989）。

还有，一些移民学生及其家长可能对美国学校的测验类型不太了解。因此，这些学生可能缺乏应试技巧。此外，在一些移民学生的文化中，考试成绩优秀可能并不能得到重视。

6-4 测试英语学习者的替代方法

在有些情况下，需要对英语学习者进行测试。如前所述，出于学校问责的目的，他们需要接受测验。此外，在某些情况下，英语学习者可能需要接受测验，以决定他们是否需要接受特殊教育服务。在接下来的内容中，我们提供了一些策略信息，这些策略有时被用来测量英语学习者的英语水平。本章的评估场景提供了一个例子，描述了在解释英语学习者的测验结果时面临的挑战。

6-4a 否认（engage in denial）

一个常见的做法是假装学生有足够的语言能力参加英语版本的测验。这种做法常常伴随着自我欺骗或胁迫。测验人员通过与学生交谈，认为只要学生有足够的社交语言，就能表明其具有足够的学术语言能力可以接受英语版本的测验，这时自我欺骗就会表现出来。当管理者坚持要求学生接受测验时，就出现了胁迫。有时，测验人员实事求是，承认学生的语言能力不足，可能在某种程度上限制了其参加测验的能力。

6-4b 使用非言语测验

有几种非言语测验可用来测验智力。教育和心理工作者认为，这种类型的测验可以减少语言和文化对智力评估的影响（然而，非言语测验也会受到语言和文化的影响）。有一些测验（见第18章"智力测验的使用"）不需要学生说话，例如韦克斯勒儿童智力量表第五版的一些分测验。但是，这些测验通常有英文说明。有一些测验允许测验人员使用口头指导和手势指导，例如，非言语智力综合测验第二版（Comprehensive Test of Nonverbal Intelligence‐2，CTONI‐2）。另外还有一些测验完全是非言语的，不需要语言来指导或回应，例如，雷特国际通用操作量表第三版（Leiter International Performance Scale‐Third edition，Leiter-3）。

由于学生语言理解能力的发展通常早于语言表达能力，因此基于口语指导的操作性测验可能对某些学生更有效。但是，测验人员应该有客观证据证明学生能充分理解学术语言，以保证测验是有效的，而此类证据通常不易获得。一般来说，不依赖口头指导或口头回应的测验更有效，因为它们不受学生语言能力的限制。然而，其他有效性问题也制约了学业成就测验的使用。例如，与言语智力测验的任务相比，非言语智力测验的任务在本质上通常与学业成就关系更小。

此外，测验中的指导语和答案没有考虑文化因素。例如，比起其他国家的文化，某个测验的属性可能更贴合美国文化。在学生熟悉测验流程时，他们可能会表现得更好。再举一个例子，来自不同文化的学生对权威人士的反应可能不同，这些差异可能也会影响他们的评估成绩。因此，尽管操作性测验和非言语测验可能比英语版本的言语测验更好，但它们并非没有缺点。

6-4c 用学生的母语进行测验

测验人员可以使用学生母语版本的指导语和评估材料来测试学生。目前有几种非英语版本的测验可以使用,最常见的是西班牙语版本。这些测验先是把英语版本的测验用另一种语言进行翻译,再为翻译版本的测验重新确定常模,之后根据这种语言和文化将测验重新编排。这些不同的测验版本之间存在明显差异。

对于仅是翻译版本的测验,我们假设孩子是可以理解指导语和问题的。但是,这些问题的难度在美国文化和英语中可能有所不同,原因有两个。首先,词汇的难度因语言而异。例如,用英语读"cat"与用西班牙语读"gato"[1]是不同的。"cat"是一个三字母、单音节单词,包含英语字母表的前三个字母中的两个字母。"gato"是一个四字母、两音节的单词,包含字母表的第一个、第七个、第十五个和第二十个字母。此外,"cat"这个词在不同语言中使用的频率可能不同,就像猫作为家庭宠物的受欢迎程度不同一样。

其次,翻译版本的测验因文化差异而具有不同的难度,这是因为来自不同文化背景的孩子缺少同等的机会获取信息。假设我们要求在美国上学的来自委内瑞拉、古巴和加州并且说西班牙语的学生,辨认西蒙·玻利瓦尔(Simón Bolívar)、埃内斯托·切·格瓦拉(Ernesto "Che" Guevara)和塞萨尔·查韦斯(César Chávez)。我们可以推测,这三组学生可能会以不同的准确度识别出这三个人。来自加利福尼亚的学生最有可能认出查韦斯是美国劳工运动组织者,但不太可能认出玻利瓦尔和格瓦拉。来自委内瑞拉的学生可能比来自古巴和美国的学生更容易认出玻利瓦尔是南美洲的解放者。与来自其他两个国家的学生相比,来自古巴的学生更有可能认出格瓦拉是一位革命者。因此,测验内容的难度与文化有关。

此外,当施测翻译版本的测验时,我们不能假设测验题目对不同学生提出的心理要求是一致的。例如,智力测验可能会要求孩子给"桃子"下定义。来自赤道南美洲的孩子可能从未吃过、见过或听说过桃子,而美国学生很可能见过并吃过桃子。那么,对于美国学生来说,识别桃子的心理要求是回忆他们经历过的事物的生物学类别和本质特征。而对于南美儿童来说,该题目则是测量他们对异国水果的了解程度。因此,对于美国儿童来说,该测验测量的是智力;对于南美儿童来说,该测验测量的是学业成就。

如果测验根据目标人群的数据重新确定常模,并根据翻译难度对题目进行重新编排,则可以避免简单的翻译版本测验带来的一些问题。例如,为了有效地对说西班牙语的波多黎各人施测韦克斯勒儿童智力量表第五版,那么可以先根据讲西班牙语的波多黎各学生代表性样本的测验结果获得常模数据。然后根据新常模样本数据对测验题目进行重新编排。然而,重新确定常模和重新编排的测验提出的心理要求,并不能等同于英语版测验题目对学生提出的心理要求。

---

[1] 编注:"cat"与"gato"都意为"猫"。

6-4d 研发并验证每种文化/语言群体的测验版本

考虑到由翻译导致的一系列相关问题，基于学生的语言和文化进行的测验，则显然比那些不基于学生的语言和文化进行的测验更可取。举个例子，假设有人想研发一个古巴版本的韦克斯勒智力量表。测验题目可以根据韦克斯勒智力量表的总体框架，基于美籍古巴人的文化进行研发。其中特定题目可能相同，也可能不相同。然后验证这份新的测验。例如，可以进行因子分析研究，以确定新的测验是否具有同样的四个因素（言语理解、知觉组织、抗分心能力、加工速度）。

尽管考虑特定文化和特定语言的测验效果可能更好，但对于测验出版机构来说，这些测验在经济上是不划算的，除非测验对象是非常庞大的少数族群。例如，说西班牙语的学生对美国文化就具有很强的适应性。因为标准化测验的成本是相当大的，然而苗族、伊洛卡诺或古吉拉特邦等族群的智力测验市场规模太小，这就导致其利润根本无法抵消研发成本。对于说西班牙语的学生来说，许多出版机构会同时提供英语版本和西班牙语版本的测验。其中有些是翻译版本的测验，有些是改编版本的测验，还有一些是独立的测验。使用测验的人必须仔细评估西班牙语版本的适用性，以确保它在文化上适用于接受测验的人。

6-4e 使用口译员

如果测验人员精通学生的母语，或者有合格的口译人员，就可以用口语为英语学习者解释测验内容。口译员可以根据学生的需要进行解释。例如，测验人员可以使用学生的母语来翻译或解释指导语和测验内容，以及回答问题。尽管口译是一种吸引人的简单方法，但它与翻译版本的商业可用性存在同样的问题。此外，口译的准确性得不到保证。

6-4f 采取其他便利措施

用学生的母语进行测验有时被认为是一种"便利"方式（便利措施在第7章中讨论）。在对英语学习者进行评估时，有时也会使用其他便利措施，特别是基于问责决策的那些测验。例如，测验人员可能会同时为他们提供英语/母语版本的测验。测验的指导语和题目可能会使用简化的英语。在测验中，英语学习者也可以使用专门的英语词典查询一些很难的词汇。此外，他们可以通过某些便利措施获得帮助，例如，延长测验时间、设置小组、向抄写员（scribe）口述答案，这些措施已在一些学生中得到使用。许多州关于便利的政策中都有明确规定，英语学习者可以在用于问责目的的全州测验中获得哪些适合的帮助。然而，需要记住的是，如果测验的目的是测量学生的英语水平，那么在母语和英语之间的便利调整就是不合适的。

6-4g 先测验学生的英语水平是否足够参加英文版测验

学生有时被要求在参加问责的测验和美国教育进步评估（National Assessment of Educational Progress）等测验前，需要达到一定的英语水平。但是这种做法有三个潜在的问题。首先，额外的测验会占用学生参加其他活动的宝贵时间。其次，它将学生单独列为"异类"。最后，很少有可信的英语水平熟练度测验，特别是在那些包含专业词汇的内容领域中，如科学和社会研究。

6-4h 无需测验的情况

并非所有的教育决策和评估都需要测验。对于不同文化背景的英语学习者来说，测验通常不是个好方法。大多数州在其法律或法规中都有相关规定：学生在参加州测验计划之前，必须保证在学校学习的最短时间。

6-5 无需测验就可确定为特殊教育对象的情况

英语学习者被转介确定为特殊教育对象，最常见的原因是在英语学习中缺乏进步（Figueroa，1990）。大多数教师似乎不明白，学生在学业和认知上完全掌握英语，至少需要几年的时间，对于英语的使用才能达到足够流利的程度。但是，学校不能忽视英语学习者存在残疾的可能性。

判断学生是否有残疾可以不需要心理测量或教育测验。在口译员的帮助下可以很容易判断出学生的感官或身体残疾。而且几乎不需要学生或他们的父母使用英语，专业人士就可以判断一个学生是否有创伤性脑损伤、其他健康障碍、骨科损伤、视觉障碍或听觉障碍。基于社会功能受损的残疾（例如情绪障碍和孤独症），可以通过直接观察学生或与其家庭成员（必要时使用口译员）、教师等面谈来鉴别。

要判断学生是否有智力障碍，就需要对他们进行智力评估。当学生患有中重度的智力障碍时，可能无需测验就可以断定他们的智力有限。例如，通过直接观察发现，学生没有习得语言（无论是英语还是母语），仅通过手指和发出咕噜声进行交流。他们也没有受过如厕的训练，而且无论是按照本土文化标准还是美国文化标准来判断，他们都表现出了不恰当的行为。学生的父母可能也会意识到，这个学生的学习速度比其他孩子慢得多。因此，在他们的本土文化中，这些学生会被判定为智力障碍。在这种情况下，父母可能希望为他们的孩子提供特殊教育服务。学生（或父母）的英语水平不高也不会妨碍鉴别。然而，轻度智力障碍的学生并不会表现出如此明显的发育迟缓。相反，他们的残疾是相对的，很难与他们有限的英语水平区分开来。

对测验人员来说，鉴别具有特定学习障碍的学生似乎非常困难。《残疾人教育法》（第300.304—第300.309条）规定，当学生未能充分达到"口语表达、听力理解、书面表达、基本阅读技能、阅读流畅性、阅读理解、数学计算或解决数学问题"等方面的能力时,只有在学生"获得适合其年龄或州年级标准的学习经验和教学指导"后,要么对这种科学的、基于研究的干预没有回应,要么表现出某种优势和劣势,才会被认定为具有特定学习障碍。学生的文化劣势或英语水平有限不能影响测验人员做出判断。显然,对于英语学习者来说,这些前提条件是很难满足的,尤其是当学生也具有多元文化时。此外,关于如何采取适当的干预措施解决英语学习者的需求,这方面所开展的研究还是比较有限的。因此,可能很难制订并实施一种既符合法律要求又符合英语学习者特点的干预措施。

评估场景

德米特里

德米特里是一名 12 岁的学生,有两个上小学的弟弟。三年前,他们一家人从阿斯塔纳(哈萨克斯坦首都)移民到美国。在哈萨克斯坦,德米特里和他的兄弟(尤里和瓦西里)在一所俄语学校就读。德米特里的家人在家说俄语,父母也会说哈萨克语。父亲和孩子们正在学习英语。

当他们一家抵达美国后,德米特里立即进入了学校学习,并被安排参加 ESL 的课程。第一年他的进步很慢。春季学期,德米特里的父母在口译员的陪同下参加了家长会。父母担心德米特里的成绩不好,不喜欢上学。相比之下,尤里和瓦西里都喜欢上学,而且似乎英语学得更快。与此同时,德米特里的 ESL 课程的教师也对德米特里的学习表示失望,因为他总是又潦草又粗心地完成少量的作业。

德米特里二年级时的学业表现和一年级时差不多——成绩差、不努力、进步小。德米特里虽然已经掌握了一些社交英语,但他的口语表达很简单(例如,只用现在、将来和过去时态)。而且他的词汇量仍然有限,他用"那个东西(that thing)"来替代不会说的词汇。例如,当他不知道"饮水机"怎么说时,他会说"墙上那个可以用来喝水的东西"。当他不知道"手表"怎么说时,他会说"手臂上(指着手腕)用来计时的那个东西"。遗憾的是,德米特里还会做出一些不恰当的行为——欺凌和勒索年幼学生。第二学年结束时,ESL 课程的教师建议德米特里的父母给他做一个心理教育评估,以确定他是否有学习障碍。

德米特里接受了言语语言专家以及学校心理学家的评估。言语语言专家对德米特里施测了皮博迪图片词汇测验第四版(Peabody Picture Vocabulary Test -IV,PPVT-4),来测量他的词汇量。他得到的标准分数是 65 分,远远低于平均分。这位专家还与德米特里进行了交谈，并提出了许多关于区分俄语和英语口语之间差异的语言问题。专家发现他很难控制 r 的短元音（如 fir、her、murmur），th 的发音。还有，以 w 开头的单词，他会读成以 v 开头的单词。而且他的讲话给人的印象是含混和不清晰的，因为他通常只重读一个音节，即使这个单词有多个重读音节或弱重读音节。在语法方面，德米特里还没有掌握冠词的使用，他使用性别代词指代名词（"那条船她走得很快"）。此外，拼写对德米特里来说也特别困难。言语语言专家认为，德米特里的语言问题很可能是源于他在这个国家居留时间短，以及英语和俄语之间的差异。尽管专家也认为德米特里不像大多数学生那样学得那么快，但是不认为他有言语或语言障碍。

学校心理学家对德米特里分别施测了托尼非言语智力测验第四版（Test of Nonverbal Intelligence-4, TONI-4）、雷特国际通用操作量表第三版和皮博迪个人成就测验修订本/常模更新版（Peabody Individual Achievement Test-Revised/Normative Update, PIAT-R/NU）。[1] 在托尼非言语智力测验第四版中，德米特里的量表分数是 94。在雷特国际通用操作量表测验中，德米特里的反序记忆分测验的分数是 92，维持注意分测验的分数是 103（平均数＝100，标准差＝15）。他的非言语智商是 95。为了尽量减少表达性语言对德米特里成绩的影响，心理学家选择皮博迪个人成就测验常模更新版。德米特里的量表分数如下：口语 72 分，数学 95 分，计算流畅性 97 分，基础阅读 75 分，阅读理解 70 分，阅读总分 72 分，书面表达 70 分。心理学家在书面报告中写到，因为德米特里的英语水平有限，且哈萨克斯坦和美国存在教育差异，他又缺乏文化知识，所以智力分数是对他能力的最低估计，而成就分数是无效的。

在多学科团队会议上，评审成员在审查评估结果并确定德米特里是否有资格接受特殊教育服务和其他相关服务上，从一开始就出现了分歧。ESL 课程的教师和普通教育教师认为德米特里可能有学习障碍。而言语语言专家和学校心理学家却认为，由于文化和语言差异，他不能被视为有学习障碍。德米特里的父母不相信他有障碍，校长最初也没有发表意见。最后，在经过一番讨论之后，评审团队最终认为德米特里不符合特殊教育资格或第 504 条的资格。但是，所有成员都同意德米特里需要高强度的 ESL 课程和英语语言学习。虽然所在学区没有这些服务，但是有一个为讲俄语的人提供帮助的支持性项目，这个项目可以在德米特里做礼拜的教堂开展。

1　原注：可参阅第 18 章中关于智力测验的信息，第 14 章中关于成就测验的信息。

> 这个场景重点说明了可能有重大教育需求的英语学习者所面临的困难。场景中的哪些信息表明，德米特里的困难主要是由英语能力有限造成的呢？
>
> 父母、教师和专家需要调和他们的分歧，共同做出符合联邦和州教育法律的决定。

还有，英语水平有限不应被视为有言语或语言障碍。尽管学生的英语水平有限很可能由言语或语言方面的障碍所致，但这种障碍也会出现在学生的母语使用中。能够使用学生母语进行交流的其他人，例如学生的父母，也可以验证他们是否存在口吃、发音异常或语音障碍。因此，语言障碍的鉴别需要一个能流利说学生母语的人。

当无法确定学生是否有残疾时，有学业困难的英语学习者仍需要接受除了特殊教育服务之外的其他服务。学区应开设 ESL 课程，以便在学生获得社会沟通技巧后继续得到帮助。

章节理解题

根据本章内容，回答以下问题：

1. 阐述语言和文化差异如何影响学生在美国公立学校的进步。
2. 解释《残疾人教育法》和《不让一个孩子掉队法》对英语学习者的保护措施和要求。
3. 对于来自不同文化和语言背景的学生，应该用哪两个问题来指导评估过程？
4. 描述测验英语学习者的三种方法的优点和局限性。
5. 解释测验不适用于确定英语学习者的特殊教育身份的情况。

第 7 章

测验改编与测验便利

学习目标

7-1 阐明进行测验改编和测验便利的四个原因。

7-2 总结在决定是否需要测验改编时,其中要考虑的因素,如果需要改编,哪些测验改编可能是合理的。

7-3 描述测验改编和测验便利的两种分类方式。

7-4 阐释在为个别学生做出关于便利的决策时可以使用的指导原则。

本章讨论的标准

CEC 美国特殊儿童委员会初级准备标准

标准 1: 学习者的发展和个体学习差异

    1.0 初级特殊教育专业人员了解如何将个体的特殊性与学习发展结合起来,并利用这些专业知识为有特殊需要的个体提供有意义和富有挑战性的学习体验。

标准 4: 评估

    4.0 初级特殊教育专业人员在做教育决策时,使用多种评估方法和数据来源。

CEC 美国特殊儿童委员会高级准备标准

标准 1: 评估

    1.0 特殊教育专家开展有效和可靠的评估实践来减少偏见。

Ψ 美国学校心理学家协会专业标准

    1 基于数据的决策和问责

    8 发展和学习的多样性

使用精心设计、有高信度和效度的标准化测验，虽然可以加强评估决策，但并不能为每一个学生个体都带来最佳的测量效果。对于一些学生而言，标准化条件下的测验方式，实际上可能会限制他们展现目标知识和技能。在第 5 章，启动行为和知识就被视为一种影响因素，它会影响基于既定测验做出推断的有效性，个体必须具备这些知识和技能，才能有机会在特定测验中展现目标知识和技能。例如，有些测验要求学生将答案写在试卷上，这让一些有运动障碍的学生很难把所学的知识展现出来。有些测验要求学生在课桌前长时间保持专注，这让一些多动的学生很难展现自己的知识。显然，需要改变测验条件。**测验改编**（test adaptations）是指在测验的呈现形式、环境、反应或时间/日程安排上所做的改变，可能影响也可能不影响所测量的结构。某些变化会对基于测验分数的推论有效性产生负面影响。教育工作者必须在不影响测验技术充分性（如信度、效度）的前提下做出各种改编。**测验便利**（test accommodations）是指在测验的呈现形式、环境、反应或时间/日程安排上做出的改变，以便更准确地测量特定学生的知识和技能。**测验修改**（test modifications）是指对所测知识和技能进行较大改变，因此测验结果能否准确反映学生的知识和技能是非常令人怀疑的。需要注意的是，有些人会交替使用这些术语。但是，我们必须明白，测验的改变影响测量的准确性。因此，我们必须对它们进行区分。在本章中，我们将聚焦测验改编的话题以及为残疾学生提供测验便利的问题。在此过程中，我们重点关注问责测验[1]的便利问题，因为收集特定学校系统内所有学生的信息很重要。然而，我们承认，在做出关于便利的决策时，对基于其他目的（例如，教学计划、特殊教育学生资格认定）的测验，某些相同的原则可能也适用。

7-1 为什么要关心测验便利问题？

理解如何恰当地改编测验很重要，原因有很多。在本章中，我们讨论其中的原因包括：当今学校多样性的增加，以及法律要求按照同样的标准[2]对所有学生进行适当的评估。

7-1a 多样性的增加

在过去十年里，学生多样性大大增加。正如我们在第 6 章中所讨论的，无论是从来自不同社会文化背景的学生数量来看，还是从他们所代表的文化来看，学校都更具文化多样性。然而，除了种族、民族和文化差异外，如今学生在入学时有着非常多样的学业背景、经历和机会。在同一个教室

---

[1] 译注：问责测验指的是州大型考试，也叫作高利害测验（high stakes testing），美国地方当局通过这种测验对学校进行绩效考核，并进行问责。

[2] 译注：这里的标准指的是学业标准。在美国称为"学业标准（academic standard）"，我国称之为"课程标准"，都是反映对学生在经过一段时间的学习后应该知道什么和能做什么（what students should know and be able to do）的界定和表述，实际上反映了国家对学生学习结果的期望。美国各州的课程标准自 20 世纪 90 年代开始研发，所有的州都制定了自己的课程标准，规定了学生在每个年级结束时应该能做什么。然而，在实施过程中，因为各州的课程标准都有独自的体系，导致其教学和学业评价不尽一致。于是，2010 年美国发布了州共同核心标准（Common Core State Standards，CCSS）。

里，学生的学业技能发展往往差异很大。教育工作者面临着两个明显的挑战：①设计有效的教学，以应对这种巨大的能力差异现象；②使用评估，以有效地评价学生各种水平的技能。

自 20 世纪 70 年代中期以来，人们非常重视将所有学生纳入社区学校和普通教育环境。人们也非常关注发展障碍、身体障碍或情感障碍的学生。联邦官员和州官员必须为包含严重残疾在内的所有儿童和青年制定教育政策。而且，由于政策制定者想要不断实践以改善教育效果，他们就需要依靠州和学区的评估数据进行决策。然而，依靠评估数据也带来了挑战：将哪些人纳入这些测验评估，以及将他们纳入时需要做出哪些改变等问题，困扰着决策者。

虽然对多样化学生群体的能力进行有意义的评估（meaningful assessment）具有挑战性，但显然所有学生都需要参与到大规模的评估项目中。如果学生被排除在大规模评估之外，那么决策所依据的数据就只考虑了学校的部分人群。如果学生被排除在问责制之外，他们也可能被剥夺接受普通教育课程的机会。如果想要收集所有学生的数据，则必须决定要收集的数据类型以及如何改编测验，以便囊括所有特殊需要学生。历史上，残疾学生普遍被排除在州和国家考试之外（McGrew, Thurlow, Shriner & Spiegel, 1992; Thompson & Thurlow, 2001）。现在，许多教育工作者和家长都认识到，参与大规模的评估是体现机会均等和接受教育的关键因素。瑟洛和汤普森（Thurlow & Thompson, 2004）报告说，所有州都要求全部学生参与大规模的评估。而且，所有州都有相应的考试便利的政策，这些政策指导学生如何参加提供便利的大规模评估项目。然而，参加哪种评估以及采用何种便利策略对学生来说是最佳的做法，仍然存在许多争议。对哪些学生采用哪些考试便利措施，是由学校团队决定的。

7-1b　教育标准的变化

人们努力改革或重组学校的举措之一，就是推动相关部门为学生学业成就设定高标准，并同时测量学生达到这种标准的程度。一般认为，学校会把残疾学生和英语学习者纳入评估，特别是基于问责目的的评估。

几乎每个州的教育机构都对学生毕业时应具备的学业标准、目标、成果、结果、技能或行为进行了批判性思考分析。此外，全美范围的努力已经有了成果，目前人们已经制定出了部分学科（如数学和英语）的共同核心标准。在所有这些努力中，必须决定残疾学生和非残疾学生的标准应在多大程度上相同。在第 22 章"参与问责项目的决策"中，你将了解目前针对严重智力障碍学生制定的替代性成就标准的实践。仅制定标准是不够的，制定标准的团体还必须制定评估学生达到学业标准程度的方法。

7-1c　精确测量的需要

收集个别学生资料，以便提供精确信息，这对于评估实践至关重要。如果没有便利措施，测验对某些学生来说是有一定风险的，这些测验对他们可能不公平、不准确。一些测验的形式让残疾学生很难理解应该做什么或如何回应。人们发现，除非做出改变，否则一些学生由于残疾的原因，不可能以一种准确的评估方式做出回应。然而，一味改变测验的呈现形式、环境、反应以及时间/日程安排，不对要测量什么进行认真思考，可能会导致糟糕的测量。对于一个特定测验，讨论哪些便利措施更有助于准确测量，以及学生应该接受哪些相关的便利措施，可能非常困难。阅读本章的评估场景和相关问题，仔细考虑如何提供便利，以促进对残疾学生的测量更加准确。

评估场景

艾米

艾米有视觉障碍，但并不是法定意义上的盲。教师在教学期间为她提供了便利。例如，艾米的座位位于教室大荧光灯的正下方，教师认为这是光线最亮的地方。有几次，当艾米表示看不清时，教师给了她一盏特别的台灯，使得她的课桌更加明亮。教师尝试每天安排日程表，从而能够使艾米在一天的早些时候从事大量需要运用视觉的工作。教师这样做的目的是希望减少艾米的用眼疲劳。在课堂测验中也有类似的便利措施。在州测验的当天，工作人员为艾米提供了以下测验便利：

- 她在一个单独的环境中接受测验，额外的明亮灯光直接照在她的测验材料上。
- 测验安排在三个不同的早晨，而不是在同一天中，这有助于缓解她的用眼疲劳。
- 由于额外的强光和阅读文本时的高强度压力，造成了眼睛的疲劳，测验时她可以按需休息。
- 教师用复印机将需要阅读的页面放大打印。
- 一名抄写员记录艾米的回答，以避免她在寻找适当位置、做出反应和给出回答的过程中花费额外的时间，造成用眼疲劳。

这个场景强调了在测验中学生在展现其知识和技能时可能需要的各种便利。为什么这种场景中的变化被认为是便利，而不仅仅是改编呢？这些类型的变化会被认为是修改吗？

7-1d 法律要求

根据法律，残疾学生有权参与基于问责目的的评估，人们应在测验中为其提供便利，使他们能够参与这些评估。这一法律论点主要源自美国宪法第十四修正案，该修正案保障平等保护和正当法律程序的权利。IDEA 保障受教育权和正当程序权。此外，1973 年《康复法》第 504 条指出，仅因残疾而将人排除在外是非法的。如果一名学生因学习方面的障碍而接受特殊教育服务，那么他的教学和测验便利措施要记录在个别化教育计划上。如果残疾学生不一定需要特殊教育服务，而只是需要便利措施，以便恰当地学习普通课程，那么他的便利需求就要记录在通常所说的 504 计划上。

2008 年《美国残疾人法案修正案》规定，所有人都必须具有参加资格证书或执照考试（credentials or license）的机会。测验的管理机构必须提供辅助设备或便利措施，使残疾人能够参与评估。并且，这些机构不得向个体收取特别的费用。可提供的便利措施包括：无障碍测验场地，一个无干扰的空间或一个替代地点；测验时间变更或延长；使用抄写员、手语翻译员、朗读员或适应性设备（adaptive equipment）；便利的呈现形式或应答形式。

1997 年和 2004 年 IDEA 要求各州将残疾学生纳入全州评估系统。法律要求必须提供必要的测验便利，使残疾学生能够参与这些评估。此外，各州需有可行的替代性评估，供即使使用便利也无法参加常规评估的学生使用。替代性评估是收集数据的替代方式，通常是通过成长记录袋或真实性评估的方式进行。2001 年《不让一个孩子掉队法》要求各州每年报告所有学生的表现和进步，这一要求在 2004 年 IDEA 的重新授权中得到重申。此外，各州应报告在州和学区中使用便利评估项目的学生人数。

在本章中，我们首先描述可能导致学生需要测验便利的因素，然后讨论可能满足他们需求的便利措施。最后，我们对关于便利的决策提出建议。

阅读本章时，请记住评估的主要目的是让学生受益。评估可以帮助我们制订干预和便利计划，从而帮助学生达到学校的教育目标，或者为地方、州和国家的政策决定提供信息，使所有学生（包括有不同需求的学生）受益。

7-2　促进测验无障碍性（test accessibility）的考虑

测验改编和测验便利的需要程度，部分取决于评估项目的设计方式。如果在测验开发时，人们仔细考虑了所有最终可能参与学生的独特需求，测验条件在事后则只须较少地改变。把通用设计原则应用于评估中，可以提高测验的无障碍性，从而促进所有学生适当地参与测验。按照**评估通用设计**（universal design for assessment），在初次开发测验时，应仔细考虑所有可能需要参与测验的个体的需求。有关评估通用设计的更多信息，你可以访问美国教育成果中心（National Center on Educational Outcomes）网站的通用设计评估部分。

幸运的是，随着新技术的开发，学生越来越有可能以最满意的方式获取学习材料。在教学和测验过程中，随着计算机和平板电脑的使用日益增多，学生可以自定义字体大小、屏幕亮度，甚至材料呈现的语言，他们个性化的需求逐步得到满足。读屏和语音识别程序使读写困难的学生能够接触和使用书写材料。但是，在确定哪些技能是重要的教学和评估对象，以及在各种条件下监测哪些变化是合适的，仍然需要测验开发人员和使用者确定。此外，在操作和使用这些功能时，学生可能需要大量的培训和经验，以便在教学和测验中充分运用它们。

7-2a　理解评估刺激（assessment stimuli）的能力

在评估中，有六个因素会阻碍人们准确考查学生的能力：①学生对评估刺激的理解能力；②学生对评估刺激的应答能力；③常模群体的性质；④题目水平的适当性（足够的基础题和难题）；⑤学生接触被测课程内容的程度（学习机会）；⑥测验环境的情况。如果学生由于残疾而无法理解测验刺激的形式，则评估是不公平的。例如，对于有严重视觉障碍的学生，仅为其提供基于印刷的测验材料是不公平的。对于有听觉障碍的学生，采用口头的测验说明是不公平的。事实上，法律要求应基于学生的主要语言进行评估，而许多聋生的主要语言并非英语，因此基于英语的书面评估对许多聋生来说是不公平和无效的。当学生受与测验目标无关的感官或心理限制，而无法理解测验刺激材料时，这些障碍会阻碍其目标技能的准确测量。这样的测验是无效的，而且未能提供便利措施是非法的。

7-2b　对评估刺激的反应能力

测验通常要求学生做出反应。例如，智力测验需要言语、运动（指向或排列）或书面（包括多项选择）回应。如果身体或感官上的限制抑制了准确的反应，这些测验结果就是无效的。例如，一些脑瘫学生可能缺乏足够的运动能力来排列积木。有的人可能有足够的运动能力，但反应迟钝，导致计时测验对其能力估计不足。还有的人可能能够迅速做出反应，但耗费太多精力，以至于无法在整个测验过程中持续努力。在这些情况下，不仅测验结果无效，联邦法律也禁止使用通过这些测验得到的结果。

7-2c　常模比较

常模参照测验是指对一个群体进行标准化后，将受测者与标准化常模群体进行比较的评估测验。当人们对学生进行评估，且评估的方式与常模群体的施测方式不一样时，必须非常谨慎地解释得到的结果。为了进行合理的比较，如何施测这些测验，通常有非常具体的规定。测验的改编需要改变刺激的呈现方式或应答要求。这种改编可能会使测验题目变得更容易或更难，并可能改变测量的结构。在对测验进行改编时，尽管定性或标准参照的测验结果可以接受，但基于常模参照的比较可能存在缺陷。《教育和心理测验标准》（美国教育研究协会、美国心理学会和美国教育测量协会，2014）明确规定，在对测验进行改编时，必须提供做出改变的效度证据。除此之外，在报告分数时要描述所做的改变，并在解释分数时谨慎为之。

7-2d 题目水平的适当性

测验往往是针对处于特定年龄范围或具有特定技能的学生而开发的。与同龄人相比，那些能力非常高或非常低的学生似乎不适合这些测验。当基于年龄的测验包含的简单题目数量过少，或对受测学生来说不够容易时，评估者倾向于采用水平外测验。当然，在进行水平外测验并做出常模参照的解释时，学生在与一组不同的学生进行比较。我们不知道同龄或同年级学生在既定测验中的表现如何。水平外测验可能适用于确定学生当前的教育水平，也可能适合评估基于非年级水平教学的学生（评估其教学有效性）。不过，当用于问责目的的时候，这些测验是不合适的。

7-2e 接触被测课程内容的机会（学习机会）

大众提出了一个关于公平的问题：如何管理那些包含了学生没有机会学习到的内容的测验。同样的问题也适用于人们做出关于测验便利的决策。感觉障碍的学生没有机会学习基于言语或听觉刺激的测验题目。接受特殊教育服务的学生没有充分的机会学习普通教育课程，也就同样没有机会掌握普通教育内容。如果学生没有机会学习测验的内容（在教授这些内容时缺席，所在的学校不教授这些内容，或教授这些内容的方式对学生无效），他们很可能在测验中表现不佳。他们的表现更多地反映了学习机会的缺乏，而不是能力有限。

7-2f 环境因素

学生应该在能够展现其最佳表现的环境中接受测验。如果学生不能轻松地进入最佳测验环境，他们的表现就可能会被削弱。测验应始终在残疾学生能够轻松进入的最佳环境中进行。环境应该足够安静，最大限度地减少分心。此外，测验可能需要分多次较短时段（有多次的休息）进行，从而使学生不至于过度疲劳。

7-3 测验便利的类别

便利一般有四种类型：

- 呈现形式（如，重复指导语、大声朗读）
- 反应（如，在书上标注答案、指出答案）

- 环境（如，单人书桌、独立房间、特殊照明）
- 时间／日程安排（如，延长时间、频繁休息、多日进行）

基于个别施测和大型测验的便利引起了很多关注。这些关注体现在法律上（学生残疾程度多重才能参加提供便利的测验？）、在技术上（我们能在多大程度上提供测验便利，并仍然保证测验的技术充分性？）以及在政治上（只给一些学生提供便利，但拒绝给其他人提供，是否公平？）。

必须认识到，改编的适当性取决于测量的目标技能以及打算做出的决策类型。此外，学生的具体需求、喜好和经历可能会影响改编的适当性。虽然最初人们似乎很容易确定哪种改编更有利于测量目标技能，以及公平合理的评估，但实际上哪种改编能够保持测验的有效性，人们往往存在分歧，这就使得这个话题变得更复杂。

基于诸多利益相关者（教师、州评估主管和研究人员）的意见，一家测验出版机构构建了一个测验改编的框架，并将其中的改编形式分为三类：对测验效度没有影响的改编、可能影响效度的改编、明确影响效度的改编（CTB/McGraw-Hill, 2004）。关于这些类别的扩展描述，以及符合这些类别的改编，见表7.1。

表 7.1 测验改编的类别

第1类 第1类改编应该不会影响学生基于标准或常模参照测验分数表现的解释。使用第1类改编获得的单个学生成绩，与默认条件下参加测验的其他学生成绩相同。这些学生的成绩可以包含在整个群体中，不需要注明进行了改编。

呈现形式
- 使用视觉放大设备
- 使用大字版测验
- 使用音频放大设备
- 使用标记突显位置
- 大声朗读指导语
- 使用录有指导语的磁带
- 通过手语呈现指导语
- 使用有突出显示标记的指导语

反应
- 在试卷上标记回答
- 在大字号答卷上标记回答
- 对于选择应答型（selected-response）题目[1]，将答案转述给抄写员
- 将答案以音频形式进行记录（建构性应答的书写测验除外）

---

[1] 译注：选择应答型题目指的是选择题、对错题或配对题等客观作答的题目。

（续表）

　　■ 对于选择应答型题目，使用手语回答
　　■ 使用电脑、打字机、盲文打字机或其他设备（例如，沟通板）进行回答
　　■ 使用模板（template）来保持作答位置
　　■ 使用其他沟通设备（如，语音合成器）显示回答
　　■ 使用拼写检查器（考查拼写能力时除外）

环境

　　■ 单独或在单人书桌旁进行测验
　　■ 以团体或在其他班级进行测验
　　■ 在家中或在护理机构（如，医院）进行测验，并有人监督
　　■ 使用适用性家具
　　■ 使用特殊照明或声音设备

时间/日程安排

　　■ 测验开始后，中间多次休息，且没有额外的时机讨论测验内容
　　■ 测验开始后，弹性的时间安排（一天安排多次时间进行或两次测验之间安排多日进行），且没有额外的时机讨论测验内容

第2类 第2类改编可能会影响学生基于标准或常模参照测验分数表现的解释。在没有其他研究证明的情况下，分数以及与之相关的任何结果或决定都应参照所使用的改编措施来解释。

呈现形式

　　■ 大声朗读刺激材料、问题和供选择的答案（阅读测验除外）
　　■ 使用录音机播放刺激材料、问题和供选择的答案（阅读测验除外）
　　■ 通过手语呈现刺激材料、问题和供选择的答案（阅读测验除外）
　　■ 沟通设备（例如，文本对话转换器）（阅读测验除外）
　　■ 使用计算器或乘法表（数学计算测验除外）

反应

　　■ 使用方格纸对齐单词
　　■ 对于建构应答型（constructed-response）题目[1]，向抄写员说明答案（书写测验除外）

时间/日程安排

　　■ 在所有计时测验中增加额外时间
　　■ 在计时测验时进行多次休息，增加额外的时间
　　■ 即使没有增加额外的时间，但测验分成多个时间段，并且超出了一天
　　■ 灵活安排时间，但是增加了额外时间

第3类 第3类改编会改变正在测验的内容，并可能改变个体在基于标准和常模参照分数的解释。当改

1　译注：建构应答型题目，指的是开放性的主观作答的题目。

（续表）

编与被测的知识、技能或能力密切相关（如，有朗读的阅读理解测验）时，就会出现这种情况。在没有其他研究证明的情况下，标准和常模参照测验的成绩以及与之相关的任何结果或决定，不仅要根据所使用的改编措施来解释，还应根据改编是如何改变所测的内容来解释。

呈现形式
- 使用盲文或其他触觉形式的印刷品
- 在阅读测验中，通过手语呈现刺激材料、问题和供选择的答案
- 在阅读测验中，使用文本对话转换器，要求受测者从文本中建构含义并解码单词
- 在阅读测验中，使用磁带播放刺激材料、问题和供选择的答案
- 对指导语、刺激材料、问题和供选择的答案进行转述
- 在数学计算测验中，使用计算器或乘法表
- 测验的时候使用词典，但限于该测验的目的是考查语法语用

反应
- 对于建构应答型的书写测验，将答案转述给抄写员
- 测试时使用了拼写辅助工具，如拼写词典（不含定义）和拼写/语法检查器，但拼写和语法语用是测验内容
- 在书写测验中使用词典查找单词

改编自 2005 年《融合教育测验管理指南》（*Guidelines for Inclusive Test Administration*），第 8 页。CTB/麦格劳—希尔公司有限责任公司 2004 年版权所有。经麦格劳—希尔公司许可转载。

在过去的 20 年里，人们对基于改编的测验成绩效度进行了大量研究。关于这部分的研究还在继续进行，人们试图完善和证明各种测验改编应归属的效度类别。在本书中，我们强调，在决定使用某种评估工具时，必须考虑测验目的的重要性以及打算做出的评估决策。决定某一特定改编是否适合某个测验也不例外。当考虑改编的适当性时，必须谨慎地关注测验的目的是要测量什么，以及根据结果要做出什么决定。此外，不同的学生可能需要不同的改变。

测验便利的设计及其效果的检验发展迅速。建议你访问明尼苏达大学美国教育成果中心的网站，阅读美国和州在测验便利实践方面的最新研究报告和出版物。

7-4 为个别学生制定关于便利的决策的建议

对于在基于问责目的的测验中允许采用的各种改编措施，存在着较大的争议。在基于教学需要和特殊教育资格的测验中，这些措施的使用，在多大程度上破坏了测验的技术充分性，也存在很大争议。关于个体决策的最佳实践，我们在此提供给大家一些合理的指导。首先，在个体决策层面，我们提出了测验便利的建议（如，特殊儿童的资格认定和教学计划的制订）。然后，在群体层面，

我们为基于问责目的测验提出了关于便利的决策的建议。

7-4a 对教学计划和特殊学生资格决策提出的测验便利建议

在决定教什么的时候，重要的是收集学生现有能力的信息，这些信息能够充分展现学生的知识掌握水平。例如，如果你想知道学生是否有特定的数学解题技能，可能有必要以口头而不是书面形式向还不能准确阅读的学生提出问题。否则，即使学生掌握了一定的数学解题技能，也可能因为读不懂题目而无法正确回答。这样导致的结果就是即使学生已经掌握了既定技能，但遗憾的是，你仍然围绕数学解题技能来计划你的教学。

但是，如果你使用的是具有特定标准化测评程序的数据，并打算将这些数据与常模样本进行比较，则必须遵循测评手册中的规则。已出版的测验越来越多地在测评手册中提供测验便利的具体规则。在使用测验来确定学生的教学需求和做出资格决策时，应仔细参考这些规则。

以下是我们提供的一些相关建议：

○ 所有评估应以学生的主要语言或交流方式进行。交流方式是指人们通常在教学过程中使用的方式（如手语、盲文或口头交流）；但是要注意，学生是英语语言学习者时，评估还应该考虑其他因素（见第6章"文化和语言考量"）。洛丁和克里滕登（Loeding & Crittenden, 1993）指出，聋生主要的交流方式，要么是美国聋人社区成员使用的视觉空间、自然手语（visual-spatial, natural sign language），即美国手语（ASL）；要么是人工编码的英语形式，如手语英语（Signed English）、皮钦手语英语（Pidgin Sign English）、可视化基础英语（Seeing Essential English）、手语精确英语（Signing Exact English），或手语支持的语音/英语（Sign-Supported Speech/English）。因此，他们认为，"传统的纸笔测验对聋生来说是不可用的、无效的，也是不合适的，因为这些测验只能以英语的方式书写出来"。

○ 当测验目的没有受到实质性影响时，在形式上可以提供便利。例如，如果测验目的不是为了测量书写能力，那么可以允许学生提供口头回答而不是书面回答。或者，如果测验目的不是为了测量学生长时间参与的能力，那么在他们完成任务的过程中可给予更加频繁的休息时间。应该说明的是，这些便利措施有助于学生做出应答，但对回答内容并无助益（例如，抄写员应该记录学生的反应，而不是解释学生所说的话，包括其答出的额外的知识）。在测验过程中提供的个人助理，如朗读员、抄写员和口译员，应该接受如何提供相关便利的培训，以确保适当的参与测评。

○ 在进行常模比较时，接受测验的学生与常模群体学生需要有类似的背景、经验和机会。例如，如果一个常模参照测验是基于手语翻译的，那么在用该测验对某个学生施测并解释结果时，要考虑这个学生所用的语言同样也是手语。

7-4b 基于问责测验的便利建议

在收集评估数据，对学生群体做出决策时，特别是出于问责目的的决策，有许多测验便利的建议。应为每个需要测验便利的学生分别做出建议。然而，决策往往以州政府的便利政策为依据。瑟洛、埃利奥特和伊塞尔代克（Thurlow, Elliott & Ysseldyke, 2003）对基于问责目的的测验便利决策，提出如下建议：

- 各州和学区应制定书面指南，说明基于问责目的的大规模评估应如何提供测验便利。
- 关于便利的决策应由了解学生（包括学生的优点和不足）的一人或多人做出。
- 决策者要考虑学生的学习特点，以及目前在课堂教学和课堂测验中使用的便利措施。
- 学生的残疾类别或教育安置环境不应影响决策。
- 要确保学生在基于问责目的大规模评估之前，已经使用过相关的便利措施。一般来说，已经在课堂教学和课堂测验的情况下使用过。不要在全州或学区的大型评估时引入新的便利措施。
- 拟订便利条件时，应系统地进行决策。用表格列出要回答的问题或要考虑的变量。理想情况下，课堂数据对关于便利的决策的影响，是决策信息考虑的一部分。决策及其理由应在表格上注明。
- 关于便利的决策应记录在学生的个别化教育计划中。
- 家长和大龄学生应参与决策，或参与决策过程，或接受对便利需求的分析，并在要使用的便利措施的表格上签名。
- 鉴于学生的需求可能会随着时间的推移而变化，为满足学生的个性化需求而做出的关于便利的决策应至少每年重新考虑一次。

章节理解题

根据本章内容，回答以下问题：

1. 要关注测验改编和测验便利的四个原因是什么？
2. 在决定是否需要改变测验时，描述至少需要考虑的四个因素，以及哪些改变可能是适当的。
3. 描述改编和便利这两种方案，并提供这些分类方案中的各种示例。
4. 进行资格决策时，需要遵循什么指导原则来决定为其提供何种测验便利？
5. 进行问责决策时，需要遵循什么指导原则来决定为其提供何种测验便利？

第二部分
课堂中的评估

PART 2

第 8 章

教师编制成就测验

学习目标

8-1 讨论教师编制测验的四种用途。

8-2 阐释教师在编制或准备测验时的七个重要考虑因素。

8-3 阐明作答形式是如何使用不同类型的问题并对残疾学生做出特殊考虑的。

8-4 描述评估初级和高级阶段的学生（beginning and advanced students）在阅读、数学、拼写和写作等核心成就领域有何差异。

8-5 讨论在使用教师编制测验时，可能出现的困难来源。

本章讨论的标准

CEC 美国特殊儿童委员会初级准备标准

标准 4: 评估

  4.0 初级特殊教育专业人员在做出教育决策时，使用多种评估方法和数据来源。

标准 5: 教学计划和策略

  5.0 初级特殊教育专业人员选择、调整和使用一系列循证教学策略，以促进有特殊需要个体的学习。

CEC 美国特殊儿童委员会高级准备标准

标准 1: 评估

  1.0 特殊教育专家开展有效和可靠的评估实践来减少偏见。

Ψ 美国学校心理学家协会专业标准

  1 基于数据的决策和问责

  3 发展学业技能的干预和教学支持

在过去，教师编制测验并不像商业化、常模参照测验那样受到高度重视。教师编制的测验往往用"非正式"或"非标准化"这样的形容词描述。然而，这两个形容词都不准确。教师编制的测验不该被认为是非正式的，因为它们很少是随意进行的。教师编制测验也不该被认为是非标准化的，因为学生通常收到相同的测验材料和说明，并且教师通常会使用同样的标准修正学生的回答。因此，我们认为教师编制的测验比商业化测验、常模参照测验更适合评估学生的成绩。

成就（achievement）指的是学生直接通过教学学到的东西，而**学识**（attainment）指的是在任何地方学到的东西。学生被期望取得什么样的成就是由各州决定的。大多数州选择采用州共同核心标准，该标准涉及英语（阅读、写作、听说、语言、媒体和技术）和数学（实践和内容）。各州为其K-12（从学前班到高中十二年级）学校的其他课程领域规定了自己的标准，但这些标准的日常实施可能因学区而异。在教学实践中，教师在课堂上最清楚（至少应该是）哪些是已经教过的内容、哪些是即将要教的内容。

大多数商业化的测验都有示意图，显示其测验题目如何与州共同核心标准和各州课程标准保持一致。许多州与测验供应商签订了合同，要求根据州的特定标准编制测验评估学生的成绩。各州是使用由某个主要联盟，如智慧平衡评估联盟（Smarter Balanced Assessments Consortium, SBAC）或为升学和就业做准备评估联盟（Partnership for Assessment of Readiness for College and Careers, PARCC）制定的标准参照测验，还是使用由私人供应商编制的州特定测验，都可能会使教师的教学有所不同。即使是对于执行相同的教学计划并想达到相同的州标准的不同教师来说，情况也是如此。尽管教师可能无法编制出与课程和州标准相匹配的测验，但他们是唯一能够准确了解教学内容和学生预期表现水平的人员。因此，只有教师能够将测验与实际的教学相匹配。

此外，商业化、常模参照和标准参照的测验，旨在评估哪些学生知道得更多、哪些学生知道得更少，即根据学生的知识量对学生进行区分。常模参照测验的开发人员通常在测验中只涵盖那些能够有效区分学生的最少数量的题目。教师编制的测验通常旨在评估学生正在学习或已经学习的内容。因此，教师会在考试中加入更多的题目，以便对学生所学的知识做出有效评估。教师编制测验和商业化测验之间的差异有四个重要的表现。

1. 由于教师编制测验包括更多题目（甚至包括全部有价值的题目），因此他们对学生学习中微小但重要的变化更加敏感。例如，教师编制包含所有加法的测验，可了解学生在过去两天中是否学会了关于数字9的个位加法运算；常模参照测验通常宣称考查所有类型的数学运算问题，但只有几个加法问题，导致人们无法判断学生是否学会了数字9的个位加法运算。
2. 通过教师编制测验可了解哪些内容需要额外教导学生，哪些内容需要学生练习，常模参照测验则不能。
3. 教师编制测验可表明学生在哪个时间掌握了某个教学目标，是否可以就新的目标展开教学，常模参照测验则不能。
4. 通过测验全体学生，教师可判断教学是否有效。如果大多数学生还没有学会所教的内容，就有必要重新讲授内容（或者调整教学并重新讲授内容）。[1]

教师需要能够反映教学内容并对学生成绩变化敏感的测验。[2] 我们强烈建议评估要客观——基于可观察到的现象，且受各种主观因素影响最小。客观方法的使用不仅仅是个人喜好问题，联邦法规也要求使用客观程序对残疾学生进行评估。[3] 本章概述了教师在阅读、数学、拼写和书面语言等核心领域编制课堂评估测验的客观实践。

8-1 用途

教师编制测验可确定学生已经或正在学习所教或指定内容的掌握程度。教师根据学生在评估中的表现，确定学生的技能发展、进步水平，以及教师自身的教学问题和学生的成绩等级。通常，评估可用于多个用途。例如，人们可以将监测教学的评估（过程性评估）汇总起来，形成总结性评估。

学生的能力发展水平是计划教学的基本考虑因素。我们想知道学生达到教学目标的情况，以便决定应该教什么内容。显然，如果学生已经达到了教学目标，我们就不应该浪费时间继续教授他们已经学会的东西。相反，我们应该巩固他们的知识，拓展他们的所学（例如，将所学知识泛化）或进入下一个阶段的教学目标。此外，对于那些很快达到目标却被学习速度慢的同学影响的学生，可将其分组进行拓展活动或快节奏的教学；将较慢的学生分组，这样他们就可以学习必要的概念，达到熟练掌握的程度，而不会阻碍学习速度较快的同学的进展。

课堂测验的另一个重要用途是监测教学。人们常常期望学生以可接受的速度完成课程，但当学生的学习情况不理想或学习速度慢得令人无法接受时，就有必要调整教学。[4]

还有，通过课堂评估可对学生的学业成绩和教师的（教学）有效性做出总结性判断。学生的成绩通常被划分为几个等级，这些等级是在特定学习阶段（marking period）[5] 给出的。不同学区之间确定等级的方式差异很大。在一些学区，相关政策对各个等级进行了定义（例如，要获得等级 A，学生所有考试成绩的平均分必须为满分的 92% 或更高）。显然，学生的成绩等级应该建立在所教和所学的基础上。在学年开始时（或评分期间），应向学生仔细解释等级基准，这样所有的学生都知

1　原注：班级回答可实时提供相同的功能。参见第 11 章。
2　原注：教师经常通过评估发现学生成绩的变化。然而，经常用完全相同的测验进行测试会产生练习效应。除非有多种形式的测验，否则学生的学习可能会与练习效应混淆。
3　原注：需要注意的是，普通教育工作者往往接受的是更主观和更整体的方法训练，当普通教育工作者和特殊教育工作者在融合课堂中共同努力为所有学生提供教育时，双方在方法上的差异会导致许多问题。
4　原注：关于监测学生对教学反应的更多讨论，见第 9—12 章。
5　译注：这是在美国学校中使用的时间单位，一般一个学期会分为几个学习阶段。

道他们的成绩将被如何分级。我们还建议等级划分尽可能客观，避免任何带有偏见或偏袒的倾向。

判断教学效果应以学生的成绩为基础。当课堂上有许多学生的学习情况都不理想时，教师应反思教学是否存在问题。不调整教学，又希望学生获得成功，这种做法是不可接受的，尤其对于有特殊需求的学生来说，这是不合乎相关法规的。

8-2　学业评估的维度

评估在内容特异性（content specificity）、测验频率和测验形式（response quantification）这几个方面有所不同。为达到不同的目的可能需要不同程度的特异性、不同的评估频率和不同的评估形式。

8-2a　内容特异性

就内容而言，我们仅仅指进行测验的领域。当想到教师编制的测验时，我们通常会想到学业领域，比如阅读、算术、拼写等。然而，要测验的领域还可包括补充课程（例如，学习技能）。

具体来讲，我们所说的特异性是针对要评估的内容领域部分。任何领域都可被划分或细分成更小、更精细的内容模块。例如，对于阅读测验，我们不太可能评估阅读领域内一切可能的情况。因此，我们会分解阅读内容，直到细分出想要评估的部分或知识模块，例如：起始阅读（beginning reading）、单音节单词、短元音单音节单词、短a单音节单词、辅音—短a—辅音单词，辅音—短a—特定辅音（t，n和r）单词，等等。

评估的内容特异性取决于评估目的。尤其是在新学年开始，或当某个新生加入一个班级时，教育者想要知道这个学生的能力发展水平——掌握什么和未掌握什么，以便计划教学。在这种情况下，恰当的评估将从广泛的内容样本开始（一般性的知识考查），评估学生对各种主题知识的了解程度。同样，为了确保特定技能随着时间的推移仍可保持，并且学生能以灵活的方式适当地泛化这些技能，测验中最好能包含广泛的内容样本。对于学生缺乏的能力或技能，可以通过更加精确的程序来评估，以确定具体的薄弱领域，提供恰当的补救教学（remediation）。

当教师以监测教学和记录问题为目的进行评估时，评估就非常具体。他们评估教授的内容，确定学生是否已经学会了所教的内容。如果学生正在学习单词组（例如，"蝙蝠""猫""胖""帽子"[1]），就应该测试他们对所学单词组的掌握程度。

8-2b　测验频率

学生在学校的时间是有限的，把时间花在测验上，就意味着花在其他重要活动上的时间会减少。

1　编注：英文分别为"bat""cat""fat""hat"。

因此，测验频率和持续时间必须与师生的其他活动时间相平衡。

大多数教师编制的测验会用于教学监测和划分等级。尽管实践中评估的频率差异很大，但研究表明，与不太频繁的评估相比，频繁的评估（每周2次或2次以上）更有利于学生学习。当学生在学习或记忆内容方面有困难时，教师应更频繁地测量学生的表现和进步。频繁的测量可以提供学生表现的即时反馈，查明学生不足的技能。[1] 测量越频繁，教师就能越快地调整教学，确保学生取得最佳的进步。然而，只有教师能立即得知下一步教什么或怎么教，频繁的测量才有用。如果教师能高效地使用评估数据，频繁的评估就是有价值的；如果教师只是简单地频繁测量而没有应用评估数据，那么频繁测验就没有价值。学生在能力水平和进步方面的不足可能会决定测量的频率：对许多领域存在不足的学生进行更频繁的教学监测，可以确保教学方法有效。若想了解更多关于预期监测速率（expected rate）是如何设定的，或关于监测学生进步的具体步骤，可参考欣策、克赖斯特和梅思（Hintze, Christ & Methe, 2005）、霍斯普和霍斯普（Hosp & Hosp, 2003），以及希恩（Shinn, 1989）的相关研究。

用于给学生的学业成绩分级的更广泛的评估是在学习单元结束或学习阶段结束时进行的，它涵盖了很多内容。因此，它们要么非常笼统，要么内容非常有限。无论是哪种情况，这种评估的结果都不能为教师的补救教学计划提供足够详细的信息，即学生哪些知识掌握了，哪些知识还没有掌握。

8-2c 测验形式

当教师想比较几个学生在一项技能或一组技能上的表现，或某个学生在一段时间内的多次表现时，选用的评估必须是相同的。**标准化**（standardization）是指使用相同的材料、步骤（例如，完成一项测验的说明和时间），以及每次测验对每个受测者的评分标准都相同。如果没有标准化，观察到的差异可能会恰好归因于测验程序的差异。如果测验能产生可观察到的行为或实物证据（例如，学生的书面反馈），那么几乎任何测验都可以标准化。

编制测验的第一步是了解学生学习了哪些知识和技能，以及他们是如何学的。因此，教师需要确定期望学生努力达到的目标、标准或结果，并且教师需要说明可接受的学生表现水平。

测验形式可按照两个维度分类：①题目呈现的方式——测验题目通常要求学生看或听问题，可能会有其他备选形式，这取决于具体情况或学生的特点；②学生回答的方式——测验题目通常要求口头或书面回答，无口语的学生经常采用指认答案的方式。教师可采用"看—写""看—说""听—写"和"听—说"的方式进行测试。

此外，"写"的形式有两种。首先是选择形式（selection formats）。选择形式要求学生从一系

---

[1] 原注：许多新的测量系统，如技术增强性评估系统，能够持续测量学生的表现和进步，为学生提供即时的学习反馈，教师可以每天从中得知班级中所有学生的相对排名，并确定学生薄弱的技能领域。

列可能的答案（通常称为选项）中做出选择。判断题、选择题和配对题是三种常见的选择形式。然而，这些选择形式并不是唯一的，还有其他的形式。例如，学生可能需要圈出文中拼写错误的单词或应该大写的单词。尽管选择形式的题型在评估信息识别方面确实十分有用，但其功能不止于此。选择形式的题型也可用于评估学生的理解能力、推理能力以及正确应用原理的能力。选择形式的题型通常不太适合在分析、综合和评价层面上评估学业成就。

其次是填充形式（supply formats）。填充形式要求学生进行书面或口头回答。答案可以是一个单词或数字，也可以是更复杂的内容———一句话、一段话或几页纸的长文。不管预期的答案如何，教师都应该开发和使用一个有关评分关键点的说明给学生的答案打分。评分说明规定了正确答案的标准、如何给分以及可接受的同义词等。当学生被要求写拓展、复杂的答案时，教师通常会使用评分规则（scoring rubrics）确定该如何给分。表8.1显示了常用的评分规则的可能维度。

表 8.1 评分规则

内容	3（分）	2（分）	1（分）	0（分）
主要思想	关键要点都有	缺少一个要点	缺少大部分要点	没有要点
支持性的观点	2个观点		1个观点	没有观点
结构	3（分）	2（分）	1（分）	0（分）
拼写	没有拼写错误	语音错误	许多错误	无法识别
标点符号	没有相应错误	较少的错误	缺少标点符号；句子不完整	没有标点符号
大写	没有相应错误	较少的错误	只有句首字母是正确的	没有大写

乍一看，许多评分规则似乎是客观的，因为每个答案都能对应上一个分数。然而，在大多数评分规则中，根据规则选择对应分数的过程往往是主观的。

一般来说，填充形式题型的准备相当快，但评分可能非常耗时。即使答案是某个单词或数字，教师仍可能很难在试卷上找到相应的答案，辨认学生手写的内容或正确应用评分规则。相比之下，选择形式的题目通常需要相当长的时间准备，但一旦准备好，几乎任何人都可以快速评分。

教师选择测验的特定形式受测验目的和受测学生的特点影响。测验形式基本包括自下而上（bottom up）或自上而下（top down）两种。自下而上形式的测验用来评估学生对特定目标的掌握程度，概括学生在特定领域的能力。自上而下形式的测验用来测量学生在某个领域的一般能力，更深入地评估未完全掌握的主题。要是用于日常教学监测和选择短期教学目标，我们倾向于自下而上的评估。通过自下而上的评估，教师可相对明确学生已掌握的具体目标，不用花费不必要的时间教学生已经知道的东西。当要确定新生的教学起点，评估学生之前所学知识的维持和泛化情况时，我们倾向于自上而下的评估。一般来说，自上而下的评估方法可以为师生有效节省时间，因为内容更广泛的调查测验可在短时间内涵盖大量的知识。

对于能够独立读写的学生，以"看—写"的形式对学生个人和群体进行评估通常更有效率。施测时，教师或助教将测验材料交给学生后，可继续进行其他活动。而且，学生写下答案后，教师可以在方便时再批改。

"看—说"的形式也很有用。助教或其他学生倾听受测学生的回答，可当场纠正或记录学生的作答供以后评估。此外，许多教师会使用电子设备，这些设备为"看—说"形式的测查提供了极大便利（例如，录音机或录像机）。

"听—写"的形式对于低年级学生和不能独立阅读的学生尤其有用。这种形式也可用于测验全体学生，在听写时要求学生写出听到的单词，作为对听写的评估。其他还有，教师给出指导语并大声朗读试题，学生写下答案。在听写形式的测验中，学生面临的主要困难是听写节奏，教师必须在每道题目之间分配足够的时间，让反应较慢的学生有充足的时间做出选择。

"听—说"的形式最适合评估那些不能独立书写或者书写速度太慢的学生，他们的书面回答不能代表他们的知识掌握水平。采用"听—说"的形式，教师也无需当面评估。其他学生或助教可以执行、记录，也许还能评估学生的回答。

8-3 测验准备的注意事项

教师需要建构起研制公平、可靠和有效的测验的技能。在编制或准备测验时，以下几类注意事项很重要。

8-3a 选择课程特定领域

测验是行为的样本。当评估特定技能时（例如，单词的听写），要么测验该领域的所有组成部分（在这种情况下，应该测验所有指定的拼写单词），要么选择有代表性的样本进行评估。这里的限定词"代表性"，意味着选择适当数量的容易的单词和难的单词，以及在单词样本（题库）的开始、中间和结束部分进行选择。当评估更复杂的领域时，教师应专注于更重要的事实或关系，避免陷于琐碎之中。

8-3b 编写相关题目

教师必须选择和使用足够多的题目，以便对学生掌握短期或长期目标，以及达到州标准的情况做出有效的推断。没有什么比考试未涵盖受测学生已经学习和知道的内容更冒犯他们的了，除非他们自己没有猜到教师认为哪些内容足够重要需要考试。此外，为了体现公平，提问方式应是学生熟悉和有预期的。例如，如果要测验学生个位数的整数加法，使用缺少加数的形式（如"4+__=7"）就不是个好主意，除非这种形式是专门教过的，且符合学生的预期。

8-3c 组织和排列题目

测验的组织排序受许多因素影响。当教师希望学生完成所有题目并显示出对所学内容的掌握情况时（能力测验），容易的题目和难的题目最好穿插安排。想测验学生在特定时间内（定时测验）的题目完成程度或完成的题目数量时，题目最好是从易到难进行排列。测验页面上的题目不应杂乱无章。

8-3d 开发呈现和回答题目的形式

通常将相同形式的题目组合在一起是个好主意，但教师也可在同一个测验中使用不同的回答形式。无论采用何种形式，首要考虑的是测验题目是评估材料的公平样本（fair sample）。

8-3e 编写施测说明

无论是哪种形式的题目，都应该在指导语中清楚地指出学生要做什么。例如，"圈出正确的选项""在最佳答案下画线""将 b 栏中的各项与 a 栏中的各项相匹配"。此外，教师应说明学生可使用哪些材料（如果有的话），说明时间限制，说明不常见的评分规则（例如，对猜题的惩罚），以及说明当学生的能力足够好，能够回答不同分值的题目时，该如何评分。

8-3f 制定系统的评分程序

正如本章开头几段所讨论的，教师必须有预先确定和系统化的评分标准。但是，如果教师发现标准中有错误或遗漏，则应加以修改。当然，之前评过分的题目也必须按修订后的标准重新评分。

8-3g 建立解释学生表现的标准

教师应事先说明相关的标准，这些标准如何用于打分或分配权重（weighting assignments）。例如，教师可能希望学生在测验中达到一定分数，才能获得特定等级，或者希望根据班级学生的表现分布进行打分。无论哪种情况，教师都必须说明获得某个等级需要什么条件，或者说明如何评价作业任务或进行加权计算。

8-4 回答形式

测验的形式有两种基本类型，就是之前提到的选择形式和填充形式。选择形式的测验要求学生识别出测验中提供的正确答案。填充形式要求学生给出正确答案。

8-4a 选择形式

选择形式一般有三种：选择题、配对题和判断题。在这三种形式中，选择题显然是最有用的。

选择题

选择题的准备是最难的。选择题包含两个部分：①问题的题干；②正确答案（称为关键答案）和一个或多个不正确选项（称为干扰项）组成的答案集。在准备选择题时，教师一般应遵循以下指导原则：

○ 答案选项应简短，且各选项的字句多少大致相同。否则，学生们很快就会发现，字句多的选项往往是正确的。

○ 应将所有选项中相同的内容放入题干中。例如，如果每个选项中的第一个单词是"the"，那么就应该将它放入题干中，并从选项中划线删除"the"，从而改进措辞不当的问题。

▶ A lasting contribution of the Eisenhower presidency was the creation of (the) ____.
　a. ~~the~~ communication satellite system
　b. ~~the~~ interstate highway system
　c. ~~the~~ cable TV infrastructure
　d. ~~the~~ Eisenhower tank

▶ 艾森豪威尔总统任期内的持久贡献是创立了_____。
　a. ~~the~~ 通信卫星系统
　b. ~~the~~ 州际公路系统
　c. ~~the~~ 有线电视基础设施
　d. ~~the~~ 艾森豪威尔坦克

○ 避免语法提示。因为学生可能会通过语法错误排除选项。例如，当正确答案必须是复数时，聪明的学生会排除单数选项；当正确答案必须是名词时，学生会排除动词选项。

错误示例[1]：
▶ An _____ test measures what a student has learned that has been taught in school.
　a. achievement
　b. intelligence
　c. social
　d. portfolio

错误示例：
▶ 一个_____测验测量学生在学校学到了什么。
　a. 成就
　b. 智力
　c. 社交
　d. 档案

正确示例：
▶ _____ tests measure what a student has learned that has been taught in school.
　a. Achievement
　b. Intelligence
　c. Social
　d. Portfolio

正确示例：
▶ _____测验测量学生在学校学到了什么。
　a. 成就
　b. 智力
　c. 社交
　d. 档案

---
1 译注：英文"an"容易提示"achievement"选项。

○ 避免不合情理的选项。对于不知道答案的学生来说，干扰项对其具有吸引力，这样的问题是最好的。以常见的错误和容易误解的内容构成的答案选项是很好的干扰项。

  错误示例：
  ▶ Who was not killed in a duel?
   a. Aaron Burr
   b. Bart Simpson
   c. Alexander Hamilton
   d. Anthony Wayne

  正确示例：
  ▶ Who was killed in a duel?
   a. Aaron Burr
   b. Nathan Hale
   c. Alexander Hamilton
   d. Anthony Wayne

  错误示例：
  ▶谁在决斗中活下来了？
   a. 阿龙·伯尔
   b. 巴特·辛普森
   c. 亚历山大·汉密尔顿
   d. 安东尼·韦恩

  正确示例：
  ▶谁在决斗中被杀了？
   a. 阿龙·伯尔
   b. 纳单·黑尔
   c. 亚历山大·汉密尔顿
   d. 安东尼·韦恩

○ 确保只有一个选项是正确的。学生不必揣摩教师的心思，去猜测哪个错误答案错得最少，或哪个正确答案对得最多。

  错误示例：
  ▶ Which of the following persons was president of the United States?
   a. John Adams
   b. John Hancock
   c. John Jay
   d. James Monroe

  正确示例：
  ▶ Which of the following persons was a president of the United States?
   a. John Adams
   b. John Hancock
   c. John Jay
   d. James Oglethorpe

  错误示例：
  ▶下列哪位是美国总统？
   a. 约翰·亚当斯
   b. 约翰·汉考克
   c. 约翰·杰伊
   d. 詹姆斯·门罗

  正确示例：
  ▶下列哪位是美国总统？
   a. 约翰·亚当斯
   b. 约翰·汉考克
   c. 约翰·杰伊
   d. 詹姆斯·奥格尔索普

○ 避免问题之间相互关联。一般来说，把正确选项的选择依赖于前一个问题是否回答正确并不合适。

前一个问题：
▶ Which of the following persons switched his allegiance from the colonial revolutionaries to the British?
   a. David Wooster
   b. Anthony Wayne
   c. Benedict Arnold
   d. Horatio Gates

接下来的相关问题：
▶ The traitor in the preceding question was a _____.
   a. General in the continental army
   b. Captain of a U.S. man of war
   c. Governor of Rhode Island
   d. Ambassador to England

前一个问题：
▶ 下列哪个人把他的效忠对象从殖民革命者转向了英国人？
   a. 大卫·伍斯特
   b. 安东尼·韦恩
   c. 贝内迪克特·阿诺德
   d. 霍拉肖·盖茨

接下来的相关问题：
▶ 上个问题中的叛徒是个_____。
   a. 陆军将军
   b. 美国军人上尉
   c. 罗得岛州州长
   d. 驻英国大使

○ 避免出现包含多个正确选项的题目（例如，"以上所有选项"或"a 和 b 都正确"）。这些选项通常会把问题简单化。

错误示例：
▶ Which of the following persons was a general in the Union Army?
   a. George Meade
   b. J.E.B. Stuart
   c. William Sherman
   d. both a and c are correct

正确示例：
▶ Which of the following persons was a general in the Union Army?
   a. George Meade
   b. J.E.B. Stuart
   c. Stonewall Jackson
   d. P. G. T. Beauregard

错误示例：
▶ 下列人物中，谁是联邦军队的将军？
   a. 乔治·米德
   b. J. E. B. 斯图尔特
   c. 威廉·舍曼
   d. a 和 c 都正确

正确示例：
▶ 下列人物中，谁是联邦军队的将军？
   a. 乔治·米德
   b. J. E. B. 斯图尔特
   c. 斯通沃尔·杰克逊
   d. P. G. T. 博勒加德

○ 避免类似的错误选项。学生如果能排除两个相似选项中的一个，那也可轻易排除另一个。例如，柑橘类水果如果不正确，那么柠檬也肯定不对。

错误示例：

▶ Eisenhower's inspiration for the interstate highway system was the _____.
  a. American turnpikes
  b. modern German autobahns
  c. Pennsylvania Turnpike
  d. Alcan Highway

错误示例：

▶艾森豪威尔创建州际公路系统的灵感来源于_____。
  a. 美国收费公路
  b. 现代德国高速公路
  c. 宾夕法尼亚收费公路
  d. 阿拉斯加公路

正确示例：

▶ Eisenhower's inspiration for the interstate highway system was the _____.
  a. ancient Roman highways
  b. modern German autobahns
  c. Pennsylvania Turnpike
  d. Alcan Highway

正确示例：

▶艾森豪威尔创建州际公路系统的灵感来源于_____。
  a. 古罗马大道
  b. 现代德国高速公路
  c. 宾夕法尼亚收费公路
  d. 阿拉斯加公路

○ 确保一个问题没有提供帮助回答另一个问题的信息。

前一个问题：

▶ A lasting contribution of the Eisenhower presidency was the creation of (the) ____.
  a. the communication satellite system
  b. the interstate highway system
  c. the cable TV infrastructure
  d. the Eisenhower tank

前一个问题：

▶艾森豪威尔总统任期内的持久贡献是创建了_____。
  a. 通信卫星系统
  b. 州际公路系统
  c. 有线电视基础设施
  d. 艾森豪威尔坦克

接下来的问题中含有前一个问题的答案：

▶ Eisenhower's inspiration for the interstate highway system was the _____.
  a. ancient Roman highways
  b. modern German autobahns
  c. Pennsylvania Turnpike
  d. Alcan Highway

接下来的问题中含有前一个问题的答案：

▶艾森豪威尔创建州际公路系统的灵感来源于_____。
  a. 古罗马大道
  b. 现代德国高速公路
  c. 宾夕法尼亚收费公路
  d. 阿拉斯加公路

- 避免使用课文或课堂展示中用过的相同词语和例子。
- 改变选项中正确答案的位置。学生会发现正确选项的规律（例如，一系列问题的正确答案是a、b、c、d、a、b、c、d）或教师对特定选项位置的偏好（通常是c）。

在适当的时候，教师可让选择题更具有挑战性。例如，要求学生辨识关于规则或概念的实例，要求学生回忆和使用问题中没有的材料信息，或者增加选项的数量（对于低年级学生来说，三个选项已具有一定难度；高年级学生可回答有四到五个选项的问题）。教师在任何情况下都不能误导或欺骗学生。

配对题

配对题是选择题的一种变式，这种题型是将一组问题题干与一组答案选项搭配关联。一般来说，配对题的内容仅限于简单的事实关联（Gronlund, 2009）。教师通常会准备配对的问题，让选项和问题题干一样多，并且一个选项一次只和一个题干配对。我们不建议选项多于问题题干，也不建议为一个问题题干匹配过多的正确选项，以及一个选项多次使用。[1] 这些额外的情况大大增加了回答问题的难度。

一般来说，我们更喜欢选择题，而不是配对题。几乎任何配对题都可通过使用相同或相似的选项改写成一系列选择题。当然，正确答案会随之改变。但无论如何，希望使用配对题的教师应考虑以下指导原则：

- 每组配对题目应该有一些共同的维度（例如，对象、时间）。这让教师的准备工作更容易，也能为学生提供选择正确选项的线索。
- 保持题干的长短大致相同，并保持选项字句的长短和语法相同。混合语法的形式可以排除一些问题的一些选项，这样是最好的；最坏的情况下，它可能是几个问题的正确答案。
- 确保每个问题只有一个正确选项。
- 当有多个匹配问题时，改变正确答案的位置顺序。
- 避免使用课文或课堂展示中用过的相同词语和例子。

把问题和选项分成两栏，对学生来说比较容易。当问题和选项的条目字句长短不同时，应使用较长字句的条目作为问题。问题集放在左边，选项集放在右边，而不是问题集在上面，选项集在下面。此外，问题和选项都应放在一页纸上。另外，教师经常会让学生画线连接问题和选项，尽管这有一个明显的优势，可以帮助学生锁定他们的答案，但要想擦除或划掉连线以纠正答案可能会让人头疼。市场上可买到的一种产品（Learning Wrap-Ups）是印有题目和答案的卡片，还有一根"鞋带"，用来将问题"系"向答案。正确答案印在卡片背面，因此学生可以自我修正。制作这样的卡片相当

---

1 原注：这些选项的评分很复杂。一般来说，需要分别计算选择错误选项和没有选择正确选项的失分。因此，错误率可能非常高。

容易，教师可尝试这一替代方法，改进测验中通过大量擦除修改答案的情况。

判断题

在大多数情况下，不应轻易使用判断题。判断题主要用于测评事实方面的信息知识，使用其他形式可以更好地测评这些知识。准备有效的判断题是较为困难的。因为学生很有可能猜测出正确答案——有50%的概率，所以判断题测验的信度通常很低。因此，判断题的效度可能很有限。尽管如此，如果教师选择使用判断题型，应遵循以下几点建议：

- 避免使用特定的限定词，如"所有""从不""总是"等。
- 避免一概而论。全面概括的说法往往是正确的，但学生们经常会想到一些例外。因此，评价问题真实性的标准存在问题。试图通过添加限制性条件（例如，"除了个别情况"）避免这个情况，要么使问题明显为真，要么让学生试图猜测限制性条件的含义。
- 避免令人费解的句子。测验应该测评知识内容，而不是测评学生理解晦涩语句的能力。
- 保持正确和错误句子的长短大致相同。正如选择题的情况一样，句子越长的判断题往往越正确。
- 平衡正确和错误题目的数量。如果一个学生意识到有一种陈述类型多于另一种，猜测正确答案的概率将超过50%。

对残疾学生的特殊考虑

在编制和选用题型时，教师必须注意学生之间的个体差异，特别需要注意可能影响残疾学生表现的因素。残疾学生的个别化教育计划通常包含学生对测验题目和测验条件所需的便利和改编。在测验之前，最好仔细检查学生的个别化教育计划，确保已完成所要求的便利和改编。例如，在短时记忆方面有缺陷的学生，或者不能很好地注意视听信息的学生，可能需要较少干扰的选择题。对组织视觉材料有困难的学生，可能需要将配对题改为选择题。请记住，重要的是评估学生的技能掌握水平，不能让他们的残疾阻碍他们的技能表现。请参阅下面的评估场景示例，了解特殊教育工作者如何对残疾学生的测验进行改编。

评估场景

巴里

约翰逊老师是一所中学的特殊教育教师。巴里是约翰逊老师的学生，在他的个别化教育计划中明确写到，巴里的测验需要进行改编。社会研究课程的布卢姆菲尔德老师给约翰逊老师提供了一份测验题目，以便约翰逊老师能够提前帮助巴里适应。布卢姆菲尔德老师计划八天后进行测验，测验包含选择题（每个选择题有五个选项）和判断题。布卢姆菲尔德老师计划让巴里在完整时间段（37分钟）内完成测验。

约翰逊老师对测验有几个担忧。根据她和巴里相处的经验，她发现巴里需要非计时的和题目更少的测验，有时还需要给他解释题目。此外，巴里不能理解判断题。而且，当选择题有三个以上选项时，他就会感到非常困难。因此，约翰逊老师与布卢姆菲尔德老师进行了一次会面，讨论如何改编测验。

布卢姆菲尔德老师有127名学生，其中8名学生有个别化教育计划。约翰逊老师在会面开始便提醒他，在巴里的个别化教育计划中明确规定需要对测验进行改编。她还告诉布卢姆菲尔德老师，她愿意改编测验，但需要他的指导。她首先要知道测验的重要内容（评估的主要意图）是什么，哪些是布卢姆菲尔德老师在课堂上强调过的重要问题。她还想知道哪些问题可以删除。

然后约翰逊老师解释了她将如何改编这个测验：

- 她会修改测验内容，删除相对不重要的知识点和概念，保留所有主要的知识点和重要概念。
- 她将用选择题取代判断题，通过这两类题目都可以考查课程的主要知识点的掌握情况，获得相同的信息。
- 她会将选择题中的选项数量从5个减少到3个。
- 她将重新排列测验题目，将相关的问题排列在一起，并尽可能将问题从易到难排序。

她还提到，对于测验里的任何题目，若巴里有需求，她会给巴里解释说明，测验不会计时，所以巴里可能不必在一个时段内完成。最后，她提出由布卢姆菲尔德老师对测验进行评分。

为满足残疾学生的独特需求，这个场景强调了改编课堂测验的方法。约翰逊老师是如何针对巴里的独特需求进行修改的呢？

8-4b 填充形式

对填充形式的两种类型题目进行区分是有益的，一种是要求学生写一个或两个单词的答案（如填空题），另一种是要求学生写字句更长的答案（如论述题）。对于这两种类型的题目都需要仔细描述正确得分的要点（评分标准）。一般来说，教师最好在编制题目时就准备好正确答案的标准。通过这种方式，教师可确保题目的问法能够引出正确答案——至少不会误导学生，或许还能节省批改试卷的时间。如果教师在给几个题目打分后更改了正确答案的标准，他们应采用修订后的标准给之前所有已评分的题目重新评分。

填空题

除了要求学生做计算的数学题和写出单词的听写题，填空题也要求学生通过填写概念或事实完成陈述。例如："＿＿于1492年到达美国。"填空题有助于在知识和理解方面测评目标的达成情况，但在应用、分析、综合或评价方面的用处不大。教师在编制填空题时应遵循以下指导原则：

○ 每个句子都要简短。一般来说，一个问题中多余的信息越少，对学生来说问题就越清晰，由一个问题牵扯出另一个问题的可能性就越小。

○ 如果答案是两个单词的，教师应该在句子中用两个空格表示。

○ 避免有多个空格的句子。例如，"在＿＿年，＿＿发现＿＿。"这个题目非常模糊，几乎可以填写任何日期、姓名和事件，甚至是与内容无关的日期、姓名和事件，例如："2010年，亨利发现了女孩。"

○ 保持所有空格的大小一致，并且足够大，以便容纳字句最长的答案。空格的大小不应成为填写正确答案字句长短的线索。

填空题最会出问题的地方是，必须建立一个恰当的答案库，规定可接受的答案。通常，一些学生的错误答案中可能有部分正确，教师必须确定哪些答案会获得部分分数、满分和不得分。例如，问题预设的正确答案是"哥伦布"，但学生可能会写"那个为西班牙国王和王后寻找前往印度捷径的意大利人"。对出乎意料的答案进行评分时，教师应该仔细检查题目，确定学生的答案是否来自另一个问题中含有的信息（例如，"西班牙国王雇佣了一名意大利水手去寻找前往印度的捷径"）。

拓展性回答

论述题在测评目标理解、应用、分析、综合和评价时是最有用的。拓展性回答有两个主要问题。第一，学生可能需要很长时间才能写出答案，而教师通常只采纳答案中有限的信息。第二，拓展性论述（extended-essay）是最难评分的类型。为了避免主观性和非一致性，教师应该使用评分标准，为理想或标准答案中的每个得分点指定特定的分值。在大多数情况下，拼写和语法错误不应扣分。此外，特别详细的回答不应加分。许多好学生会为一个问题提供特别完整的答案，因此他们需要花费额外的时间去处理一些对自己来说更难的问题。

还有，教师应准备好应对学生试图蒙混（bluff）正确答案的情况。一些学生不回答问题，与之相比，一些学生可能会回答一个没有被问到但相关的问题，或者可能会编造答案，这样他们就可以隐瞒不记得或不知道重要信息的事实。有时，他们甚至会写一首诗或一篇论文说明为什么问的问题不重要或不相关。因此，教师必须非常具体地说明如何评分，并坚持标准，除非教师发现自己的标准有问题。不要因为学生们蒙混的答案富有创造性而给分。

教师给出的说明也应该非常精确，这样学生就不必猜测教师期待什么样的回答。以下是一些常用于论述题的动词（及其含义）。有必要在测验指导语中解释这些术语，以确保学生知道需要什么样的回答。

- "描述""定义"和"辨别"意味着回答含义、本质特征和区别分类。
- "罗列"意味着列举，除非特别要求，否则不需要写出完整的句子和段落。
- "讨论"不仅仅意味着需要描述、定义或辨别，还需要引出内涵并阐明关系。
- "解释"是指分析，并使一个概念、事件、原则、关系等变得清晰或可理解；因此，解释需要超越定义，描述如何或为何。
- "比较（compare）"是指辨别和解释两件或两件以上事物之间的相似之处。
- "对比（contrast）"是指辨别和解释两件或两件以上事物之间的差异之处。
- "评价"意味着给出事物的价值，对有利条件、不利条件和利弊情况的列举和解释。

另外，除非学生提前知道问题，否则，教师应该给予学生足够的时间来准备和检查答案。例如，对于一个原创性思考的问题，教师认为写一篇文章需要10分钟，可能就要给这个问题留出20分钟。学生越不熟悉这类题型，越需要给学生预留更多时间作答。

8-5　核心学业成就领域的评估

教师使用的评估程序取决于教学的内容、学习标准（如掌握程度达90%）和学生的特点。对于核心学业领域的初级课程，教师通常要求的不仅是学会知识，还希望学生对学习内容做出具有较高熟练度的反应，这样就能轻松地给出正确答案。例如，教师不希望学生思考如何书写字母"a"、发"the"音这些问题，或者用数轴解决像"3+5="这样简单的加法问题，教师希望学生能立即做出正确反应。即使是中级水平的学习内容，无论是两位数乘法、阅读短篇故事、写短篇故事，还是听写单词，教师也会要求学生做出高度熟练的反应。然而，所有年级的教师，尤其是中学教师，都会对学生理解社会、文化和物理世界的大量信息，以及批判性思维技能的获得和应用感兴趣。而对高熟练水平能力的评估，与对理解和批判性思维能力的评估有很大不同。

在下面的章节中，我们将根据三个重要属性讨论核心成就领域：①在大多数课程主要部分中要学习的技能和信息；②对要学习的技能的熟练程度评估；③对信息和概念理解的评估。批判性思维能力通常嵌入在内容领域中，并以同样的方式得到评估——通过选择题和拓展性论述题的形式。

8-5a 阅读

阅读通常分为解码技能（decoding skills）和理解。这些分领域中包含的具体操作将取决于特定课程及其顺序。请参阅评估场景案例，了解教师如何针对学生需要发展的技能，创建测量学生阅读技能的方法。

前阅读技巧（prereading skills）

语音意识是阅读的必备技能。音素是区分意义的最小声音单位，而分析处理单词中声音和音节的能力是自然拼读教学成功的必要条件（Stanovich，2000）。语音意识教学包括识别单个单词中的音素、替换音素以改变词义、拆分音节、拼读音节（blending sounds）以及从单词中删除音节。音素意识并不要求学生了解字母或字母所代表的意思。

初级技能

初级阅读的教学通常包括字母识别、字音对应、视觉词汇（sight vocabulary）和自然拼读，在某些课程中还包括形态学（morphology）。做到脱口而出是这项技能的学习目标。"看—说"（例如："这是什么字母？"）和"听—说"（例如："这个字母发什么音？"）是教学和评估的常用形式。在学生习得特定技能的过程中，教师应首先强调学生回答的准确性。一般来说，教师会让学生花1~2分钟思考他们的回答，以减轻他们对准确率的担忧。初期阶段普遍接受的标准是90%~95%的准确率。一旦达到了这个准确率（有时会提前），教师就会将要求标准从准确回答转变为快速且准确地回答。对于"看—说"形式的简单问题，熟练掌握的学生不需要花时间思考。例如，教师提出诸如"这是什么字母？"等问题时，学生能够迅速地做出反应。一旦学生流畅且准确地解码字母和字母的组合，重点就转移到流畅度或单词的自动检索上。熟练度是速度和准确性的结合，被广泛认为是阅读理解的基本前提［美国儿童健康与人类发展研究院（National Institute of Child Health and Human Development），2000a，2000b］。

对于初学者，评估其阅读理解能力通常有两种方式，第一种方式是评估学生对文章的复述情况，或对问题的理解。最直接的方法是让学生不看原文，复述他们所读的内容。对于复述的段落，可根据回忆单词的数量评分。富克斯、富克斯和马克斯韦尔（Fuchs, Fuchs & Maxwell，1988）提供了两个相对简单的评分程序，也许是评估阅读理解的有效方法。复述可以以口头或书面形式进行。对书写能力相对较弱的学生而言，在评估阅读理解时，复述应以口头形式进行，但也可选择书面形式作为练习或训练活动。教师可以听学生复述，学生也可用录音机复述，便于日后评估他们的努力程度。

评估阅读理解能力的第二种常见方式是问学生关于阅读内容的问题。问题应涉及主要思想、重要关系和相关细节。问题的形式可能是填充题或选择题，"听—说"或"看—写"的形式都可以较好地使用。和复述一样，教师应该集中精力把问题放在文章的重点上。

考查口头阅读速度是评估阅读理解能力的间接方法。速度较慢的读者往往阅读理解能力较差。拉伯奇和塞缪尔斯（LaBerge & Samuels，1974）的研究提供了相关解释，该研究认为解码技能较弱会造成信息流畅性的中断，从而阻碍理解。阅读速度慢的读者必须花费精力解码单词（例如，注意字母、记住字音关联、拼读音节或寻找上下文线索），而不是专注在所写内容的意思上。阅读流畅性和内容理解之间的这种关系不仅符合逻辑，而且实证研究也支持这种关系（Freeland，Skinner，Jackson，McDaniel & Smith，2000；美国儿童健康与人类发展研究会，2000a，2000b；Sindelar & Monda，1990）。

为了评估阅读速度，教师应该让学生在两分钟内阅读合适的材料。阅读的文章应该含有熟悉的词汇、句法和内容，其字数必须超过任何学生在两分钟内所能阅读的量。教师有自己用的副本，可以在上面记录错误。将两分钟内正确阅读的单词数和出现错误的单词数分别除以2，计算出每分钟的阅读速度。默瑟和默瑟（Mercer & Mercer，1985）认为从列表中阅读单词的理想目标是每分钟80个单词（最多允许2个错误），而从文本中阅读单词的理想目标是每分钟100个单词（最多允许2个错误）（Read Naturally, Inc.，2010；美国教育进步评估，口头阅读速度，2002）。关于口头阅读中的错误，更完整的讨论见第15章。

高级技能

已经掌握基本视觉词汇和解码技能的学生一般都是默读。此时，教师对这些学生的教学重点转移了，对他们提出了新的要求：解码从朗读到默读（默读单词和短语），再到非默读的视觉扫描（visual scanning）；还有，一些学生的阅读速度可能会超过每分钟1000字。视觉扫描主要思想和信息的技巧也可系统地教授。对阅读理解的要求可能远远超出对文章的字面理解，总结、推断、觉察和理解象征、讽刺、反讽等都可能需要教师系统地教授。对阅读技能较高的学生而言，文章的主旨通常比细节更重要。对于阅读技能更高的学生，教师可根据学生复述的主要思想、重要关系、细节回忆的正确性和错误数量（省略的观点、关系和细节，加上文章中没有包含的内容），对文章的复述情况进行评分。在这种情况下，不同类型的信息可被赋予不同的分值，可鼓励学生使用理解策略（例如，摘要）。在选择"读—写"评估形式方面，选择题和拓展性论述题较为常见。

非正式阅读清单（informal reading inventories, IRIs）

在推荐和定位阅读课程之初，教师通常会制定非正式阅读清单，可以在课堂上评估不同水平的解码和阅读理解能力。因此，它们是自上而下的评估，跨越了几个难度级别。

非正式阅读清单用于评估定位学生正处于独立阅读、需要教学或感到困难这三个水平中的哪一个水平。开发非正式阅读清单的技术和用于定义各级水平的标准并不相同。教师应该使用一系列分级阅读文章，范围涵盖从低于学生的实际年级水平到高于实际年级水平一两年的阅读内容。如果使用针对几个年级水平的阅读系列，可以在每个年级水平文章的开始、中间和结束部分选择段落。学生从最简单的材料开始阅读，一直读到他们能解码至少85%的单词。一般来说，独立阅读的准确率建议为95%，而85%~95%的准确率被认为是学生需要教学的水平。

评估场景

罗伯特

罗伯特已经学会了基本的字母规则、字音关联、音节拼读和基础发音规则等技能。然而，他的阅读流畅性不太好。这种不熟练的情况使得他在理解文章上有困难，并影响他在规定时间内完成任务。罗伯特的个别化教育计划的年度目标是，在阅读其所在年级水平的文章时，阅读流畅性提高到每分钟阅读100个单词，允许有两个或两个以下的错误。他的特殊教育教师威廉斯老师为其制订了一个反复阅读（repeated readings）计划。威廉斯老师最近阅读了塞里恩（Therrien, 2004）撰写的文章，文中指出了反复阅读的重要性。他决定每天通过探测性小测验来评估罗伯特的阅读流畅性。

威廉斯老师确定了罗伯特能以95%的准确率阅读其当前最高阅读水平的材料后，他准备了一系列200字长度的该水平文章和三分之一更高水平的文章，以及罗伯特实际所在年级水平的文章。文章的每一段文字都构成了一个逻辑单元，并以一个新段落开始。词汇量代表罗伯特的阅读水平，理解上不涉及他之前没有读过的材料。同一篇文章，威廉斯老师会准备两份，每一份都塑封好（他可以直接在上面标识出错误，然后在测试后将两份阅读材料擦拭干净，以便下次重复使用）。

然后，威廉斯老师为罗伯特准备了测验指导语，"我想看看你第一遍、第二遍或第三遍阅读材料的速度有多快。我希望你尽可能快地阅读，而且不出错。如果你不认识某个词，就跳过它，等你完成后我再告诉你。然后我会请你重读这篇文章。当我说开始，你就开始阅读。一分钟后，我说停止，你就停止阅读。你有什么问题想问吗？"

威廉斯老师给罗伯特两次不计分的练习机会，让罗伯特熟悉这个过程。然后，他开始每天给罗伯特做测验。他记录了罗伯特第一次阅读的速度，并在不同的日期将同一段文章的阅读速度数据点连接起来。当罗伯特第一次能以目标速率连续做完三个探测性测验时（例如，第13、14和15天），威廉斯老师会提高材料的阅读水平。当罗伯特能流利地阅读他所在年级水平的阅读材料时，干预结束——这是干预的第三个水平。

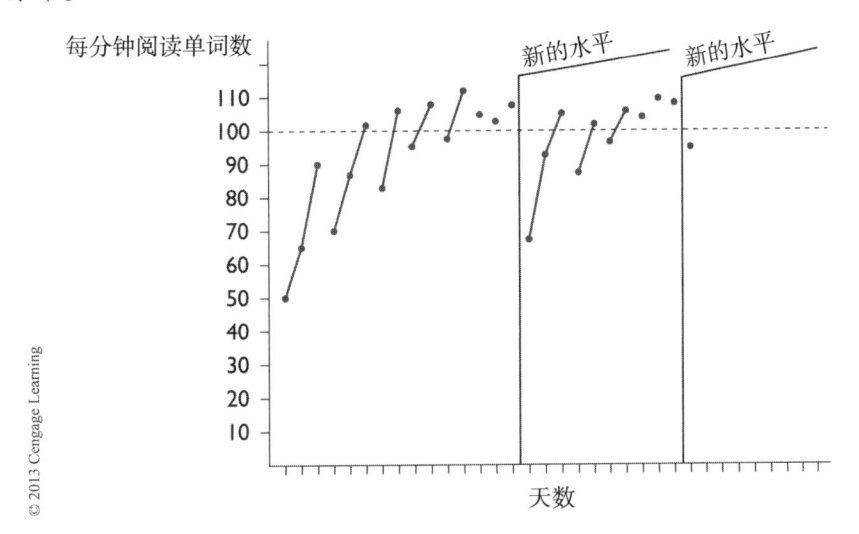

图 8.1 罗伯特在阅读方面的进步

如图8.1所示，罗伯特在各阅读水平内和不同级别的阅读水平之间都取得了稳定进步。威廉斯老师对这次的干预感到满意，准备继续下去，直到这个干预方法不再起作用，或者罗伯特实现了目标。

这个场景强调了一种测量学生阅读技能的方法。这种方法是如何与学生需要学习的特定技能相联系的呢？

8-5b 数学

美国数学教师协会（National Council of Teachers of Mathematics, NCTM）通过了从先学前班[1]至初中的数学学习标准。这些标准既涉及内容（计算、测量、代数、几何、数据和统计），也涉及过程（推理、表征、问题解决、联系和交流）。美国数学顾问专家组（National Mathematics Advisory Panel, 2008）强调计算能力和基本技能的熟练流畅度，特殊教育工作者倾向于与这个目标保持相同。在非融合教育环境中，数学内容（早期算术、词汇概念、整数运算、分数小数、比例百分比、测量和几何）通常会被重视。

在任何年级水平，每个分领域所包含的具体技能和概念都取决于州标准、特定课程及其顺序。

---

1 编注：此处"先学前班"的英文原文是"pre-kindergarten"，附设于部分小学中。时间是在 kindergarten 之前的一年，作用是为孩子进入正式小学做准备，相当于中国的学前班。

数学课程通常包含两类问题：一类是只需要计算的问题，另一类是需要选择、应用正确算法并计算的应用题。应用题的难度远远超出计算题的难度，这与三个因素有关：①解题涉及的步骤，例如，学生可能要先做加法，再做乘法（Caldwell & Goldin, 1979）；②无关的信息量（Englert, Cullata & Horn, 1987）；③问题中使用的词汇是否直接暗示数学运算的算法，例如，"和"或"更多"暗示着加法的意思，而"每个"可能暗含着除法的意思（Bachor, 1990; Paul, Nibbelink & Hoover, 1986）。尽管大家普遍认为阅读水平会影响应用题的解题难度，但其影响尚未得到明确证实（Bachor, 1990; Paul, Nibbelink & Hoover, 1986）。

初级技能

加减乘除的整数运算是初级数学课程的核心内容。早期算术技能是成功学习数学课程的必要条件，具体内容包括：一一对应、口算、识别数字、基本概念（大/小、多/少）、词汇（例如，"相同""相等"和"更大"）和空间概念（例如，"左""上"和"相邻"）。

尽管"看—说"形式的题目并不少见，但"看—写"可能是数学技能评估最常用的形式。对于与速度有关的任务、词汇概念、计数和应用相关的内容，通常使用匹配形式（matching formats）的题型。一般将90%～95%的正确率作为达标的标准。在计算方面，初级水平的数学强调计算的准确性和熟练度。当学生的反应准确，教师不会停止教学，而是继续教学以使其达到熟练的效果。因此，教师可能会接受稍低的准确率（80%）。

当教师努力提高学生的流畅度时，通常会使用探测性测验（probe）的方法。探测性测验是测验（行为）的小样本。例如，在一位数加法的技能评估中，学生可能只要做5道个位数加法题。也许数学探测性测验中评估计算最有用的标准是每分钟（在答案中）写的正确数字的数量，而不是每分钟正确答案的数量。实际的标准率（criterion rate）将取决于数学运算、题目类型（例如，加法，或是需要重组进位的两位数加法）以及特定学生的特征。对有运动障碍的学生可能会以一个较低的标准要求，或者用"看—说"的形式进行评估。如果采用"看—写"的形式，学生被期望以每分钟50～80位数字的速度写出加减法问题的答案，并以每分钟40～50位数字的速度写出简单乘法和除法问题的答案。

高级技能

更高级的数学技能（分数、小数、比例、百分比和几何）建立在整数运算的基础上。这些技能被教授到可以理解和应用的水平。与初级技能不同，高级技能的测验形式几乎完全是"看—写"的形式，除了"一半等于0.5，也等于50%"等少数情况，准确性比熟练度更重要。教师必须考虑特定学生的缺陷在多大程度上影响高级技能的表现。例如，信息排序和理解方面的困难，可能会干扰学生在解决问题和理解数学概念相关题目上的表现。

8-5c 拼写

虽然拼写被许多人认为是书面语言的一个组成部分，但在小学，它通常作为一门独立的学科进行教学。因此，我们在本节单独进行讨论。

拼写是指按照正确的顺序书写字母从而组成一个单词的过程。指定为目标词的单词可能有几个来源：拼写课程（spelling curricula）、单词列表、内容领域或学生自己的书面作业。在高中和大学，学生们被要求借助字典，正确拼写他们使用的所有单词。从小学四年级到高中、大学阶段，拼写单词通常是指定的任务，学生们需要自行学习。在小学一到三年级，拼写通常是用自然拼读、词法学、机械识记或此三种方法的结合来系统教授的。

教师会评估学生对拼读前规则的掌握情况。例如，当使用自然拼读时，学生要掌握特定元音、辅音、混合辅音、双元音和单音双字母。教师至少从四个方面评估拼写的掌握程度：

1. 再认反应：教师向学生提供备选的单词（通常是三四个），并向学生读出一个单词。学生从备选中选择正确的一个。它强调的是准确性。
2. 听写单词：教师读单词，学生写下来。教师经常会给出一个拼写单词，然后给出一个使用了该单词的句子，但学生们发现如果只给出拼写单词，任务会更容易（Horn，1967）。此外，1988年的研究结果显示，单词与单词之间停顿7秒就足够了（Shinn, Tindal & Stein, 1988）。
3. 根据上下文拼写单词：学生用教师给的单词写段落。这种方法既是对拼写能力的测量，也是对书面表达能力的测量。教师也可在书面语言的教学中使用这种方法，让学生写出段落，然后计算拼写正确的单词数。
4. 学生对错误的自我监测：一些教师会教学生发现和纠正日常作业中的拼写错误，让学生监测自己的表现。

8-5d 书面语言

对于教师来说，书面语言无疑是最复杂和最难评估的领域。对初级阶段和高级阶段学生的评估差别很大。一旦掌握了字母构成和基本拼写的初步技能，书面语言课程就会强调内容和风格（语法、结构和措辞）。

初级技能

书面语言最基本的教学是书写规范，内容是教授大写和小写印刷体以及手写体字母的形状和间距。早期教学强调准确性，标准通常是定性的。达到准确性后，教师提供拓展性练习，让学生达到自动化的水平。如果做到了这一点，教师将根据学生的字母书写速率评估他们的表现。对于没有运动障碍的学生，目标速率通常是每分钟书写 80 ~ 100 个字母。

一旦学生能流畅地书写字母和单词，教师就把教学生的重点放在写的内容上。对于初学者来说，往往会把书写内容的任务简化为按有意义的顺序排列单词。教师可用故事开头语（图片或几句话作为导引）鼓励学生写作。当规定的写作时间结束，教师会计算单词的数量，或将单词的数量除以时间，获得一个速率。虽然这听起来相对容易，但事前必须决定好构成一个词的标准是什么。例如，只有一个字母的单词很少被计算在内。

教师还使用正确单词的百分比来评估书写内容。正确单词的标准是单词必须拼写正确，并在适当处大写，语法正确，后面有正确的标点符号等（Isaacson，1988）。正确单词的可接受的百分比标准仍然是讨论的主题。就目前而言，将某学生与水平良好学生的书写情况进行比较，可为教师提供大致的参考。在教学上，通常可归结为关注大写字母、简单的标点符号和基本语法（例如，主谓一致性）。教师也可使用选择题或填空题来评估学生对语法惯例或规则的理解。

高级技能

高级语法和结构的理解和应用，可以用选择题或填空题来测验。因此，书面语言的这一部分可得到系统和客观的评价。评估高年级学生的写作内容远比计算正确单词困难得多。教师需要考虑学生的思想水平、逻辑能力、思维连贯性以及读者意识。在实践中，教师根据内容进行整体判断（Cooper，1977）。此外，教师会指出题材上的不当之处，对写作主题进行更多阐述或澄清。对上述属性中的任何一项进行客观评分都是非常困难的，只有依靠客观的评分标准和教师的评分经验，才可能得到可靠的结论。更客观的评分系统需要使用计算机，这超出了许多任课教师目前可用的资源范围。

对残疾学生的特殊考虑

在为残疾学生准备个别化教育计划时，测验的便利和改编无论何时都是必要的。教师必须注意影响学生测验成绩的障碍因素。例如，如果测验不是为了测量阅读解码技能，教师必须为不能独立阅读的学生读题。书写速度较慢的学生在填空题或论述题方面会有困难。思维组织困难的学生可能很难在口头或书面拓展性题目上有所表现，甚至可能很难完成。教师必须确保残疾学生的测验做到了学生个别化教育计划中要求的便利和改编，并且在教学过程中也使用过这些便利措施。

8-6 应对当前实践中的困境

有三个"陷阱"需要注意：依赖单一的总结性评估、使用非标准化的测验程序、使用技术不充分的评估程序。前两个问题很容易避免，第三种情况较难回避。

第一，教师不应仅依靠单一的总结性评估来评价学生一门课程的成绩。这种评估不能为教师提供制定计划和调整教学顺序的信息。此外，当使用单一的总结性评估时，微小的技术缺陷可能会被放大。相反，教师应该每周至少2～3次使用过程性程序评估教育目标的达成情况。当教学旨在培养学生自主或流畅的反应时，频繁的测验最重要。尽管流畅程度通常与小学课程有关，但它并不局限于阅读、写作和算术，外语、体育和音乐教学往往也是以自动化反应为目标的。

第二，教师应该使用标准化的测验程序。为了频繁地进行有意义的评估，用于评估相同目标的测验必须是等效的。因此，每个测验的内容必须是等价的。此外，测验方向、线索或提示的种类、测验形式、正确答案的标准和分数类型（例如，正确率或百分比）也必须相同。

第三，教师应在技术上制定适当的评估程序。这种适当性在两个方面尤其重要：内容效度和信度。测验必须具有内容效度。直接使用平时的任务进行评估时，内容效度很少出现问题。例如，选择学生的阅读材料进行口头阅读速率的评估，内容就具有效度；用于评估加法问题掌握情况的测验具有内容效度，因为它们评估的是已经教授的事实。当教师使用测验来评估工具学科（tool subjects）以外的成绩（阅读、数学和英语语言艺术以外的科目）时，内容效度的问题更有可能出现。

虽然只有教师才能编制真正反映教学的测验，但教师不仅要知道教了什么，还要确定测验的形式。为了保证评估涵盖了要考查的内容，唯一的方法是制定教学和测验内容细目表。然而，针对特定内容的测验题目仍然可能是无效的。

认真准备本身并不能保证一个问题或一组问题的有效性。教师想知道这些问题是否适当，唯一的方法是对问题进行现场测验，并根据现场测验结果进行调整。实际上，教师在授课前没有时间进行现场测验并对测验进行修改。因此，教师必须（通过其他途径）进行现场测验，删除或减少较差的题目。调整较差的题目，修改后的问题可在下次考试时使用。这样，针对前一组学生的测验经过调整后就变成了下一组学生的现场测验。如果使用这种方法，教师就不应把题目交给学生，因为学生可能会把题目泄露出去。

测验也必须是可靠的（具有信度）。对于使用选择题或限定填空题的测验，评分者之间的一致性应该不成问题。而内部一致性是选择题和填空题测验的主要关注点。遗憾的是，很少有人能在第一次就准备出一套同质化的试题。然而，在调整较差题目的同时，教师可通过删除或修改题目增加测验的同质性（删除或修改和总分相关小于等于0.25的题目），还可为下一次测验准备额外的题目。

评分者之间的一致性是所有填充形式测验的主要问题，在评估拓展性论述题时也尤为重要。通过制定客观的评分标准和精确的评分指南，可提高一致性。当使用主观和整体的评分程序时，尤其是评估书面语言的使用时，评分者之间的一致性是一个问题。布里兰（Breland）和同事发现，在同一主题上，论文评分者一致性在 0.52 ~ 0.65 之间（Breland, 1983; Breland, Camp, Jones, Morris & Rock, 1987）。当学生可自主选择主题和体裁时，学生写作的一致性评分就更难了。正如多朗斯和施米特（Dorans & Schmitt, 1993）所指出的，"在某种程度上，建构型的题目是不受约束的，受测者可自由地表达他们所想，而从受测者的回答中提取信息，是评分者的一项困难而富有挑战性的任务"。布里兰和同事（Breland, 1983; Breland ed al., 1987）发现，当写作任务不同时，评分者一致性从 0.52~0.65 下降到 0.36~0.46。

章节理解题

根据本章内容，回答以下问题：

1. 解释如何使用教师编制测验来确定技能发展、监控教学，并记录教学问题。
2. 围绕测验内容特异性、测验频率和测验形式进行讨论。
3. 教师在准备课堂测验时的主要考虑因素是什么？
4. 选择题和填空题的常用类型有哪些？对残疾学生的测验需要特别考虑哪些方面？
5. 选择一个核心成就领域（如阅读或数学），谈谈低年级学生和高年级学生的学习内容有何不同？
6. 在使用教师编制测验时，有哪些可能的困难？

第 9 章

通过观察评估行为

学习目标

9-1 总结不同的观察方法。

9-2 描述通过观察收集记录信息的两种现有形式。

9-3 描述如何进行系统的行为观察。

9-4 描述观察是如何对情境、时间和行为进行仔细取样的。

9-5 解释进行系统观察时应遵循的程序。

本章讨论的标准

CEC 美国特殊儿童委员会初级准备标准

标准 4: 评估

    4.0 初级特殊教育专业人员在做出教育决策时，使用多种评估方法和数据来源。

标准 5: 教学计划和策略

    5.0 初级特殊教育专业人员选择、调整和使用一系列循证教学策略，以促进有特殊需要个体的学习。

CEC 美国特殊儿童委员会高级准备标准

标准 1: 评估

    1.0 特殊教育专家开展有效和可靠的评估实践来减少偏见。

Ψ 美国学校心理学家协会标准

    1 基于数据的决策和问责

    4 发展社交和生活技能的干预和心理健康服务

教师在实现自我监督的同时，也一直在监督着学生。有时，他们只是在关注一些事情，以确保自己的教室是安全的，且教学是朝向既定目标发展的。他们会预测破坏性的情况或危险，或者跟踪事情的大概进展。通常，教师会注意到一些看起来很重要、需要关注的行为或情况，比如火警警报响了、哈维拿着一把刀、贝蒂在睡觉、乔在教室里徘徊。在其他情况下，通常作为一般监测的结果，教师会寻找非常具体的行为来观察：应该提倡的社会行为、对任务的关注、特定技能的表现等。

当评估不依赖于实物证据（书面考试和实物创作，如商店里的桌子或家政学中的晚餐）时，通常会涉及观察。很明显，社会行为、学习行为（例如，对任务的关注）和异常行为（例如，拍手）都是合适的观察目标。显然，行为是评估身心状态、身体特征、教育障碍以及监测学生进步的一个组成部分。虽然非系统的观察方法有助于收集学生行为的初步信息，但我们强调要用系统观察的方法去做重要的决定，即根据个别学生的行为特征，决定是否有必要对其进行实质性的教学调整。

9-1 观察方法：定性和定量

观察有定性和定量两种基本方法。通过**定性观察**（qualitative observations），观察者监测情况，并以描述的方式记录观察的结果。定性观察最常见的形式是轶事记录。定性观察可以描述行为及其背景（前因和后果），并且通常在不预先确定观察的行为、时间和背景的情况下进行。好的轶事记录包含行为的完整描述和行为发生的背景，并且可以为更有针对性、更精确的定量观察创造条件。我们强调**系统观察**（systematic observation），这是一种定量的观察方法。虽然我们在本章后面提到了一些可能有用的非系统观察例子，但我们在本章的大部分内容都是关于系统观察方法的。如果用系统观察方法测量行为，需要在实际观察之前就确定五个步骤：①准确和客观地定义行为；②说明行为的特征（如频率）；③制定记录程序；④选择和确定观察的时间和地点；⑤制定评估观察者之间保持一致性的程序。行为观察也可以在其他多个维度上有所差异，这些维度将在下面进行描述。

9-1a 实时或辅助观察

对行为的定量分析可以实时进行，也可以通过录像机或录音机等设备在行为发生后进行观察分析，这些设备可以重复、减慢或加速播放所记录的行为。观察可以利用设备（例如望远镜）来进行，也可只由观察者独立进行。

9-1b　干扰式与非干扰式观察

当被观察者明显地知道自己正在被观察时，这种观察被称为**干扰式**（obtrusive）观察。观察者的存在使观察变得显眼，例如，在教室后面有一个实习督导者，这会让学生和教师很明显地感到他们正在被观察。观察设备的存在也会使观察变得更加明显，例如，一台亮着红灯的摄像机出现了，很明显是在进行监测。一些额外出现在情境中的东西也会表示正在进行监测。例如，一辆深色、新型的四门轿车在路边空转着，从车窗里伸出一把雷达枪，这会让靠近的司机们明显感觉到有人在观察他们；来自测验场地镜子后面的闪烁灯光和噪声向受测者表明，镜子后面有人或有东西在监测他们。

当观察是**非干扰式**（unobtrusive）时，被观察者不会意识到他们正在被观察。观察者可能会假装他们没有在观察，或从隐藏的位置观察。他们可能会用望远镜从远处观看，也可能会使用隐藏的摄像头和麦克风。

非干扰式观察更可取，原因有二。第一个原因是，如果有其他人在观察，人们会规避某些行为。因此，对反社会、攻击性或非法性的行为进行评估时，观察应该是秘密进行的。如果这类行为受到的是公开监测，它们往往不会出现。比如，比利不可能在教师观察的时候偷鲍勃的午餐费；罗西不太可能在教师面前欺负桑迪；罗德尼不太可能在其他学生在场的情况下，在学校的大门上喷涂帮派涂鸦。

同样，如果人们知道自己要被观察，那些高度隐私化的行为是不愿意被人观察到的。在这些行为中，他们需要暴露身体部位。例如，有时观察者会观察一名重度残疾的学生如何学习正确使用厕所，以确定该生是否遵循了适当的流程。在这种情况下，观察者应在进行观察之前获得本人或其监护人的许可。此外，应该选择不认识被观察者（被观察者也不认识）的同性个体进行观察。

非干扰式观察更可取的第二个原因是，观察者的存在改变了观察现场的情况。观察会改变处于观察情境中人的行为。例如，当某位处于试用期的教师正在上课，校长在教室后面对其年度考核时，教师和学生的行为都可能受到校长的影响。学生们误以为校长在后面盯着他们，因而可能会表现得更好，或者更为积极地做出反应。教师可能会比平时更频繁地在黑板上写字，或者给予学生更多积极的强化，因为他们相信校长重视这些教学技巧。观察还可以减少其他类型的行为。例如，零售商店可能会在显眼的地方安装闭路电视摄像机和视频监视器，让未作案的小偷知道他们一直在被监视，从而阻止他们行窃。

当目标行为不是反社会、攻击性、高度私人化的或不受欢迎的行为时，并且被观察者已经对观察者或设备不再敏感时，就可以使用干扰式观察。幸运的是，大多数人很快就习惯了日常环境中的观察者——尤其是如果观察者通过避免目光接触、不参与社交互动、保持安静和不走动等方式，让自己成为周围环境的一部分时。观察和记录可以成为课堂日常的一部分。无论如何，在被观察者习惯环境并以他们习惯的方式行动之前，不应该开展干扰式观察。

9-1c 设计观察与自然观察

设计观察（contrived observations）[1]是指在被观察者进入观察情境前，观察环境就已经被人为地设置好了。例如，游戏室可以摆放鼓励攻击性游戏的玩具（如枪或沙袋娃娃），或布置促进其他类型行为的物品。儿童可能会得到一本书，被告知去房间里看书，或者只是让他在房间里等着。在这种情况下，其他成年人或儿童可能是观察者的同盟，并可能被指示以特定的方式行事。例如，较大的儿童可能被告知不要与被观察的目标儿童分享玩具，或者成人可能被告知与目标儿童就特定话题展开对话。

相反，**自然观察**（naturalistic observations）发生在非人为设置的环境中。例如，特定的玩具不会被摆放到游戏室或从游戏室中移除；家具一如既往地摆放着。

9-2 非系统行为观察的两种示例

虽然本章的重点是进行系统观察，但我们认为，有必要向教师和学校支持人员介绍两种实用的非系统观察的示例：ABC事件记录和直接行为评定。

ABC事件记录（ABC event recording）是一种定性的观察方法，观察者记录描述感兴趣的行为，以及与该行为相对应的前因和后果。**前因**（antecedents）是指行为发生之前发生的事情，比如学生被要求做的事情，或者在行为发生之前与相关的教师或同伴的交流。**后果**（consequences）是指行为发生后立即发生的事情，比如暂停活动（timeout）、同伴大笑/注意、教师态度反转、教师表扬等。为了完成ABC事件记录观察，观察者要在既定的时间段内，根据ABC框架对观察到的行为进行分类记录。ABC信息可用于更好地定义感兴趣的行为，以便将来进行更系统的观察；也可用于列出一些关于学生行为功能的初始假设，这些假设可能会在以后得到测试（验证），用在制订行为干预计划方面（有关功能性行为评估的更多信息，请参见第19章）。本章的评估场景分为两个部分，第一部分提供了一个ABC事件记录的示例，第二部分讨论了如何利用ABC事件记录方法收集的数据，来开发和使用系统的观察方法。

直接行为评定（Direct Behavior Ratings, DBR）是一种定量的观察方法，已被广泛认可并应用于问题行为领域的评估和干预。它也被用于专业交流，描述如何促进学生的行为改善。虽然它包括系统观察的一些方面，但它不需要精确地定义行为，也不涉及指定行为的具体特征或确定观察者间的一致性。基于这些原因，我们认为它是一种非系统的观察技术。DBR的吸引力在于其简洁性和灵活性。它的整个使用过程如下：选择目标行为和观察时间段，个人（通常是教师）根据目标行为对学生或学生群组进行评分，并将评分传达给其他人（通常是目标学生及其家长）。目标行为、被观察学生

---

[1] 译注：又译为控制观察。

评估场景

扎克（第一部分）

劳森老师注意到，在持续的默读时间里，扎克经常在房间里走来走去，打扰正在阅读的学生。当劳森老师叫他回到座位上时，虽然他会回到座位上，但似乎不会在座位上待太久。劳森老师决定关注扎克，记录他的行为，然后开发一种更系统的观察方法，为发展干预和进步监测提供信息。

她记录了扎克行为的背景、前因、后果和细节。表9.1包含了前三天的相关记录。

这个场景强调了使用非系统观察技术（ABC事件记录）作为评估单个学生行为的初始方法。为什么这种观察不被认为是系统性的？劳森老师是如何决定通过系统的观察收集更多关于扎克行为的信息的，见下一部分。

表 9.1 扎克的行为观察

时间：星期一

情境：持续默读——所有学生都坐在自己的座位上。

前因：我告诉全班同学拿出他们的小说，从上星期五停下来的地方继续阅读。

行为：扎克拿出他的小说，但没有打开。他坐立不安一两分钟，然后从座位上下来，在房间里晃悠，跟辛迪和玛丽说话。

后果：女同学们起初不理扎克，然后告诉他走开。扎克咯咯笑着，我呵斥他，让他回到座位上。扎克在阅读方面的表现落后了。

注：扎克除了做独立桌面活动（independent seat work）外，还做了其他活动。

时间：星期二

情境：科学活动中心——学生在既定时间内从事一项活动。

前因：我告诉全班同学各自写下他们在测量实验中观察到的情况。

行为：扎克寻求帮助，试图找到他的实验记录本。写了几个字后，他起身去削铅笔，最后却在房间里晃荡。他又去跟辛迪和玛丽说话了。

后果：女同学们抱怨扎克又来打扰她们了。扎克说他只是问她们关于这个项目的情况。我告诉他回去工作，否则他会被"暂停活动"一段时间。扎克在科学方面的表现落后了。

注：扎克除了做独立桌面活动之外，还做了其他活动。

> 时间：星期三
> 情境：持续默读——所有学生都坐在自己的座位上。
> 前因：我告诉全班同学拿出他们的小说，从星期一停下来的地方继续阅读。
> 行为：扎克低头看着他的小说。大约5分钟后，他起来，四处晃悠。
> 后果：暂停活动。扎克在完成小说阅读方面远远落后于同龄人。
> 注：扎克再次做了独立桌面活动以外的活动行为。

的人数、评分频率、沟通方法以及任何与行为改善相关的强化措施都是事先确定的，但它们可以根据现场实际情况进行改变。例如，教师可能会关注个别学生在过渡时间（例如，从体育课时间到教学时间，再从教学时间到户外休息之间的过渡）的得体行为。在各个确定的过渡时间内，学生表现出得体行为的时间百分比可以从0~100%。这些信息既可以传达给学生，也可以每天传递给家长。尽管其数据报告本质上是定量的，但与本章后面几节所述相比，它并不涉及高度系统性的数据收集方法。正因为如此，可能会出现评估误差较大的情况。

9-3 系统观察中的行为界定

在进行系统观察时，观察的行为通常根据行为的方式、功能和特征来界定。行为在环境中所起到的功能是无法直接观察到的，而行为的特征和方式是可以直接测量的。

9-3a 行为形态

行为形态（topography of behavior）是行为的表现形式。例如，假设观察者感兴趣的行为是儿童拿着铅笔写字，我们对帕蒂拿铅笔写字的行为感兴趣。这种行为的形态很容易被观察到：帕蒂拿着铅笔，与纸呈45度角，用拇指和食指夹住铅笔，用中指支撑铅笔等。保罗握笔的方式很不一样。他把铅笔夹在他的大脚趾和第二脚趾之间，这样铅笔尖就对准了他的脚底，诸如此类。

9-3b 行为的功能

行为的功能（function of a behavior）是指做出这种行为的原因，或者这种行为的目的。当然，一种行为背后的原因是无法观察到的，这些原因只能被推断出来。有时，一个人可能会对某个行为的功能做出解释。例如，"我在尖叫，目的是想让他停下来"。如果行为的功能解释与现实情况一致，我们可以接受这个解释。如果行为的功能解释与现实情况不一致或不合理，我们也可以不认可。其他时候，我们可以从行为的后果来推断它的功能。例如，约翰尼站在他家的后门尖叫，直到他的母亲打开门，然后他跑进后院，停止尖叫。我们可以推断约翰尼尖叫的作用是开门。行为的功能通常是以下五种中的一种或多种：①社交关注/交流；②获得有形物质或优先活动；③逃避、拖延、减少或回避令人厌恶的任务或活动；④逃避或躲避其他人；⑤内部刺激（Alberto & Troutman, 2006）。

9-3c 行为的可测特征

无论是观察某个行为还是某类行为，对行为的测量都基于四个特征：持续时间、潜伏期、频率和强度。人们可以直接测量这些特征（Shapiro & Kratochwill, 2000）。

持续时间

行为如果具有明显的开始和结束时间，则可以根据**持续时间**（duration）来评估，也就是行为持续的时间长度。行为的持续时间通常以两种标准化方式呈现：平均持续时间和总持续时间。例如，在计算平均持续时间时，假设贾尼丝在 30 分钟的活动中 4 次离开座位，持续时间分别为 1 分钟、3 分钟、7 分钟和 5 分钟，则平均持续时间为 4 分钟，即（1 + 3 + 7 + 5）/4。为了计算贾尼丝的总持续时间，我们计算 1 + 3 + 7 + 5 的加和，得出她总共离开座位 16 分钟的结论。通常情况下，用总发生时间除以观察的次数，这种持续时间的比例被称为"行为的发生率（prevalence of the behavior）"。在例子中，贾尼丝离开座位的发生率是 0.53（即 16/30）。

潜伏期

潜伏期（latency）是指发出信号指令至行为开始之间的时间长度。例如，教师可能会要求学生拿出他们的书。教师发出信号指令和萨姆把书放在桌子上之间的时间长度就是萨姆执行这项任务的潜伏期。要评估潜伏期，行为必须有一个明显的（discrete）开始反应。

频率

对于那些有明显的开始和结束的行为，我们通常计算**频率**（frequency）——行为发生的次数。在变化的时间周期内对行为发生的次数进行计数，这种方式得到的频率通常被转换为比率（rates）。使用比率可以帮助观察者比较不同时间段和环境中个体的行为发生率。例如，15 分钟内 3 次离座行为可以被转换为每小时 12 次的比率。

阿尔贝托和特劳特曼（Alberto & Troutman, 2005）建议，有两种情况不应该使用频率：①当行为发生的速度特别快，以至于无法准确计数时（例如，多种刻板行为，像是踩脚，几乎可以不间断地发生）；②当行为发生的时间很长时（例如，大富翁游戏中的合作游戏）。

强度

强度（amplitude）是指行为的力度。在许多环境中，强度可以被精确测量（例如，使用噪声计）。

然而，在课堂上，通常对强度估计的精确度较低。例如，可以使用评定量表的标度估计强度水平（如，哭泣可以根据强度水平评定为"鸣咽""啜泣""哭泣"和"尖叫"）。强度也可以根据对他人的客观或主观影响进行度量。例如，攻击的客观影响可能被评定为"没有明显的身体伤害""导致瘀伤"和"导致出血"。对他人的影响更多依赖于主观行为评定，例如，学生的哼唱声可以被评定为"不打扰他人""打扰到坐在附近的学生"或"打扰到隔壁教室的学生"。

选择要测量的特征

要评估的行为特征应该有意义。我们应该评估特定情况下与行为最相关的方面（上述几个行为特征）。例如，如果布尔在阅读期间在教室里晃悠，观察这种行为的持续时间比观察这种行为的频率、潜伏期或强度更有意义。这是因为他离开学业活动的时间长短是首要问题，而不是他离开的次数。如果卡米拉的教师关注她大声说话的行为，强度可能是最显著的观察特征。如果莫莉听从指令行事的速度很慢，观察她的潜伏期比评估其行为频率或强度更有意义。然而，对于大多数行为，频率和持续时间是主要测量的特征。

9-4　行为取样（sampling behavior）

同任何评估程序一样，如果要评估的对象是限定的和便利的，我们可以评估整个行为领域。如果不是，我们可以从行为领域中取样。行为取样的重要维度包括行为发生的情境、行为发生的时间以及行为本身。

9-4a　情境

当某种特定行为成为干预的目标时，在各种各样的情境中测量这种行为是有用的。通常，对情境的取样是有目的的，而不是随机的。例如，我们可能想知道杰西在资源教室中的行为与他在普通教室中的行为有何不同。在不同情境的异同表现可以提供有用的信息，来说明哪些事件可能为（目标）行为创造了条件。不同情境下行为发生与否能够提供一个潜在有用的假设，这个假设是关于**背景事件**（setting events）（为某一行动的出现创造条件的环境事件）和**区辨刺激**（discriminative stimuli）[1]（当一个行为被强化时存在持续的刺激，即使后续在没有原始强化物的情况下，该行为也会发生）之间的关系。将（目标）行为置于区辨刺激的控制之下，通常是有效改变行为的方法。例如，当学生在教室或走廊上时，他们可能会被教导小声说话，使用在室内的声音（inside voice）[2]。

1　原注：区辨刺激不是巴甫洛夫意义上的条件刺激，因为条件刺激会引发反射行为。区辨刺激给个体提供了产生一种特定行为的信号，这种行为因这种信号的存在而被强化了。

2　编注：指轻声。

类似地，基于不同情境的异同表现可以提供关于行为后果如何影响该行为的有用信息。行为的某些后果会维持、增加或减少目标行为。因此，操纵行为的后果可以增加或减少目标行为的发生。例如，假设当乔伊说一些性别歧视的话时，他的朋友们通常会大笑并夸赞他，这一问题行为就得到了强化。如果能让他的朋友们不再大笑和赞许他，乔伊可能就会少说一些性别歧视的话。

9-4b 时间

除了一些犯罪行为，很少有行为是值得注意的，除非它们多次发生。随着时间的推移，行为的反复发生被称为行为**稳定**（stability）或**维持**（maintenance）。在一个人的一生中，几乎有无数次的机会去展示某一特定行为。此外，在一个人的一生中持续地观察他大概是不可能的，当然也是没有必要的。因此，总是要进行时间取样的，任何单一的观察都只是个体行为领域的样本。

时间取样需要建立时间段，这被称为观察时段，在此期间进行观察。**观察时段**（observation sessions）可能包含一段连续的时间（例如，一个完整的上学日）。更多的时候，观察时段是非连续的时间段（例如，一个学期的每周一或每天的阅读时间）。

连续记录

观察者可以在多个时段内连续记录行为。他们统计观察时段中出现的行为，对观察时段中每次行为发生的持续时间或潜伏期进行计时。

当观察时段很长时（例如，当观察时段持续几天时），连续取样可能非常费时，并且常常是干扰式观察。在长时间观察期内，观察者通常使用两种方法评估行为：使用评定量表进行评估、进行时间取样。在第一种方法中，评定量表用于估计行为的特征（四个特征中的一个或多个）。以下是此类评定的一些示例：

- 频率：可能会要求家长对一个行为的频率进行评级。帕齐通常多久玩一次玩具？总是、经常、很少、从不。
- 持续时间：可能会要求家长评估伯尼每天晚上看电视的时间。超过3小时、2小时或3小时、1小时或2小时、不到1小时。
- 潜伏期：可能会要求家长评价马里萨对要求的回应速度。立即、快速、缓慢、根本不回应（忽略请求）。
- 强度：可能会要求家长评价杰茜卡在睡觉时通常会大吵大闹到什么程度。尖叫、哭泣、恳求熬夜、睡觉时不大吵大闹。

在第二种观察方法中，在长时间观察时段内，观察者系统地取样持续时间和频率。人们提出了三种不同的取样方案：全时距记录、部分时距记录和瞬时取样。

时间取样（time sampling）

连续观察比非连续观察需要花费更多的资源。因此，在一个观察时段内进行抽样观察是很常见的。

在**时距取样**（interval sampling）中，观察时段被细分为若干个行为观察的时距。通常情况下，尽管记录和观察的时距可长可短（如可以记录3个观察时距，也可以记录2个观察时距），但在整个观察时段中，观察时距却是相等的。有三种常见的时距取样和计分。

1. **全时距取样**（whole-interval sampling），这种取样适用于在整个时距内只发生一个行为时的情况。因此，只有当行为从时距开始并持续到该时距结束时，才会对其进行评分。

2. **部分时距取样**（partial-interval sampling），该取样与全时距取样非常相似。这两者的区别在于，在部分时距记录中，如果某个事件发生在时距的任何部分，该事件就会被记录为一次。因此，如果一个行为在时距开始之前发生，并在该时距内结束，也会被记录为一次；如果某个行为在时距开始后发生，也会被记录为一次；如果在某时距内有两个或两个以上的行为事件发生和结束，则记录为一次事件。

3. **瞬时取样**（momentary time sampling），这是最有效的取样程序。此时的观察时段被细分为多个时距。如果某个行为发生在时距的最后时刻，则会被记录为一个事件；如果行为不是在时距的最后时刻发生，则不会被记录。例如，假设我们对罗宾20分钟的阅读时间进行观察。我们首先选择时距长度（例如，10秒）。在第一个10秒时距结束时，我们观察行为是否正在发生；在第二个10秒时距结束时，我们再次观察。我们继续观察，直到我们在第120个10秒时距结束时停止观察。[1]

萨尔维亚和休斯（Salvia & Hughes, 1990）总结了大量关于时间取样程序准确性的研究。全时距取样和部分时距取样程序对持续时间和频率的估计不准确[2]。瞬时取样提供了时间比例（proportion of time）的无偏估计，在使用短时距（10～15秒的时距）时非常准确。用较短的观察时段连续记录是估计行为频率的较好方法。

9-4c 行为

教师和心理学家可能对测量某一特定行为或被认为代表某一特质的一系列行为感兴趣（例如，合作）。当某个观察者认为某个目标行为本身很重要时，可能就只观察那个特定的行为。然而，当一个特定的行为被认为是一个行为系列中的一个元素时，该系列中的其他重要行为也应该被观察，

---

[1] 原注：各种数字设备，如掌上电脑（personal digital assistant, PDA），以及观察程序，如学校学生行为观察（Behavioral Observation of Students in Schools）（Shapiro, 2003），可以使时间取样变得更加容易。

[2] 原注：苏恩和阿里（Suen & Ary, 1989）提供了一种程序，通过该程序，可以调整取样频率以提供准确的频率估计，并且可以很容易地为每个取样计划确定与流行率估计相关的误差。

以建立该行为系列的内容效度。例如，如果轮流打开幻灯片被视为合作的一个要素，我们也应该观察其他表示合作的行为（例如轮流使用其他设备、遵守游戏规则以及与他人合作以达到共同的目标）。根据观察和报告的目的，系列中的每种行为都可以被单独处理或汇总。

我们通常对两种行为进行观察。首先，我们经常会观察想要发生的（desirable）行为，并试图增加这些行为。这种类型的行为包括学生的学业表现（例如，口头阅读或科学知识）和亲社会行为（例如，合作行为或说话讲礼貌）。其次，我们经常会观察不受欢迎的或可能是禁止的行为。这些行为是有害的、刻板的，它们偶尔会不恰当地出现，或在不合适的时间被表现出来。

- 有害行为：自我伤害或对他人有危险的行为几乎都是干预的目标。自伤行为包括敲打头部、抠眼睛、咬自己或打自己、吸烟和滥用药物等。潜在的有害行为可能包括向后靠在桌子上或在化学实验中粗心大意地使用试剂。对他人有害的行为是指那些直接对他人造成伤害的行为（例如，击打或刺伤），或有可能伤害他人的行为（例如，在楼梯或地铁站台上推搡其他学生、欺凌或口头煽动肢体冲突）。异常的攻击性行为也可能成为干预的目标。虽然大多数学生会表现出攻击性行为，但有些孩子远远超出了常规或可接受的范围。这些学生被描述为脾气暴躁、急性子或反复无常。过度的攻击性行为可能涉及身体上的或言语上的攻击。除了造成可能的身体伤害，高频率的攻击性行为还可能会导致攻击者在社会上被孤立。
- 刻板行为：刻板行为或刻板印象（例如，拍打手、摇摆手以及某些言语，如不恰当的尖叫声），不属于文化规范行为的范畴。这种行为会引起其他学生的注意。在训练有素的心理学家看来，行为是不正常的；在未经训练的观察者看来，行为是不寻常的。刻板行为往往是干预的目标。
- 不频繁或缺失想要的行为（absent desirable behavior）：未能完全发展的行为，尤其是与生理发展相关的行为（如行走），往往是干预的目标。干预通常发生在这些行为的发展会提升功能性机能和社会接受度的时候。塑造（shaping）通常被用来发展缺失的行为，而强化被用来增加目标行为的频率。这些行为在学生的技能范畴内，但是表现出来的频率太低。
- 在不合适的环境中表现出的正常行为：许多行为在非常特定的环境中是适当的，但在其他环境中表现出来时被认为是不适当的，甚至是不正常的。通常情况下，这些行为所导致的问题都归因于缺乏对刺激的控制。通常被称为"隐私"的行为即属于这一类，大小便和性活动就是两个例子。干预的目标不应该是摆脱这些行为，而是将它们限制在适宜的社会条件下。通常被称为"破坏性"的行为也属于这一类。例如，在操场上活动时，跑步和大喊大叫是完全可以接受、也是正常的，但在教室里这样捣乱却不被允许。

教师可以根据逻辑和经验决定某个特定的行为是否应该被纠正。例如，在教室或学校里不应该容忍有害的行为，而应该发展一些学会学习的先备行为。在其他情况下，教师可能会就干预的可取性征求同事、主管或家长的意见。例如，教师可能不知道某些行为是否属于学生典型文化的范畴。

在有些情况下，教师可能会依赖学生或成人的意见，来判断某个特定的行为是否会让他们感到麻烦或分心。例如，当鲍勃在算术测验中大声地读出问题时，其他人会感到困扰吗？为了确定某个特定的行为是否会困扰他人，教师可以直接询问学生，让他们对干扰或分散注意力的行为进行评分，或者使用社会测量技术，了解学生是否因为自己的行为被拒绝或孤立。社会测量技术是一种评估学生个体的社会接受度和一个群体的社会结构的方法：学生填写一份表格，表明他们想要与哪些同伴坐在一起、工作或游戏。教师会看到某个学生被别人选择的次数，也会看到学生之间谁选择谁。

对于不常见的亲社会行为或频繁的干扰行为，教师可能希望在开始全面的观察分析之前，对问题的严重性和普遍性有一个更好的了解。不经意的观察可以提供行为频率和强度的信息。如果需要干预，仔细记录前因、后果和背景，可能会得到关于干预的有用信息。如果是偶然的观察，应保留这些偶然观察的轶事记录。

9-5 系统观察的实施

系统观察提供了一种比其他观察方法更客观地收集数据的方法。然而，为了确保高度的客观性，应该遵循若干准则。在接下来的章节中，我们将介绍观察准备、数据收集、数据总结和设计评价观察表现标准的指导方针。我们还将在几个方面描述技术是如何助力系统观察的。

9-5a 准备

认真的准备对于获得准确有效的观察数据至关重要，这些数据对决策非常有用。系统观察的准备工作应遵循五个步骤：

1. 定义目标行为。

- 在下定义时，对目标行为的描述应使用可观察的术语。
- 避免涉及内隐的过程（例如，理解或欣赏）。
- 预测对目标行为辨别困难的潜在情况，并提供目标行为的典型例子和非典型例子。包括目标行为典型的实例，并用相关行为和具有相似特征的行为作为非典型例子。
- 说明将要测量的行为特征（例如，频率或潜伏期）。

2. 选择情境。

至少在三种情境中系统地观察目标行为：令人苦恼的情境（例如，在阅读教学中）、相似的情境（例如，与阅读教学相似的数学教学中）和不同的情境（例如，在体育课或课间休息中）。

3. 选择观察安排。

- 选择观察时长。在学校，观察时长通常与教学周期或教学周期内的时间段有关（例如，小组阅读教学中间的 15 分钟）。
- 在连续和非连续观察之间做出决定。连续或非连续观察的选择取决于可用的资源和要观察的具体行为。当观察极端低频的行为或必须停止的行为（例如，人身攻击）时，连续记录是方便有效的。对于其他行为，非连续观察经常是首选。对于教师和心理学家来说，瞬时取样通常是最准确，也是最容易使用的观察方式。当使用非连续的观察时间表时，观察者需要一些工具来精确地发出信号，告知观察何时开始。这可以通过使用计算机程序或录音设备来实现。这种方式可以观察一个或几个依序排列的学生。例如，可以在一系列 5 秒的时距中观察 3 个学生。此时，平板电脑或其他音频设备每隔 5 秒钟就会发出需要进行观察的信号。第一个信号发出，观察亨利；第二个信号发出，观察乔伊丝；第三个信号发出，观察布鲁斯；第四个信号发出，再次观察亨利；等等。

4. 制定记录程序。

观察记录也必须有计划。当为了观察少数学生相对不频繁的行为时，可以使用简单的程序。可以连续观察这些行为，并使用计数表（tally sheet）或手腕计数器进行计数。使用时间取样时，必须对每个时距的观察进行记录。因此，需要某种类型的观察记录。在最简单的形式中，记录表包含识别信息（例如，目标学生姓名、观察者姓名、观察日期和时间，以及时距长度）和两列表格。第一列显示时距，第二列包含了空格，供观察者评定行为是否在每个时距发生。对于多种行为或多名学生，可以使用更复杂的记录形式。当观察多种行为时，通常会给它们编号。例如，"离开座位"可能被编码为 1，"在座位上但没有专注于任务"可能被编码为 2，"在座位上并专注于任务"可能被编码为 3，"没有机会观察"可能被编码为 4。在观察记录表中要包含编码。表 9.2 显示了一个记录学生多种行为的简易表格。观察者将编码写在对应的时距方框中。使用复杂的观察系统获得的数据往往不如使用简单的观察系统来得准确。观察的复杂性会随着被评估的不同行为数量和被观察的个体数量的增加而增加。此外，目标个体占总体的比例，以及观察到的目标行为占需要记录的目标行为数的比例也对准确性有影响。减少不准确性的最可靠的方法就是让事情简单点。

5. 选择观察手段。

选择观察员还是选择电子记录器取决于资源的可用性。如果需要持续观察且在相应环境下使用，那么电子记录仪可能是合适的。如果有其他人员，可以培训他们学会准确地观察和记录目标行为。培训应该包括定义目标行为、时间取样用法（如果要使用的话）、记录行为的方式以及使用系统观察的实践等。培训需要持续地进行，直到受训者达到所需的熟练水平。通过将每个观察者的表现与其他人的表现或评分标准（通常是先前评分的录像带）进行比较，来评估观察者操作的准确性。一般来说，在观察者准备独立观测之前，他们需要达到非常高的一致性。最后，在决定如何收集数据时，也应考虑效率。例如，如果学生对引人注目的摄像机脱敏的时间比训练观察者的时间要长，那么人工观察是首选。

表 9.2　三个学生两种行为的简易记录表

观察者：科瓦尔斯基老师

日期：2/15/11

观察时间：10:15 至 11:00

观察时距：10 秒

教学活动：口头阅读

观察学生：

S1 = 亨利·J

S2 = 布鲁斯·H

S3 = 乔伊丝·W

编码：

1 = 离开座位
2 = 在座位上但没有专注于任务
3 = 在座位上并专注于任务
4 = 没有机会观察

	S1	S2	S3
1	___	___	___
2	___	___	___
3	___	___	___
4	___	___	___
5	___	___	___
⋮			
179	___	___	___
180	___	___	___

© 2013 Cengage Learning

9-5b　数据收集

观察者应准备一份观察期间使用的工具和材料清单，并整理好所有需要的东西，包括额外的记录表格、备用钢笔或铅笔，以及辅助书写的东西（例如，带夹写字板或桌面）。使用电子记录设备（例如，平板或电脑）时，应在每次观察前检查设备，以确保其处于良好的工作状态并充满电。此外，在进行观察之前，观察者应该检查环境，为设备或器材找到合适有利的位置。在观察期间，应注意按计划进行观察。因此，观察者应该确保遵照行为定义、观察安排和记录协议。精心的准备可以避免麻烦。

与所有类型的评估信息一样，两种常见的误差来源会降低观察的准确性。观察过程中的**随机误差**（random error）可能导致对行为频率的过高或过低估计。观察过程中的**系统误差**（systematic error）反映了可预测的一致误差（一旦确定）；它们使数据偏向一致的方向，例如，行为可能被系统过度计数（统计）或少计数。

随机误差

观察和记录中的随机误差通常会影响观察者的一致性。观察者可能会忘记行为代码，或者错误地使用记录表格。因为一致性的变化意味着出现了问题，所以应该定期检查观察数据的准确性。通常的程序是让两个人在同一时间段的同一时间表上观察和记录。然后比较这两条记录，并计算一致性系数（例如，点对点一致性）。吻合度差，表明需要重新培训或修改观察程序。为了减少其中的一些问题，我们可以提供定期的再培训，并让观察者掌握目标行为的定义和代码。最后，当观察者知道他们观察的准确性正在被系统地检查时，他们的观察通常会变得更准确。因此，不要告诉观察者什么时候被观察，而应该告知他们的观察会被检查。

影响观察准确性最令人烦恼的因素之一是对正确观察到的行为进行了错误记录。即使观察者正确地运用了行为发生的标准进行观察，他们也可能会错误地记录。例如，如果使用1表示发生，0表示未发生，观察者可能会意外地记录发生的行为是0。错误的记录可归因于三个相关因素。

1. 对记录系统不熟悉：当要观察几个行为或几个学生时，观察者肯定需要练习使用记录系统。当目标行为难以定义或难以观察时，他们也需要练习。
2. 记录时间不足：必须有足够的时间来记录行为的发生。如果观察时间的间隔太短（例如，1秒或5秒观察时距），使用瞬时取样会出现问题。观察者在统计几种不同的高频行为时可能会记录不准确。一般来说，观察者记录时间不足的问题可以通过电子记录来规避。当观察者可以停下来重播感兴趣的片段时，他们基本上就会有充足的时间来观察和记录。
3. 注意力不集中：观察者可能很难长时间（例如1小时）保持警觉，尤其是目标行为发生率低且难以察觉的时候。观察者可以与其他几个观察者轮流观察，或在观察时段做好记录，事后再评估，从而减少持续保持警觉的时间。同样，观察者由于观察环境嘈杂、繁忙或被其他事物分散注意力而难以保持警惕时，电子记录可能有助于观察者聚焦于目标对象和消除环境噪声的影响。不准确的观察有时也归因于观察者缺乏动机。为此，可以通过提供奖励和反馈、强调观察的重要性、缩短观察时间以及不让观察成为例行公事（routine）来加强观察的动机。

系统误差

系统误差很难通过观察者一致性程序检测到，因为它们可能会同时影响所有观察者在同一方向上的评定。为了尽量减少这种误差，可采取三个步骤来应对。

1. 防止观察过程中的意外变化。[1]当评估的时间很长时，观察者们可能会互相谈论他们正在使

---

1 原注：从技术上讲，随着时间的推移，观察过程中的一般变化被称为工具性问题。

用的行为定义或如何应对辨别行为这个难题。因此，当一名观察者偏离标准化程序时，可能会波及其他观察者。当观察者们一起发生改变时，很难通过观察者一致性检测到标准程序和定义的修改。因此，为了减少观察者随时间变化而影响观察的现象，可以向观察者提供评分标准，定期与观察者会面讨论观察期间遇到的困难，以及定期提供再培训等。

2. 让学生变得不敏感（脱敏）。观察者将设备或新成员引入教室，以及教师常规工作的改变，都可以向学生发出观察正在进行的信号。公开测量会改变目标行为或行为的方式。但通常，学生的变化是暂时现象。例如，当珍妮知道她正在被观察时，做事时可能会更加专注、深思熟虑或顺从。然而，随着被观察成为日常生活的一部分，学生的行为通常会回到他们典型的行为模式。这种典型行为模式的回归在功能上定义为脱敏。在被观察的学生不再受到观察程序和工具或人员的影响之前，不应使用系统观察获得的数据。然而，有时行为的改变是永久性的。例如，如果一个教师正在观察学生被勒索午餐费的情况，罗比可能会等到观察者不在场的时候，或者可能会以更隐蔽的方式获取钱财。在这种情况下，观察者无法通过公开观察获得有效数据，必须制定不同的程序，或者放弃观察。

3. 观察者尽量减少期待。有时，观察者认为即将发生的事情会影响观察和记录的东西。例如，如果观察者期望以干预增加某种行为，该观察者可能会无意识地改变评估行为的标准，或者评估到可能与目标行为近似的行为。目标行为越微妙或复杂，就越容易受到期待效应的影响。在观察过程中避免期待效应的最简单的方法是让观察者忽视评估的目的。当用录像带或录音带记录行为时，目标行为被评估的顺序可以是随机的，这样观察者就不知道观察的哪一部分会被评分。如果让观察者忽视观察目的是不可能或不实际的，那么就应该强调准确观察的重要性并给予奖励。

9-5c 数据总结

根据被测量的行为的具体特征，观察数据可以用不同的方式进行总结。当持续时间或频率是观察者感兴趣的特征时，观察数据通常被总结为比率（每分钟或其他时间间隔内的发生率或数量）。人们在对潜伏期和强度进行统计总结时，会用到平均数和标准差，或中位数和全距。所有计数和计算都应检查其准确性。

9-5d 评估观察表现的标准

一旦收集和汇总了准确的观察数据，就必须对其进行解释。目标行为的解释可以采取以下四种方式之一。

1. 行为的存在是一个绝对的标准。以这种方式评估的行为包括不安全、有害、非法和禁忌的行为。

2. 某个行为可以和其他人的行为相比较。这种比较通常被称为常模参照比较。一些行为可能有常模数据，或者在某些情况下，数据来源于行为评定量表和测验。可以与具有合适行为的同伴进行社会比较，然后用同伴的行为发生的比率作为评估目标学生的行为发生比率的标准。
3. 社会对行为的容忍度也可作为一种标准。例如，可以评估不同比率的离座行为对教师或同伴的干扰程度。可以要求教师和同伴对学生的离座行为的干扰情况进行评分。在某种程度上不同的是，教师在判断不可接受的行为时，行为对他人的"传染"（contagion）可能是一个重要的考虑因素。因此，可以评估不同行为发生率的影响，以确定是否存在一个阈值，超过这个阈值，其他学生就会模仿这种问题行为。
4. 目标实现进展（progress toward objectives）经常被用作评估行为的标准。一个常见而有用的程序是根据一条目标线绘制数据图形。如图9.1所示，目标线是将学生在干预开始时的测量数据与表示终端目标的点（称为目标点）连接起来，并且要标注达到该行为的日期。当目标是增加一个期望的行为（A部分）时，高于目标线的表现被评估为进步良好。当目标是减少不良行为时（B部分），低于目标线的表现被评估为进步良好。进步良好是指满足或超过期望的行为改变速率。

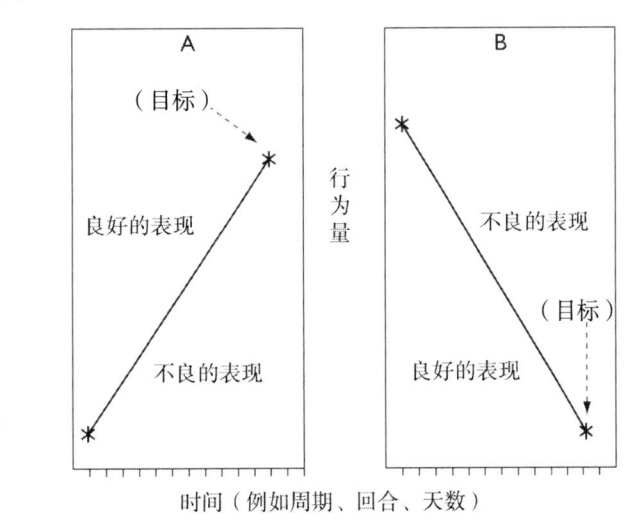

图9.1 增加和减少行为的目标线

评估场景

扎克（第二部分）

劳森老师之前收集的轶事信息表明，当扎克需要独立工作时，无论主题或时间如何，他都很难持续完成任务和坐在座位上。在对扎克的离座行为进行系统观察之前，劳森老师对离座行为进行了准确的界定，她将该行为定义为"课堂作业期间在教室里走动"。特别排除了学生在经过允许后，离开其座位的情况。劳森老师决定在周一到周四，计算扎克每天在座位上写作业时间、离座和遵守纪律的频率。此外，为了更好地解释所获得的数据，她决定对另外两个男孩也进行观察。这两个男孩虽然偶尔存在例外的情况，但总体表现较好。

劳森老师悄悄地用手腕计数器记录他们的行为，并在学生们离校后的当天，将频率数据转录到一张图表上。幸运的是，她有一个实习教师，可以同时与她一起观察，检查观察的一致性。首先她必须与实习教师讨论离座行为的定义和记录行为的程序。因为目标行为很容易观察，程序也很简单，所以她认为信度不是主要问题。她想确定扎克离座行为的功能。可能的功能似乎是为了避免不愉快的任务或社会关注，但这需要更多的信息才能得出结论。

每天，劳森老师和实习教师都会交换信息，讨论扎克和两个对照的男孩离座的频率。她计算了简单的一致性，并将频率数据转换到图9.2中。

结果和预期的一样。劳森老师和实习教师之间的简单的一致性总是百分之百。对照的男孩平均每天离座一次，扎克平均每天离座五次。

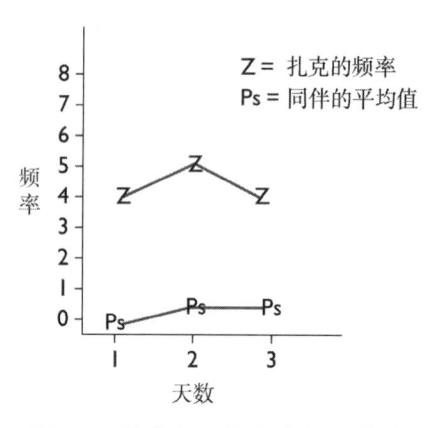

图9.2　扎克和同伴离座行为的对比

这个场景强调了通过系统观察的开发和使用，测量学生的问题行为。为什么用定量的方式记录扎克和同伴的行为是有帮助的？为什么让劳森老师和另一个人（她的实习教师）同时观察并比较他们的观察数据会有帮助？

9-5e　技术与观察

在过去的几年里，人们已经开发了新的技术来助力系统的观察。传统上，系统的观察要求观察者密切关注秒表和正在观察的对象，同时用纸和铅笔记录他们的观察结果。收集数据后，观察者需要开发一种方法来组织、分析、总结和展示结果。手持电子设备和相关应用程序可以在设定的时间间隔自动提示观察者收集信息，并自动汇总和展示收集的信息，有助于减轻观察者的负担。例如，"学校学生行为观察系统（Behavioral Observation of Students in Schools™，BOSS™）"是平板电脑上的一种应用程序，它可以定期提示用户输入教师和学生的行为代码，也可以用输入的数据自动生成数据结果和报告。

虽然这些程序可以更准确、更有效、更隐蔽地收集和使用观察数据，但用户仍然必须严格审查他们正考虑使用的程序，确定这些程序是否可以适当地收集、分析和使用数据。更具体地说，重要的是要确保特定程序能保证编码和分析方法适合于要观察的行为的性质。遗憾的是，我们遇到过一些项目所用的行为编码方法与目标行为性质并不匹配的情况。例如，在观察期间他们可能使用频率计数测量"非任务"行为，而不是使用瞬时取样方法，即使后者更适合既定的任务。因此，使用者必须具备与行为界定、测量、总结和评估相关的扎实的基础知识和技能，以便适当地使用相关技术。

章节理解题

根据本章内容，回答以下问题：

1. 观察的三个不同维度是什么？
2. 描述两种非系统观察的形式。
3. 可以观察到哪些行为特征（例如强度）？
4. 解释行为取样的三种方式。
5. 为了减少或避免观察中的错误，观察者可以做些什么？

第 10 章

监测学生在实现教学目标上的进步

学习目标

10-1 描述有效进步监测工具的特点。

10-2 确定几个现有的进步监测工具。

10-3 解释设定教学目标的几种方法。

10-4 解释需要进行教学调整的几个时间节点。

10-5 确定可与进步监测工具一起使用的评估框架，以进行教学调整。

本章讨论的标准

CEC 美国特殊儿童委员会初级准备标准

标准 4: 评估

    4.0 初级特殊教育专业人员在做教育决策时，使用多种评估方法和数据来源。

标准 5: 教学计划和策略

    5.0 初级特殊教育专业人员选择、调整和使用一系列循证教学策略，以促进有特殊需要个体的学习。

CEC 美国特殊儿童委员会高级准备标准

标准 1: 评估

    1.0 特殊教育专家开展有效和可靠的评估实践来减少偏见。

Ψ 美国学校心理学家协会专业标准

    1 基于数据的决策和问责

    3 发展学业技能的干预和教学支持

教师了解学生是否掌握了某一特定技能或对某一特定主题有足够的认识是很重要的，但这还远远不够。教师还需要知道学生习得技能和知识的速度，才能了解能否按时完成教学目标，以改变无效的教学。当学生的学习速度特别慢时，教师必须调整教学以加快学习进度。最后，教师还需要了解学生能否巩固、整合和概括所学的技能和知识，以便完成更复杂的任务。教师可采用系统的方法监测短期和长期目标的进步，解决上述问题。

进步监测（progress monitoring）即收集相关数据，来确定一段时间内教学和干预的效果。进步监测并非都是高度系统化和客观的过程。例如，教师经常用成绩判断学生是否取得了足够的进步。但是将成绩用于评判学生的进步是有问题的，因为成绩往往涉及主观评估，难以准确代表学生掌握实际技能的情况（比如有父母为子女代写作业的情况）。单元测验也可以用作进步监测，但这种方式无法反映学生能否巩固、整合所学的多个单元知识。为了监测技能发展的实际进度，实现长期目标，采用更系统化的进步监测方法是必要的，这也是本章的重中之重。

进步监测可用于评估学生迈向年级水平标准和个人目标的进步。此外，它可测量学生在学业和社会情绪目标的进步。目前，有许多工具可用于监测基本学业技能（如阅读和数学）的发展。相比于评估社会情绪发展的工具，学业技能监测工具更能满足基本的技术充分性，因此我们在本章重点讨论涉及学业技能评估的工具。许多进步监测工具能够被有效地融入多层支持系统和干预反应模式（Response-to-Intervention, RTI），用于支持基于数据的决策，更多信息请阅读第 12 章和第 21 章。与此同时，这些工具还可用于为接受特殊教育服务的学生制订恰当的、具体的个别化教育计划年度目标，监测他们朝向年度目标的进步，在必要时调整教学。关于这方面的更多信息在第 20 章进行介绍。本章重点介绍与进步监测相关的基本概念，列举进步监测工具的实例，提供一些有助于目标设定和决策制定的总体策略。

关于系统性的进步监测效果研究已有不少。研究表明，系统性的进步监测对于学生的学习有积极影响（Bolt, Ysseldyke & Patterson, 2010; Fuchs & Fuchs, 2002; Ysseldyke & Bolt, 2007）。教师在使用这些工具时，能更有信心地了解教学和干预措施的效果。而且，教师还能根据所得信息，判断是否需要做出教学调整以达到特定目标。

10-1 有效进步监测工具的特征

尽管大多数教师会以某种形式追踪学生的进步情况，但我们认为，具备某些特质的监测方法会更胜一筹。一般情况下，更加系统性的监测方法最有帮助。就此，我们将重点介绍有效进步监测工具的几个特征。

1. 涉及基本技能的直接测量。直接测量，是让学生展示基本的目标技能。间接测量，是评估者对学生技能掌握水平的感知和判断，不要求学生实际展示相关技能。通常，人们会开发和使用一系列探测性测验，这种特殊的测验形式非常适合在短时间内直接测量学生的技能。例如，教师可以要求学生大声朗读一篇短文，或是完成一组数学计算题。

2. 涵盖在特定时间范围内需要学习的知识和技能的代表性样本。进步监测不只是评估已经教过的内容，实际上还包括尚未教的内容，这样才能检测出学生在教学中的实际所学。与其他评估方法不同，在进步监测中，我们希望学生在早期获得的分数较低，以便有机会在未来一年中逐渐发现其学习所得。如果仅使用单元测验监测学生的成绩，则无法知道学生是否真的学到了什么。如，在一年的学习中，学生可能在每次单元测验都获得满分，但实际上什么也没学到，因为他在接受教学之前就已经掌握了所教的知识。而且，单元测验也无法明晰学生是否巩固了所学知识，因为学生在每次单元测验后可能会快速遗忘这些知识。通过定期测验，对学生预期在年底前完成的学习内容进行有代表性地抽查考核（representative sampling），有助于追踪学生在多大程度上真正学习和巩固了新知识和技能。通常，监测短期和长期目标的进步情况有一定的帮助。在这种情况下，人们可能会开发出多套探测性测验，其中一套包含整个学年的预期学习内容，而另一套只包含不同单元的预期学习内容。例如，如果年度目标是让学生既明白加法和减法，又能通过进位和退位进行两位数的加减法运算，而这个学年第一个月的短期目标是让学生学会所有的个位数加法，那么开发两套探测性测验是有意义的。其中一套探测性测验由几个测验组成，每个测验包括一些具有代表性的个位数加法问题；另一套也由几个测验组成，每个测验包括随机选择的数学计算问题，如个位数加法、个位数减法、两位数加法和两位数减法。在第一个月，可以每天进行第一套探测性测验，以跟踪月度目标的完成进度；第二套探测性测验可在全年内每周使用，以检测年度目标的完成进度。如果在学年末，学生未能巩固先前的加法知识，则会在第二套测验中被考查到，这样就可以方便教师随时调整教学，重新教授先前的技能。更多相关信息，请阅读评估场景，了解不同探测性测验的使用方式。

3. 采用能够快速频繁地施测、评分和解释的探测性测验。测验开展得越频繁，就越早知道何时需要额外的干预。教师可进行高回应性的教学（highly responsive instruction），防止学生犯错误。为了让测量更频繁地实施和评分，在不严重挤占教学时间的情况下，测验应尽可能简短，这一点非常重要，同时还要考虑测量的有效性和可信性。许多进步监测工具都有时间限制，既便于流畅度的测量（通常是掌握一项技能或一组知识的重要方面），又能确保监测工具得以快速施测。

4. 使用对时间变化敏感的工具。为了有效地监测进度，我们需要对所有需要评估的技能进行准确的测量，并需要有足够多的题目来检测学业内容中微小但重要的变化。许多评估工具在设计时并没有考虑这个因素，这些工具能有效地区分学生令人满意或不令人满意的表现，但不一定能在一系列学业水平上精确测量。而设计精良的进步监测工具则可以准确地测量学生在既定时间内表现出的一系列技能水平。

10-2 进步监测工具的例子

时至今日，越来越多的工具可用于学业技能的进步监测。关于这些工具技术充分性的证据也越来越多。其中，有几个工具是源于"课程本位测量"程序的开发，还有一些则是在计算机技术发展下诞生的。下面将描述这两种常见的监测工具。

10-2a 课程本位测量（curriculum-based measurement, CBM）方法

明尼苏达大学学习障碍研究所斯坦·德诺（Stan Deno）博士等人在20世纪80年代早期（Deno, 1985），开发了一套标准化的**课程本位测量**程序，能在相对较短的时间内直接测量个体重要技能的发展水平。该程序的开发可用来测量学生在阅读、数学、写作和词汇方面所取得的进步。

传统的课程本位测量程序有以下特征：

○ 学生基本技能表现的直接测量。
○ 从年级水平教学材料中随机选择测查内容，这些内容是未来一段时间（通常是一学年）的教学内容。
○ 常见的、标准化、限时的施测程序。
○ 常见的、预设的客观评分程序。

霍斯普、霍斯普和豪厄尔（Hosp, Hosp & Howell, 2007）介绍了三种不同类型的课程本位测量方法，这些方法在评估技能的复杂度以及针对的目的上有所不同。这些方法包括一般结果导向测量、技能本位测量和子技能掌握测量三种类型。

一般结果导向测量（General Outcome Measures, GOMs）

这类测量工具旨在测量重要的结果（outcomes），这类结果需要个体维持和协调运用多种技能。一般结果导向测量最常用于测查口头阅读的流畅性。该测量要求学生阅读连续性的文本，文本为学生所在年级水平的教学材料。学生需要在1~3分钟内，大声朗读一篇文章，测验人员根据学生每分钟正确朗读的单词的数量打分。口头阅读要求学生调动多种不同的基础技能（例如，字母发音知识、使用技巧来拼读音节的拼音技能、识别和正确读出不符合普通字母规则的单词的技能等）。与此同时，口头阅读的流畅性也代表着学生阅读连续性文本的能力，这是学习的基本技能。人们开发出

多篇内容不同但水平相当的短文（有时被称为"阅读探测性测验"），用来检测学生在学年结束前，是否达到所期望的阅读水平。测验人员利用这些测验对学生的阅读技能进行反复评估，从而了解其进步情况。GOMs 通常用于评估长期目标的进步，例如，学生在学年结束前要以一定的速度阅读一篇年级水平的文章。

技能本位测量（Skill-Based Measures, SBMs）

尽管与 GOMs 相似，技能本位测量可能也是为了测量年度目标进步而开发的，但它允许以更加独立的方式测量技能。SBMs 通常要求学生表现出对各项子技能的协调运用，但达到的程度水平与 GOMs 有所不同。SBMs 常用于评估数学计算能力。课程本位测量的数学计算探测性测验由随机选择的各类常用问题（例如，进位和退位的运算）组成，预计学生将在学年结束前学习和巩固这些问题。这些测验的难度水平相当，用以测量学生随着时间的推移所取得的进步。学生要在规定时间内完成测验（测验因年级水平而异），并根据他们在规定时间内正确书写的数字来得分。本章提供了数学计算探测性测验的应用示例。

子技能掌握测量（Subskill Mastery Measures, SMMs）

SMMs 通常包括与 SBMs 或 GOMs 相关的子技能测量。例如，对一项 SBMs 结果的进一步分析，可能表明学生尚未掌握个位数减法。而在子技能掌握测量中，相关人员可以开发几个 SMMs 探测性测验，只包括一位数减法问题，以测量学生在学习这一个子技能上的进步（同时该生正在接受一位数减法的额外指导）。SMMs 通常用于测量学生在朝向短期目标上所取得的进步。在本章最后展示了该测量模式的应用示例（某个减法探测性测验）。

尽管课程本位测量既能测评各项重要的基本技能，又能预测学生在更高水平思维任务（如，阅读理解、数学问题解决）上的能力表现，但重要的是要认识到，它并不是为测量高水平思维技能而设计的。它可以帮助我们鉴别出许多在没有额外干预的情况下难以发展更高层次思维技能的学生。然而，针对某些重要技能的测查，目前没有可用的课程本位测验。例如，课程本位测量可用于检测学生掌握科学术语的进度，但无法测量他们在科学方面的问题解决能力。

在课程本位测量的开发初期，人们十分鼓励教育工作者根据某个年级学生在某一学年课程中所需的学习材料，开发出自编的短文或探测性测验（这些短文或测验的难度水平相当）。每种短文或探测性测验是随机选择的，覆盖一年的学习内容。使用这种自主开发的测量方法，可以确保实际教学材料与基于评估目的的材料之间的适当一致。一些教育专业人士可能会继续采用自主开发的方法，不过这种方法非常耗时，而且难以保证编制的短文和探测性测验具有同等的难度。

最近，人们开发出了各式各样的课程本位测量工具，供学校和教师使用。例如，AIMSweb，DIBELS Next, easyCBM，以及教师过程性评估系统（Formative Assessment System for Teachers,

FAST)中的一些测验。在美国密集干预中心的网站上，可以找到对已发布的各种工具包的相关说明和技术特点等信息。

另一个开发课程本位测量的选择，是使用一些测验程序，生成满足特定课堂需求的探测性测验。美国密集干预中心的网站通过建立课程本位测量信息库，为相关材料的开发提供支持。教师可以选择他们想要测量的技能类型，该网站则负责开发测量这些技能发展的测验。过去十年，计算机技术在学校中越发广泛地得到使用和应用，推动了进步监测的施测、评分、管理及解释等过程。事实上，现在大多数已出版的课程本位测量工具包都结合了计算机技术，这非常有助于施测和解释数据。

10-2b 计算机自适应方法

除了以课程本位测量为基础的测量方式之外，还有其他技术增强性评估系统，它们越来越多地被用来监测学生的进步。这些系统的共同特征是采用了**计算机自适应测验**（computer adaptive testing）。在计算机自适应测验中，系统将为学生选择题目进行测评。如果学生未能正确地回答某道题，则会出现一道较容易的题供学生作答。如果学生正确回答了某道题，就会出现一道更难的题。以此类推，直到学生在测验中的表现能够准确用以评估其当前的技能水平。采取进步监测时，这样的测验可以在一年中重复进行，并比较学生的分数，以了解学生是否取得了足够的进步。涉及计算机自适应测验的技术增强性进步监测工具的例子，包括睿乐生 STAR 阅读和 STAR 数学水平测试（Renaissance Learning's STAR Reading and STAR Math），美国西北评估协会的学业进步测试（Northwest Evaluation Association's Measures of Academic Progress, NWEA MAP），Curriculum Associates 公司的 iReady，学乐阅读清单（Scholastic Reading Inventory），教师过程性评估系统中的几个测验，以及智能平衡评估系统（Smarter Balanced Assessment）。

10-3 设定目标

进步监测能测量个体目标的完成进度。本部分将描述设置目标时需要考虑的各种因素。在某些情况下，计算和方法是建立在进步监测技术基础上的，但我们认为，学校工作人员了解目标设定中的相关概念很重要。

10-3a 水平（level）与增长（growth）

使用进步监测工具时，学校工作人员通常可以考查学生成绩的两个不同维度——水平和增长。以往，学校的评估主要集中在考查学生的表现水平上。这意味着，那些达到预期表现的学生取得了足够的进步。而那些没有达到预期表现的学生，则未取得足够的进步，可能需要额外的干预。随着技术上更充分的进步监测工具的开发和使用，使用者能推断学生在学业成就上的进步速度，为决策提供信息。这是非常有帮助的，因为使用者使用监测工具了解某个学生的学习速度是否比以前更快的同时，还能考查何种技术对提高学生的学习表现最有效。在这些情况下，我们可以计算**进步速率**（rate of improvement，ROI），它是指学生分数的一项增长指数。进步速率有时也被称为斜率或增长速率。计算进步速率的方法有很多，但通常可以理解为用某个学生在两个不同时间段内所获得的两个分数之差，除以两次测量的相隔时间。例如，如果一个学生目前每分钟正确阅读 80 个单词，然而在四周前，这个学生每分钟正确阅读 70 个单词，那么该学生的进步速率为（每分钟正确朗读 80 个单词－每分钟正确朗读 70 个单词）/4 周 = 逐周每分钟增加 2.5 个单词。更先进的计算进步率的方法可以用回归模型推导出来，有时也被合并到计算机进步监测程序中。

10-3b 对照法

在进步监测时，会经常使用"基准水平"这一术语。尽管**基准**（benchmark）可以指代许多不同的事物，但一般来说，基准代表最低可接受表现的参考标准。"达到基准"的学生往往被描述为取得了足够的进步。一些现有的进步监测工具包括了与州或共同核心标准相关的基准，相关人员可以根据这些标准（**标准参照基准**，standards-referenced benchmarks）对学生的表现进行评估。此外，其他现有的进步监测工具包括了与从美国各地收集的数千名同年级或同龄人的成绩和典型增长信息相关的基准（**常模参照基准**，norm-referenced benchmarks）。设定基准，有助于为学生群体和个别学生设定适当的目标。

当没有特定的基准，或者这些标准不适用于某些学生时，还可以用其他方法制订目标。我们可以根据同龄人的能力表现及成绩增长情况，为其制订合适的目标。例如，已知一个学生目前的成绩处于第 10 百分位水平或以下，我们可以将第 25 百分位水平的期末分数（"平均"范围的底端）作为该学生的目标，使用该分数来设置目标。或者，可以确定得分在第 10 百分位数的学生的典型增长速率，为该学生设定一个高于该增长速率的目标。

在讨论学生取得的进步时，与进步监测相关的**增长百分位数**（growth percentile）被日益广泛地使用。一些出版机构为评估个别学生的进步，常常会使用增长百分位数。一个学生的增长百分位数，是通过将目标学生的分数增长，与他们在相同初始得分水平上的同龄人的分数增长进行比较来确定的。当目标学生的增长百分位数大于 50 时，意味着与初始测验中得分相当的学生相比，他们的增长速度高于平均水平。鉴于增长速度可能因学生最初的表现而有很大的不同，故使用增长百分位数来监测学生的进步是有必要的。

如果没有关于同龄人表现的信息，或者认为不适合为特定的学生设定目标，我们可以考虑将该生现有的增长速率或进步速率作为设置目标的数据依据。例如，教师可以设定一个目标，以提高学生的进步速率。但教师务必意识到，在某些情况下，设定远高于基准水平的个人目标可能会导致一些问题。在实际应用中也不乏这样的例子，教师为成绩优异的学生设定了很高的口语阅读流畅性的目标，远远超过了最佳理解水平（optimal comprehension）所需的速度范围。这样的目标设置可能会导致学生仅仅被教会用更快的速度阅读，而不一定能做到有效阅读。因此，在设定目标时，我们要考虑教学目标是否合适，以及目标的不同侧重点。

10-3c 适度目标与有挑战性的目标

上述提及的方法旨在为制订目标提供一些指导，但仍有相当大的不确定性。设定目标和监测学生的目标实现进度是至关重要且有益的，但如何制订最合适的目标，仍有待进一步探讨。如果目标总是被定在很高的水平，以至于永远无法实现，这可能会让教师、家长乃至学生都感到非常沮丧。然而，如果目标缺乏挑战性，从长远来看，教与学的效率可能会有所降低。现在我们面临的挑战是，如何确定一个既有可能实现、水平又足够高的目标，以提高教学效率。

一些技术增强性的评估项目提供了目标设定的工具，让教师能选择"适度目标"或"有挑战性的目标"。最近一项涉及此类工具的研究表明，尽管大多数教师选择了适度目标，但选择有挑战性的目标的教师，他们的学生在实现目标上明显更为成功（Ysseldyke, Stickney & Haas, 2015）。尽管在这方面还需要更多的研究，但我们认为设置有挑战性的目标可能符合学生的最佳利益。

10-4 明确何时做出教学调整

由于进步监测工具设计精简，所以可能没有特别高的信度。因此，不同测评之间的成绩往往有很大差异，这种差异可能是由于误差导致，而并非学生成绩的真正差异。当以时间为轴绘制图表时（参见第 9 章和第 11 章，了解更多有关数据信息），相关学生的成绩数据会以散状数据点的形式呈现，我们很难发现成绩的趋势走向。如果教师只根据两个呈下降趋势的原始数据点做决定，那么教学调整可能会被不准确的评估影响。为了避免犯这样的错误，要使用具体的指导准则来说明误差的高度可能性，以便做好教学调整决策。

首先，教师在决定使用何种进步监测工具时，重要的是要检查出版机构提供的数据：水平分数（level scores）的信度，斜率/增长速率或进步速率分数的信度。信度越高，相关分数越能代表真实的成就或增长的差异。此外，收集更多的数据有助于提高所掌握信息的信度。换言之，教师最好在多次使用该工具后，再判断学生的进步情况。

久而久之，一些利用课程本位测量数据做出决策的经验法则应运而生。这些方法类似于第 9 章中处理行为数据的方法，除了以时间为轴用课程本位测量的数据绘制图表，我们还能将初始数据与未来时间点的特定水平目标联系起来，构建目标线。据经验所得，在使用上述方法时，教师应收集至少 7 个数据点再核验数据，以此做出决策。然而，如果观察到最近收集的 4 个数据点都低于目标线，教师就有必要进行教学调整。第 11 章再次涉及了课程本位测量数据经验的实际应用，并给出了相应的数据图表示例。还有一种略微复杂的方法是先构建趋势线，这涉及使用学生的表现数据计算出最佳拟合线的方程，并检查相关的趋势线是否具有类似或更大的斜率。如此的斜率表明，目前的干预足以帮助学生在指定时间内达到目标。如果趋势线没有目标线那么倾斜，或表现为下行的斜率，则表明教师需要进行必要的教学调整。

在某些技术增强性评价工具的支持下，评估系统可自动计算学生当前的进步速率，因此教师可以将学生当前的增长速率与达到目标所需要的增长速率进行比较，根据所得结果判断教学调整是否必要。若当前学生的增长速率低于预期，就可能需要教师进行调整。还有一些技术增强性程序可以根据收集的学生成绩数据应用内部公式，自动提示教师变换教学方式。

10-5 有关进步监测的其他议题

进步监测工具可以提供相关信息，提示教师做出必要的教学调整，但不一定会明确教学调整的具体方面。我们了解到不少学校专业人士存在这样的误区：专注于使用进步监测工具调整教学。例如，有些教师以口语流畅性为指标监测学生的学习进度，一开始就完全专注于提高口语阅读流畅性的干预措施，而不是更仔细地分析学生为发展阅读流畅性可能需要的其他技能（如音素意识、拼音等）。虽然在某些情况下，教师可以实施进步监测探测性测验进行错误分析，以确定学生在哪些方面需要额外指导，但在大多数情况下，学生还需要进行额外评估，以确定需要的具体教学调整。此外，教师还可以使用其他基于课程框架的方法诊断学生的障碍，制订有效的干预措施。广泛使用的评估方法有课程本位评价（curriculum-based evaluation）（Hosp, Hosp, Howell & Allison, 2014）和课程本位评估（curriculum-based assessment）（Gickling & Thompson, 1985），它们既包括进步监测，也有助于确定教学目标以及额外的评估策略。本章的评估场景提供了相关示例，展示了进步监测数据如何促使教师收集更多信息，以提供关于特定技能的更有针对性的指导。此外，一些计算机自适应测验，如 STAR 阅读和 STAR 数学，能够提供统计分析以联结不同学习层级的课程知识点，这些是教师的教学关注点。

评估场景

珍妮

珍妮是锡卡莫尔小学的一名三年级学生,学校教师使用课程本位测量的数学算术探测性测验追踪学生的学习进度。锡卡莫尔小学根据过去3年在校三年级学生的表现建立了常模,并为一学年课程中的三次测评(秋季、冬季、春季)建立了常模。算术测验涵盖了不少内容,例如运算问题,包括解决两位数和三位数的加法与进位,两位数和三位数的减法与借位,以及两位数和三位数的乘法与重组,这些数学技能均是在三年级教授的。每个探测性测验都代表着不同数学领域的内容。珍妮在秋季探测性测验中的表现如下。

正确计算12道题

珍妮在三年级数学计算中的表现
——技能本位测量

$$
\begin{array}{ccccc}
\overset{1}{48} & 53 & 478 & 676 & \overset{11}{345} \\
+\ 24 & \times\ 10 & -\ 23 & -\ 94 & +\ 489 \\
\hline
72 & & 434 & 692 & 834
\end{array}
$$

$$
\begin{array}{ccccc}
\overset{1}{934} & 63 & 933 & 76 & 15 \\
+\ 248 & -\ 11 & -\ 345 & \times\ 99 & +\ 89 \\
\hline
1182 & 42 & & &
\end{array}
$$

$$
\begin{array}{ccccc}
856 & 63 & 888 & 176 & 11 \\
+\ 124 & \times\ 14 & \times\ 11 & +\ 83 & +\ 64
\end{array}
$$

$$
\begin{array}{ccccc}
34 & 68 & 90 & 76 & 11 \\
\times\ 0 & -\ 14 & -\ 34 & -\ 5 & +\ 39
\end{array}
$$

$$
\begin{array}{ccccc}
123 & 73 & 941 & 174 & 10 \\
-\ 23 & -\ 18 & -\ 342 & \times\ 9 & +\ 88
\end{array}
$$

$$
\begin{array}{ccccc}
934 & 33 & 633 & 76 & 15 \\
-\ 247 & -\ 14 & +\ 245 & \times\ 39 & +\ 69
\end{array}
$$

珍妮每分钟能正确计算出12道题,得分低于她所在学校常模中的第25百分位水平(每分钟正确计算出15道题)。因此,学校需要对珍妮的情况进行进一步分析,以确定她是否需要额外的学习支持。进一步分析表明,珍妮从学前班开始就在锡卡莫尔上学,她一年级和二年级的教师表示,尽管他们在这些年级教过一些个位数和两位数的加减法问题,但他们不确定珍妮是否已经掌握了这些技能。珍妮在秋季课程本位测量的探测性测验的错误分析表明,尽管她已经掌握了加法的运算,但是她的减法运算能力仍有所欠缺,仍会犯不少计算错误。除此以外,珍妮在乘法方面也不尽人意。不过,因为教师尚未教授珍妮乘法运算,所以对了解乘法知识或如何进行乘法计算不作要求。为了验证珍妮是否掌握了所学的减法运算,我们开发使用了一个子技能掌握测量来检验她的减法运算流畅性。结果表明,珍妮并未牢固地掌握减法运算技能(具体表现如下)。

正确计算 7 道题

9 − 2 ――― 4	5 − 1 ――― 3	4 − 2 ――― 2	12 − 2 ――― 11	10 − 4 ――― 5
8 − 5 ――― 3	13 − 2 ――― 10	8 − 2 ――― 5	17 − 9 ――― 16	10 − 3 ――― 13
9 − 6 ――― 	8 − 1 ――― 7	9 − 3 ――― 5	15 − 4 ――― 1	6 − 4 ――― 2
4 − 2 ――― 	5 − 3 ――― 	7 − 2 ――― 	17 − 2 ――― 	10 − 6 ―――
8 − 1 ――― 	5 − 5 ――― 	4 − 2 ――― 	13 − 2 ――― 	13 − 9 ―――
4 − 4 ――― 	2 − 1 ――― 	4 − 2 ――― 	19 − 9 ――― 	10 − 4 ―――
6 − 2 ――― 	11 − 1 ――― 	4 − 2 ――― 	12 − 4 ――― 	14 − 7 ―――

在这项任务中,珍妮每分钟只正确计算出了 7 道题。为此,教师制订了针对减法的学习干预措施。此外,教师还开发了额外的减法运算探测性测验,每周评估她

所掌握的减法知识，监测其短期目标的进步。珍妮的短期目标是，在11月1日之前，完成个位数的减法运算的探测性测验，达到每分钟正确计算出27道题的目标（预期增长速率大约为每周每分钟多正确计算出2道题，这意味着她每周每分钟正确计算的题目要比同级学生多0.5题，预期增长速率比同级学生的典型增长速率要高）。此外，教师还为珍妮设定了长期目标，即珍妮能有效地运用减法进行数学计算。她需要在冬季课程本位测量的数学算术探测性测验中，取得三年级常模第25百分位水平的分数，即每分钟正确计算出35道题。朝着这个目标，教师需要对珍妮每两周进行一次进步监测。在减法学习的指导干预下，珍妮在减法运算的流畅性方面取得稳定进步。她在数学算术测验的得分也表明了她所取得的巨大进步。结果显示，她的分数达到了冬季探测性测验基准常模的第25百分位水平（见下图）。

超出进度监测范围

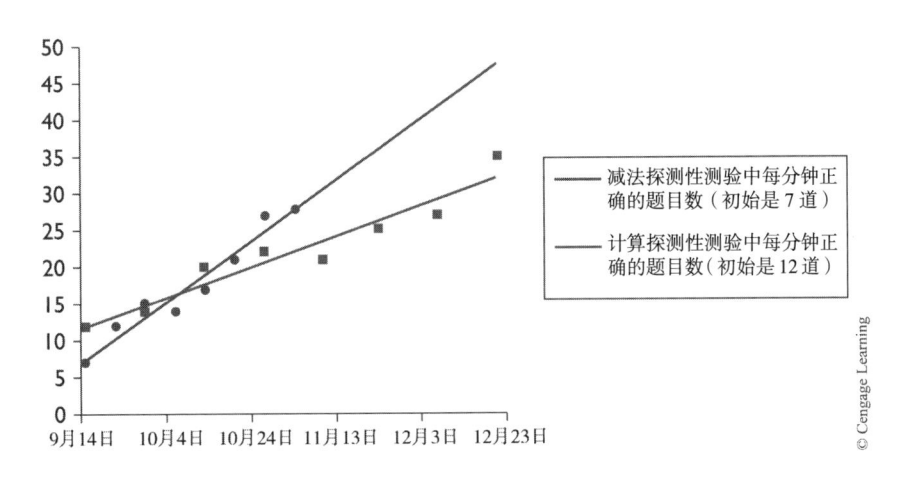

这一场景强调，可以使用课程本位测量来帮助决定是否需要额外的学习支持、设定适当的目标以及监测进度。为什么同时使用技能本位测量和子技能掌握测量来检验珍妮的进步是有帮助的呢？

章节理解题

根据本章内容，回答以下问题：

1. 课程本位测量的特征是什么？

2. 描述三种不同类型的课程本位测量，并谈谈各自的使用目的。

3. 描述计算机技术支持进步监测和相关数据分析工作的两种方法。

4. 使用课程本位测量制订目标的两种方法是什么？请分别举例说明。

5. 如果通过使用进步监测工具来确定需要做出教学调整之处，会存在哪些潜在的问题。

第 11 章

课堂评估管理

学习目标

11-1 描述有效测验项目的三个特征。

11-2 解释三种不同评估类型的准备指南。

11-3 了解决策时使用的各种图表，从而对学生的进步情况进行监测。

11-4 描述如何利用计算机协助管理课堂评估数据。

本章讨论的标准

CEC 美国特殊儿童委员会初级准备标准

标准 4: 评估

  4.0 初级特殊教育专业人员在做教育决策时，使用多种评估方法和数据来源。

标准 5: 教学计划和策略

  5.0 初级特殊教育专业人员选择、调整和使用一系列循证教学策略，以促进有特殊需要个体的学习。

CEC 美国特殊儿童委员会高级准备标准

标准 1: 评估

  1.0 特殊教育专家开展有效和可靠的评估实践来减少偏见。

Ψ 美国学校心理学家协会专业标准

  1 基于数据的决策和问责

  5 促进学习的学校实践

除了由学校心理学家、言语语言病理学家等专家进行的个人评估外，任课教师负责在学校施行大多数测验。当州要求对所有学生完成基于标准的评估时，教师可能是在课堂中管理这些测验的人。除了这些规定的评估之外，教师还需要定期对学生进行测验，以监测学生的进步，确定学生对教学单元的掌握情况。随着学校对多层支持系统模式的深入实施，教师对追踪学生教学和干预反应数据的责任越来越大，这就需要教师仔细管理和协调信息。此外，一些教师会对个别学生进行正式测验，以确定他们是否有资格接受特殊教育服务，因此教师需要知道如何遵守与这些测验相关且非常具体的管理规则。

评估应该是课堂教学的一个自然组成部分。教师应在年初规划他们的测验项目（testing programs）和程序。本章提供了如何准备和管理课堂评估信息的基本原则和指导方针。

11-1　有效评估项目的特点

优秀的测验项目有三个特点：高效、简易和融合。

- 高效。花在测验上的时间（包括施测、评分、解释和保存记录），并不是花在教和学上的时间。因此，好的评估项目要求在最少的评估基础上做出决策。当然这需要考虑学生和教师在评估上必须花费的时间。对效率的考虑激发相关人员更加重视团体测验、计算机自适应测验，以及通过科技来频繁监测和报告学生的进度。

- 简易。从教师的角度看，简单容易的测验项目在各个方面（必要的培训、准备、施测、评分和保存记录）都能减少教师花费的时间和精力。最简单的测验项目是那些可以由技术设备（计算机、应答器、智能手机、平板电脑等）、专业助理人员或学生自身实施的项目。从学生的角度看，简单的测验项目是那些能让他们感到熟悉和舒适以及有信心完成的项目。重要的是，教师在学年之初就要对课堂上如何进行评估设定工作预期，并定期地推动实现这些预期。

- 融合。评估活动可以通过两种方式融入学校教学。首先，教师可以在教学活动中监测学生的表现。例如，通过基本技能练习可以评估准确性和流畅性，或者使用计算机管理教学。其次，教师可以建立一个定期的、简要的评估计划表，如每天一分钟的口头阅读探测性测验。提高评估频率并使之成为课堂常规的组成部分，这样的额外好处是能减少学生对高利害测验的焦虑。

11-2　准备和管理测验

不同类型的测验（包括强制性测验、进步监测测验、正式的个别化测验）需要准备的程序可能略有不同。下面，我们对每一种类型的测验提出了建议。

11-2a　强制性测验（mandated testing）

进行全州或全区范围的评估时，评估通常在教室中进行。教师通常会提前告知强制性测验在何时进行，需要多长时间，以及如何进行。教师应该熟悉他们在这些评估中的责任，准备充足的铅笔、计时器和答题纸（如果允许的话）等备用品。教师还需向学生提供更多信息，减少学生对这些测验的焦虑，同时又不降低测验的重要性。例如，一个好方法是，教师可以告诉学生，学区所有学生或其所在年级的所有学生都要参加测验，测验是为了更好地做好学生的教学工作。

除了这些普遍的考虑因素，教师还应该检查学生的个别化教育计划，核实每个学生参加的评估类型，以及需要针对学生提供哪些必要的改编、便利措施和替代性评估。

目前，有些强制性测验项目是通过计算机实施的。在这样的情况下，重要的是学生能顺畅地使用计算机进行测验，并且知道如何使用计算机的各种特色功能，这些功能也是他们应该享有的便利措施的一部分。

11-2b　进步监测

即使是最普遍的课程和教学技术也不一定适用于每个学生。此外，目前还无法分辨哪些课程或方法对学生有效，哪些教学程序对学生无效。检验教学程序是否有效的唯一方法是在实践中检查它们的有效性。也就是说，我们可以在教学过程中知道教学是否有效，但在实施之前我们并不知道。因此，教师面临着一个选择：他们可以实施教学并希望自己的教学起作用，或者，他们可以实施教学并评估他们的教学起作用的程度。我们提倡后一种做法。

教师应及时跟进学生的学业成绩，从而有机会重新教授学生没有学会的知识，为未掌握知识点的学生提供替代性内容或方法，或为他们提供更多的帮助。此外，教师还应该经常跟进学生的学习进程，以便及早发现和纠正错误。在学习过程晚期发现的错误更难纠正，因为学生已经习惯了错误的内容。最后，监测程序必须对学生成绩的变化敏感。在教师监测学生学习的所有方法中，我们更支持连续（每天或每周几次）和系统的监测，而不是总结性的监测（在教授大量内容或实施了几周的教学后评估学生对知识的掌握程度）。

教师测验的频率较低或测验效果不好的首要原因是时间不足。但其实，提前计划或在初期就做好预备工作可以在学年中节省很多时间。教师可以做 5 件事来减少自己和学生花在评估上的时间：

1. 设立测验常规安排
2. 设置评估场所
3. 准备和整理材料

4. 妥善保管评估档案

5. 尽可能让其他成年人、学生和技术人员参与评估过程

后面的评估场景对这几种策略进行了回应。

设立常规安排

设立一个固定的、统一的测验常规可以帮学生提前知晓接下来的安排。如果学生知道他们将在每周五的西班牙语课上进行词汇小测验，或者在每周二和周四的数学课开始时使用计时器进行 2 分钟小测验，他们需要的预热和准备时间会逐渐减少。对于年龄较小的学生来说，使用固定的测验指导语对他们有利。例如："好了，同学们，是时候进行数学探测性测验了。除了铅笔之外，清空你们的桌子。"同样地，如果每次考试规则都一样，学生就会更容易遵守和保持。例如，在给大学生上评估课时，我们不允许他们戴棒球帽（有时会在清单里标明）；我们允许使用计算器（但不允许使用那些有字母数字显示的计算器，因为笔记可以被编程到计算器中）；学生们之间必须相隔一个座位，这样他们的左边或右边就没有人了；我们不会把试卷归还给学生（这是为了让我们可以重复使用一些试题，并且不用担心学生会提前准备这些题目的答案），但是我们会在学生有意愿的情况下单独为其复习。这样，在经过一两次考试后，学生就能了解考试规则并且很少需要提醒了。

在可行的范围内，应该使用相同的指导语和提示。例如，教师用同样的方式宣布测验："小测验的时间到了，做好准备。" 但具体的指导语可能会因内容而异。例如，对于一个口头阅读探测性测验，教师可能会说，"当我说'开始'时，你就从页面的顶部开始阅读，试着去读每一个词。如果你不知道怎么读某个词，可以跳过它，或者让我为你读。一分钟后，我会说'停'"。教师可以在数学探测性测验中使用类似的指导语："把你的名字写在试卷的顶部。当我说'开始'时，你就开始作答，写得工整些。如果你不知道某道题的答案，可以跳过它。一分钟后，我会说'停'。"

设置评估场所

评估场所是教室里一个可以进行个别化测验的地方。评估场所应该足够大，可以让成年人和学生舒适地进行测验，没有干扰。评估场所通常设置在教室的后面，椅子或桌子面向后墙，两侧用便携式隔板隔开。

评估场所的测验活动可以与其他课堂活动同时进行。教师或助手可以在评估场所对学生进行测验，学生可以在此进行自我测验。学生的反应可以在测验期间或结束后得到纠正。

准备评估材料

准备评估材料时，首要考虑的是评估必须与教学相匹配。所教的内容和测验的内容之间需要有较高的匹配度，否则测验结果将缺乏有效性。评估与课程匹配的最好方法是使用教学中的实际内容

和形式。例如，为了评估学生对加法的掌握程度，教的时候用数字公式的形式，评估时也同样使用数字公式的形式，如图11.1所示[1]。

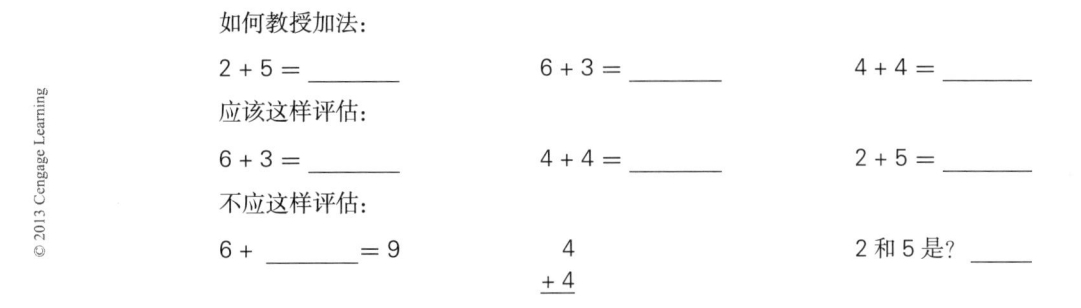

如何教授加法：

$2 + 5 =$ _____ $6 + 3 =$ _____ $4 + 4 =$ _____

应该这样评估：

$6 + 3 =$ _____ $4 + 4 =$ _____ $2 + 5 =$ _____

不应这样评估：

$6 +$ _____ $= 9$ $\begin{matrix}4\\+\ 4\end{matrix}$ 2和5是？_____

图11.1　相匹配的数学评估形式

如果通用的评估工具是适当的（见第10章"监测学生在实现教学目标上的进步"中的例子），那就没有理由不使用它们测量学生所学的知识和技能。使用现有的评估工具的一个好处是，可以确保一年内的测验难度水平相当，这样可以有效测量学生在这一段时间的进步情况。现在互联网已经普及，教师们只需要在最喜欢的搜索引擎上寻找阅读、写作或数学的探测性测验。有许多网站可以生成各种试题（例如，easy CBM 和美国干预中心）。计算机软件也可以为探测性测验和准备工作创造便利（例如，Microsoft Word 可以提供文稿的摘要数据，包括字数和阅读水平）。任何电子表格程序都允许行和列的互换，这样就可以创建无数词汇阅读或数学计算的平行测验。

当教师在之后的学期测验相同的内容时，就没有必要创建新的评估材料，当然，除非教学已经发生了很大的改变。测验、探测性测验、项目和其他评估工具都需要时间来开发，重复使用比重新开发更有效率。同任何教材一样，测验可能需要修改。有时，用一个看似巧妙的故事开端去测量写作技巧并不适合学生。一般来说，最好是在问题或想法刚出现的时候就着手修改，也就是教师在注意到测验效果不好后立即进行修改。有时需要做的只是对测验进行评论，并对问题进行记录。例如，"学生不喜欢故事开头"。有时需要做的改动很大，如"单词太小，需要放大字号和加大单词之间的间隔"。如果可能，教师应一有空就对评估材料进行修改。否则，这些问题可能会被忘了，直到下一次教师想使用该测验时才能想起来。

组织材料

当评估材料已经被研发出来并可能被修订，主要的管理问题是检索提取——记住这些材料及材料的位置。这个问题可以通过整理材料和维护档案系统来解决。

有一种组织策略是使用代码。教师通常对测验和教学材料进行颜色编码。例如，口头阅读的教学和评估材料可能放在带有红色标签的文件夹中，而数学教学和评估材料可能放在蓝色标签的文件

---

[1] 原注：显然，如果测验的目的不同（为了评估材料的泛化或者应用），那么测验的内容和形式可能也会与教学过程中使用的不同。

夹中。在内容领域或单元中，代码可能是基于教学目标设置的。例如，在阅读探测性测验中，教师可能有10个文件夹，上面有红色的标签，用于记录常规的C-V-C（辅音—短元音—辅音）单词。学生资料可能放在其他位置，不同文件柜中的材料用于不同的目的，比如某个文件柜是用于阅读探测性测验的。一旦材料整理完毕，教师只需在每学年或每学期初期补充档案即可。

相关人员或科技的介入

评估过程中主要有两个步骤需要专业判断：第一步是确定评估工具及管理程序；第二步是评估结果的解释。评估过程中的其他步骤都是常规的，只需要很少的培训，不需要广泛的专业知识。因此，虽然开发评估和解释结果必须由教师来做，但其他成年人或学生可以通过接受培训来协助评估。如果有人能在实际测验或探测性测验中协助教师，教师就可以腾出更多时间去完成其他需要专业判断的任务，同时还可以收集教学所需的评估数据。而且，如前所述，技术设备现在可以用来生成测验，监测进度，为教师提供评估结果，充当数据库。本章后面将提供更多关于计算机应用的信息。

11-2c 正式测验

教育工作者有时需要对学生进行更正式的个别化测验，以确定他们是否有资格接受特殊教育服务。本书后面几章对一些基于此目的的测验进行了介绍。虽然我们提倡使用比较容易实施的测验，但这些测验也有具体的规则，需要我们了解和遵守，以确保测验分数的准确性。正因为如此，我们在本节提供了正式测验中关于准备部分的指导。需要注意的是，虽然本节的重点在正式测验上，但也介绍了一些进步监测工具，它们同样有非常具体的使用规则，以下指导可以帮助我们更好地遵守这些规则。

培训

通常，只有在职前教育评估课程中才能学习一两个正式测验的实施过程。在学习使用一个新的正式测验或新版本测验时，明智的做法是通过课程学习或工作坊接受该测验的正式培训。事实上，一些测验的研发者要求，只有参加了专门的培训工作坊和研讨会的施测者才有资格实施这些测验。通常，你可以联系测验出版机构或访问他们的网站来了解你所在地区的专业培训。

仔细阅读测评手册

在大多数正式测验中，其综合手册或独立的测评手册中都有提供测评方面的指导。测验人员需仔细阅读并遵循这些说明，以避免犯错导致分数不准确（尤其是做出错误的决策）。特别需要注意的三个方面是：基础规则和上限规则；提示和提问说明；评分规则。不同测验的测评规则通常不同，即使在同一测验中，不同分测验的规则可能也是不同的，因此学习如何保持实施的正确性是很重要的。

基础规则和上限规则 许多正式测验都有基础规则和上限规则，目的是为了提高测验的效率。它们旨在平衡以下需求：一是收集足够的信息，以确保能够为每个学生计算出准确的分数；二是避免要求学生做过易或过难的题目。许多正式测验说明中会根据孩子的年龄或年级，为每个分测验提供一个建议起始点。**基础规则**（basal rule）提供了这样的一个信息，即学生必须连续答对多少题，才能使前面的（按照测验题目的顺序，而不是施测顺序）题目不用作答就都能算对。例如，某个测验的基础规则为"5"，测验人员从起点题目对学生进行施测，如果学生将自起点题目开始后的5个题目中任何一个答错，那么测验人员必须测查起点题目之前的题目，直到学生连续答对5个题目（根据测验题目的顺序，而不是施测顺序）。**上限规则**（ceiling rule）提供了这样一个信息，即学生需要连续答错多少题，之后的题才不用做（之后的那些题全部判为错）。在第一次施测时，要准确地遵守这些规则很困难，因此我们建议，如果测验表格中没有提供关于基础规则和上限规则的信息，测验人员就要记下这些规则的提醒说明。

计时、提示和提问规则 正式测验通常有计时、提示和提问规则的具体说明，这些说明用于以下两种情况：一是学生没有及时做出回应；二是学生提供了部分正确答案，但不符合满分要求。显然，如果不认真地遵循这些说明，就可能会影响学生的作答和对应的分数。比如，某个题目说明中指出，学生回答一个问题可能需要30秒，但测验人员若给学生更多时间，学生可能会表现得更好。但这样的结果与常模比较就不准确了，因为这个学生相对于其他人有时间优势。同样地，如果测验人员在学生答题时提供更多干扰信息，测验结果可能也会有问题。因此，了解时间要求以及预设给出各种提示和提问的条件是非常重要的。

评分规则 应用基础规则和上限规则时，重要的是对低于基础和高于上限的题目进行适当的评分。测验新手们常犯的一个错误是，在计算总分的时候忘记加上基础题目以下题目的分数。这样可能导致分数不准确！除了需要注意基础评分规则和上限评分规则外，重要的是要密切注意可能会影响测验结果的题目得分，以及那些可能涉及主观评分标准题目的得分。例如，一些分测验可能会提供评分指南，指导测验人员如何对示例反应进行评分。非常重要的是，要仔细比较学生的反应和示例结果反应，确定最合适的分值。

施测练习

为了做好相关决策，在正式施测之前，学校组织还不清楚测验程序的儿童或青少年进行练习很有帮助。此外，教师还可以练习模拟评分，从熟悉测验的受测者中收集反馈，这对于后续的正式施测具有一定的帮助。

正式测验期间的观察

在正式测验的过程中，观察学生的行为，记录他们是否足够努力，这很重要。具体来说，测验人员应该注意学生的行为，如在每道题上合理花费时间，不需要大量提示就能按照说明作答，以及能在整个测验期间保持清醒。对学生测验期间进行观察记录是有意义的，这可以证明他（她）付出了足够的努力。如果学生的行为表明他（她）没有合理地参与测验，可能有必要中断测验稍事休息，稍后再做（但是要注意，中断只发生在分测验之间，而不是在某个分测验的中间部分）。如果反复尝试，学生仍未能合理地参与测验，这时候就要记录问题，并谨慎地解释测验分数。

评估场景

菲尔的自我监测

经过指导和引导练习，菲尔知道了如何进行阅读探测性测验。他去了评估中心，并按照张贴在分隔板上的步骤清单进行测验。

1. 他检查了测验的安排，发现应该进行第17号题目的测查，该题型是两分钟朗读测试。
2. 他走到第17号题目前，拿起了一份测验副本，正面朝上放在桌子上。他将一个空白的磁带插入录音机，然后倒带到磁带的开头。
3. 他找到桌子上的三分钟计时器，开始录音。
4. 他说出测查的题号，然后将计时器设置为两分钟。
5. 他对着录音机大声朗读，直到计时器响起。
6. 他关停录音机，把它放到老师桌子上的收件箱里。

然后菲尔回到他的座位上继续学习。在方便的时候，老师或测验助手打开一份菲尔的测验副本，套上一个特制的封皮，在封皮上记录错误。然后计算测验分数，将分数标注在菲尔的表现数据图表上。接着老师倒带，并将封皮表面擦拭干净，将测验副本放回文件夹里以便以后使用。

这个场景强调了在测验开发和应用适当的程序时，可以很容易地收集进步监测数据。与直接对学生进行正式测验所需的时间相比，这种方法能在多大程度上节省教师的时间呢？

11-3 数据呈现

在给学生的作答评分后，应该要记录这些结果。虽然常用的是表格和成绩册，但它们远不如图表有用。这些记录有利于结果的解释和决策。两种展现学生进度变化数据的常用图表是：等距（equal-interval）图表和标准加速（standard celeration）图表。这两种类型的图表有相同的绘图规则，如图 11.2 所示。

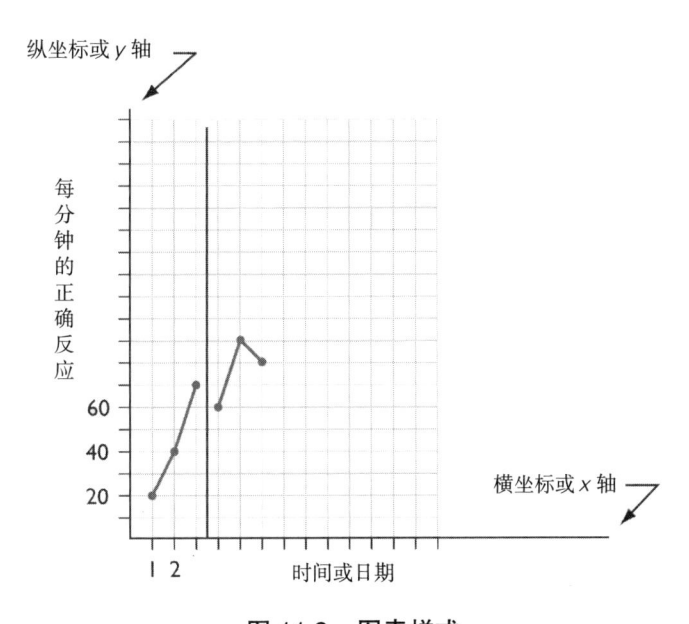

图 11.2　图表样式

- 纵轴（y 轴）表示变量的数量（频率、正确百分比、正确回答的比率等）。纵轴处需标明坐标轴标题（例如，每分钟的正确反应）。
- 横轴（x 轴）表示时间，通常是时段（sessions）或天数。横轴处需标明坐标轴标题（例如，上学的天数）。
- 点代表特定日期的表现。图表中点的位置是指表现发生的日期或时段与数量（例如，速率）的交点。
- 图上的点应该只表示同一难度水平的信息。如果表示不同难度水平的信息，就要另建图表（例如，当学生从阅读一年级的测验材料切换到二年级的材料时，应该创建一个新的图表）。
- 竖线用来区分不同类型的表现或不同的干预条件。
- 图表包含身份信息，如学生的姓名和测验目标。

教育工作者最熟悉的是等距量表。在这些图表上，相邻点之间的差异是相等的。1 和 2 之间的差距等于 50 和 51 之间的差距。图 11.3、11.4 和 11.5 均为等距图表。图 11.3 显示了一些学生的数据，这些数据可以帮助教师知道何时改变对学生的干预。图 11.4 表明了教师如何比较学生对两种不同干预的反应。图 11.5 显示了教师如何比较某个干预对解决多种不同学生问题行为的有效程度。

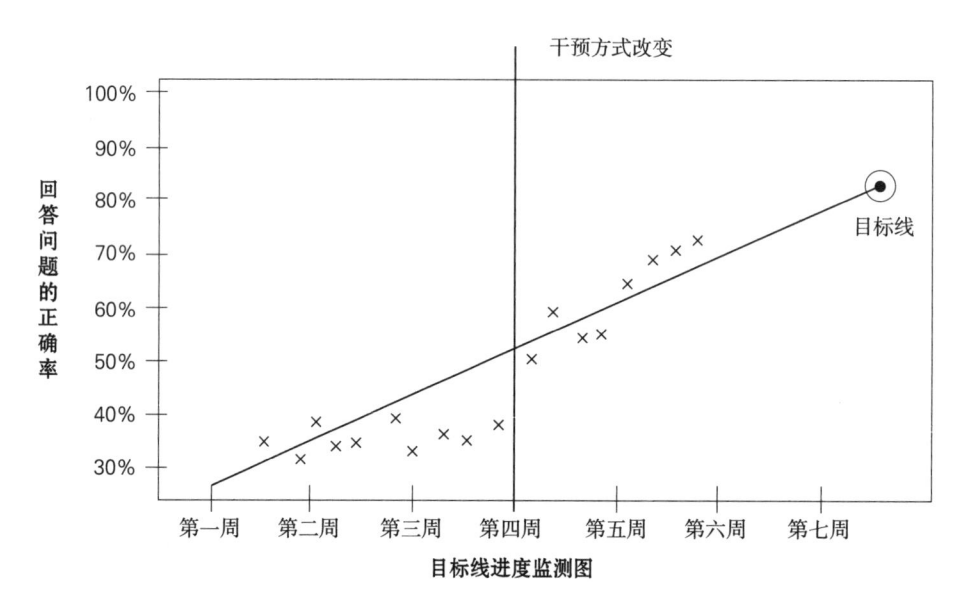

图 11.3　呈现数据的方法（1）

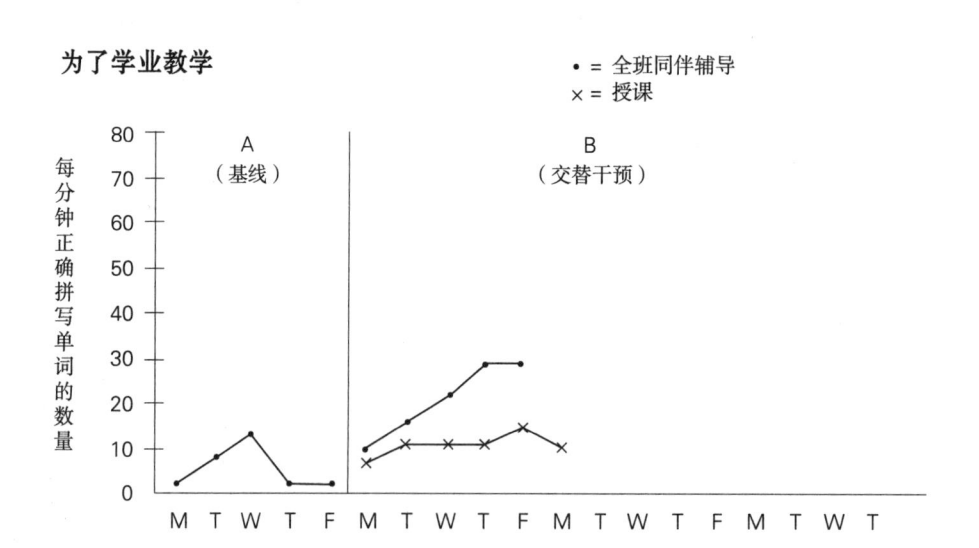

目标：提高罗宾的单词拼写正确率。
干预措施：在全班同伴辅导和授课这两种形式之间交替干预，以确定哪一种更有效。

图 11.4　呈现数据的方法（2）

图 11.5　呈现数据的方法（3）

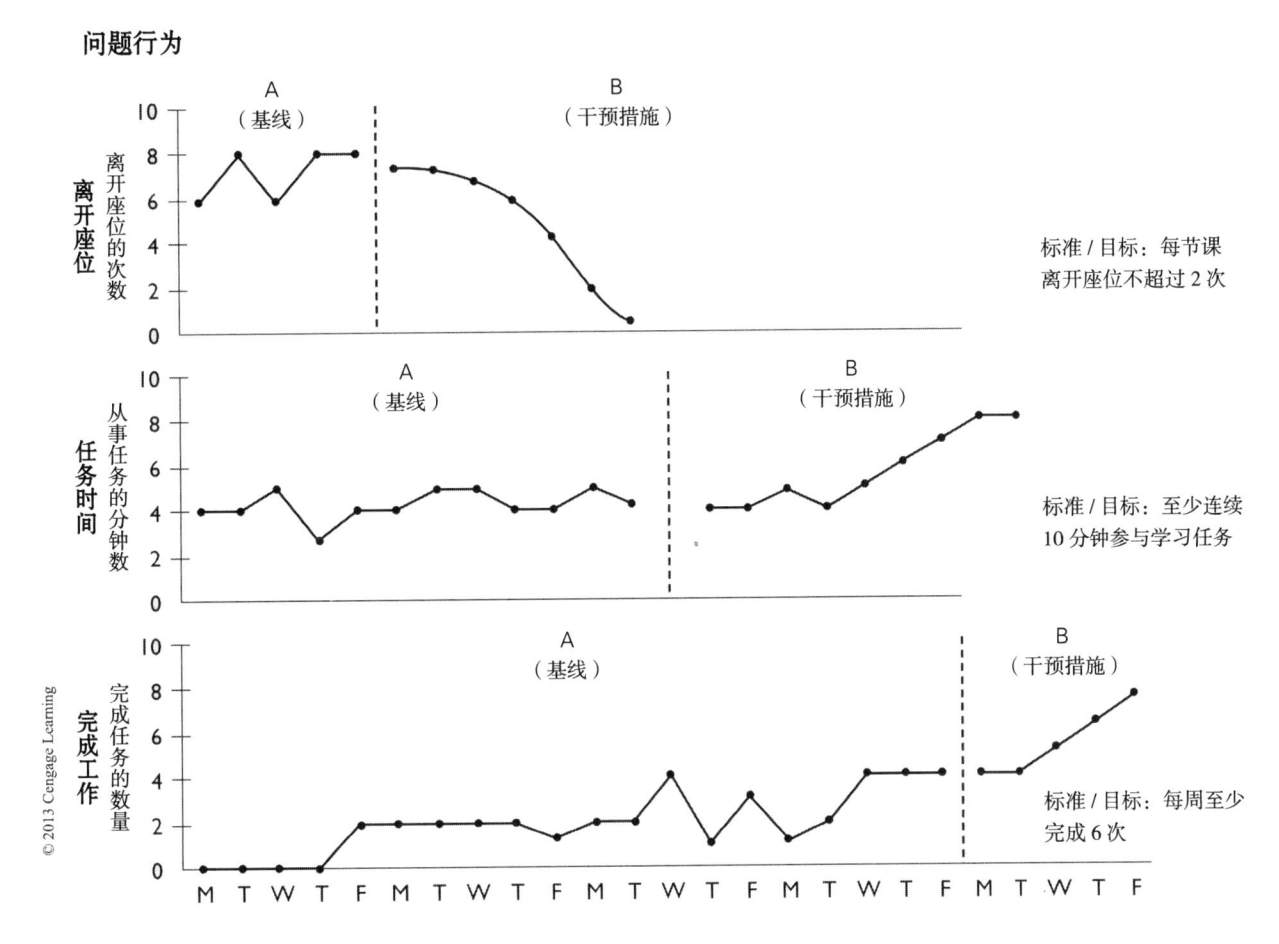

目标：减少离开座位的次数，增加参与学习的时间和完成工作的次数。
干预措施：彩票券系统（lottery ticket system）。

标准加速图（也被称为标准行为图、半对数图或七个周期图）的绘图规则是，在指定时间内，行为频率的变化（增加或减少）（例如，每分钟正确反应的数量）遵循乘法规则，而不是加法规则。也就是说，从1个正确反应到2个正确反应的变化是100%，那么从50个正确反应到100个正确反应的变化也是100%。在每日加速图上，横坐标（x轴）被分为140天（可用作时间段）。在纵坐标（y轴）上，频率从每天1次到每分钟数千次不等。从图表的左下角到右上角的折线表示每天或一段时间加倍的行为，任何平行于该对角线的线都类似地表示每天或一段时间加倍的行为。从图表的左上角到右下角的折线表示每天或每次减少了一半的反应数量，与该线平行的任何对角线也表示行为每天或每次减少了一半。图 11.6 是一个每日标准加速图。

虽然人们能在标准加速图中直接看到百分比的变化，但从学生成绩的角度来说，使用哪种类型的图表似乎并不重要（Fuchs & Fuchs, 1987）。

绘制学生表现的数据图有助于教师确定何时需要调整教学。如第 10 章所述，经常用来监测进

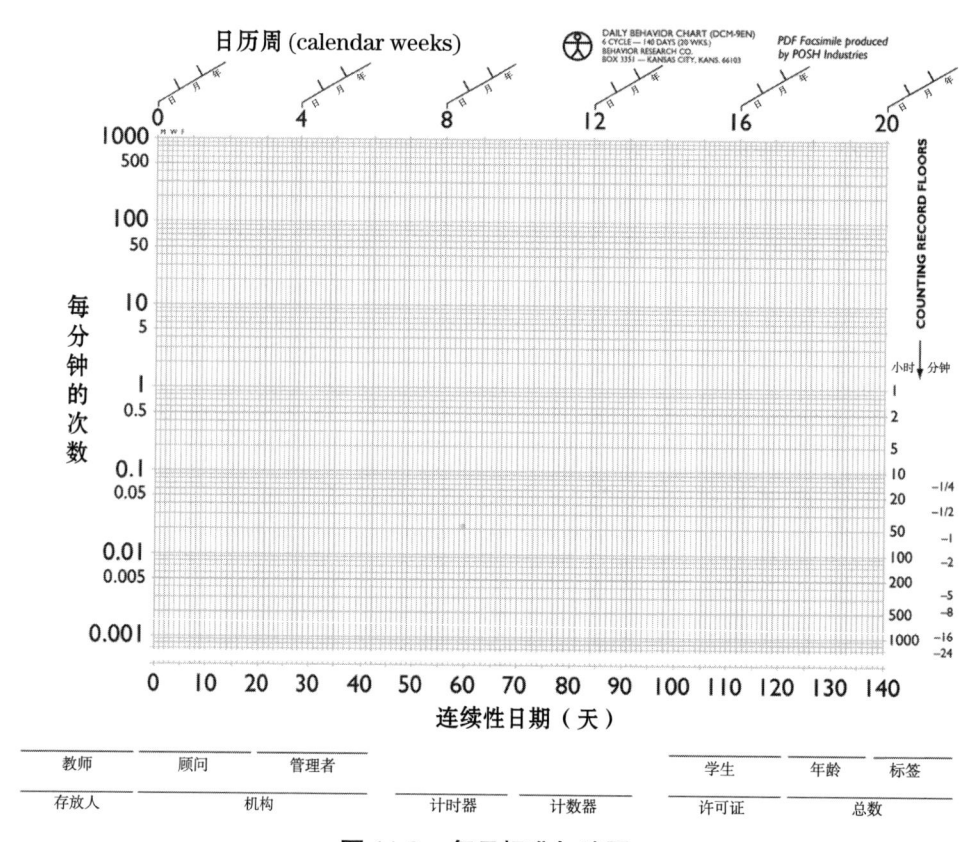

图 11.6 每日标准加速图

步的简洁测验的结果可能会有波动，因此很难知道学生是否正在朝着目标方向前进。表现出的波动有时是因为测验的难度水平有变化，有时是与测验目的无关的学生特征（例如兴趣水平和注意力水平）的干扰，有时是因为学生知识和技能的掌握程度的变化——而这正是你想要的测验结果。

那么，我们如何才能真正知道学生是否进步了呢？通过绘制进步监测数据图表，我们可以运用以下两种策略做出适当的决策。

四点原则（four-point rule）：一旦确定了一个目标或目标线，那么在初始表现确定后，应及时收集并绘制每个探测性测验的数据点。一条常用的经验法则是，等到至少收集了 7 个数据点后再绘制。然后，如果最近的连续的 4 个数据点低于目标线（如果目标是增加行为）或高于目标线（如果目标是减少行为），则认为有必要进行教学调整或干预。图 9.1 中就是使用这种方法的示例[1]。

平行原则（parallel rules）：教育者可以绘制前面第 9 章所述的目标线。收集了几个数据点后，学生实际表现的趋势线（或最佳拟合线）就可以呈现出来，将其与目标线进行比较。将学生实际表现的数据形成的趋势线绘制在图表上。如果教学目标是获得某项技能，则期望的趋势线应与目标线平行，或比目标线更大幅度地上升。如果目标是减少问题行为，则期望的趋势线应与目标线平行，

---

1 原注：请注意，图中显示了在 7 个数据点低于目标线后进行更改的情况，与四点原则相比，这有点延迟。在连续的 4 个数据点低于目标线后，可能就需要改变措施干预。

或比目标线更大幅度地下降。如果趋势线不符合上述标准，则应调整教学。

自 20 世纪 60 年代以来，绘制学生的进度图表的好处得到了充分的证明。一般来说，由教师绘制了行为图的学生比没有绘制图表的学生的成绩更好，自己绘制了表现图表的学生比没有绘制的学生的成绩更好。当教师和学生自己都绘制了进度图表时，这时候该生的成绩往往最好（Fuchs & Fuchs, 1986; Santangelo, 2009）。

11-4 技术与课堂评估数据的管理

计算机程序和其他技术在收集、管理和呈现数据以进行决策方面，可以提供大量帮助。可以购买特定的程序和软件，协助评估过程中的每个环节。

我们已经提到了一些运用相关技术的例子，它们可以用于促进系统性观察（第 9 章）和学业技能发展中的系统进步监测（第 10 章）。此外，我们还将在下面重点介绍课堂回应系统以及一些关于存储电子数据的重要考虑因素。

11-4a 课堂回应系统（classroom response systems）

教师必须逐个追踪学生的表现并检查他们对所教内容的理解程度的时代已经过去了。技术的变化日新月异，如今，教师向学生提问时，学生可以在教室应答设备（classroom responders）或小型计算机上输入答案。答案同步显现在教师的计算机上，教师可以查看正确和错误回答的学生人数的图表，以及回答错误学生的名单。通过这种方式，教师可以获得学生是否掌握教学内容的即时反馈，并且根据学生的实际表现重复授课、调整教学或继续教授更高阶的内容。虽然使用课堂回应系统可能需要大量的准备，但它有助于学生更积极地参与学习，有助于教师的教学，特别是针对课堂上的教学。如果教师要求学生公开回答一个他们不知道答案的问题，这个时候可能会让学生感到尴尬，课堂回应系统可以最大程度地减少这种尴尬。教师可以根据收集到的数据，单独跟进多次回答错误的个别学生。此外，题库一旦被开发并纳入课堂回应系统，它们就可以反复使用，这样的开发投入是值得的。

11-4b 电子记录的存储

随着应用电子信息和互联网技术记录学生数据的现象日益普遍，人们越来越需要确保这些数据的安全。学生数据只能与那些有合理需要的人共享，因此，相关的身份数据只能提供给现任教师和家长，这一点很重要。密码保护程序可用于保护计算机上的数据。通过互联网存储数据时，务必隐藏个人身份信息。创建数字键（numeric keys），将每个学生的名字与一个唯一的数字配对，可能会很有帮助。这个数字键可以存储在互联网之外，用来联结数据与学生的身份信息。研发相关技术的人员必须和学校的管理人员一起工作，以保证学生评估数据的隐私。

章节理解题

根据本章内容，回答以下问题：

1. 有效的测验项目的三个特点及内容。
2. 你可以使用哪三种资源建立一个在课堂上管理数据收集和分析的计划？
3. 描述绘制学生数据图表用于决策的两种方法。
4. 说明使用新技术帮助管理分析学生数据的两个优点和一个问题。

第 12 章

干预反应模式和多层支持系统

学习目标

12-1 知道如何评估干预反应模式或教学反应模式。

12-2 描述学校工作人员评估学生对不同水平支持的需求时所经历的步骤。

12-3 提出支持和反对干预反应模式和多层支持系统有效性的证据。

本章涉及的标准

CEC 美国特殊儿童委员会初级准备标准

标准 4: 评估

    4.0 初级特殊教育专业人员在做教育决策时,使用多种评估方法和数据来源。

标准 5: 教学计划和策略

    5.0 初级特殊教育专业人员选择、调整和使用一系列循证教学策略,以促进有特殊需要个体的学习。

CEC 美国特殊儿童委员会高级准备标准

标准 1: 评估

    1.0 特殊教育专家开展有效和可靠的评估实践来减少偏见。

Ψ 美国学校心理学家协会专业标准

    1 基于数据的决策和问责

    5 促进学习的学校实践

近期，美国联邦教育政策的发展从根本上改变了对所有学生的评估和教学做法。2001年的《不让一个孩子掉队法》确立了一个明确的目标，即学校将实施循证的教学实践，并对学生的成绩进行数据评估。2004年的《残疾人教育促进法》及其相关条例于2006年获得重新授权，使人们更加关注两个重要概念：干预反应模式（response to intervention，RTI）和多层支持系统（multi-tiered system of supports，MTSS），二者的发展，促进教学或干预措施与学生的需求相匹配。

特殊教育和矫正教育的核心仍然是，保持教学内容、方法和节奏与学业进步不如预期的学生的需求和技能相匹配。在开始对学生教学时，他们的技能和需求是不同的。如图12.1所示，所有学生在普通教育中得到普遍的支持。然而，许多学生需要额外的、更有针对性的支持，才能获得成功。还有一些学生，对他们来说，有针对性的支持仍然是不够的，还需要更密集的支持才能成功。随着学生需求的不断变化，其支持系统也会得到调整，特殊需要也会动态地得到满足。在这一章中，我们将讨论RTI和MTSS这两个重要概念，并描述这两种模式的评估实践。

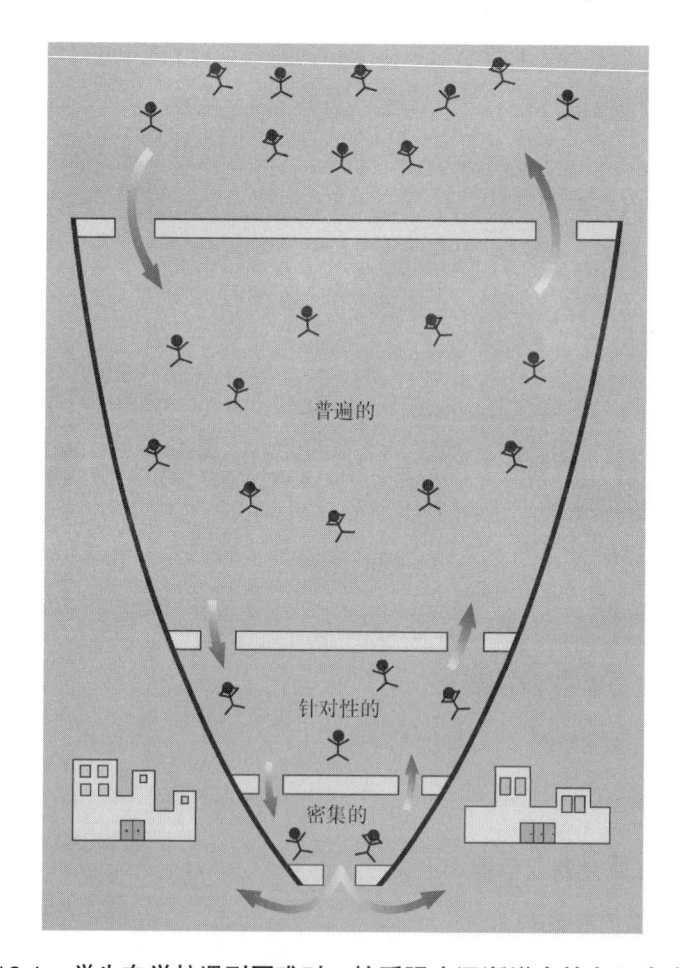

图12.1　学生在学校遇到困难时，接受强度逐渐增大的多层次支持

12-1 干预反应模式

好的教学应该是对大多数学生都有效的。然而，项目或干预在多大程度上对学生有效是未知的。项目或干预的效果受到学生及其教师的独特特征的影响。即便实施了一个得到了研究支持的补充性干预措施，也不能保证学校里的学生一定可以掌握正在努力学习的技能。因此，长期监测学生的进步情况是很重要的，有利于了解项目或干预措施在应用时是否对学生的学习产生了预期的积极影响。

教学反应（response to instruction）和干预反应模式这两个术语起源于普通教育，而如今这两个术语在普通教育和特殊教育中都在使用。这两个概念具有多重含义，但在法律法规中还没有明确的定义。有时，它们被简单地定义为收集学生的表现以及在某些目标上的进步情况，与进步监测总是息息相关。进步监测一般是指监测学生的进步情况（连续性的、周期性的、年度性的或者其他频率的监测），以便及时发现问题、确定要发展的技能目标，或者检查学生学业或行为干预的效果。有些人可能会说，这种做法就是尽早督促孩子，避免他们掉队。教学反应的评估报告可以是每6周一次的成绩单，用以简单说明学生的整体进步是令人满意的，也可以是更正式、具体的说明，比如"在两周内，她的个位数加法从10道题答对4道，进步到了10道题全对"。显然，不同类型的报告有着不同含义，对于制定教学策略的帮助程度也是不同的。

RTI 的基本概念框架早在多年前的心理学和教育文献中就已出现，它的根基是有着初级、中级和高级之分的预防或干预科学（Caplan，1964）。在教育和心理学领域，这个概念可能起源于林斯利（Lindsley，1964）关于精确教学的早期工作，而最早实施的是贝克（Beck，1979），他在蒙大拿州大瀑布城的萨卡贾维亚项目中首次将其作为评估模型加以实施。RTI 有许多模式（Jimerson, Burns &VanDerHeyden，2016; National Association of State Directors of Special Education, 2005; Sugai & Horner，2009），但不同模式都有以下共同点：①提供多层级的有效干预服务；②持续性的过程监测；③通过数据收集或评估，为每一支持层级的决策提供信息（Ysseldyke，2008）。请阅读以"查尔斯"为主题的评估场景，了解教师如何使用 RTI 来满足学生的需要。

评估场景

查尔斯

查尔斯是一名二年级学生。暑假时，查尔斯一家从市区搬到了西部郊区的摩根学区。查尔斯是家里三个孩子中最大的一个。学区几次索要查尔斯的档案，但都没有得到回复。到了九月中旬，显然查尔斯在朗读方面遇到了困难。布坎农老师注意到查尔斯的口语很不准确。在听查尔斯大声朗读了两遍内容之后，她决定记录他读得正确以及错误的单词数量。第二次查尔斯大声朗读时，他正确读出了 56% 的单词，却无法复述读过的内容。很明显，二年级学期初的学习材料对查尔斯来说太难了，布坎农老师尝试了一年级的期中学习材料，但是同样太难了。当使用一年级学期初的学习材料时，查尔斯的阅读准确率为 85%，但他读得非常缓慢，并且只能复述大约 60% 的内容。

于是，布坎农老师决定使用一种普遍有效的教学策略提高查尔斯的阅读能力。她让查尔斯和班上读得最好的学生之一——米歇尔一组。每当查尔斯朗读一年级学期初的学习材料五分钟后，米歇尔就会纠正他的错误。每周布坎农老师会监督干预两次。尽管查尔斯似乎很喜欢和米歇尔一起学习，但是经过 4 周的干预，他的阅读准确度并没有提高。

然后布坎农老师准备制订一个有针对性的干预措施。她评估了查尔斯在字母名称和字母发音上的知识水平。他能说出所有的字母、所有的长元音和所有的通用辅音，但不能命名任何一个短元音。因此布坎农老师每天花费两分钟训练查尔斯短元音的发音，然后把练习表寄回家，让查尔斯和他的母亲一起练习，并且继续让查尔斯和米歇尔每天一起朗读五分钟。但这次，米歇尔并不纠正错误的单词，而是在呈现单词之前正确地读出单词的初始音。一个月后，查尔斯学会了短元音"o"，朗读的流利程度从每分钟读准 35 个发音提高到 45 个。然而，查尔斯的口头阅读能力并没有随字母发音准确度的提高而提升。

在这一点上，查尔斯很明显没有达到预期的目标，他远远落后于班上同学。布坎农老师咨询了学校的学生援助团队。团队建议针对查尔斯的音素意识、字音关联和流利程度进行指令精确的密集干预。团队并没有特别针对查尔斯的阅读理解设立目标，因为查尔斯的阅读理解能力差很可能是由于阅读流畅性差。查尔斯每天接受阅读专家 12 分钟的个别化指导，每周的阅读准确性和流畅性的数据都会被收集。

查尔斯在密集干预中不断进步。阅读材料越来越难，查尔斯每分钟正确阅读的单词数量稳步增加。到第一学期结束时，查尔斯开始独立阅读二年级学期初的学习材料。到二年级结束时，他已经赶上了同龄人，独立阅读二年级期末的学习材料。学生援助团队结束了对查尔斯的教学干预，但继续监测查尔斯三年级的情况，以确保他能够保持水平。就这样，查尔斯继续以同龄人的速度成长着。

在这个场景中，RTI 的三个特点是如何呈现的？

12-1a 评估教学反应的基本假设

评估教学反应的实践基于以下七个假设。

1. **教学已实施**。当我们评估教学反应时，我们假设教师对学生已经实施了教学。然而，有些教育理念明确地忽视直接或系统的教学，只重视学生发现的新事物、习得的新技能和行为[1]。因此，有些学生可能把时间都花在了自学上，没有机会接受教师的教学。

2. **教学按预期进行**。现在我们经常假设教学是按照预期的方式实施的，学生积极地参与教学。在过去的十年中，研究人员对干预的正确性（有时也被称为处理的正确性或忠实度）越来越感兴趣。例如，当我们评估学生对拼读教学的反应程度时，我们假设拼读教学是按照教师的预设实施的，并且学生对教学有积极的反应。

3. **已开展的教学通常有效**。需要有经验证明，教师实施的教学通常对学生有效，更具体地说，对与被评估的学生相同年龄和相同成绩的学生也有效。

4. **测量系统足以检测出由于教学而导致的学生学习上的变化**。这个假设有四个子部分。

    a. 测量系统反映了课程的内容或者评估了课程的教学效果。教学反应必须反映教学内容，这是不言自明的。

    b. 测量系统可以经常使用。频繁的测量能够避免在教学失效时浪费师生的时间。同样重要的是防止学生走错方向，学习（和掌握）错误的内容，以致积重难返。

    c. 测量系统对学生的微小变化很敏感。如果测量很频繁，学生的学习情况就不太可能每次都有大的变化。因此，为了让测量更加有效，测量系统必须能够发现学生学习或表现中微小但有意义的变化。

    d. 测量系统实际上是评估学生的表现，而不仅仅是证明教师做了什么。很明显，教师的工作很重要，因为它直接关系到教学的正确性。然而，我们真正关心的是学生是否在学习。

5. **评估数据和教学改进之间存在着联系**。这就是数据驱动决策的概念，并再次体现了我们之前的观点，即未用于决策的数据收集是无用的。我们假设这些数据对于制订教学计划是有效、可用的。正如基于过程性测量所决定的那样，学生未能对教学做出适当的反应时，教学应该随之变化。这个时候，可能需要收集更多的数据，以确定哪些变化最有可能使学生成功。不过可以确定的是，教学类型、教学频率或教学方法应有所变化。

6. **结果是学生成绩的提高和测量系统的持续实施**。人们不仅认为这个系统是好的，而且认为它值得持续存在。根据经验，我们知道一些教师觉得频繁收集学生表现的数据既费时又费力。与此同时，也有一些教师告诉我们，收集数据时，师生都会"变得更好"。虽然许多教师被学生的进步所激励，但如果我们希望他们实施直接和频繁的测量，有时有必要对教师提供

---

[1] 原注：类似的，实际上大多数家长都不愿意让自己的孩子自学游泳。

奖励。这些教师告诉我们，如果监测学生的进步对某些人来说并不重要，他们就会停止这样做。
7. 教学反应的评估并不针对某种教育环境。我们假设在普通教育和特殊教育环境中都可以评估对教学的反应。

12-1b 评估的特异性与频率

评估学生对教学干预措施的反应有两个方面：特异性和频率。从技术上讲，好的 RTI 的特征是非常特别和频繁的测量。这个概念反映在图 12.2 中，沿着纵轴，测量的特异性程度从广泛性到高度特异性。沿着水平横轴，测量的频率从很少，到每天、每小时甚至持续不间断的测量。"最佳"的测量，即那些在技术上最适合决策的测量，位于右上角（高度敏锐或具体，且经常实施的）。

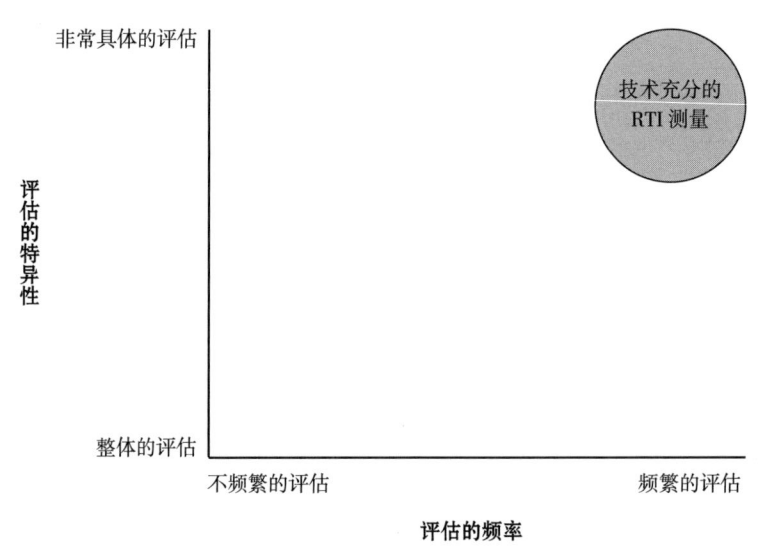

图 12.2 评估的频率

特异性

评估随着特异性的连续程度不同而有所差异。图 12.3 说明了这一点。评估越具体，教师收集到的信息越详尽，计划教学干预的准确性就越高。设想如果没有清晰具体的说明，你就不知道从哪里开始教一个"阅读能力不错"的学生，不知道如何提高该学生的阅读技能。

频率

教育工作者越来越频繁地测量学生的表现和进步情况。许多新的测量系统，如技术增强性评估系统，能够持续评估学生的表现和进步情况。学生可以及时从中得到对自己学业表现的反馈，教师可以获取学生的每日状态报告，该报告会显示所有学生在班级中的相对位置，以及有学业困难的学生所缺少的技能。测量越频繁，教师就能越快地调整教学，以确保学生取得最佳的进步。然而，只

- 假设有 10 个单词是辅音—元音—辅音字母加上简短的 e 音，比尔正确地说出了 8 个。
- 比尔掌握了短元音发音。
- 比尔解码的百分等级是 70。
- 比尔的期末考试成绩及格了。
- 比尔的阅读水平是 B 等级。
- 比尔在阅读上表现不错。

图 12.3　具体的持续性

有及时地将评估的结果用于指导教师教什么或者下一步如何教，频繁的测量才能真正起到作用。假如教师能有效利用数据，频繁的评估就是有价值的。如果仅仅是频繁地做评估而没有将其结果应用于实践，那么这些评估就没有价值，并且浪费了学生的时间。

12-1c　判断学生在 RTI 中进步的标准

确定一个学生是否对干预措施有反应，需要根据学生的进步水平和进步速度制定具体的决策规则。每一所学校都应在实施干预措施之前制定这些规则，具体说明每个层级的表现（三个支持层次）和进步速率（如目标掌握、定期测量，或 80% 的回答正确率）。各州、学区或个别学校的利益相关者团体通常致力于标准的具体化。进步速率和差距分析这两个概念可能是标准的一部分。

进步速率

进步速率是指进步的趋势或斜率，可以通过与年级同龄人或为学生设定的个人目标进行比较的方式计算出来。它是衡量学生对教学或干预反应程度的指标。它提供了关于干预在多大程度上起作用或有效的信息，以及关于学生在多大程度上取得了预期或期望的进步。

　　基准（标准）进步速率　　"典型基准（typical benchmark）"指的是表现的最低标准，表明在正常教学过程中，为了满足所有学生达到最低水平（特定年级或年龄水平标准）的需要，同龄人在学业上所需的增长速率。典型基准是根据秋季、冬季和春季对大量特定年级学生实施的课程本位测量或计算机自适应测验的历史表现得出的。大多数课程本位测量的出版机构，如 easyCBM、DIBELS Next、AIMSweb，以及计算机自适应测验的出版机构，如 STAR 阅读和 STAR 数学，根据普通学生的学业发展水平常模，为学生提供基准目标（benchmark targets）。我们可以通过访问出版机构的网站，为具体的测量查找基准目标。预期进步速率是通过将年初、年中和年底基准目标的各个点连线计算的。AIMSweb 和 STAR 的评估体系中，进步速率是用学生成长的百分位数表示的。一个学生的预期进步速率是根据同年级和类似初始分数水平（similar level of initial score）的学生进步速率计算出来的。

进步速率用来评估学生在特定干预反应中的进步情况　我们注意到，教师和其他学校工作人员也在多层支持系统中为 RTI 模式的第 2 层级和第 3 层级学生制订针对性的干预措施。当这样做时，他们会在干预之前评估每个学生的进步，并根据同年级或同龄学生的预期表现设定干预目标。在设定干预目标或指标时，应考虑在干预过程中，学生与同龄人之间的差距将缩小。有时可以从测验出版机构那里获得关于设置目标的信息。正如我们在前面关于基准方法的讨论中所指出的，评估学生个体进步的方法包括，将学生达到的表现和进步速率与同龄人的典型进步速率比较，以及和基于缩小学生与同龄人之间差距所需的进步速率进行比较。在下面关于金·琼斯的场景中，我们通过示例展示了如何使用进步监测信息计算进步速率，以及如何将学生的进步速率与预期达到年终基准的进步速率进行比较。

差距分析

差距分析（gap analysis）的过程是先检查学生的实际进步速率，然后确定在特定时间点达到预期基准水平所需的进步速率，之后比较二者之间的差异。当前，没有具体、合法定义的指导方针或标准来说明差距必须有多小才能认为学生表现出了合理的进步，以及差距必须大到何种程度才能认为学生需要接受特殊教育服务。一些州已经开始在差距大小上做文章，如要求学生达到多大差距才有资格被鉴别为"有学习障碍"，获得特殊教育服务。我们将在本章进一步描述差距分析。

评估场景

金·琼斯

金·琼斯是田纳西州大型学区西部中学的一名七年级学生。金在理解阅读材料方面有相当大的困难，她正在接受丽塔·施米特老师一对一的第 2 层级阅读教学。施米特老师希望在干预过程中监测金的进步情况，并将她的进步速率与同年级同学进行比较。此外，她想知道自己的教学干预是否正在缩小金和同年级同学之间的差距。施米特老师决定使用计算机自适应测验 STAR 阅读，监测金在实施干预措施期间的进步情况。基于金在测验中的初步表现，施米特老师从 2014 年 9 月开始，实施了一项名为"理解策略（Comprehension Strategies）"的干预措施。

学生个体的进步评估包括：设定目标，确立预期增长速率和目标线，频繁测验，绘制趋势线，以及将目标线的进步速率（斜率）和学生个体的趋势线进步速率（斜率）

进行比较。学校工作人员可以通过比较学生个体的进步速率与预期进步速率之间的差距，进一步进行差距分析。

施米特老师首先利用睿乐生网站上有关"基准、截点分数和增长速率"的资料，使用STAR阅读确定了七年级学生秋季的基准期望分数（SS = 696分）[1]和春季基准期望分数（SS = 790分）。基准期望分数是所有七年级学生在某个时间点（例如，秋季或冬季）所需达到的最低分数，以便在年底前达到州或地方设定的标准。然后，施米特老师为金设定了一个目标，并制定了一个目标线。在设定目标时，她再次使用了上述评估方式。她希望的是一个明显的进步速率以及每周4.5分的增长速率，相应的目标是598分。之所以施米特老师会设立这么高的目标，是因为她非常想尽快缩小金和其他七年级学生之间的差距。

图12.4显示了进步监测报告的目标，该报告显示了从9月中旬到来年1月反复进行的STAR阅读中金的目标分数（598分）以及金的相应分数。除此之外，该报告还显示了测验出版机构的软件程序计算得出的趋势线。该趋势线的期望增长率为每周4.5分。从视觉分析来看，很明显，金的进步速率并不符合预期目标，她的表现呈下降趋势。关于金的进步速率的更多细节如图12.5所示，这是进步监测报告的第二页。在这份报告中，我们看到教师已经选择了一个有挑战性的目标，这个目标的预期增长速率是每周4.5分。增长速率一栏同样显示了金的表现低于目标线，而且增长速率还在下降（负增长）。

鉴于金缺乏进步，施米特老师将她的干预策略改为"理解成功技能（Comprehension Success Skills）"。在图12.5的下半部分可以看到，她还将干预的频率提高到每周5次，并将干预的持续时间从每次30分钟改为45分钟。目标仍是598分，目标进步率仍是每周4.5分。如图12.4所示，金在实施新干预措施后的第一次测验中的表现高于目标线，但她在随后所有测验中的表现都低于目标线。因此施米特老师再一次使用出版机构的软件计算她的表现趋势，并再次观察到一条下降（或负值）的趋势线。

然后施米特老师检查了金的进步速率和七年级学生进步速率之间的关系。她通过将七年级学生的春季基准期望值（790分）减去秋季基准期望值（696分），再除以学年的周数（36周）计算"典型进步速率"。典型的进步速率（斜率）是2.61。

---

[1] 译注：SS全称为scaled scores。

210 特殊教育和融合教育中的评估

STAR 阅读 ⑧	学生进度监测报告	1/2
	打印于 2015 年 1 月 15 日星期四下午 12:51:25	

学校：西部中学   报告日期：9/1/2014-2/1/2015

金·琼斯

年级：七年级　　班级：施米特 7
　　　　　　　　老师：施米特

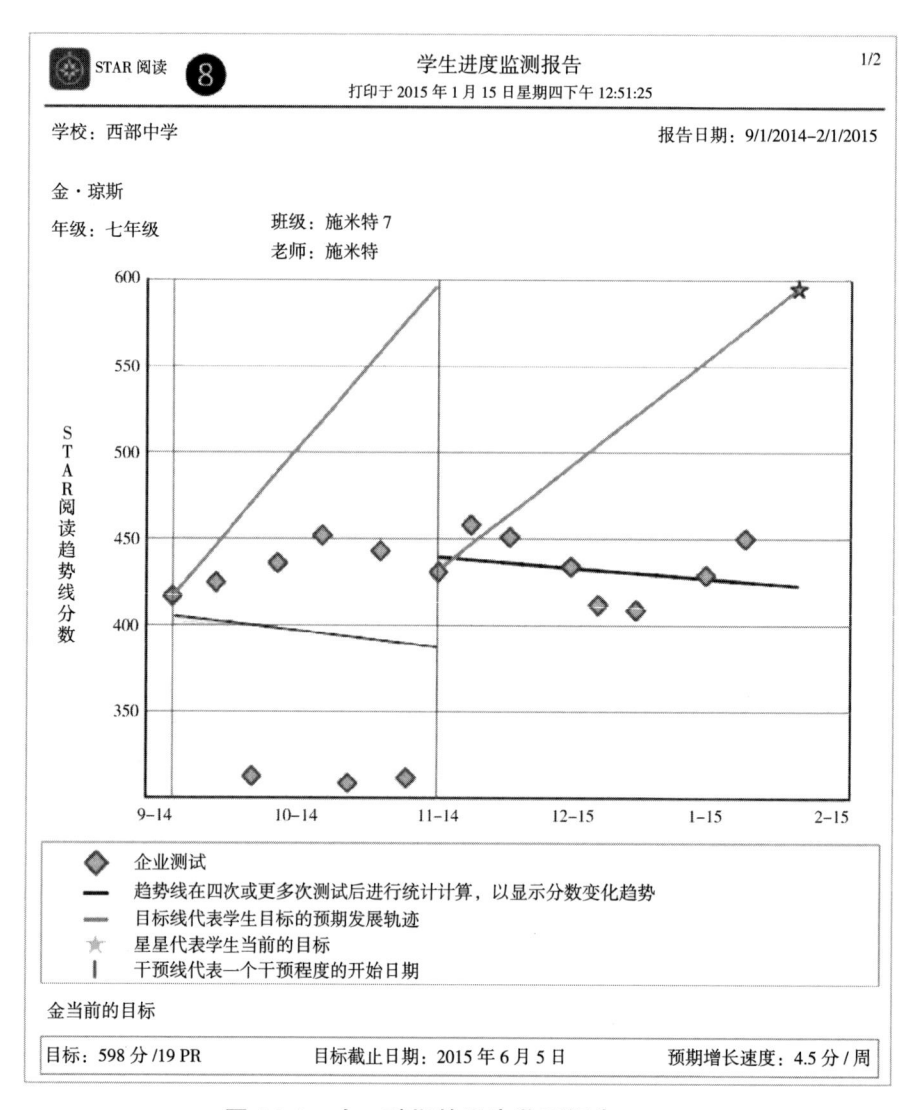

[图表：STAR 阅读趋势线分数，横轴从 9-14 到 2-15]

◆ 企业测试
— 趋势线在四次或更多次测试后进行统计计算，以显示分数变化趋势
— 目标线代表学生目标的预期发展轨迹
★ 星星代表学生当前的目标
| 干预线代表一个干预程度的开始日期

金当前的目标

| 目标：598 分 /19 PR | 目标截止日期：2015 年 6 月 5 日 | 预期增长速度：4.5 分 / 周 |

改编自睿乐主

图 12.4　金·琼斯的进步监测报告

进步速率工作表如图 12.6 所示。施密特老师以同样的方式计算金的进步速率，通过从她当前的量表分数（450 分）减去她的秋季量表分数（417 分），除以干预的周数（18 周），得到了 1.83，即（450-417）/18 = 1.83。她去找了学校的团队，与学校团队共同得出结论，认为金所表现出的进步速率是不够的，如果不改变干预策略或干预强度，金需要花费更长的时间才能赶上其他七年级学生。

学校团队和施米特老师一起进行了差距分析，这是一种正式的衡量学生进步速率和典型预期进步速率差距的方法。差距分析中的步骤如图 12.7 所示。金目前

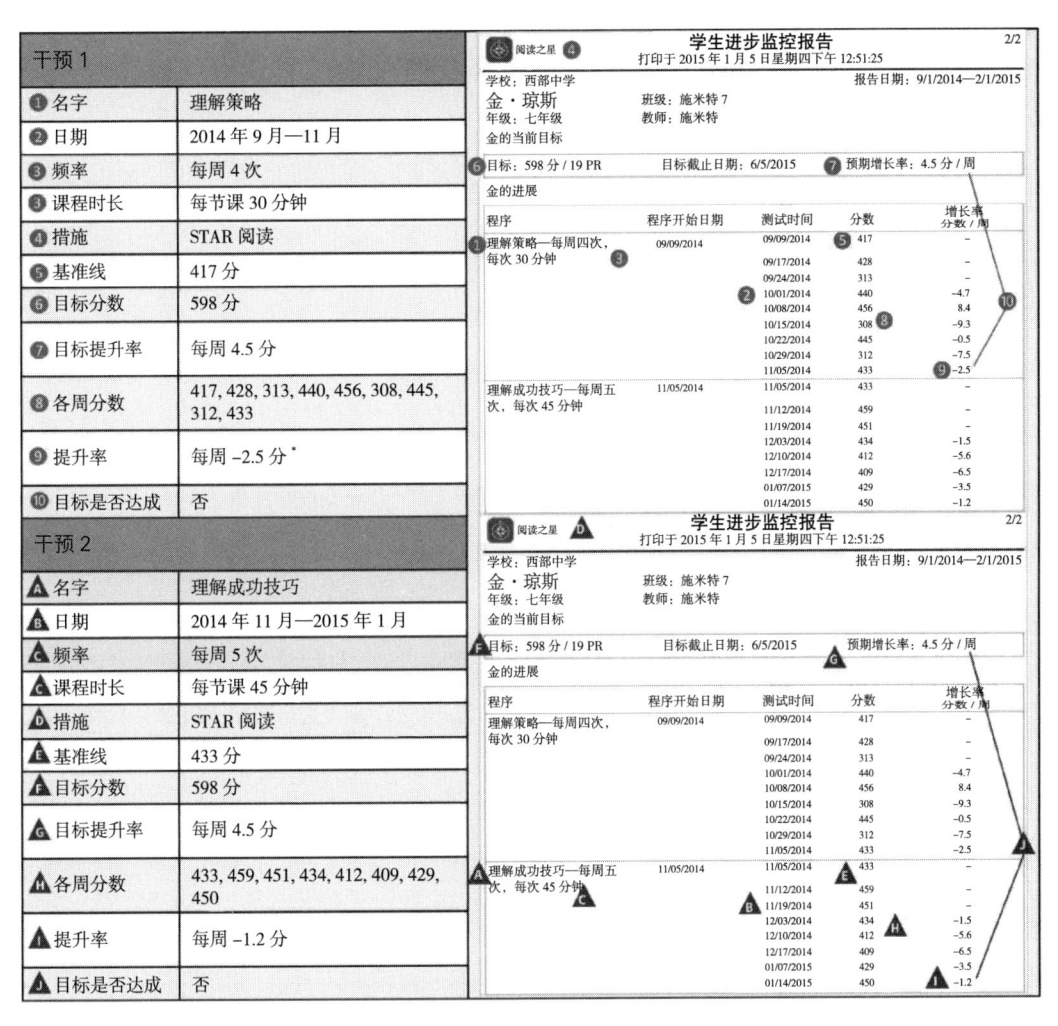

干预 1	
❶ 名字	理解策略
❷ 日期	2014年9月—11月
❸ 频率	每周4次
❸ 课程时长	每节课30分钟
❹ 措施	STAR 阅读
❺ 基准线	417 分
❻ 目标分数	598 分
❼ 目标提升率	每周4.5分
❽ 各周分数	417, 428, 313, 440, 456, 308, 445, 312, 433
❾ 提升率	每周 −2.5 分*
❿ 目标是否达成	否

干预 2	
A 名字	理解成功技巧
B 日期	2014年11月—2015年1月
C 频率	每周5次
C 课程时长	每节课45分钟
D 措施	STAR 阅读
E 基准线	433 分
F 目标分数	598 分
G 目标提升率	每周4.5分
H 各周分数	433, 459, 451, 434, 412, 409, 429, 450
I 提升率	每周 −1.2 分
J 目标是否达成	否

这一例子改编自国际学习障碍中心 http://www.rtinetwork.org/images/TOOLKIT/rtibased sid determination
*STAR 使用普通的最小二乘回归方程来计算提升率

图 12.5　金·琼斯的进度监测报告（第二页）

的表现（450分）和年底的基准表现（736分）之间有286分的差距。这一学年还有18周，所以金必须每周提高15.89分才能达到最低基准分数。或者，她需要156.28周（约三年）才能达到这个目标[1]。学校团队的结论是，这种干预没起到作用，需要改变第2层级干预的现状，即实施第3层级干预，不然金可能需要接受特殊教育。

1　编注：以当前1.83的进步速率计算。

进步速率工作表

学生名字：金·琼斯
年级：七年级

日期：2015 年 1 月 15 日
干预层级：2

所用的评估	STAR 阅读
学生第一次评估的分数	417
学生最后一次评估的分数	450
秋季基准期望值	696
春季基准期望值	790

第一步：确定典型进步速率

790	−	696	/	36	=	2.61
春季基准期望值		秋季基准期望值		周数		典型进步速率（斜率）

第二步：确定学生进步速率

450	−	417	/	18	=	1.83
最后一次评估的分数		第一次评估的分数		周数		学生进步速率（斜率）

第三步：对比学生的个人进步速率与典型进步速率

2.61	×	2	=	5.22	学生进步速率是否 < 激进或合理的进步速率? ☑ 是　□ 否
典型进步速率				激进的进步速率	
或					
2.61	×	1.5	=	3.82	
典型进步速率				合理的进步速率	

如果团队评估结果为"是"，请考虑对干预做出改变：

- 增加干预课程的频次
- 改变干预策略
- 更换干预人员
- 改变干预的时间
- 增加干预的强度（层级）

图 12.6　金·琼斯进步速率工作表

差距分析工作表

学生名字：金·琼斯 日期：2015 年 1 月 15 日
年级：七年级 干预层级：2

所用的评估	STAR 阅读
学生当前的表现	450
学生当前的进步速率	1.83
当前基准期望值	736
年末基准期望	790
本学年剩余周数	18

第一步：确定差距

736	/	450	=	1.64	差距是否明显？*
当前基准期望		当前表现		当前差距	☑是 □否

* 此标号表示，差距是否明显由州或学区决定。假如差距明显，请完成第二步。

第二步：差距分析

736	/	450	=	286
当前基准期望		当前表现		差距

↓

2.86	/	18	=	15.89	
差距		剩余周数		所需进步速率	是否合理？*
或					□是 ☑否
286	/	1.83	=	156.28	
差距		学生当前进步速率		达成目标所需周数	

* 合理的进步率不高于同龄人普遍进步率的 2 倍。

第三步：结论
干预并不起效，需要将干预调成第 3 层级或将学生转介到特殊教育学校。

_____
学校心理学家签名

图 12.7　金·琼斯差距分析工作表

12-1d 干预反应模式的重要注意事项

干预的正确性

在学校工作人员评估干预反应模式时，至关重要的是要证明干预措施正在进行，而且是以预期的方式进行的。想象一下，评估学生对干预的反应情况，结论是学生对干预没有反应（也就是说干预不起作用），然后了解到干预要么从未实施，要么实施得不好。或者想象一下，一个学生开始取得实质性的进步，但是你不确定是什么造成了这种变化，因此不确定在学生的课程中有哪些介入应该保持或改变。与其他形式的评估相比，RTI 评估模型更多地依赖有效的教学，而且需要有一定的正确性。

可能有许多方法确保干预措施实施的正确性。首先，教师需要了解实施干预措施的细微差别。例如，如果教师要在课堂上实施"人人成功（Success for All）"计划，那么重要的是他们要知道实施的细节。他们可能会参加"人人成功"的专门培训，广泛阅读有关该计划实施情况的资料，或者在实施计划的过程中与另一位教师一起工作一段时间。同样，如果教师要对个别学生进行音素意识方面的干预，重要的是他们要知道如何做，并且他们这样做时要保持处理的正确性。

现有的干预的正确性或处理的正确性措施具有一定的特异性，没有一种针对干预正确性的评估方法被广泛接受。科瓦莱斯基（Kovaleski）汇编了由各种来源途径（从业人员、研究人员、出版机构和研究生）开发的处理的正确性清单，用于评估具体干预措施的实施程度。这个清单可以在 RTI Network 的网站上获得。克劳托奇维尔和萨内蒂（Kratochwill & Sanetti）开发了一个处理的正确性规划清单（Treatment Integrity Planning Protocol, TIPP），适用于任何基于学校的干预。萨内蒂和克劳托奇维尔（Sanetti & Kratochwill, 2011）发表了对该清单使用情况的评估以及另外两项处理的正确性的衡量标准。

干预的有效性（intervention efficacy）

在检查学生个体对干预的反应时，应该有很好的证据表明，对于与接受评估的评学生相同年龄和成绩的学生，干预本身也是有效的，而在需要常模比较的模式中尤其如此（与同学的比较）。根据《不让一个孩子掉队法》的要求，学校工作人员应实施循证的干预，我们可以查找支持干预的研究证据，找到关于干预有效程度的相关信息。

有效教育策略资料中心提供了有效的教学方法。你可以访问该中心的网站，查找中学数学的干预措施，其中的主题报告中列出了资料中心审查的不同种类的中学数学干预措施。在该中心的网站上还可以获得关于某一特定干预措施实证支持程度的信息。

然而我们要永远记住，有效性是有局限的。在选择干预措施时，我们强烈建议考虑学生和教师的特点，而不是仅仅因为在文献资料中显示该措施效果最好就选用它。如果一项干预措施没有恰当地适应某些孩子或学校的需要，可能就不会有效。普遍有效的方法可能对比利却不起作用。这就是为什么我们要监测比利的表现，来看干预是否对他同样有效。

反应的稳定性

在评估学生对干预的反应时，记录学生对不同的干预内容和在不同的时间的反应程度是很重要的。几乎在所有情况下，我们都期望如此。很少有学生对不同主题的内容做出相同的反应，而且他们的反应很少随着时间的推移而保持一致。我们感兴趣的是学生对干预的平常反应，而不是在糟糕的某一天对干预的反应。

我们都有这样的感受，"过犹不及（get sick of too much of a good thing）"。一个有效的干预措施能够很好地促使学生朝着教学目标前进，但这种干预措施只能在有限的时间内起作用。学生们会对特定的教学方法或干预措施以及强化物感到满意。事实上，有效教学的一个循证原则是，要采用多样化的教学手段，回应学生的需求，这样可以提升教学效果。这对于教导那些有学习问题和行为问题学生的教师来说是一个巨大的挑战。他们不仅必须确定教学方法有效，还必须找到多种有效的教学方法。你可能需要找到几种不同的方法来实现相同的教学目标。

监测进步的频率

如前所述，学校工作人员确定监测进步的频率，通常是定期（例如一周两次或一个月三次）或连续进行。周期性的进步监测方法是最常用的，而持续性进步监测的方法最有效（Ysseldyke & Bolt, 1997; Bolt, Ysseldyke & Patterson, 2010）。

12-2 多层支持系统与不同学生的需求

在第 1 章，我们注意到，在过去十年，许多学区和学校已开始使用 MTSS 模式，以更有效地配合教学内容、方法和强度，匹配学生个体的需要。低功能（low-functioning）学生或没有取得预期学业进步的学生被确定需要更密集的教学和干预措施。在第 1 章，我们简要介绍了金、比尔、萨莉、卡姆琳、罗莎、穆罕默德等人的情况，教师如何根据档案回顾、访谈、观察和测验，来对他们展开差异化教学。我们认为评估的一个主要目的是监测学生的进步，这意味着要评估和记录学生的成绩，也就是对教学或干预反应的记录。标准化的常模参照测验（第 14-19 章的重点）通常不是监测学生对教学反应的理想工具。它们耗费时间，对微小但重要的变化不敏感，成本高昂，不适合重复施测，并且与学生的课程和教学不匹配。随着时间的推移，开发新的方法监测学生的进步和教学反应的需求逐渐增加。这些模式分为问题解决模式、RTI 模式、教学反应模式（response to instruction）以及最近出现的 MTSS 模式。

MTSS 是"基于证据的全系统范围实践的连贯统一体，支持对学生学业和行为需求的快速反应，并频繁地对教学决策进行数据监测，提升每个学生的能力，以达到高标准的要求。"（参考堪萨斯州多层支持系统的定义）在图 12.1 中，我们将 MTSS 绘制为一个漏斗形状，学生们在"漏斗"中向下过滤，显示他们需要越来越多的支持。

一些教育工作者将 MTSS 描述为一个三角形，如图 12.8 所示。MTSS 表示学生得到越来越密集的服务和支持，直到确定学生对干预措施做出积极的反应。无论是用漏斗形、三角形还是金字塔形来说明这个概念，这些图都传达出了这样的信息：①学生成功所需的支持强度存在个体差异；②随着需求和提供支持强度的增加，接受服务的学生人数减少。评估可以帮助你了解学生拥有或缺乏哪些技能、需要支持的强度、是否得到了良好的教学、从中获益的程度以及教师和学校的"有效"程度。

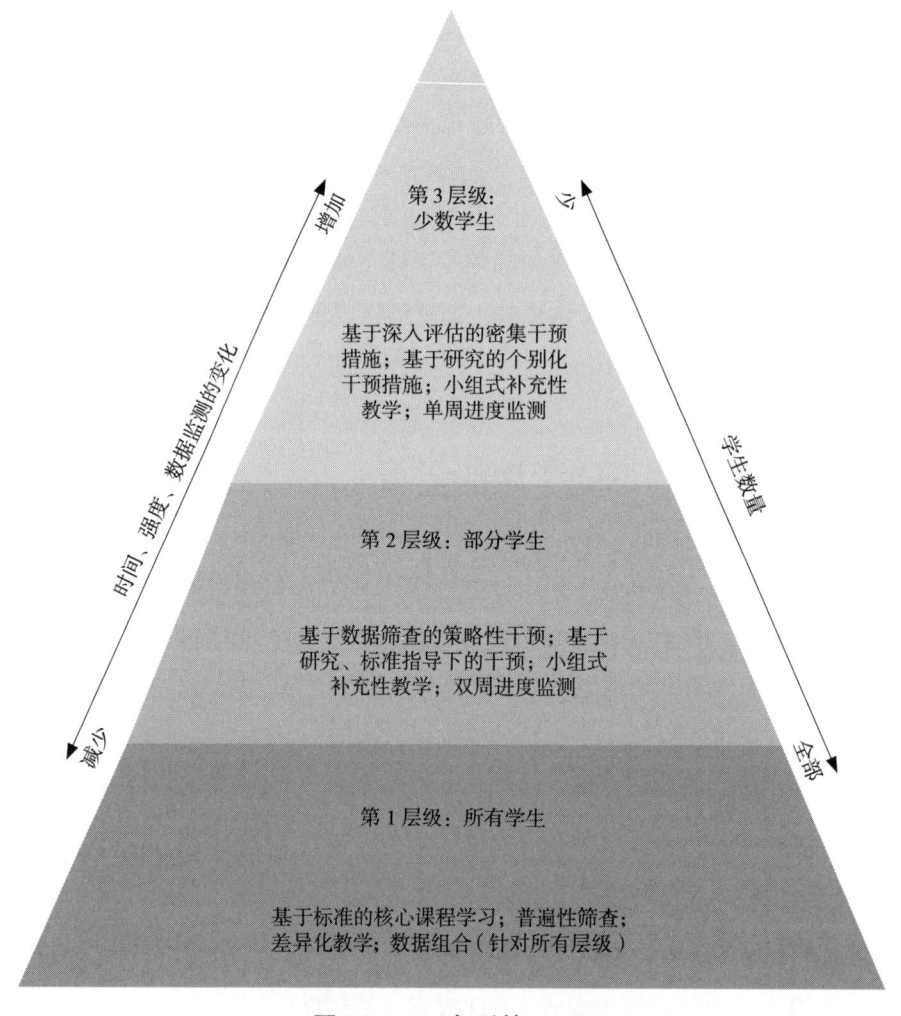

图 12.8　三角形的 MTSS

MTSS 这一概念是根据法律授权或许可提出的。在 2002 年的《不让一个孩子掉队法》中，美国国会呼吁重申并且加强对评估和问责的关注。在 2004 年修订的《残疾人教育促进法》中，美国国会增加了普遍性筛查和进步监测的评估要求。该法还指出，要通过筛查并根据学生对循证有效教学的反应，来决定其是否有资格获得某些类型的特殊教育服务。

MTSS 模式旨在满足所有学生的学业和行为需求，无论是在及格线上挣扎的学生，还是具有高阶学习需求的学生。评估的关键问题是，"学生需要什么样的支持才能获得成功？" 在 MTSS 整个实施过程中，人们使用了"解决问题"模式。问题解决模式是一个基于数据的决策过程，包括如图 12.9 所提供的步骤：问题定义、问题分析、决定采取的行动、干预、监测学生的进步和问题评估。

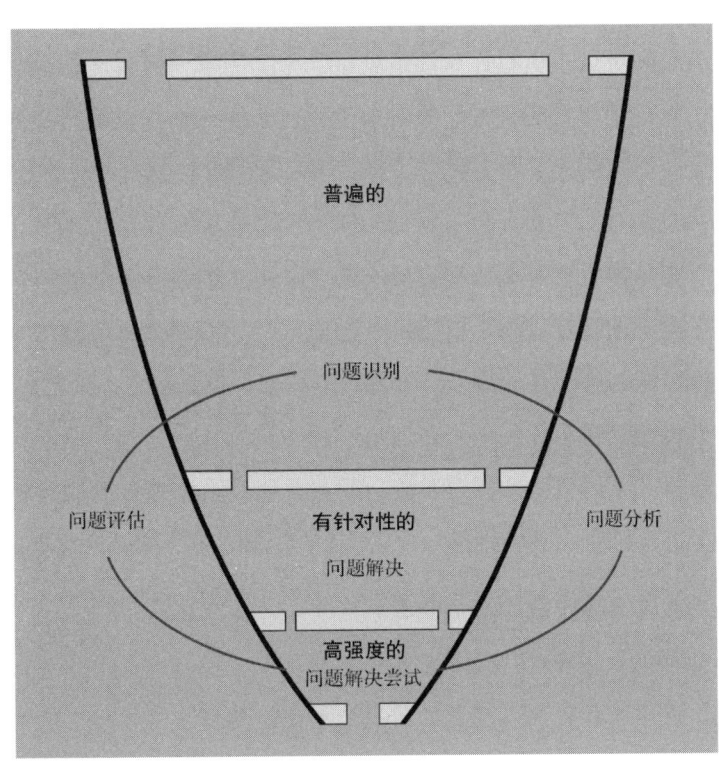

图 12.9　评估是一个解决问题的过程，发生在所有层次或水平

MTSS 始于普通教育规划，该规划的重点是提供有效的教学和支持，以帮助预防学生的学业和行为问题。在整个 MTSS 中，学生在每个阶段的教学或干预中的进步都会受到密切监测，以确保他们在教学或行为目标上取得适当的进步。当进步不够充分时，教师就会根据学生的情况决定后续的教学内容、方法，以及学生需要的支持和服务的强度。在 MTSS 的评估数据中包含了学生的以下信息：

○ 学生相对于同龄人或标准的能力水平
○ 特定干预措施成功与否
○ 学生需要多大强度的支持才能达到熟练掌握水平

把 MTSS 想象成由一个**层级系列**（series of tiers）组成。这个漏斗形或三角形中的各个层级，区分的是教学强度，而不是具体的地点、项目、学生类型或教职员工。**第 1 层级**（first tier）是向所有学生提供的核心教学。课堂上的筛查测验（例如过程性评估）显示的是哪些学生存在阅读、数学或其他学习困难的风险。而后续对有风险的学生进行简短的测验可以进一步了解学生的需求，如有阅读困难的学生需要在词汇流利性方面进行额外的教学。在**第 2 层级**（second tier），任课教师可能会提供正确的反馈和额外的教学。也可能是由另一个在阅读和流利性上非常专业的教师，指导一群在阅读上有着同样困难的学生，或者实施更为特定的教学项目，像"自然阅读"（Read Naturally）或者"良好阅读（Read Well）"等策略。如果学生未能对具有针对性的干预措施做出反应，可考虑将其安置到第 3 层级，接受更个性化的干预。在**第 3 层级**（third tier），教学的强度可能会增加。也就是说，教学课程的时间更长，更有针对性地满足学生的需求，或者增加教学或干预的频率。如果学生仍旧存在困难，教育工作者团队可能要对学生进行全面评估，以确定其是否有资格接受特殊教育和相关服务。

无论在哪一个层级进行什么样的干预，MTSS 的目标都是基于学生的表现，告知教师该提供何种教学或教育援助，以满足学生在学业成就方面的需要。第 1 层级的一般评估包括普遍筛查以及连续或定期（例如每年三次）的进步监测，以确定在学业或行为表现上有风险的学生。在第 2 层级，一般评估包括学业内容领域的诊断性评估，以便为教学和干预提供信息；除此之外还包括进步监测，以辅助教学者做出教学决定。在第 3 层级，在评估过程中持续或频繁地收集资料，根据评估结果，考虑将学生转介至多学科儿童研究团队，以及确定学生是否符合特殊教育服务资格。当我们按照正确的程序实施多层次支持系统时，其结果是：

○ 所有学生在普通教育环境中接受高质量教学
○ "将学生转介至特殊教育场所"的考虑或决策减少了
○ 当学生被筛查出有学业和行为表现上的问题，利用评估信息对该学生做出教学决定
○ 持续监测个别学生的进步并进行数据分析，以确定其具体困难
○ 被筛查为高风险的学生可立即得到个别关注，无需等到被确认符合特殊教育服务资格后
○ 一致地、严格地执行进步监测和有效干预
○ 所有学生在接受特殊教育服务之前都能接受适当的教育

12-3　RTI 或 MTSS 的有效性

廷德尔等人（Tindal et al., 2012）描述了 RTI 良好运作的三个"要素"，具体包括：

1. 充分评估。必须有良好的测量工具提供足够的信息，以评估教学干预是否有效。

2. 充分教学。教育工作者必须扪心自问，将使用什么样的教学策略，以及如何正确地使用这些策略。
3. 按照规则决策。必须有预先确定的规则来决定什么时候改变教学或者改变支持的层级。

如果 RTI 得到很好的实施，我们将看到，教师可以参与循证教学，监测学生朝着预期目标的学习进步，并根据学生对教学的反应调整教学。除此之外，教师会定期举行学习小组会议，审查和讨论学生的进步，并提前设定清晰的具体标准来说明期望的表现水平和进步速率。学校将与可能处于风险中的学生的家长进行大量沟通，并使用简短有效的评估来监测学生的学习进步情况。未能达成目标的学生将得到上一层级的支持，具体形式为接受额外的辅导或更密集的干预措施。特殊教育服务的对象则是那些只有接受更加密集的教学才能达成学习目标的身心障碍学生。

RTI 是否在学校得到了很好的实施，目前尚未清楚。像许多新的教育实践一样，RTI 实施的正确性是参差不齐的，并且许多正在以 RTI 名义进行的教育实践实际上存在着很多问题。一些学区以及教育工作者选择的诸多测量工具，并不符合廷德尔对测量技术充分性的要求。他们没有提供足够的数据（学生表现）以进行教学决策，许多正在进行的教学干预并不是基于实证的。例如，尽管缺乏实证支持，但人们仍旧会使用感知训练或形态训练（modality training）的干预措施（Fletcher，2015）。而且，在决策规则方面没有广泛的一致意见，比如要监测到多少个低于目标线的数据点，才能开始调整干预策略。读者应遵循专业文献中的研究结果，这些研究结果使得"如何实施适当和有效的 RTI 或 MTSS 实践"这一问题变得更清晰。

越来越多的证据表明，实施 RTI 或 MTSS 不仅有效，而且对于残疾学生来说，实施 RTI 或 MTSS 比标准参照测验服务模式更有效。例如，范德海登和她的同事（VanDerHeyden & Burns, 2005; VanDerHeyden，Witt & Gilbertson, 2007）称，当在亚利桑那州韦尔地区的一至八年级实施 MTSS 时，联合学区以及后续的三个学区同样出现以下变化：

○ 对筛查出来的孩子进行干预，成功率约为 95% ~ 98%
○ 接受特殊教育的人数至少减少了一半
○ 被鉴别为"有学习障碍"的学生的比例从占所有学生的 6% 下降至 3.5%
○ 州级层面的阅读和数学评估也有相应的进步

休斯和德克斯特（Hughes & Dexter, 2012）回顾了所有关于"RTI 行动网络（RTI Action Network）"的 RTI 实地研究。他们报告说，"所有'RTI 项目对学业成绩或表现的影响'的研究结果，都显示出 RTI 的积极效应"。他们将这些效果归功于 RTI 的实施。他们得出结论，有新的证据表明多层次的早期干预方法也可以提升高风险学生的学业成绩。然而必须指出，对 RTI 和 MTSS 的研究仍然在路上，我们还需要在实际应用中评估这些模式。正如伯恩斯、阿普尔顿和斯泰豪沃（Burns，

Appleton & Stehouwer, 2005），以及范德海登、威特和吉尔伯森（VanDerHeyden, Witt & Gilbertson, 2007）曾表明的，休斯（Hughes et al., 2015）也指出 RTI 实地研究存在局限性，而且大多数研究仅限于阅读方面。尽管当前的干预研究结论不一，但 MTSS 确实为许多评估实践提供了一个框架。这些评估实践证明了学生的成绩是可以得到提高的，特别是那些有学业不良风险学生的成绩。

章节理解题

根据本章内容，回答以下问题：

1. 列出评估教学反应或干预反应实践的基本假设。
2. 描述学校工作人员评估学生对不同水平支持的需求时所进行的步骤。
3. 指出支持和反对 RTI 和 MTSS 的理由，并进行举证。

第三部分
用于评估的正式测量

PART 3

第 13 章

如何评价一个测验

学习目标

13-1 解释评价测验的过程步骤。

本章讨论的标准

CEC 美国特殊儿童委员会初级准备标准

标准 4: 评估

4.0 初级特殊教育专业人员在做教育决策时,使用多种评估方法和数据来源。

CEC 美国特殊儿童委员会高级准备标准

标准 1: 评估

1.0 特殊教育专家开展有效和可靠的评估实践来减少偏见。

ψ 美国学校心理学家协会专业标准

1 基于数据的决策和问责

9 研究与项目评价

教师、心理学家、咨询师和其他教育工作者通常需要对测验进行评价，以决定能否相信测验的结果。在某些情况下，教育工作者希望评价某个已经投入使用的测验，例如在多学科评估中报告的不熟悉的测验。在其他情况下，教育工作者可能正在寻找一种测验，用来评估某个特定学生或一群学生。各种参考书提供了具体的测验信息：《第十九期心理测量年鉴》（*The Nineteehth Mental Measurements Yearbook*）（Carlson, Geisinger & Jonson, 2014）；《测验——心理、教育和商业评估的综合参考（第六版）》（*Test, Sixth Edition-A Comprehensive Reference for Assessments in Psychology, Education, and Business*）（Maddox, 2008）；《第八版测验印刷品》（*Tests in Print VIII*）（Murphy, Geisinger, Carlson & Spies, 2011）。这些书的出版机构在其目录和网站上提供了有关测验的基本信息。此外，我们可以在Buros在线商店（Buros Center for Testing）和互联网上（例如，使用"口头阅读测验"等短语搜索）找到关于测验的关键评论。

13-1 测验的评价

测验人员必须明白，他们——而不是测验研发者或出版机构——对所测验的学生进行准确和适当的推论负有最终责任，这点很重要。无论是评价一个已经实施的测验，还是寻找一个要使用的测验，所有的教育工作者都要面对以下这些相同的问题。

13-1a 测验内容是否合适？

确保某个测验的内容是相关的，不仅仅是看它的分测验名称。对学生学业成就的有效测查，要求测验与教学内容相匹配。当所教的内容被以同样的方式测试时，测验和教学才能称得上匹配。对于成就测验要求只测查已教授的内容。而能力测验则有所不同，通常要求受测者对测验内容进行某种心理或物理上的操作。如果他们不熟悉内容，那么未能作答并不表明他们缺乏能力。例如，受测者可能被要求识别地图集、词典和百科全书之间的相似性。如果他们不知道词典和地图集是什么，就无法识别它们之间的共同属性——参考书。

测验的年份也很重要。通常情况下，除非绝对必要，不应使用15年前或更早之前发布的测验（例如，如果它是评估特定领域唯一可用的测验，或者新的测验缺乏常模、信度或效度，这样的测验姑且可用）。在使用旧的测验时，最好联系出版机构确保你使用的是最新版本。使用非最新版本或即将被取代的版本是在浪费时间。

13-1b 测验是否适合受测的学生？

一般情况下，测验尽管在内容上合适（与教学内容匹配），可能仍然并不适合所有同龄或同年级的学生。有身体和感官障碍的学生通常需要诸多测验便利，然而，未被鉴别为残疾的学生也可能需要，包括来自不同语言文化背景的学生、非常焦虑或容易分心的学生、阅读或处理信息缓慢的学生等。

有些测验可以团体施测，有些测验则必须个别施测。团体测验可以适当地针对单个学生进行，反之则不然，个别化施测的测验不能用于团体施测。

13-1c 测验程序是否合适？

有些测验需要受过专门培训的测验人员才能进行施测。有些测验可能需有特定的证书或凭证才能获取或购买。除了持有测验所必需的证明外，测验人员还必须对它非常熟悉。首次使用者应练习施测和评分。

13-1d 测验在技术上是否具有充分性？

在第4章和第5章中，我们讨论了测验开发和使用中的主要技术考虑。当评价某一特定测验时，需要了解的是，不同信息的重要性不同。例如，虽然与成就测验有关的效度有很多种，但通常内容效度最重要。同时需要了解清楚的是，测验研发者和出版机构很少提供某些类型的信息。例如，测验研发者很少提供常模组学生学习过哪些课程的信息。

对测验技术方面的检查，不仅是为了确定测验是否提供了与重要标准相符合的检查，我们还要考虑测验研发者所提供的证据质量（对信度、效度的说明）。评价测验材料中呈现的证据需要有一种"向我证明或展示（prove or show me）"的心态。人们应该预料到，测验研发者会倾向于把他们的测验最好的一面展示出来。测验研发者必须向潜在用户证明，他们的测验提供了准确的教育和心理信息，基于这些信息可以正确地对学生进行推论。

13-1e 评价过程

1. 获取所有的相关材料

通常情况下，这意味着需要联系测验出版机构，获取一套测验工具和所有可用的补充手册。有时出版机构会赠送或出借工具，有时我们得购买。同一种测验不仅可以由拥有版权的公司出售，也可以由不同的出版公司销售。根据我们的经验，拥有测验版权的公司往往更愿意提供一套工具。

拥有一份《教育和心理测验标准》（美国教育研究协会、美国心理学会、美国教育测量协会，2014）的复本也很有帮助，这里面提供了各种标准的简要解释以及测验满足标准的各种证据。

2. 厘清测验的最重要特征

一般来说，某些类型的证据比其他证据更重要，这与受测学生、被评估的领域和测验目的有关。例如，关于内容效度的证据，对于成就测验比对能力测验更重要。频繁测验时，关于内部一致性的证据比稳定性更重要。一个好的方法是你可以把提供的证据的重要特征列成一张清单，以此来展示你给这些证据的评级。

3. 审查测验

我们从测验研发者提交的证据开始审查。通常，我们发现如果测验手册的内容组织有序，有章节标题、小节和索引，就能很容易地找到要找的部分（例如，信度）。但即使测验手册的内容是精心组织的，我们也常常需要从大量的表格或附录中提取所需要的证据。

当测验材料没有很好地组织时或使用特殊的术语时，查找证据相对来说比较困难。在这样的情况下，我们需要集合所有的材料（因为经常需要同时打开所有的材料，所以需要一个大的空间）。然后，开始阅读并记录重要类型的证据，包括测验的目的、内容、程序、分数、常模、信度和效度。从哪里开始评价并不重要，但基于测验分数推论的有效性和有用性最好留到最后评价。

测验目的

我们通常从研发者推荐的测验用途开始我们的评价。例如，格雷朗读测验第五版的研发者指出，该测验旨在鉴别有阅读困难的学生，协助诊断阅读障碍，帮助确定特定类型学生的阅读强项和弱项，记录学生在特殊干预方案下的阅读进步，研究学生的能力（Wiederholt & Bryant, 2012）。因此，如果施测该测验是为了上述的某个用途，我们将寻找可以证明该测验能有效地用于这个目的的证据。

测验内容和评估程序

我们要首先了解评估领域的定义，然后再检查测验的内容，看它是否代表该内容领域。一些测验手册对其评估的领域进行了广泛的描述。还有一些测验手册只对其内容领域进行了命名，这些名称可能比实际提供的测验内容更广泛。例如，广泛成就测验第四版（Wide Range Achievement Test 4, WRAT 4）（Wilkinson & Robertson, 2006）声称能够测量阅读能力。然而，只要粗略地检查测验的内容就能发现，它只是采用改进型的完形填空[1]来评估字母识别、单词识别和句子理解能力。

我们还要检查测验的程序。有些测验的施测程序非常严格，明确规定了如何呈现测验材料、如何提问、何时可以复述或重新表述问题，以及学生如何和何时解释或阐述答案。有些测验采用的程序较为宽松，有灵活的指导语。无论哪种情况，测验的指导语和步骤都应该包含足够多的细节，以便测验人员能够按照测验研发者的意图进行施测。当测验研发者为无正常考试能力的学生改编或提供便利措施时，他们应提供证据，表明享有便利措施的学生得到的分数与其他学生的分数具有相同

---

1 原注：完形填空是从句子中删除一个或多个单词，要求受测者根据上下文选择合适的单词来补充缺失的单词。

意义。一般情况下，测验材料和指导语越灵活，测验结果对重度残疾学生越有效。例如，独立行为量表修订版（Scales of Independent Behavior - Revised）（Bruininks，Woodcock & Hill，1984）可以由任何熟悉评估对象的人进行施测。

此外，还需要考查测验内容是如何被测查的。具体来说，我们需要寻找证据，证明测验的内容和评分程序代表了测查的领域。呈现的证据可包括下列任何选项（可以是一个或多个）：

- 测验内容与某种外在标准的比较。例如美国数学教师协会就数学知识应该测验什么以及如何测验提出了一个广泛的标准。
- 测验内容与其他公认测验内容的比较。
- 专家意见。
- 纳入或不纳入测验内容及评估程序的合理理由。

分数

除了原始分数，测验还可获得转换分数（derived scores）。转换分数有许多类型，可获得的转换分数类型是关于测验评价的最直接证据。这些分数类型的信息可以在几个地方找到：评分部分、常模部分、单独的分数部分、分数解释部分或者评分表上。

我们必须考虑分数的类型是否可以对学生进行正确的推论。例如，通过常模参照分数可以得出学生在所测技能或能力方面的相对等级位置的判断。将某个学生与其他学生进行比较时，例如，试图确定一个学生是否明显落后于同龄人时，使用转换分数是合适的。转换分数不适合判断学生是否掌握了特定的信息（例如，各种交通标志的含义）或技能（例如，能够流利地阅读所在年级的材料）。另一方面，知道一个学生能够准确流利地阅读所在年级水平的材料，并不能提供该生与其他类似学生孰优孰劣的任何信息[1]。如果测验研究者使用独特类型的分数（甚至是他们创造的分数），他们有责任解释分数。例如，伍德科克—詹森心理教育成套测验第四版（Woodcock-Johnson Psychoeducational Battery IV）（Shrank, McGrew & Mather, 2014）将一个"W分数"作为分析的单位。

常模

将一个学生的分数与参照群体的分数（常模样本学生的分数）进行比较解释时，必须清楚地描述参照群体的特征（美国教育研究协会等，2014）。例如，每当学生的成绩被转换为百分位数或其他分数时，我们通常希望在对学生的成绩进行比较时，常模样本必须由足够数量的受测人群组成。

必须谨慎一点的是，在制订测验常模时，尽管实际上人们可能会对几千名学生进行测查，但并不是所有学生的分数都可以使用。是否采纳各个受测者的分数，主要有以下几个考虑因素：

---

[1] 原注：我们再次提醒，年级当量并不意味着学生实际所处的年级的材料水平。年级当量3.0并不表示一个学生可以准确流畅地阅读三年级的材料。更有可能的是，三年级的阅读材料对一个年级当量相当于3.0的人来说太难了。

- 人口学资料的缺失（例如，学生的性别或年龄可能没有登记）。
- 学生未能完成测验，或测验人员无意间遗漏了部分题目。
- 某位学生不符合纳入常模组的标准（例如，年龄太大或太小）。
- 分数可能是一个极端值（例如，五年级学生可以正确回答所有成人回答的问题）。

因此，最初受测的学生人数一般与常模组的学生人数不同[1]。

好的常模不仅基于学生的年龄（或年级）和性别信息，还必须普遍代表该年龄或年级阶段的所有学生。因此，我们希望把主要种族和少数族裔群体（高加索美国人、非裔美国人、亚裔美国人和西班牙裔美国人）的学生都囊括在内。我们还期望包括来自城市、郊区和农村的全美学生都被纳入其中。最后，我们期望所有社会经济阶层的学生都被纳入其中。此外，我们期望这些常模群体中的学生比例与一般人口的比例大致相同。因此，我们会进行系统的比较，比较每个单独常模群体中的学生比例与一般人口比例的情况。例如，在比较一个9岁女孩与一般9岁女孩的分数时，我们力图寻找证据表明，9岁女孩的常模群体有恰当比例的高加索美国人、非裔美国人、亚裔美国人和西班牙裔学生，包含恰当比例的来自国家每个地区和每种社区的学生，等等。由于一些测验研发者没有使用加权程序（weighting procedures），我们并不期望常模群体的构成比例与人口比例完全一致。然而，当多数群体的比例与其在普通人口中的真实比例相差5%或更多时，我们会认为常模可能存在问题（我们承认这是一个武断的标准，但对我们来说，它似乎通常是合理的）。

信度

对于推荐用于解释（recommended for interpretation）的每一个分数，测验研发者必须提供信度证据。首先，每一个分数意味着所有领域和常模比较（norm comparison）的分数。领域得分（domain scores）是各个领域或分领域可以被适当解释的分数。例如，学业成就测验的研发者可能会推荐阅读、书面语言和数学的解释分数；一个研发者可能会推荐解释分数用于朗读和阅读理解领域，而另一个研发者可能会将朗读和阅读理解分数当作一个中间环节，且不进行解释。其次，常模比较是指将某个人的分数与其所对应的常模组（例如，三年级女生的阅读成绩、二年级男生的阅读成绩或者五年级学生的阅读成绩）进行比较。因此，如果研发者在阅读和数学领域为一至三年级的学生（包括男孩和女孩）提供了全年常模（whole-year norms），那么就应该有6个分数的信度信息——3个年级乘以2个学科领域。如果一至十二年级的学生在3个学科领域有全年常模，则有36个推荐分数——12个年级乘以3个学科领域。在实践中，看到100个或100个以上年龄（或年级）分数的信度信息的情况并不罕见[2]。

---

1 原注：受测学生人数与常模中实际使用的学生人数之间的差异只有在学生人数被删减时才被考虑，这时常模制订过程的有效性就会受到质疑。

2 原注：注意，关于信度系数的信息适用于任何类型的分数（例如，标准分数、原始分数，等等）。测量标准误对于每一种类型的数据是不同的。

正如我们已经了解到的，信度不是一个单一的概念。它指的是某个领域的测验题目的一致性、分数随时间变化的稳定性以及测验人员评分的一致性。测验必须提供有关测验题目信度的信息以及稳定性的估计——这些指标对于所有测验都是必需的。评分者一致性的信息只有在客观评分存在困难时才有需要。因此，我们期望看到常模组在每个领域和分领域的项目信度和稳定性（或评分者一致性）估计。如果对一至三年级学生的阅读和数学分数进行常模比较，并估计题目的信度和稳定性，则将有12项信度估计：每个年级的阅读和数学项目信度的6项估计，以及每个年级的阅读和数学稳定性的6项估计。

鉴于现代计算机技术的发达，没有任何理由不提供关于内部一致性的所有估计。收集测验稳定性的证据代价更大，耗时也更多。因此，我们经常发现不完整的稳定性报告，表现为以下两种方式。一种方式是研发者通过使用代表整个年龄或年级范围测验样本的标准分数报告平均稳定性。虽然这个程序给出了测验稳定性的一般概念，但它没有提供关于特定年龄或年级分数稳定性的信息。另一种方式是提供某个年龄（或年龄范围）的数据来代表整个年龄范围的数据。例如，对于某个针对学前班到六年级学生的测验，研发者可能只报告了一年级、三年级和五年级学生的稳定性数据。

然而，测验仅仅包含必要的信度估计是不够的。每一个信度估计都应该充分服务于测验的目的。因此，为学生做出重要教育决定的测验（或分测验）的信度估计值应为0.90或0.90以上。此外，每个测验和分测验必须对其用于的每个年龄或年级组学生有足够的信度。例如，即便一项阅读测验对二年级以外的所有年级学生都非常可靠，但它可能不适合在二年级学生中使用。

最后，如果测验评分是主观的，必须提供评分者一致性的证据。不报告这种类型的证据会严重限制测验的使用。

效度

对一般效度（general validity）的评定是测验评价中最复杂的方面。严格来说，一项测验如果被发现其内容、程序、分数、常模或信度不足，就不能产生有效的推论。不管评估的领域是什么，所有测验都应该提供令人信服的普遍有效性证据。一般效度是指测验能够准确测出所需测量的事物的程度。因此，我们期待有内容效度、效标关联效度和结构效度的证据。

然而，我们可以期待得更多。测验研发者还应该提供证据，证明使用他们的测验能为每一个推荐用途（recommended purpose）做出有效的推论。例如，如果测验研发者声称测验可以用来鉴别有学习障碍的学生，我们希望看到相关证据，证明使用该测验可以得出有学习障碍的正确推论。当这些推论依赖于使用分数线时，应该有证据表明特定的分数线是有效的。同样，如果测验研发者声称他们的测验对规划教学起作用，也需要证据。标准化测验作用于规划教学中的证据应由一系列数据组成，这些数据应当可以表明如何使用测验分数寻找教学起点，以及这些起点的准确性如何。

总结性评价

在对测验进行全面评价时，最好要记住，测验研发者有责任让潜在用户相信他们的测验是有效的。然而，一旦你作为测验的使用者来使用测验，你——而不是测验研发者——就要对基于测验的推论负责。

只有当某个测验有合理的常模，能够得出可信的分数并且具有效度，基于测验的推论才能被认为是准确的。如果以上任何一个组成部分缺乏证据或证据不足（例如，常模不充分或分数不可靠），那么推论就不可信。通常，尽管发现某个测验有用，但仍然有必要确定它是否适合于你要测查的学生，是否能达到你施测的目的。当然，一般来说，一个不是很好用的测验对特定的学生也不会有用。

4. 总结性决策

总结性决策回答了我们在表2.1中提出的问题。这个测验的结果是否足够准确，可否用于做出关于筛查、进步监测、教学计划、资源分配、特殊教育服务资格、学生项目评估和总体问责的决策？这些决策中的每一项的标准都不同，因为每一项决策的后果都是不同的。做出改变学生个人生活的长期决策需要最高质量的证据。在对学生群体做决定时，针对个体的错误往往会被抵消，因此这种类型的决策可以使用质量稍低的证据。无论做出什么样的决策，测验人员都必须公开所呈现的数据的质量。

章节理解题

根据本章内容，回答以下问题：

1. 审核一个测验的四个步骤是什么？
2. 审核测验时，所检查的具体质量是什么？

第 14 章

多元技能学业成就评估

学习目标

14-1 描述在选择成就测验时要考虑的因素。

14-2 解释评估学业成就的原因。

14-3 对具有代表性的个别成就测验进行描述和比较。

14-4 说明如何充分利用成就测验。

本章涉及的标准

CEC 美国特殊儿童委员会初级准备标准

标准 4: 评估

4.0 初级特殊教育专业人员在做教育决策时,使用多种评估方法和数据来源。

CEC 美国特殊儿童委员会高级准备标准

标准 1: 评估

1.0 特殊教育专家开展有效和可靠的评估实践来减少偏见。

Ψ 美国学校心理学家协会专业标准

1 基于数据的决策和问责

3 发展学业技能的干预和教学支持

直到最近，学校工作人员都会对学生开展团体施测、常模参照的成就测验，评估学生在多个领域的技能（例如，阅读词汇、阅读理解、阅读速度、数学计算、数学概念和问题解决、语言、拼写、写作、听力理解、科学和社会研究），从而筛查学生和评估学生的进步情况。这些测验包括斯坦福成就测验（Stanford Achievement Test）、都市成就测验（Metropolitan Achievement Tests）、艾奥瓦州基本技能测验（Iowa Tests of Basic Skills, ITBS）和特拉诺瓦成就测验等。这些测验的施测需要占用师生的大量课堂时间（6~8个小时，分几天进行），并且需用较长时间来评分，还需要向教师和家长提供反馈，为教师提供计划教学的信息也有限。随着课程本位测量和计算机自适应测验的发展和应用，团体成就测验的使用明显减少。而且，作为《不让一个孩子掉队法》的一部分，联邦问责制要求各州每年都要根据自己所在州的学业标准，报告学生的表现和进步情况，以及报告学生达到国家层面的州共同核心标准的情况。各州及其学校现在使用的标准参照测验（standards-referenced tests）要么是特定评估联盟的一部分，如智能平衡评估联盟（SBAC）或为升学和就业做准备评估联盟（PARCC），要么是由特定的测验出版机构为他们定制的[1]。

在这一章中，我们将集中描述和回顾用于筛查、资格认定、教学和项目评估决策的个别施测的多元技能成就测验。这些测验是 IEP 团队在做出以上决定时最常使用的措施。**多元技能成就测验**（multiple-skill achievement tests）评估学生对多个课程领域的知识和理解，如阅读、拼写、数学或语言。这些测验旨在评估学生与同龄或同年级的学生相比，从学校教育和其他生活经验中获益的情况。

14-1 选择测验的注意事项

在选择个别施测的多元技能成就测验时，教师必须考虑四个因素：内容效度、刺激反应模式、学习机会和相关常模。

第一，教师必须评价内容效度的证据，这是成就测验中最重要的一种效度。许多多元技能测验都具有一般的内容效度——测验所测量的重要概念和技能通常是大多数课程的一部分。强调这种效度使得测验内容更适合评价一般的学识（attainment）[2]。然而，如果一种测验被用来评估学生从学校教育中获益的程度——测量学生的成绩，而不是测量普遍的内容，则内容效度是需要的，因为测验必须与教学内容相匹配。与教学不匹配的测验缺乏内容效度，基于此类测验做出的决策会受到限

---

1 原注：SBAC 是由一些州共同开发的一个计算机自适应评估系统，该系统与州共同核心标准的英语语言艺术／读写能力（English Language Art／Literacy, ELA）和数学内容是匹配的，适用于三至八年级和十一年级。这些测查包括以问责为目的的总结性测量和用于教学规划的即时测量（更多信息见 SBAC 网站）。PARCC 是由另一些州（参与 SBAC 和 PARCC 的州是相互排斥的）共同开发的一套评估体系，用来评估学生是否在大学和职业生涯中取得成功。这些测量是基于计算机的数学和英语语言艺术／读写能力测验，帮助教师规划教学来满足学生的需求。PARCC 包括诊断测验、年中测验和年终（总结性）测验（更多信息见 PARCC 网站）。我们还将在第 22 章中介绍更多关于 SBAC 和 PARCC 测量系统的使用信息。在第 10 章中，我们描述了为制订教学计划和评价决策而在进步监测中使用的课程本位测量和计算机自适应测验。

2 原注：成就一般指的是作为学校教育的成果而学习的内容。学识是一个更广泛的术语，指的是个人在学校和其他生活经历中所学到的知识和技能。

制。阅读本章最后的"当前实践中的困境"部分，了解更多关于这个问题的信息。当对残疾学生施测成就测验需要考虑内容效度时，教育工作者必须考虑学生在多大程度上有机会学习测验的内容。在某些情况下，残疾学生没有足够的机会接受多种技能测验中的技能教学。那么，测验的低分可能反映出缺乏相关的教学，而不是学校对学生学术技能发展的影响。

第二，对残疾学生实施成就测验的教育工作者需要考虑，分测验的刺激反应模式对有身体或运动问题的学生来说是否特别困难。对于那些因阅读或运动障碍而需要花费更多时间来完成特定任务的学生来说，计时测验可能不合适（在第7章关于测验便利的内容中对这些问题有更详细的阐述）。

第三，教育工作者必须考虑州共同核心标准和自己所在州的学业标准。这样做时，他们应该检查所选择的成就测验在多大程度上测量了州标准的内容。

第四，教育工作者必须评估每项测验常模的适当性，思考常模群体是否由他们希望与学生参照对比的合适群体组成。如果一项测验是用来估计普遍的学识，那么最好从全国各地的学生中选取有代表性的样本作为常模。然而，如果一项测验是用来进行校内比较，与校内其他学生进行对比的，则采用本地常模可能更好。最后，教师应该检查整个测验及其组成部分在多大程度上具有决定学生所学内容的必要可靠性。

14-2 我们为什么要评估学业成就？

成就测验最常被用于学生学业技能发展的广泛评估，以便人们做出普遍的筛选或问责决定。它们也可以用来鉴别需要教育干预的学生个体，这些学生要么需要学业补习（技能发展水平相对较低），要么需要学业拓展（技能发展水平相对较高）。然而，筛查测验的行为样本（题目）有限，它们又必然是宽泛的行为样本。因此，通过筛查测验鉴别出来的学生应进一步通过阅读或数学等特定内容领域的诊断测验进行评估，以验证他们对特定教育干预的需求。在介绍阅读、数学和书面语言诊断测验的章节中描述和评价了特定的诊断测验。

14-3 个别施测的成就测验

在本章的这一节将介绍四种个别施测的多元技能测验：成套诊断性成就测验第四版（Diagnostic Achievement Battery-4, DAB-4）、皮博迪个人成就测验修订本/常模更新版（Peabody Individual Achievement Test, PIAT-R/NU）、韦克斯勒个人成就测验第三版（Wechsler Individual Achievement Test 3, WIAT-III）和广泛成就测验第四版。在后面的章节将讨论专门针对特定内容领域的筛查和诊断测验，如阅读和数学。在第18章，我们将介绍伍德科克—詹森成就测验第四版（Woodcock-Johnson

IV Tests of Achievement），这是一项非常全面的个别施测的成就测验，是一系列智力、成就和口语测验的一部分。

14-3a　成套诊断性成就测验第四版

最新版本的成套诊断性成就测验（Newcomer, 2014）是在 1984 年初级版本的基础上发展起来的，目前是第四版。DAB-4 广泛用于确定学生在基本学业内容领域的水平，重点是鉴别水平明显低于同龄人的学生，确定学业优势和劣势，记录学业进步或成长，以及有关学业成就的研究。在第四版测验中，分测验的数量从 14 个减少到 8 个。测验没有时间限制，全部 8 项测验可以在 60 ~ 90 分钟内完成。通过将 3 个分测验（拼写、标点符号/大写和数学计算）进行组合，可以压缩测验时间。测验材料包括测验人员手册、测验人员记录册、学生记录册、探测性测验评估（assessment probes）和一个音频 CD。

分测验

听力理解　　共有 35 题，测验人员会播放音频光盘或大声朗读简短的故事，要求学生回答这些故事的相关问题。

同义词　　共有 28 题，要求学生根据测验人员念出的词说出一个同义词。

字母/语音/单词识别　　共有 67 题，要求学生识别字母、字母发音和单词。

阅读理解　　共有 45 题，包括两项任务。第一项是单词—图片配对任务，学生默读一个单词，然后指出与该单词相匹配的图片。第二项是故事理解任务，学生默读短篇故事，回答与故事相关的一系列问题。

标点符号/大写　　这是一项纸笔任务，学生必须在一系列的句子中添加大写字母和标点符号，这些句子的结构是从简单的双词到复杂的多词汇组合，越来越难。

拼写　　学生必须写出一系列由测验人员念出的单词。

数学推理　　共有 28 题，从低难度的题目——学生口头回答图片中的数学问题，到较高难度的应用题。

数学计算　　共有 36 题，学生必须按难度顺序解决数学问题，这些问题包括基本运算、十进制用法、分数和一些代数概念。

DAB-4 的分测验可以合并为 5 个学业测验：口语、阅读、书写、数学和总体基本学业技能。在 DAB-4 的测验说明中明确了每个分测验的施测起点，以及达到基础条件和上限条件的标准。这有助于减少学生答题的数量，缩短分测验的施测时间。

分数

DAB-4 可以获得以下几种分数：年龄当量、年级当量、百分等级、每个分测验的量表分数（平

均数 =10，标准差 =3）和合成测验的标准分数（被称为指数分数，平均数 =100, 标准差 =15）。研发者在测验手册中提供了一套表格，说明 DAB-4 分测验之间的差异或合成分数之间的差异是否具有统计学意义，这有助于测验人员领会差异是否代表了真正的优势和劣势。

DAB-4 手册为使用者提供了每个分测验的起点位置。此外，还提供了**基础点**（basals）（学生必须答对多少题，才能使前面的题目不用作答就都能算对）和**上限点**（ceilngs）（需要连续答错多少题，之后的题才不用做）的说明，这样可缩短施测的时间。

常模

研发者在 2011 年夏季至 2013 年秋季对 DAB-4 测验进行了标准化工作，该测验的常模样本包括 25 个州的 1310 名学生。这些学生的年龄介于 6 至 14 岁，每个年龄组有 114 至 166 名学生。因此，常模样本的数量有限。研发者认为常模样本在人口学特征上具有代表性，并证明常模样本在地理区域、性别、种族、西班牙裔、特殊群体、父母受教育程度和家庭收入等方面与美国学龄人口的样本特征相吻合。但是，常模没有提供交叉（cross-tabs）分析。也就是说，没有证据表明非裔美国学生是否主要来自东南部，男性是否主要是西班牙裔，等等。这些证据将有助于学校工作人员判断他们评估的学生在多大程度上与常模组的学生相似。

信度

DAB-4 各分测验的内部一致性信度系数在 0.73 ~ 0.96 之间，只有听力理解分测验的信度在 0.80 以下。综合分数的内部一致性系数范围为 0.89 ~ 0.97。同时提供了性别、种族和特殊子群体的内部一致性信度，这些系数也都超过了 0.80。

研发者对 6 ~ 10 岁和 11 ~ 14 岁的两组学生进行了重测信度研究。研究针对的是不同年龄段的组合样本，除了一个分测验以外，其他分测验的信度系数都超过了 0.80；除了一个综合测验以外，其他综合测验的信度系数均超过了 0.90。该测验的内部一致性和重测信度足够好，因此可以对学生做出重要的教育决策。

效度

DAB-4 手册中包含了大量关于测验题目和测验形式的合理性材料。有证据表明，分测验的内容领域通常也出现在其他个别施测的成就测验中。研发者详细地提供了选择测验题目的项目分析程序，以及检查题目偏倚情况的统计分析结果。有合理的证据证明，DAB-4 具有内容效度。

研发者提供了 DAB-4 的效标预测效度（criterion-predictive validity）证据，证据表明 DAB-4 的分数与其他成就测验分数以及 8 个领域的学校成就分数密切相关。DAB-4 与其他测验的相关系数介于 0.56 ~ 0.76 之间。以上证据表明，DAB-4 具有内容效度和预测效度。

总结

DAB-4 是一项个别施测的成就测验，有 8 个分测验，评估 4 个学业综合领域的基本技能：口语、阅读、书写和数学。该测验虽然在有限的样本基础上进行了常模的制订，但在做出重要的教育决策时具有足够的信度和效度。

14-3b 皮博迪个人成就测验修订本／常模更新版

最近一版的皮博迪个人成就测验（PIAT-R/NU；Markwardt, 1998）不是一个新版本的测验，而是在 1989 版 PIAT-R 的基础上更新了常模。该测验是一种个别施测、常模参照的工具，旨在针对 6 个内容领域的学业成就进行广泛的筛查测量（screening measure），它可以用于学前班到十二年级的学生。PIAT-R/NU 测验材料包含在 4 个测验题本（easel kit）中，每个题本对应一种测验。测验题本的作用是给学生呈现视觉水平上的刺激材料，测验人员的指导语写在材料的背面。学生可以看到刺激材料的一面，而测验人员可以看到两面。研发者建议该测验用于个人评估、教学、招生转校、学生分组、进度评估和人员选拔。这项测验曾经是最受欢迎的个别化学业成就测验之一。测验的题目和常模现在已经过时了，人们不再使用它为学生做出重要的决定。

最初的皮博迪个人成就测验（Dunn & Markwardt, 1970）包括 5 个分测验。PIAT-R 增加了一个书面表达分测验。1989 年版更新了测验的内容。1998 年版与 1989 年版相同。PIAT-R/NU 的 6 个分测验介绍如下。

分测验

数学 共有 100 题（选择题），从评估匹配、辨别和识别数字等早期技能的题目，到评估几何学、三角学（trigonometry）中的高级概念的题目都有。这个测验测量学生对数学概念和事实的知识掌握程度和应用。

阅读材料识别 共有 100 题，难度范围跨越了幼儿园到高中。用来评估字母匹配、大小写字母命名和单词识别的技能发展。

阅读理解 共有 81 题（选择题），用以评估理解阅读内容方面的技能发展。学生在读完一个句子后，必须从四幅图片中选择正确的图片表示其理解判断。

拼写 共有 100 题，题目的内容跨越了学前班到高中。初始的题目评估的是学生从图片上区分字母的能力，以及将字母符号与声音联系起来的能力。较难的题目评估学生从测验人员大声朗读的四个单词选项中识别出正确拼写的单词的能力。

一般知识 共有 100 题，测验人员口头提出问题，学生也必须口头回答。题目评估学生对社会研究、科学、体育和美术知识的掌握程度。

书面表达 从两个级别水平评估学生的书面语言能力：第一级水平适用于学前班儿童和一年

级的学生，是一个前写作技能的测量，如听写字母、单词和句子；第二级水平，学生根据图片的提示写一个故事。

分数

除了书面表达分测验外，PIAT-R/NU 其他分测验的计分方式都一样：学生对每道题的作答被评为及格或不及格。在这 5 个分测验中，原始分数可被转换为年级和年龄当量、基于年级和年龄的标准分数、百分等级、正态曲线当量（normal-curve equivalents）和标准九分数。书面表达分测验的计分与其他分测验不同，测验人员使用的是测验手册附录中的一套评分标准。以下是对该标准的描述。对于水平 1，测验人员会对学生的名字书写进行评分，然后对 18 个题目的回答进行及格或不及格的评分。对于水平 1 较难的题目，学生必须获得一定的小分数（subcredits）才算通过。该手册明确规定了分配小分数的方法。对于水平 2，学生自由作答，测验人员检查答案的某些特定要素：例如，字母大写正确，标点符号正确，没有不恰当的单词，有这些要素学生就会得到分数。书面表达分测验的得分包括基于年级的标准九分数和发展性量表分数（平均数＝8，标准差＝3）。

有三种合成分数用于总结学生在 PIAT-R/NU 中的表现：阅读总分、测验总分和书面语言分数。阅读总分是阅读能力的综合测量指标，是阅读识别和阅读理解的综合得分。测验总分是通过综合一般知识、阅读识别、阅读理解、数学和拼写几个分测验上的表现获得的。书面语言合成分数是可选择的，通过结合拼写和书面表达两项测验的成绩获得。

常模

在对 1989 年版的 PIAT-R/NU 进行标准化的时候，选取了学前班到十二年级的 1563 名学生。1998 年的常模更新工作是与考夫曼教育成就测验（Kaufman Test of Educational Achievement）、基玛斯基本数学诊断性检测表（修订本）（Key Math‐Revised）和伍德科克阅读掌握测验修订版（Woodcock Reading Mastery Tests‐Revised）的常模工作一起完成的。常模更新的样本为幼儿园至十二年级的 3184 名学生。研究采用了分层多阶段抽样程序（stratified multistage sampling procedure），确保在每个年级选择具有全国代表性的群体。并不是常模组的所有学生都参加了这 5 项测验。有五分之一的学生各参加了一项测验，以及其他测验的一部分。因此，简短和综合形式的常模组由大约 600 名学生组成。在 3 岁年龄段只有 91 名学生。由于对每个学生都有多种测量方法，研发者可以使用测验或分数的连接（linking）和等值（equating）技术来增加常模样本的规模。

原始 PIAT 常模和更新版常模的数据收集期相隔约为 10 年。在这段时间内，课程教育实践、人口统计和文化环境的变化可能会影响学业成就的水平。现在，这个测验的使用已超过 35 年，常模样本的建立已超过 25 年。每个年龄和年级的常模样本的规模相对较小，加上内容和常模严重过时，使得 PIAT-R/NU 作为当前学业成就测量的工具几乎不可用。

信度

所有关于 PIAT-R/NU 的信度数据均为原始 PIAT-R 的信度数据。学生在这两种版本测验中的表现发生了改变，因此研发者应该在 20 世纪 90 年代末对学生进行一些信度研究。将原始版本 PIAT-R 的信度推广到 PIAT-R/NU 的信度的做法是值得怀疑的。

效度

所有关于 PIAT-R/NU 的效度数据也是原始 PIAT-R 的效度数据。学生在这两种版本测验中的表现发生了改变，因此研发者应该在 20 世纪 90 年代末对学生进行一些效度研究。将原始版本的 PIAT-R 的效度推广到 PIAT-R/NU 的效度的做法是值得怀疑的。这对基于与其他测验进行相关分析的效度测量来说尤其如此，然而那些其他测验（例如，广泛成就测验或皮博迪图片词汇测验）已经被修订。

总结

PIAT-R/NU 是一种个别施测的成就测验，于 1998 年重新修订常模。信度和效度信息是基于 1989 年版的测验。与所有的成就测验一样，最重要的是内容效度。测验人员必须对 PIAT-R/NU 的内容与学生课程的对应关系很敏感。这个测验的核心本质是 1970 年的测验，1989 年研发者进行了修订，1998 年又修订了常模。关于信度和效度的数据是基于早期版本的量表，这些数据并没有变化。更新常模而不持续收集关于技术充分性数据的做法并不可靠。该测验的常模样本非常小，而且非常陈旧。该测验是严重过时的，与当前课程的相关性值得怀疑。这是一个很好的（反面）例子，是一个不应该在当今学校使用的测验。学校工作人员应使用其他测验来测量学业成就。

14-3c 韦克斯勒个人成就测验第三版[1]

韦克斯勒个人成就测验第三版（WIAT-III；Psychological Corporation，2009）是一种诊断性的常模参照成就测验，旨在评估 4 岁 0 个月到 19 岁 11 个月（或从先学前班到十二年级）学生的阅读、数学、书面表达、听力和口语水平。研发者认为，WIAT-III 可以更好地捕捉到联邦和州对于学习障碍鉴别政策的改变之处，并与它们保持一致。同时指出，WIAT-III 包括的 16 个分测验（分为 7 个领域的合成分数和 1 个总成就的合成分数，见表 14.1），全面评估了基于 2004 年《残疾人教育促进法》涉及学习障碍的 8 个学业成就领域（基础阅读、阅读流畅性、阅读理解、书面表达、口语表达、听力理解、数学计算、数学问题解决），其内容比前几版测验更加深入。WIAT-III 比 WIAT-II 增加了朗读流畅性和数学流畅性 2 个分测验。先学前班或学前班的儿童，施测时间约为 45~50 分钟，一至六年级学生的施测时间约为 1.5 小时，七至十二年级的施测时间约为 1.5~2 小时。

---

1 原注：此部分由吉尔·福尔坦（Jill Fortain）、克里斯滕·S. 吉拉德（Kristen S. Girard）和纳单·冯德伦布（Nathan von der Embse）撰写。

表 14.1　韦克斯勒个人成就测验第三版构成与分测验的说明

构成	分测验	观察结果是否一致
总分		
基本阅读	读单词	评估单词识别、单词阅读和解码能力 ■ 能流畅地发音或朗读单独的单词
	假字（pseudoword）解码	评估运用语音解码技巧的能力 ■ 大声朗读无意义的、符合典型英语语音结构的自创单词
阅读理解和流畅性	阅读理解	评估从文本中提炼信息的能力 ■ 阅读文章（朗读或默读），并口头回答问题
	朗读流畅性	评估快速阅读、准确阅读、理解文章的能力 ■ 大声朗读相应年级的一系列段落 ■ 回答与文章内容有关的问题
	早期阅读技能*	评估阅读解码和前阅读技能 ■ 通过命名和发音识别字母 ■ 识别以相同发音开头/结尾的单词 ■ 单词韵律、字母组合 ■ 将文字与对应的图片相匹配
数学	数学问题解决	评估数学推理能力 ■ 计数 ■ 识别形状 ■ 解决一步和多步骤的数学应用问题 ■ 解释图表 ■ 运用几何学、统计学和概率论解决问题
	数字运算	评估识别和书写数字的能力；进行数学计算 ■ 解决书面计算问题 ■ 解基本方程，方程中涉及整数、小数或分数的加减乘除等问题
数学流畅性	数学流畅性（加法）	评估计算熟练度 ■ 快速准确地解决基本的加法问题
	数学流畅性（减法）	评估计算熟练度 ■ 快速准确地解决基本的减法问题
	数学流畅性（乘法）	评估计算熟练度 ■ 快速准确地解决基本的乘法问题
书面表达	字母书写流畅性	评估字母熟练书写能力 ■ 按任意顺序书写字母表中的字母，可以是印刷体，也可以是草书，可以是大写或小写
	拼写	评估拼写能力 ■ 写出听写的字母、字母组合和完整的单词
	句子写作	评估写出结构严密句子的能力 ■ 将多个从句组织成一个句子，语义清晰，单词拼写、字母大写和标点符号使用准确 ■ 用目标词造句

（续表）

构成	分测验	观察结果是否一致
	短文写作	测量写作技能，包括主题展开、文本组织、语法和结构 ■ 根据给定的提示构建一篇记叙文
口语	听力理解	测量对单个句子和口头呈现的扩展的篇章的理解能力 ■ 根据要求指出目标 ■ 口头回答有关文章的问题
	口语表达	测量词汇表达和单词检索技能 ■ 根据描述的定义说出符合的词语 ■ 逐字重复口头陈述的句子

* 注：虽然早期阅读技能测验确实可测量学生的阅读能力，但它不包括在阅读总分或其他 2 个与阅读相关的合成分数的计算中，它只包含在学生总分的计算中。

分数

WIAT-III 有 7 种类型的分数，包括标准分数、百分等级、正态曲线当量、标准九分数、年龄当量、年级当量以及增长量表值（growth scale value）分数。为了获得这些分数，测验人员必须首先根据相应的基础和上限规则或每个分测验的题目设置指南，获得学生的原始分数。

另外，阅读理解和朗读流畅性 2 个分测验要求将原始分数转换为加权原始分数，才能获得相应的标准分数。

常模

WIAT-III 是根据全美 2775 名学生样本进行的标准化。研究采用分层抽样程序，确保年级和年龄的常模样本在以下每一个人口统计变量上都代表先学前班至十二年级的学生：年级、年龄、种族/民族、性别、父母受教育程度和地理区域（基于美国人口普查局 2005 年 10 月的数据）。以年级为基础的常模样本包括 1400 名秋季学生样本和 1375 名春季学生样本，反映了 14 个年级水平组。除了春季先学前班儿童的样本只有 75 名被试外，其他所有年级的小组在秋季和春季的样本中都有 100 名被试。以年龄为基础的常模样本包括 1826 名学生，像年级组别一样，被根据年龄分为 14 个组。每个年龄和年级样本的种族组成，以及每个年龄和年级样本的地理区域，都反映了美国人口的种族组成。由于没有提供交叉分析，我们无从得知哪个种族来自哪个地区，男性是否在特定地区占过多比例，等等。这些信息可帮助测验人员了解他们的学生在多大程度上与常模群体相似。

信度

除了计时分测验和那些不提供单项数据（individual item-level）的分测验（字母书写流畅性、数学流畅性、句子写作、短文写作、口语表达和朗读流畅性）外，其他分测验都计算了分半信度系数。在所有学龄阶段和年级，口语和书面表达合成测验的信度都等于或高于 0.85，其他合成测验的分半信度均高于 0.90。

为了证明 WIAT-III 的稳定性，研发者还以 131 名学生为样本进行了重测信度计算。从先学前班到五年级学生的平均重测间隔时间为 13 天，从六年级到十二年级的平均重测间隔时间为 14 天。相关系数表明两个年级水平组普遍具有足够的稳定性。其中，阅读理解、读单词、假字解码、朗读流畅性、朗读速度和拼写分测验的平均相关系数最高，范围为 0.90 ~ 0.94。早期阅读技能、数学问题解决、短文写作、数字运算、口语表达、朗读准确性和数学流畅性（加法、减法、乘法）分测验也表现出很强的稳定性，平均相关系数在 0.82 ~ 0.89 之间。听力理解和句子写作分测验的稳定性较低，但仍可接受，平均相关系数为 0.75 和 0.79。

最后，计算客观评分标准和主观评分标准的分测验的评分者间一致性。对于客观评分的分测验，一致性系数在 98% ~ 99% 之间。研究使用同类相关程序计算主观评分分测验或合成测验的评分者间信度系数，包括阅读理解、字母书写流畅性、句子写作、短文写作、口语表达。研发者报告，这些分测验的评分者间信度系数范围为 0.92 ~ 0.99。因此，尽管主观分测验在评分中需要专业的判断，但从信度系数来看仍然相当可靠。

效度

在计算 WIAT-III 的效度时，采用了几种方法。为了建立内容效度，研发者对 WIAT-III 旧版本的内容和建议的新分测验以及具体题目，进行了详尽的文献查阅和专家审查。为了建立结构效度的证据，研发者检验了 WIAT-III 的合成测验、分测验和题目得分之间的关系，即内部结构。研发者还对学生的反应过程进行了检查，以证明分测验的题目能够引起预期的认知过程。技术手册包括对学生常见错误和回答模式（暗示了学生对问题的误解）的经验性和描述性检查，以及全面的文献综述和专家咨询，以提供分测验题目所要求的回答过程的有效性证据。

研究通过检验 WIAT-III 与其他几个测验之间的关系，建立了效标关联效度，包括韦克斯勒个人成就测验第二版（Wechsler Individual Achievement Test–II，WIAT–II）、韦克斯勒学龄前和学龄初期儿童智力量表第三版（Wechsler Preschool and Primary Scale of Intelligence–III，WPPSI–III）、韦克斯勒儿童智力量表第四版（Wechsler Intelligence Scale for Children–IV，WISC–IV）、韦克斯勒成人智力量表第四版（Wechsler Adult Intelligence Scale–IV，WAIS–IV）、韦克斯勒非言语智力量表（Wechsler Nonverbal Scale of Ability，WNV）等。例如，WIAT–III 和 WIAT–II 合成测验校正相关系数从 0.65（基于这两个测验的数学流畅性和数学分测验的相关性）到 0.93（基于这两个测验的总成就分数和总分数的相关性）不等。此外，WIAT–III 总成就测验与 WPPSI–III 全量表智商分数的相关系数为 0.78，WIAT–III 总成就测验与 WISC–IV 的总智商分数的相关系数为 0.82。WISC–IV 总智商分数和 WIAT–III 合成测验分数的相关系数范围为 0.53 ~ 0.75。

最后，WIAT-III 的研发者还试图确定 WIAT-III 的临床实用性。研发者非随机性地选择了特殊学生的样本（轻度智力障碍、阅读障碍、数学障碍、书面表达障碍以及有表达性语言障碍的个体）进行探究。为了达到这一目的，研发者比较了特殊组和匹配对照组获得的平均合成分数和分测验分数。研发者根据性别、种族/民族、父母受教育水平、地理区域、年级和学期对被试进行了匹配。平均而言，轻度智力障碍的学生在所有 WIAT-III 合成分数和分测验中的得分明显低于对照组学生（$p<0.01$），平均标准分数差异（mean standard score differences）从字母书写流畅性分测验的 22.08 到阅读理解测验的 41.55 不等。

总结

WIAT-III 是一种个别施测、常模参照的诊断评估工具。它由 16 个分测验组成，可以测量联邦法律定义的八种学习障碍类型的学业技能。总的来说，WIAT-III 有充分的证据表明它是用于学龄人群的一种可靠和有效的工具。

14-3d　广泛成就测验第四版

广泛成就测验第四版（WRAT-4；Wilkinson & Robertson, 2007）是一项个别施测的常模参照测验，旨在评估 5～94 岁个体的单词识别、拼写和数学计算能力。5～7 岁的学生进行测验大约需要 15～25 分钟，年龄稍大的学生大约需要 35～45 分钟。WRAT-4 有两种替代形式。该测验包含 4 个分测验。

分测验

读单词　要求学生说出字母并大声朗读单词。

句子理解　测验人员给学生展示句子，要求学生填写缺失单词，表示其对句子的理解。

拼写　测验人员口述单词，学生把它们写下来，每个单词拼写正确，可以获得分数。

数学计算　要求学生解决基本的数学运算问题：计算、识别数字、解决简单的口头问题和计算书面数学问题。

分数

学生在 WRAT-4 获得的原始分数可以转换为标准分数、置信区间（85%、90% 和 95%）、百分位数、年级当量、正态曲线当量和标准九分数。每个分测验都有单独的分数，阅读合成测验（由单词识别和句子理解组成）也有单独的分数。

常模

WRAT-4 是对美国超过 3000 名年龄在 5～94 岁个体的样本进行的标准化。样本根据年龄、性别、种族、地理区域和父母受教育程度进行分层。虽然测验手册中的表格报告了常模样本和美国人口组成之间的关系，但没有提供交叉分析（例如，未表明来自每个地理区域的每个种族的男孩数量）。

信度

WRAT-4 提供了两种信度信息：内部一致性和复本信度。内部一致性系数为 0.81 ~ 0.99，内部一致性系数的中位数范围为 0.87 ~ 0.96。年龄分组样本的复本信度为 0.78 ~ 0.89，年级分组样本的信度为 0.86 ~ 0.90。数学计算分测验的信度明显低于其他分测验。除了数学计算分测验外，其他测验的重测信度是足够的。除了数学计算分测验外，这个测验也同样足够可靠，可用于做筛查决策。

效度

WRAT-4 是一种涵盖广泛行为的筛查测验，所以每一种具体类型的题目都很少。这导致了行为样本相对有限。研发者提供了有效性的证据，证明测验分数会随着受测者年龄的增长而增加，各分测验之间的相互关系在理论上是可以预期的，而且 WRAT-4 和以前版本的测验成绩之间的相关性很高。WRAT-4 的分测验与 WIAT-II、考夫曼教育成就测验第二版（Kaufman Test of Educational Achievement-II，KTEA-II）和伍德科克—詹森成就测验第三版（Woodcock-Johnson III Tests of Achievement，WJ-III）的可比较行为样本（comparable samples of behavior）之间的高相关性，也证明了测验的有效性（注意，所有这些测量现在都已被修订）。

总结

WRAT-4 在 4 个内容领域提供了一个非常有限的行为样本。信度的证据是良好的，但该测验效度的证据是基于与其他测验的相关性，而其他测验后来已有更新。所以，它的用途仅限于做筛查决定。

14-4 充分利用成就测验

本章描述的成就测验为教师提供了学生在诸如词义理解和数学计算技能等方面的总分数。尽管整体性标准（global standards）可以帮助筛查学生，但它们通常缺乏针对性，无法帮助个体制订个性化的教学计划。埃米莉在 WIAT-IV 的数学问题解决测验中获得了 85 分的标准分数，但这并不能告诉我们埃米莉具备了哪些数学技能。此外，教师不能仅依靠测验名称了解测验的具体内容。例如，WRAT-4 的阅读标准分数为 115 分，并不能告诉教师关于学生阅读理解或朗读速度的任何信息。教师通常可以利用其他信息，比如长期记录的分数或对学生表现的观察，与考试分数一起综合考虑，来规划适合学生水平的教学以及需要教授的具体技能。阅读后面的评估案例和相关问题，考虑如何在学校环境中使用多元技能成就测验。

教师需要查看每一种筛查测验（包括其他任何测验）中的测验行为样本，这里恰好有一个例子。假设理查德在一次拼写测验中获得了 70 分的标准分数。那么我们能对理查德了解多少？我们只能知道理查德的原始分数比他所在年级学生的平均分数低 2 个标准差。若不跳出分数去看测验的行为样本类型，我们所能知道的就是这些。测验标题只告诉我们，该测验测量的是拼写技能的发展。然而，我们仍然不知道理查德得 70 分意味着什么。

首先，我们需要问，"测验的行为样本的本质是什么？"拼写测验有几种类型。理查德可能被要求写一个教师读过的单词，就像 WRAT-4 的拼写测验一样。这种行为样本要求回忆一个单词的正确拼写，并在实际的书写中正确地拼写出来。另一种可能是，理查德的 70 分是在一个要求他识别单词的正确拼写的测验中获得的。例如，PIAT-R/NU 的拼写测验是向学生展示一个单词的四种不同拼法（例如，"empti""empty""impty""emity"）。这样的题目要求识别和指认，而不是回忆和写出。因此，我们首先需要看测验的行为样本的本质。

其次，我们必须查看学生做对或做错的具体题目。这需要回到最初的测验说明，分析既定领域中技能发展的特定性质。我们需要问，"孩子在哪些题目上做得不对？"然后在错误中寻找一致的模式。在试图识别拼写错误的本质时，我们需要知道，"学生是否总是在拼写长元音的单词时出现错误？是否总是在不发音的 e 的问题上出现错误？是否总是在特定的辅音混合的问题上出现错误？"等。这是为了寻找特定的错误模式，确定学生在犯某些错误时的一致性程度。当然，发现错误模式需要足够多的测验内容，允许学生至少两次犯同样的错误。

所有的筛查方式都要遵循上述程序。显然，筛查测验所获得的信息远不如从诊断测验中获得的信息具体。筛查性质成就测验的实施，可以让任课教师大致知道要从哪里开始进行额外的诊断评估。

当前实践中的困境

除非成就测验评估的内容反映了课程内容，否则结果是没有意义的。学生不会有正式的机会学习测验的材料。当学生面对的测验材料或测验方式是没有接触过的，测验结果就无法测量到他们学到了什么。詹金斯和巴尼（Jenkins & Pany, 1978）将 4 个阅读成就测验的内容与 5 个一、二年级的商业阅读系列内容进行了比较。他们主要关心的是学生在不同阅读成就测验中获得的不同分数，这些分数在多大程度上与测验和课程内容的重叠程度有关。詹金斯和巴尼计算了学生在各自的商业阅读系列课程中掌握的单词，以及在 4 次测验中正确阅读这些单词所获得的分数。分数见表 14.2。很明显，不同的课程学习产生了不同的学业成就测验表现。

詹金斯和巴尼发表的数据距现在已经有 30 多年的历史了。尽管这个问题研究有限，然而此表格仍然是测验和课程重叠问题的最直观说明。夏皮罗和德尔（Shapiro & Derr，1987）的研究表明，所教内容和所测内容之间的重叠程度在不同的测验和课程中有很大的差异。同样，古德和萨尔维亚（Good & Salvia, 1988）也证明了同一学生在不同阅读测验中的测验成绩有显著差异。他们强调了测验和课程重叠问题的重要性：

"课程偏差（curriculum bias）是不可取的，因为它严重限制了对学生测验成绩的解释。例如，一名学生的阅读分数为 78 分，这是源于学生的阅读能力不足，还是源于选择了一个与学生的课程相比内容效度较差的测验，目前尚不清楚。"

表 14.2 通过将特定阅读测验词汇与标准化阅读测验词汇相匹配而获得的年级当量分数

课程	都市成就测验				
	PIAT	单词知识	单词解析	SDOT[1]	WRAT
BANKSTREET 阅读系列					
一年级	1.5	1.0	1.1	1.8	2.0
二年级	2.8	2.5	1.2	2.9	2.7
关键系列阅读					
一年级	2.0	1.4	1.2	2.2	2.2
二年级	3.3	1.9	1.0	3.0	3.0
阅读 360 系列					
一年级	1.5	1.0	1.0	1.4	1.7
二年级	2.2	2.1	1.0	2.7	2.3
SRA 阅读程序系列					
一年级	1.5	1.2	1.3	1.0	2.1
二年级	3.1	2.5	1.4	2.9	3.5
沙利文程序化阅读系列					
一年级	1.8	1.4	1.2	1.1	2.0
二年级	2.2	2.4	1.1	2.5	2.5

来源："Standardized Achievement Tests: How Useful for Special Education?" by J. Jenkins & D. Pany, *Exceptional Children*, 44（1978），450, Copyright 1978 by The Council for Exceptional Children. Reprinted with permission.

---

1 译注：SDOT，全称为 Slosson Oral Reading Test，指的是斯洛森朗读测验。

评估场景

乔希

今年1月，当地一所中学的六年级学生乔希，因英语语言艺术和社会研究的成绩不断下滑而被转介接受心理教育评估。为此，多学科团队组织开会为其制订评估计划。参加这次会议的有乔希的母亲、英语语言艺术教师（作为教师小组的代表，小组中包括社会研究、科学和数学等学科教师）、校长、辅导员，还有学校的心理医生。

乔希的老师在讨论中首先表达了他们的担忧，即乔希没有完成家庭作业，而且在英语语言艺术和社会研究的测验和小测验中分数很低；根据他在本学期最后一次测验中的表现，这些课程他可能会挂科。与此相反，乔希在科学课上获得了A的成绩。在数学课上，乔希是一个矛盾体。他可以快速而准确地完成所有的计算题，也可以准确地做完应用题，但速度很慢。由于他没有完成家庭作业，而且关于如何解题的书面解释也不完整，所以这学期的数学成绩得了C。所有老师都认为乔希是个聪明的学生，但有些老师担心他正在变得气馁。

乔希的母亲说，乔希是三个孩子中最小的一个。他的哥哥和姐姐在学校里没有遇到任何困难。母亲说乔希每天花几个小时做作业，准备考试。虽然他想上大学，成为一名工程师，建造桥梁，但他怀疑自己是否有能力完成六年级的学业。

乔希的辅导员总结了他的小学学习记录。乔希在三年级时进行的团体智力测验中获得了128分的智商分数。然而，他的记录表明，他在阅读方面比其他学生更有困难。他的数学和科学学科成绩一直被评为优秀。去年，乔希五年级的教师在每张成绩单上都指出，他的阅读速度很慢。

多学科团队认为，学校的心理学家应该对乔希的智力和学业成就进行正式评估，看看他是否有阅读方面的学习障碍，影响他在学校的表现。学校心理学家为乔希施测了韦克斯勒儿童智力量表第五版（WISC-V）。另外还施测了韦克斯勒个人成就测验第三版（WIAT-III），因为它与该学区的课程和教学很匹配。

乔希在WISC-V中获得了以下标准分数（平均数=100，标准差=15）。

言语理解	127
视觉空间	126
工作记忆	100

流体推理　　　　　　　105
加工速度　　　　　　　100

他在 WIAT-III 分测验、补充分测验和合成测验中获得了以下标准分数（平均数=100，标准分=15）。

分测验
 听力理解　　　　　　　121
 阅读理解　　　　　　　102
 数学问题解决　　　　　115
 句子写作　　　　　　　91
 读单词　　　　　　　　88
 短文写作　　　　　　　97
 假字解码　　　　　　　84
 数字运算　　　　　　　123
 口语表达　　　　　　　119
 朗读
 流畅性　　　　　　　　77
 拼写　　　　　　　　　100
 数学流畅性（加法）　　125
 数学流畅性（减法）　　123
 数学流畅性（乘法）　　130

补充分测验
 朗读准确性　　　　　　91
 朗读速度　　　　　　　79

合成测验
 口语　　　　　　　　　120
 阅读　　　　　　　　　88
 书面表达　　　　　　　96
 数学　　　　　　　　　123

心理学家还报告说，乔希对在学校的学习情况以及为什么自己在英语语言艺术和社会研究方面有困难十分坦诚。他说，阅读材料真的很难理解，他必须把同一段文章读好几遍才能理解。他还说，在完成阅读作业时很累，他只是匆匆完成自己的书面作业。他说他不喜欢写"数学课上的那些东西"，只要用正确的方法做题得到正确的答案，这就够了。

多学科团队得出结论，乔希在阅读解码方面明显有困难。他阅读缓慢且理解得不准确。缺乏流畅性本身会降低阅读理解能力，乔希的阅读流畅性明显不足。阅读不流畅，再加上他在读单词和假字解码方面的糟糕表现，强烈显示出乔希在解码方面有重大问题。鉴于学校初中课程的性质，阅读是学生获取信息的主要方式，乔希有限的阅读技能必然会在强调阅读的英语语言艺术和社会研究方面造成成绩问题。他的阅读能力也对科学课程的学习产生了影响，但影响程度较轻。然而，鉴于WIAT-III这样的多元技能成就测验只提供了初步的信息，表明乔希在解码方面有困难，因此多学科团队使用诊断性阅读测验收集了更多的信息，在阅读解码的具体技能和缺失技能方面提供了更多的样本。此外，团队还收集了关于阅读教学的详细信息。这些内容可以更好地为教学计划提供信息，以解决他的困难。

于是，一个IEP团队成立了，IEP团队开会并制订了一个计划，让乔希接受语音方面的强化教学，从关注复合元音开始，特别强调准确性和流畅性。到春季学期结束时，乔希的阅读准确性和流畅性有了显著进步。他的成绩提高了，尽管他仍然觉得和数学课上要求的书写没什么关系。乔希又说起他要成为一名工程师，要建造桥梁了。

这一案例突出表明，当多元技能成就测验与学生接受的课程和教学相匹配时，它们可以用来提供有关学生成绩的初步信息。然而，通常还需要额外的诊断性测验来提供更具体的指导。如果使用的测验与乔希接受的教学不匹配，这将如何导致不恰当的决策？

章节理解题

根据本章内容，回答以下问题：

1. 在为当地学校系统三年级学生选择特定的学业成就测验时，至少要考虑的四个重要因素是什么？
2. 描述个别施测的多元技能成就测验的主要优点和缺点。
3. 一名新生将在 9 月份进行 WRAT-4 评估。她的学业成就测验分数（来自 PIAT-R/NU）是从她以前的学校转过来的，整体排名在第 90 百分位。然而，在最新的评估中，她只排在第 77 百分位。请对这种差异给出三种可能的解释。

第 15 章

诊断性阅读测验的使用

学习目标

15–1 解释我们为什么评估阅读技能。

15–2 阐释教授阅读的方式。

15–3 确定诊断性阅读测验的评估领域，包括朗读、理解、猜词、阅读识别和其他阅读相关行为。

15–4 说明三种诊断性阅读测验的优缺点。

本章讨论的标准

CEC 美国特殊儿童委员会初级准备标准

标准 4: 评估

4.0 初级特殊教育专业人员在做教育决策时，使用多种评估方法和数据来源。

CEC 美国特殊儿童委员会高级准备标准

标准 1: 评估

1.0 特殊教育专家开展有效和可靠的评估实践来减少偏见。

Ψ 美国学校心理学家协会专业标准

1 基于数据的决策和问责

9 研究与项目评价

15-1 我们为什么要评估阅读技能？

阅读是学生学习的最基本的技能之一。对于阅读能力差的人来说，即便有适当的课程教学和测验便利，学校适应也可能很困难，课余生活也会受到限制，个人独立性和满足感会降低。而且，到三年级结束时还不能流畅阅读的学生，以后也不太可能学会了（Adams,1990）。由于这些原因，我们要密切监测学生阅读技能的发展，以便及早发现有问题的学生并对其进行补救教学。幸运的是，有充分的证据表明，涉及几个基础阅读技能的密集系统干预对有困难的学生是有效的（Gersten et al., 2009）。

在多层支持系统模型中，诊断性测验最常用于第2层级和第3层级干预（这两个层级的干预具有针对性和密集性这两个特点），它们主要用来完善两种教育决策。第一种决策，对阅读困难的学生进行测评，识别学生的优势和劣势，这样教育工作者就可以计划适当的干预措施。第二种决策，通过测评，确定学生是否有资格或继续有资格接受特殊服务。通过基于此目的进行的测验将受测学生的成绩与其他学生进行比较，教育工作者做出决策。诊断性阅读测验也可用于评估教学效果，但这样做是不明智的。因为这种个别化的测评需要的时间很长，评估对大团体学生的教学效果的效率不高，简短的个别化测验和团体调查性质的测验通常更适合。此外，诊断性测验一般不够敏感，无法识别个别学生取得的微小但重要的成绩进步。教师应该用直接的表现测量，监测学生每天或每周的进步，了解教学是否有效，例如让学生大声朗读当前使用的材料，确定准确性（正确率）和流畅性（每分钟读出正确单词的比率）指标。

阅读技能是我们成功立足于社会的基础，所以其发展应该受到密切关注。必要时，应进行诊断性测验，并利用测验结果指导教学调整，解决学生在阅读中遇到的具体问题。如果使用得当，诊断性阅读测验可以帮助确保所有学生都有机会学习阅读，并学会快速阅读。然而，可能有一些学生，即使在最有效的教学下，也无法培养足够的阅读技能。幸运的是，文本—语音（text-to-speech）转换器和计算机屏幕阅读器等设备，正在使那些学生获取文字信息变得越来越有可能。但同时，这带来一个新的困境：在什么情况下，我们应该减少阅读干预上的努力，而更关注阅读便利的相关技术（例如，使用计算机屏幕阅读器、文字转语音软件）？很遗憾，我们现在还没有一个好的答案。但我们知道，其中一些便利确实可以提升学生的阅读能力，因此我们认为应该鼓励学生使用它们，特别是那些有最严重的阅读困难的学生。总的来说，因为我们无法预测谁能学会阅读和谁无法学会阅读，所以在我们进行适当的评估和干预时，必须假设每个学生都能学会阅读。

15-2 阅读教学的方法

大约150年来，教育工作者在教授语言符号（字母和声音）的问题上一直存在分歧（有时是激烈的）。一些教育工作者喜欢"看—说"（或全词）的方法，在这种方法中，学生学习的是整个单词，并通过阅读合适的故事和短文来练习。持这种观点的支持者强调单词的含义，通常认为学生是顺带学习语言符号的（或通过少量的辅导）。还有，此观点的支持者提出这样一种看法（与实证研究相矛盾），即训练孩子学习字母和读音会破坏他们的阅读动机。另一些教育工作者倾向于系统地教授语言符号：字母如何代表声音，以及声音和字母如何组合成单词——无论是口语还是书面语。这种方法的支持者认为，具体和系统的语音教学更容易培养熟练的阅读者，他们还认为阅读受挫会破坏阅读的动机。

在有此纷争的前100年左右，对阅读的观察过于粗糙，除了看到阅读者阅读出版物时能够念出相应文字（或回答有关这些出版物所传达内容的问题）之外，无法得出更多信息。因此，理论家们对阅读者内部发生的过程进行了推测，20世纪50年代之前，全词教学（whole-word instruction）倡导者的推测一直主导着这场争论。此后，**语音教学**（phonics instruction）（系统地教授初学者字母符号、音素和单词之间的关系）日益成为前阅读和阅读教学的一部分。对拼音的日益重视可能要归因于一本书，即《为什么约翰尼不会阅读》（*Why Johnny Can't Read*）（Flesch, 1955）。这是一本大力倡导拼音教学的书，更重要的是，越来越多的经验证据显示了语音教学的有效性。到1967年，有大量证据表明，系统的语音教学能培养更好的阅读者，语音教学对能力低或背景不利的儿童的效果更好。通过语音教学，初学者有更好的单词识别能力、阅读理解能力和更多的词汇量（Bond & Dykstra, 1967; Chall, 1967）。研究者们从随后的经验证据中得出了同样的结论（Adams, 1990; Foorman, Francis, Fletcher, Schatschneider & Mehta, 1998; National Institute of Child Health and Human Development, 2000a, 2000b; Pflaum, Walberg, Karegianes & Rasher, 1980; Rayner, Foorman, Perfetti, Pesetsky & Seidenberg, 2001; Stanovich, 1986）。

在更多地了解学生如何开始阅读的同时，学者们也对一些长期存在的理念表示怀疑。例如，能力弱的阅读者逐个字母地阅读，而熟练的阅读者则是把整个单词和短语作为一个单元阅读，这种说法是不正确的。实际上，熟练的阅读者也是逐个字母、逐个单词地阅读，但他们读得太快了，以至于看起来像是在读单词和短语（Snow, Burns & Griffin, 1998）。同样，认为阅读能力好的阅读者在很大程度上依赖上下文线索来识别单词也是不正确的（Share & Stanovich, 1995）。阅读能力好的阅读者会使用上下文线索来验证他们解码单词的准确性，然而，阅读能力差的阅读者也非常依赖上下文线索，可能是因为他们缺乏更适用的猜词技能（Briggs & Underwood, 1984）。

如今，尽管有明确的证据表明语音在阅读教学中的重要作用，并且也有证据证明语音教学在阅读教学项目上的优越性（Foorman et al., 1998），但一些专业人士仍然排斥语音教学。也许这可以解释为什么大多数被转介接受心理评估的学生都是因为阅读的问题，以及为什么这些学生在符号（字母表中的字母）转换成读音和文字方面存在问题。然而，许多家长已经注意到语音教学和初始阅读之间的明确关系。他们已经成为教育材料（诸如 Hooked on Phonics 和 The Phonics Game）和私人辅导（如 Sylvan Learning Center 和 Hunting Learning Center，或在线辅导服务如 Smart Tutor 和 Kaplan）的热衷消费者。本章的评估场景描述了这样一种情况：某个学生在进行了诊断性阅读测验评估后被告知需要接受语音教学，之后他特别受益于这种阅读教学方法。然而，家长得让学生接受个人辅导，才能让他得到这种方法的教学。

教育工作者对学生如何学习阅读和教师如何教学的看法，将决定他们对阅读评估的看法。因此，阅读诊断性测验被夹在两个对立的阵营之间。如果测验包括对解码文本所需技能的评估，就会受到那些拒绝分析性阅读方法的人的抨击。如果测验没有包括解码技能的评估，它将会受到那些在初级阅读中强调解码的人的抨击。

评估场景

劳埃德

斯普林菲尔德学区采用的是以儿童为中心的全语言教学法。临近学年结束时，该学区对所有一年级学生进行了筛查，以确定下一学年需要在阅读教学方面开展补救教学的学生。劳埃德在该区常模中处于第 7 百分位。学区通知他父母，他将在第二学年获得额外的支持，以便提高其阅读技能。劳埃德的父母对这个消息感到不安，因为在接到通知之前，他们以为劳埃德在学校的所有科目上都进展顺利。

家长要求与劳埃德的教师会面，劳埃德的教师也邀请了阅读专家。在会议上，阅读专家告诉家长们，相当大比例的一年级学生与劳埃德处于同样的困境，但不用担心，因为许多学生都可以成为熟练的阅读者。她说劳埃德只是需要时间，还敦促其父母让劳埃德享受他的暑假，学区将在二年级开始时重新对他进行测验，以确定他是否还需要额外的帮助。

劳埃德的父母没有理会学区的建议，而是为他报名参加了当地阅读课程的辅导项目。劳埃德首先接受了测验，以确定他问题的确切性质。测验结果表明，他具有良好的音素意识，能书写和命名所有大小写字母，知道所有的辅音、长元音，但不知道所有的短元音，不能拼音，有大约 50 个单词的视觉词汇量。劳埃德的指导教师很快教了他短元音。但他在拼音方面遇到了麻烦，直到指导教师利用他的数学兴趣和技能解释发音原理。指导教师写出"c+a+t=cat"，然后念出这三个字母的发音和"cat"。当他向劳埃德的父母作解释时，他们顿时茅塞顿开，明白了指导教师为什么花了很多时间通过拼音拼读来帮助劳埃德提升他的视觉词汇量。

> 9月，该学区按照承诺重新对劳埃德进行了测验。学区给家里发了一封信函，说劳埃德现在的阅读能力已经达到了第99百分位，不再需要额外的支持服务。信函的结尾处是阅读专家手写的一句话："劳埃德只是需要一点时间成为一名阅读者，我们很高兴您让他好好享受了他的暑假！"
>
> 劳埃德确实享受了他二年级前的暑假，还获得了当地二年级最佳阅读者奖。
>
> 这个场景强调了识别和教学生成功阅读所需的特定阅读技能是多么重要。如果劳埃德的早期阅读技能没有通过辅导项目被仔细评估，你认为会发生什么？

15-3 诊断性阅读测验评估的技能

阅读是一个复杂的过程，会随着阅读者的技能发展而变化。阅读的最终目的是有效理解书面材料，但学生需要发展技能并学会整合许多子技能方可达到这一目的。初学者很大程度上依赖一套复杂的解码技能，这可以通过让学生朗读并测量其准确性和流畅性来进行整体评估。解码技能也可以通过让学生单独地应用这些技能（例如，使用拼音来阅读无意义的单词）来分析测量。一旦具备流畅的解码能力，阅读者就会超越对简单语言和简单观念的理解，对所写内容进行反思和评估。高级阅读者依赖于用不同的技能（语言能力和抽象推理）和不同的知识库（词汇、先前的知识和经验以及信念）进行阅读。理解能力可以通过让学生阅读一篇涉及深奥话题、充满抽象概念和高难词汇的文章进行评估，即便该段文章中有的句子虽然简练，但可能语法复杂。

15-3a 猜词技能评估

猜词或单词分析技能，是指通过语音分析、结构分析或上下文线索得出单词的发音或意义的技能。语音分析是利用字音对应和拼音识别单词的方式。结构分析是将单词分解成语素或有意义单位的过程。单词包含自由语素（如 farm、book 和 land）和黏着语素（如 -ed、-s 和 -er）。

缺乏猜词技能是学生阅读困难的主要原因，通过各种常用诊断性阅读测验的分测验可以专门评估这些技能。猜词技能包括分析字母与读音的关联这样的基本技能，以及划分音节和拼音等技能。一般来说，在评估字音关联的技能时，测验人员会大声朗读单词，学生必须识别与单词开头、中间或结尾字母读音相同的辅音—元音—辅音结构或合成符结构。音节的分测验会呈现多音节单词，学生必须口头划分出音节或圈出特定音节。

另一方面，拼音测验有三种类型。第一种，测验人员大声朗读音节（例如，"wa-ter-mel-on"），并要求学生发音。第二种，要求学生读出单词的部分音节，再读出整个单词。第三种，可能给学生呈现出开头、中间和结尾的音节发音，让其读出整个单词。

15-3b 单词识别技能评估

评估学生单词识别技能的诊断性阅读测验的分测验，旨在确认许多教育工作者所说的视觉词汇量。学生通过各种体验，学习字母和单词的正确发音。学生接触越多的特定的单词，越熟悉这些单词，就越容易识别它们，并且正确地发音。众所周知，读出熟悉的单词几乎不需要依赖猜词技能。本书的大多数读者一眼就能认出"出血"（hemorrhage）这个词，而不需要使用语音技巧来发音。另一方面，对大多数人来说，像"肾膀胱吻合术"（nephrocystanastomosis）这样的词并不属于视觉词汇，会让我们的阅读速度慢下来，我们必须用语音学分析它们。

单词识别分测验是大多数诊断性阅读测验的主要部分。一些测验会短时间内呈现单词（通常是半秒钟），以确定学生是否能快速记忆单词。能认出多数单词的学生被认为有良好的视觉词汇量，或很好的单词识别技能。其他测验评估包括字母识别、单个单词识别，以及上下文中的单词识别。

15-3c 朗读

许多测验和分测验旨在评估学生朗读的准确性和流畅性。朗读测验包括一系列分级的段落，由学生依次朗读，测验人员记录学生朗读中的错误和表现。

阅读速率

优秀阅读者的阅读是流畅的：他们能快速识别单词（不需要依赖语音分析），并且能够很好地建构句子和段落的意义。不流畅的读者在理解所读内容时存在困难，而且随着阅读材料复杂性的增加，问题会变得更加严重。的确，阅读流畅性是衡量阅读成绩的一个很好的通用指标。因此，越来越多的州将阅读流畅性作为阅读评估体系的一部分。

尽管如此，许多市面上的阅读测验并不能评估阅读流畅性。然而，也有一些例外。例如，格雷朗读测验第五版（GORT-5）可以用来测量学生的阅读流畅性。这个测验是限时的，某个学生在GORT-5中朗读一篇文章的速度较慢但没有出错，可能比在朗读中犯一两处错误的快速阅读者获得更低的分数。

朗读错误

朗读测验要求学生正确说出印在页面上的单词。然而，一个学生犯的所有错误都各不相同。仔细阅读测验的评分说明，了解如何处理特定错误非常重要：每个测验对这些问题的处理略有不同。有些错误相对来说并不重要，因为它们不会影响学生对材料的理解，甚至有些错误可以忽略。测验人员可能会记录学生朗读中的一些特征，不将其算作错误。比如，自我修正、忽略标点符号（例如，没有在逗号前停顿，或通过发音上的变化呼应问号），基于言语障碍（例如口吃或结巴）的重复和犹豫，以及方言表达等都不算错误。[1]

以下类型的错误通常对学生不利：

教师的发音或辅助 如果学生犹豫了一段时间或者哪怕已经尝试发音三秒钟了，而没有发出能让人听得见的一个单词，测验人员会念出这个单词并将学生的此次表现记为错误。

犹豫不决 学生在读出一个单词之前要犹豫三秒钟或更长时间。

某个单词的严重发音错误 当学生读某一个单词的发音与正确发音几乎没有相似之处，以至于测验人员必须看下这个单词才能识别出来时，就会将此记为发音错误。严重发音错误的例子，如将"encounter"读作"actors"。

单词的部分发音错误 部分发音错误可以是几种不同类型的错误之一。测验人员可能需要为学生读出一个单词的一部分（辅助）。学生可能会在发音上读错特定的字母（例如，把"red"读成"reed"）。学生也可能会省略单词的一部分，插入单词元素，或者在音节、重音或倒置方面出错。

省略单词或词组 省略包括跳过单个单词或一组单词。

插入单词或词组 插入是指学生将一个或多个单词添加到正在读的句子中。例如，学生可能会把"the dog"读成"the mean dog"。然而，值得注意的是，对于某些评估工具来说，这对学生是不利的，但对于另一些评估工具则不是。

将某个单词替换成其他意思的单词 替换是指用一个或多个不同的单词代替文章中其他意思的单词。学生可能会把"dense"读成"depressed"。学生经常替换句子的单词序列，比如用"he sat on his own machine"替换"he is his own mechanic"。一些朗读测验要求测验人员记录特定类型的替换错误。替换分为意义相似替换（单词的意义相似）、功能相似替换（两个单词的语法功能相似）、图形/音素相似替换（单词看起来或听起来相似），或这几种替换的组合。

重复 学生在阅读句子或段落时重复单词或词组。在某些情况下，如果一个学生重复朗读单词来纠正一个错误，则前面的错误不会被记录下来，但是如果重新朗读仍然错误，就会被记录。在另一些情况下，这种行为被简单地记录为自发的自我纠正。

倒装或改变词序 当儿童改变一个句子中出现的单词顺序时，这种倒装错误会被记录下来。例如，"house the"就是一个倒装。

---

1 原注：学生口语表达的以下特征是有问题的（虽然不算错误）：姿势不佳、不适当的头部运动、手指点读、发音失位（loss of place）、表达缺位（例如，逐字逐句地读、缺乏腔调或语气单一）和声音过于紧张等。

15-3d 阅读理解的评估

诊断性测验用来评估五种不同类型的阅读理解：

1. 字面理解：理解阅读材料中明确的信息。
2. 推理理解：对阅读材料中明确的信息进行解释、综合或扩展。
3. 批判性理解：对阅读材料进行分析、评估和判断。
4. 情感理解：阅读者对阅读材料的个人情感反应。
5. 词汇理解：了解关键词汇的意义。

在我们看来，评估阅读理解的最好方法是让阅读者接触材料后，复述或解释他们所读的内容。

理解力差有很多原因。最常见的是解码能力弱，它从两方面影响理解：一方面，如果学生不能把符号转换成单词，就不能理解这些文字所传达的信息；另一方面更加微妙，如果一个学生把所有的精力都花在单词的发音上，就没有精力理解单词的意思了。因此，提高阅读流畅性通常可以消除理解方面的问题。

另一个问题是学生可能不知道如何完成阅读理解（Taylor, Harris, Pearson & Garcia, 1995）。他们可能不会积极关注所读内容的意义，也不知道如何监测自己的理解能力（例如，问自己读过什么或是否理解所读内容）。学生可能不知道如何培养理解能力（例如，通过总结材料，确定主要观点和支持依据，将材料与之前掌握的知识结合起来）。最后，学生的个体特征可能与阅读理解的评估相互影响。例如，在对文字理解的评估中，阅读者的记忆力可能会影响得分，除非他在回答有关文章的问题或者复述文章的要点前早已阅读过该篇文章了。此外，学生对主题背景信息的了解和话题感兴趣的程度也会影响得分。例如，如果一个学生知道关于篮球的大量背景知识，而测验该学生的文章正是关于篮球的，那么其得分可能反映的是学生的背景知识水平，而不是当前的阅读理解技能水平。推理理解依赖的不仅仅是阅读技能，还有阅读者理解阅读材料内容关系的能力（智力的决定性因素），以及背景信息和经验。

尽管理解不同类型的文本涉及许多相同的过程，但重要的是要认识到，必要的技能可能会因为阅读材料的体裁或类型略有不同。例如，有效地理解叙述性的文本可能需要从头到尾阅读，理解人物、情节和背景等概念。而有效地理解信息性的文本可能需要使用导航工具，如目录和索引，以及懂得如何理解图表信息。学生可能对一种体裁有很强的理解能力，而对另一种体裁却没有，因此评估学生对各种体裁的阅读材料的理解技能是很重要的。

15-3e 评估其他阅读行为及和阅读相关的行为

不符合上述任何类别的各种分测验也常被作为主要分测验或补充分测验，包含在一些诊断性阅读测验中。这类测验包括口语词汇（oral vocabulary）、拼写、书写和听觉辨别。在大多数情况下，这些分测验只是为了向测验人员提供额外的诊断信息。

15-4 具体的诊断性阅读测验

在表 15.1 中，我们列出了各种诊断性阅读测验。我们将详细介绍格雷朗读测验第五版（GORT-5）、团体阅读评估与诊断性评价（Group Reading Assessment and Diagnostic Evaluation, GRADE）、语音意识测验第二版 PLUS+（Test of Phonological Awareness - Second Edition: Plus, TOPA-2+）。

表 15.1 常用的诊断性阅读测验

测验	研发者	出版年份	出版机构
语音处理综合测验第二版（Comprehensive Test of Phonological Processing - Second Edition, CTOPP-2）	瓦格纳（Wagner）、托格森（Togeson）、拉绍特（Raschotte）	2013	Pro-Ed
格雷朗读测验第五版（Gray Oral Reading Test - Fifth Edition, GORT-5）	维德霍尔特（Wiederholt）、布赖恩特（Bryant）	2012	Pro-Ed
团体阅读评估与诊断性评价（Group Reading Assessment and Diagnostic Evaluation, GRADE）	廉姆斯（Williams）	2001	Pearson
早期阅读能力测验第三版（Test of Early Reading Ability - Third Edition, TERA-3）	里德（Reid）、赫赖什科（Hresko）、哈米尔（Hammill）	2001	Pearson
语音意识测验第二版 PLUS+（Test of Phonological Awareness - Second Edition: Plus, TOPA-2+）	托格森（Torgeson）、布赖恩特（Bryant）	2004	Pro-Ed
阅读理解测验第四版（Test of Reading Comprehension - Fourth Edition, TORC-4）	布朗（Brown）、维德霍尔特（Wiederholt）、哈米尔（Hammill）	2008	Pro-Ed
默读语境流畅度测验（Test of Silent Contextual Reading Fluency）	哈米尔（Hammill）、维德霍尔特（Wiederholt）、艾伦（Allen）	2014	Pro-Ed
默读词汇流畅度测验第二版（Test of Silent Word Reading Fluency - Second Edition, TOSWRF-2）	马瑟（Mather）、哈米尔（Hammill）、艾伦（Allen）、罗伯茨（Roberts）	2014	Pro-Ed
单词阅读效率测验第二版（Test of Word Reading Efficiency - 2, TOWRE-2）	托格森（Torgeson）、瓦格纳（Wagner）、拉绍特（Raschotte）	2012	Pro-Ed
伍德科克诊断性阅读掌握测验第三版（Woodcock Diagnostic Reading Battery - Third Edition）	伍德科克（Woodcock）、马瑟（Mather）、施兰克（Schrank）	2004	Riverside

15-4a　格雷朗读测验第五版

格雷朗读测验第五版（GORT-5）是维德霍尔特（Wiederholt）和布赖恩特（Bryant）于 2012 年对该测验的第四次修订。GORT-5 仍然是一种个别施测、常模参照的朗读和理解测验。GORT-5 的两种形式（A 和 B）各包含 16 篇难度逐渐递增的文章。学生需要朗读每篇文章，并回答测验人员念出的有关该文章的 5 个问题。该测验用于 6 岁 0 个月～23 岁 11 个月的学生。按照测验的基础规则和上限规则能够节省时间，测验时间通常 15～45 分钟不等。

GORT-5 的研发者陈述了测验的四个目的：①鉴别出在朗读方面明显低于同龄人的学生，并确定其阅读问题；②发现学生在朗读方面的优势和不足；③检测学生在特别干预方案实施中的进步；④用于学龄学生的阅读研究（Wiederholt & Bryant, 2012）。

在测验手册中，研发者非常详细地描述了 GORT-5 朗读文章的编制研发。然而，除了为 GORT-5 增加两篇较高水平的文章和为 GORT-4 的每个表格增加一篇文章之外，GORT 的最新版本在各个方面与 GORT-3 和格雷朗读测验修订版（GORT-R）相同，GORT-R 又与正式阅读量表（Formal Reading Inventory）中的 B 和 D 部分相同（Wiederholt, 1986）。对旧版测验（GORT-4）的修改包括在每个表格上增加了两篇较高水平的文章；新增一个开放式的理解问题，以增加文章与题目的呼应性；更新了常模样本，纳入了高年级和年龄较大的学生样本，增加了信度和效度信息。

分数

测验人员要记录学生大声朗读文章所需的秒数，以及与文本的偏差数（与印刷文本的任何偏差都被视为朗读错误，除非偏差是正常语音变化的结果）。在测验文本的页面底部有一个矩阵。矩阵的顶行有 6 个刻度（0-5），矩阵的下一行有 6 个时间范围对应于这 6 个刻度。测验人员根据学生阅读文章的速度与准确性进行打分（0-5 分）。对于每篇文章，速度和准确性的分数总和被称为"流畅分数"。理解分数由回答正确的选择题数量来进行评定（0-5 分）。然后将文章阅读的速度、准确性、流畅性和理解得分相加，得出各自的总分。与这些总分相对应的年龄和年级当量、百分位数和标准分数（平均数 = 10，标准差 = 3），可以在手册的不同表格中找到。通过率和理解的标准分数相加，可转化为另一个标准分数，被称为"朗读指数"，其平均数为 100，标准差为 15。测验人员也可以使用单独的工作表记录错误的数量和种类，然后把数量转换成百分比。

常模

GORT-5 以 33 个州的 2556 名学生进行了标准化的工作。从性别、种族、地理区域、残疾状况、家庭收入和受教育水平来看，这些常模代表了美国人口普查局 2006 年至 2010 年间的各种出版物中所报告的学龄人群。但样本中的白人学生的比例略高，南方学生的比例略低。此外，父母低于学士学位的学生在样本中比例略高。除残疾状况外，样本还根据上述所有变量的 12 个年龄区间进行分层，手册中没有提供进一步交叉分析的表格。

信度

基于常模样本的所有学生的表现，测验以表格的形式呈现了14个年龄层次的5个分数（速率、准确性、通过率、理解性和朗读指数）的内部一致性。分测验的112个α值范围为0.86～0.98，93个系数中有89个系数大于或等于0.90。在所有年龄段中，朗读商数的α都大于或等于0.94。重测信度系数是利用两种测验形式对学生进行施测，根据不同年级水平确定的平均值，这些相关性在0.79～0.95之间。此外，复本信度估计允许由内容取样引起的误差和由不稳定性引起的误差。这些系数同样是由不同的年级水平决定的，并在不同的形式中取平均值，从0.74到0.95不等。总的来说，GORT-5的朗读商数足够可靠，可用于对学生个人做出重要决定，为此目的使用的其他分数将取决于学生的年级和特定的分测验。

效度

研究者认为，该测验具有较好的内容效度，这与测验建构过程中使用的程序有关。具体来说，他们认为测验的短文是在"密切关注句子结构、句子和从句之间的逻辑关系以及主题的连贯性"的情况下编写出来的（Wiederholt & Bryant, 2012）。他们还描述了为了消除有偏见的题目而进行的项目分析。结果表明，没有题目存在实质性的性别、种族或民族偏见。

为了证明GORT-5的效标关联效度，研究者提供了GORT-5与其他四种已发表的阅读测验［纳尔逊—丹尼阅读测验（Nelson-Denny Reading Test）、默读语境流畅度测验、默读效率和理解测验（Test of Silent Reading Efficiency and Comprehension）、默读词汇流畅度测验］以及阅读观察量表（Reading Observation Scale）之间的相关信息，并使用了四个不同的学生样本。所有这些研究的速率、准确性、流畅性和理解力分数的相关性为0.54（GORT-5的准确性得分与阅读观察量表相关系数）到0.85（GORT-5与纳尔逊—丹尼阅读测验的词汇分数相关系数）。在这些研究中，朗读指数与它们的相关系数从0.64（与默读语境流畅度测验的相关系数）到0.85（与纳尔逊—丹尼阅读测验词汇得分的相关系数）不等。

研究者表明GORT-4的分数随着学生年龄和年级的增加而提升，并与学业成绩和智力相关，这为GORT-5的结构效度提供了证据。此外，有证据表明，在施测GORT-5前就已经被发现有阅读缺陷的学生，在这个测验中的表现相对较弱（如朗读指数标准分在形式A和形式B中分别为81分和80分）。

总结

GORT-5是一项个别实施、常模参照的朗读和理解测验，适用于6岁0个月～23岁11个月的学生。从学生的阅读测验中可以得出多个分数（速度、准确性，以及速度与准确性之和）；对于理解力也可以得出一个分数；还可以计算出基于速度、准确性和理解力的合成分数。用于GORT-5的标准化样本在性别、种族、地理区域和社会经济地位方面大概代表了美国人口。总的来说，GORT-5的朗读商数足够可靠，可以为个别学生做出重要决定；为此目的使用其他分数将取决于学生的年龄和特定的分数。GORT-5具有令人满意的效度。

15-4b 团体阅读评估与诊断性评价

团体阅读评估与诊断性评价（GRADE; Williams, 2001）是一个常模参照的阅读成就测验，可以个体施测，也可以团体施测。它是为4岁（幼儿园）到18岁（十二年级）之间的学生设计的。它有11个测验级别，其中包括从先学前班到六年级的每个年级的单独级别，一个初中级别（M）以及两个高中级别（H和A），每个级别都有两种形式（A和B）的测验。虽然测验不限时，但研发者预估年龄较大的学生应该能在一个小时内完成评估，而年龄较小的孩子可能需要90分钟。手册中提供了秋季和春季的常模，以帮助跟踪学生一学年的学习进度。研发者论述了测验的5个应用目的：①安置和计划；②了解学生的阅读技能；③测验学生是否处于所在年级水平（可获得处境不利儿童在优势、弱势方面的有效信息）；④监测成长；⑤研究。

分测验

测验人员需要对以下5个部分进行阅读评估：前阅读、阅读准备、词汇、理解和口语。不同的分测验以不同的层级水平评估这些部分。

前阅读

图片匹配　在这个分测验的10个题目中，学生必须在4张图片中标记出与刺激图片相同的一张。

图片差异　在这个分测验的8个题目中，学生必须在4张图片中标记出与其他图片不同的一张。

词汇概念　在这个分测验的10个题目中，学生必须在4张图片中标记出测验人员描述的那一张。

图片分类　在这个分测验的10个题目中，学生必须在4张图片中标记出与其他图片不同类的一张。

阅读准备

发音匹配　在这个分测验的12个题目中，学生必须在4张图片中标出一张与刺激词的开头（或结尾）发音相同的代表图片。学生会被告知这些图片代表什么词。

押韵（rhyming）　在这个分测验的14个题目中，学生必须在4张图片中找出与刺激词押韵的一张图片。学生也会被告知这些图片代表什么词。

文字意识（print awareness）　在这个分测验的4个题目中，学生必须在4张图片中标出一张印有以下元素的图片：字母、单词、句子、大写字母和标点符号。

字母识别　　在这个分测验的 11 个题目中，学生会得到由 5 个字母组成的词集，然后从中标记出测验人员念出的大小写字母。

异同的单词　　在这个分测验的 9 个题目中，学生必须在 4 个词中标记与刺激词相同或不同的一个词。

音素—字素对应（phoneme‐grapheme correspondence）　　在这个分测验的 16 个题目中，学生必须标记 4 个词中的一个字母，该字母与测验人员念出单词的开头（或结尾）发音相同。

词汇

单词阅读　　这个分测验根据不同的级别包含 10 ~ 30 个题目。每一题都有一个包含 4 个词的集合，学生必须标记出测验人员念出的单词。

词义　　在这个分测验的 27 个题目中，学生必须在 4 张图片中标记出一张，代表书面刺激单词的意思（written stimulus word）。

词汇表　　这个分测验根据不同的级别包含 30 ~ 40 个题目。学生会看到一个短的印刷体短语或句子，其中的一个单词加粗了。学生必须在 4 个或 5 个单词中标记一个与加粗字体相同意思的单词。

理解

句子理解　　在这个分测验的 19 个完形填空题中，学生必须从 4 个或 5 个单词中选择一个最适合填空的单词。

短文理解　　这个分测验的阅读文章和题目的数量因测验的级别而异。学生必须阅读一篇文章，并回答与文章有关的选择题。问题有四种类型：提问、分类、总结和预测。

口语

听力理解　　在听力理解的 17 个或 18 个题目中，测验人员会大声朗读句子，学生必须从 4 张图画中选出与测验人员所读内容相一致的那一张。听力理解的测验要求学生理解句子中的单词、语法结构，能进行推理，理解习语，以及理解其他非文字陈述。

分数

分测验的原始分数可以转换成标准九分数。根据测验的水平，测验人员可以把某些分测验的原始分数整合生成合成分数。类似地，每个水平都有一组不同的分测验原始分数，可以在计算总测验原始分数时把这些分数相加。合成测验和总测验原始分数可以转换为未加权标准分数（平均数＝100，标准差＝15）、标准九分数、百分位数、正态曲线当量、年级当量和增长量表值[1]。常模转换

---

[1] 原注：因为增长量表值包括了同一量表上的所有水平，所以当学生在不同的年份里被赋予不同的 GRADE 级别时，人们利用这些分数可以追踪学生的阅读成长。然而，需要注意的是，测验中所测量的特定技能在各级水平上是不同的，所以增长量表值不可能在不同的年份代表相同的技能。

表提供秋季和春季的标准分数。与同龄人相比，阅读能力较强或较弱的学生可能会接受自身所在年级水平以外的施测。在教师评分和解释手册中，一些水平外测验含有合适的常模表格，其他水平外测验的常模分数仅在评分报告软件中呈现。

常模

GRADE 的标准化样本包括春季的 16408 名学生和秋季的 17024 名学生。每个年级接受测验的学生人数从 808 人（春季，七年级）到 2995 人（春季，学前班）不等。样本的性别特征按年级水平呈现，在每个年级和季节水平（秋季和春季）中，男女人数大致相等。地理区域特征没有按年级分类，而是与美国人口普查局 1998 年报告的人口数据进行了比较。在秋季和春季常模样本中，南方各州的代表人数略多，而西部各州的代表人数略低。此常模还提供了整个秋季和春季常模样本的社区类型信息，常模适当地代表了城市、郊区和农村社区。另外还提供了有关学生领取免费午餐的资料。种族信息也与美国人口普查局 1998 年报告的百分比进行了比较，似乎代表了人口的真实情况。必须再次指出，这些信息并没有按年级报告。最后，研究者报告说样本中包括特殊教育学生，但没有提供学生的人数。

信度

每种形式测验的内部一致性指标是以总测验的 α 系数来计算的，并且在每个季节（秋季和春季）都进行了计算。这些信度系数从 0.89～0.98 不等。研究者还计算了各分测验和组合分测验的 α 系数（例如，在幼儿园和学前班阶段，图片匹配和图片差异被合并成视觉技能类），这些是根据每个 GRADE 的级别、形式和施测季节计算的。水平外测验也计算了信度（例如，对幼儿园和学前班儿童分别进行了学前班水平的测验，然后算出了不同的 α 系数）。这些分测验和组合分测验的信度系数从 0.45（听力理解，形式 B，十一年级，春季测评）到 0.97（听力理解，形式 A，幼儿园，秋季测评）不等。计算得到的 350 个系数中，99 个达到 0.90 或超过 0.90。研究发现，阅读理解合成测验的信度系数最高。听力理解从一年级到最高年级（A 级别）的系数一直较低，因而针对总测验原始分数的信度计算不包括这部分。研究对 696 名学生（每个年级的学生都包括在内）的复本信度进行了估算。测验之间的平均间隔时间为 8 天到 32.2 天不等，相关系数为 0.81（十一年级）到 0.94（学前班和三年级）。对 816 名学生进行了重测信度检验，测验之间的平均间隔时间为 3.5 天（八年级学生采用形式 A 的 M 级别测验）至 42 天（五年级学生采用形式 A 的第 5 级别测验）。重测信度系数范围从 0.77（五年级学生采用形式 A 的第 5 级别测验）到 0.98（四年级学生采用形式 A 的第 4 级别测验），研究没有提供增长量表值的信度数据。

效度

研究者介绍了三种类型的效度：内容效度、效标关联效度和结构效度。这三种效度为以下事实提供了原理基础：说明为什么在特定年龄阶段包括特定题目的形式和分测验，以及每个分测验旨在测验哪些技能。此外，研发者还将题目对全美各地儿童进行了试测，根据试测信息对测验进行了修订。在试测过程中，研发者对题目的偏倚程度进行了统计学检验和定性调查。最后，对教师进行了调查，这些信息用于修改内容和完善施测程序（尽管没有提供关于这项调查的具体信息）。研发者提供的效标关联效度包括 GRADE 总测验标准分数与其他五项阅读成就指标的相关系数，其他五项测验的分数分别是艾奥瓦州基本技能测验的总阅读标准分数、加利福尼亚成就测验（California Achievement Test）的总阅读分数、盖茨—麦吉尼蒂阅读测验（Gates - MacGinitie Reading Tests）的总分数、皮博迪个人成就测验修订本分数（一般知识，阅读材料识别，阅读理解，总阅读分测验）和特拉诺瓦成就测验分数。每个相关研究都是在有限的中小学生样本中进行的。相关系数从 0.61（GRADE 总分与 30 名五年级学生的 PIAT-R 一般知识分量表的相关性）到 0.90（GRADE 总分与 177 名一、二、六年级学生的盖茨阅读总分的相关性）。最后，计算结构效度的时候，将 GRADE 的分数与年龄进行相关分析。此外，将读写障碍学生（242 名）和阅读障碍学生（191 名）的分数，与常模样本中在测验水平、采取形式、性别和种族/民族方面匹配但没有接受特殊教育服务学生的分数进行了比较。结果发现，读写障碍学生的表现明显低于匹配的对照组。同样，阅读障碍学生在阅读方面的表现也明显低于匹配的对照组。

总结

GRADE 是一个标准化、常模参照的阅读成就测验，可以分组施测，用于 4～18 岁的儿童，并提供了一个"增长量表值"分数以跟踪学生几年来阅读成绩的增长。根据不同的年级水平，测验可以进行不同分测验的施测，考查不同技能。GRADE 总共有 22 种形式针对 11 个级别的测验。虽然常模样本很大，但没有提供样本中学生的某些人口统计信息。在某些情况下，学生群体代表过多或不足。总体测验分数的信度很好，但其他分测验和组合分测验的信度并不理想，所以尽管手册提供的效度数据表明此测验可以有效评估阅读技能，但我们不支持基于此测验数据去做相关决策。

15-4c 语音意识测验第二版 PLUS+

语音意识测验第二版 PLUS+（TOPA 2+; Torgesen & Bryant, 2004）是个常模参照测验，旨在鉴别出需要加强语音意识和字音对应技能的学生。

TOPA 2+ 既可以个别施测，也可以对 5～8 岁之间的学生团体施测，以评估语音意识和字音对应。它有两种形式：学前班版本、小学一年级或二年级的低年级版本。学前版本有 2 个分测验。第一个分测验是语音意识，分为两部分，每部分有 10 道题。在第一部分中，学生必须从 3 个选项中选出与测验人员念出的词发音相同的单词；在第二部分中，学生必须从 3 个选项中选出开头发音不同的一个单词。第二个分测验是字母发音，由 15 道题组成，要求学生在字母组合中标记特定音素的字母。小学低年级版本也有 2 个分测验。第一个是语音意识分测验，也有两个部分，每个部分 10 道题。在第一部分，学生必须从 3 个选项中选出一个单词，这个单词的结尾与测验人员读到的词的发音相同；在第二部分中，学生必须从三个选项中选出以不同声音结尾的单词。第二个分测验是字母发音分测验，要求学生拼写出 18 个无意义的单词，这些单词包括 2～5 个音素。

分数

对每个分测验中回答正确的题目进行求和，转换为百分位数和各种标准分数。

常模

学前班以 6 个月的间隔划分为 4 个不同常模（5 岁 0 个月～5 岁 5 个月，5 岁 6 个月～5 岁 11 个月，6 岁 0 个月～6 岁 5 个月，6 岁 6 个月～6 岁 11 个月）。小学低年级的常模按 12 个月的间隔划分（6 岁 0 个月～6 岁 11 个月，7 岁 0 个月～7 岁 11 个月，8 岁 0 个月～8 岁 11 个月）。

TOPA 2+ 对 2085 名学生进行了标准化：其中 1035 人是学前班阶段的学生，1050 人是小学低年级阶段的学生。各个年龄阶段的常模，在地理区域、性别、种族、民族和家庭收入方面，与美国 2001 年人口分布比例相符合，没有接受过大学教育的父母比例略低。

信度

研究计算了每个年龄阶段各个分测验的 α 系数。在学前班中，只有 6 岁儿童的字母发音稳定性低于 0.90，该分测验的信度是 0.88。在小学阶段，所有的 α 值都在 0.80～0.87 之间。此外，研究还分别计算了男性、女性、白人、黑人、西班牙裔以及有语言或学习障碍的学生的 α 值，在 0.82～0.91 之间。

使用重测信息来进行稳定性的评估。学前班中有 51 名学生在大约两周内进行了重测，语音意识稳定性为 0.87，字母发音稳定性为 0.85。小学阶段的 88 名学生也在大约两周之内进行了重测，语音意识稳定性为 0.81，字母发音稳定性为 0.84。

还有，通过让两名训练有素的测验人员对 50 个测验进行评分，评估评分者之间的一致性。在幼儿园中，语音意识和字母发音分测验得分的一致性分别为 0.98 和 0.99。在小学低年级阶段，语音意识和字母发音分测验的得分一致性分别为 0.98 和 0.98。

总的来说，在解释 TOPA 2+ 的结果时应该谨慎，在某些情况下，内部一致性的情况足以用来筛查学生，并为学生做出重要的教育决策。

效度

TOPA 2+ 的一般效度证据来源于以下几方面：首先，研发者精心地开发了量表内容，选出能够代表语音意识和字音对应的知识。例如，语音意识分量表中的单词来自一年级学生口语中最常用的 2500 个单词，所有辅音音素的习惯发音年龄的中位数不晚于 3.5 岁。其次，TOPA 2+ 与另一种测验类似能力的量表（早期基本读写技能动态指标测验，Dynamic Indicators of Basic Early Literacy Skills），以及教师对学生阅读能力的判断具有良好相关性。表明效度能够区分差别的证据是，该量表能够区分有无语言和学习障碍的学生，同时其他的指标包括能够区分男性、女性，白人、非裔美国人和西班牙人之间的表现。

总结

TOPA 2+ 评估了学前班和小学早期阶段使用开头和结尾发音以及字音对应的音位意识。这些常模看起来具有代表性，而且描述得较为详细。语音意识的 α 系数应用于学前班儿童是不错的，但对于小学阶段的学生来说，只能适用于筛查低年级的学生。而字音对应的 α 系数则适用于所有学生，稳定性为 0.80，评分一致性很好。总的来说，在解释 TOPA 2+ 的结果时应该谨慎，但其效度证据还是比较充分的。

当前实践中的困境

在诊断阅读优势、弱势的评估中，有三个主要问题。第一个是课程匹配问题，参加不同阅读课程的学生，或是其教师使用了不同教学项目的学生，有不同的机会学习特定的技能。虽然许多学区现在使用州共同核心标准来指导英语教学，但在课程和教学方式上仍有重要的差异。阅读教学项目在所教授的技能、对不同技能的重视程度、教授技能的顺序以及教授技能的时间等方面都有所不同。测验在其评估的技能方面也有不同。因此，可以预见，学习不同课程和参与不同教学项目的学生在同一项阅读测验中会有不同的表现。同样可以预见，学习相同课程和参与相同教学项目的学生在不同的阅读测验中也会有不同的表现。诊断人员必须非常仔细地检查学习课程和教学项目中所教授的技能与被测技能之间的兼容情况。大多数的教师阅读教学项目手册都列出了该系列课程中每个级别所教授的技能。现在，许多诊断性阅读测验的研发者都在测验手册中列出了测验所测量的目标。至少，评估者应该仔细检查测验在多大程度上测量了教授的内容。在理想情况下，评估者应该选择测验的特定部分来准确测量所教授的内容。如果教师教授的内容和测验内容之间存在差异，那么该测验就不是一种有效的测量工具。

第二个问题是针对不同类型的教育决策的测验选择。我们注意到，有不同类型的诊断性阅读测验。在对儿童做出分类的决策时，教育工作者必须个别施测。

他们可以使用单独实施的测验，也可以给某个人实施团体性质的测验。对于制订教学方案的决策，从标准参照测验中获得的结果是最精确和最有帮助的信息。当然，教育工作者可以系统地分析学生在常模参照测验中的表现。但这种方法既困难又耗时，也可能是徒劳的，因为常模参照测验通常没有足够多的题目作为诊断的基础。在评估个别学生的进步时，评估者必须仔细考虑他们想要进行比较的类型。如果他们想要将其与同龄的学生进行比较，常模参照方法是有用的。另一方面，如果他们想知道个别学生对课程目标的掌握程度，应该选择标准参照测验。

第三个问题是泛化问题。评估者面临着一项困难的任务，那就是要描述或预测学生的阅读表现。然而，阅读本身是很难描述的，它是一种复杂的行为，由无数的子技能组成。从事阅读诊断方面工作的人，最好用具体的技能或子技能来描述学生的表现（如独立单词的识别、听力理解和特定的猜词技能）。但在做预测时，他们应该有所保留，陈述具体阅读行为的可能表现，而不是整体阅读的可能表现。

章节理解题

根据本章内容，回答以下问题：

1. 为什么评估阅读技能很重要？
2. 阐释教授阅读的两种传统方法。
3. 说明猜词、阅读识别、朗读和阅读理解分别评估什么内容。
4. 阐释阅读诊断性测验中的两个潜在问题。

第 16 章

诊断性数学测验的使用

学习目标

16-1 说明我们为什么要使用诊断性数学测验。

16-2 解释教授数学的方式。

16-3 阐述数学内容评价与数学过程评估的区别。

16-4 描述两个诊断性数学测验的优缺点。

本章涉及的标准

CEC 美国特殊儿童委员会初级准备标准

标准 4: 评估

4.0 初级特殊教育专业人员在做教育决策时,使用多种评估方法和数据来源。

CEC 美国特殊儿童委员会高级准备标准

标准 1: 评估

1.0 特殊教育专家开展有效和可靠的评估实践来减少偏见。

Ψ 美国学校心理学家协会专业标准

1 基于数据的决策和问责

3 发展学业技能的干预和教学支持

数学的诊断性测验旨在识别数学技能发展方面的具体优势和劣势。我们已经看到，所有旨在评估多种技能的主要成就测验都包括测量数学能力的分测验。这些测验一定是全面的，常用于多层支持系统的第1层级干预，评估广泛的技能。然而，在大多数情况下，这些多元技能测验只包括一小部分评估特定数学技能的题目，而且数学行为样本的数量不足以用于诊断的目的。诊断性数学测验更具体，能对特定领域的技能发展提供更深入和详细的评估，常用于MTSS（参见第12章对该模式的讨论）的第2层级和第3层级干预（具有针对性和密集性的特点）。

诊断性数学测验比诊断性阅读测验少，但数学评估更明确。因为某些数学运算的成功取决于其他运算的成功执行（例如，乘法依赖于加法），所以数学比阅读更容易对技能发展的先后顺序进行排序和评估。诊断性数学测验通常对相似的行为样本进行取样，取样的领域包括各种数学内容、概念、运算以及数学知识和原理的运用。有些测验甚至还对学生的数学态度进行评估。

16-1 我们为什么要评估数学技能？

评估数学技能有几个原因。首先，诊断性数学测验旨在提供足够详细的信息，以便教师和干预援助团队能够确定学生对特定数学技能的掌握情况，并制订个性化的数学教学计划。其次，一些诊断性数学测验为教师提供了学生在课堂上"通过"和"未通过"题目的具体信息。这为他们提供了关于课程和教学在多大程度上发挥作用的信息，以及调整教学的机会，可以更好地帮助学生学习重要的数学技能。再次，所有公立学校的课程都教授数学知识和概念，教师需要知道学生是否掌握了那些知识和概念。最后，诊断性数学测验偶尔被用来做出特殊性和学生是否有特殊教育资格的决定。通常需要进行个别施测来决定学生的特殊教育资格和安置。因此，诊断性数学测验经常被用来确定特殊的学习需求，并确定学生是否有资格接受数学学习障碍项目的教学。

16-2 数学教学的方式

数学教学的方式存在着很大差异，这些差异对我们评估学生的表现和进步有影响。传统上，数学教学强调掌握基本的知识和算法、演绎推理和证明，由教师解释、示范，并给予纠正性的反馈。随着1957年人造卫星的发射和苏联在太空探索方面的领先，一些人指责美国学校教授科学和数学的方式存在问题。人们认为旧的方式会扼杀学生的创造力和理解力。

在20世纪60年代，新数学（new math）的概念在高校的教师教育项目中变得流行起来。集合、基数、交换律、结合律和分配律成为课程的一部分。然而，人们很快就发现新的数学课程教学并没有提高学生的成绩。在20世纪70年代中期，《为什么约翰尼不会加法》（*Why Johnny Can't Add*）

一书有力地批评了新数学概念的许多缺点，并主张回归传统的数学课程教学。

新数学概念被以儿童为中心的建构主义方法取代，这种方法通常被称为基于标准的数学（standards-based math）。这种方法让学生自由选择符合兴趣和适合以往经验的活动。学生们用具体的材料、自己的感觉、思想和直觉创造主观的数学理解。在这种情况下，学生在建构知识时很少需要或不需要教师的帮助。教师在建构这些情境中发挥着重要作用。

到20世纪90年代，提倡以儿童为中心的教学方法的人，与希望回归传统数学课程和教学方式的家长和数学家形成了对立。双方都有各自的专家支持，争论往往很激烈。但是，越来越清楚的是，以儿童为中心、基于标准的方法并没有产生预期的改进效果。第三次国际数学和科学研究（Third International Mathematics and Science Study,1995）的结果呈现了一些端倪：美国十二年级学生的数学成绩只超越了两个国家的同年级学生。

当今的证据是清晰的，即明确的系统教学可以提高差生和学习障碍学生在数学各个方面的表现：计算、应用题和问题解决（美国数学顾问专家组，2008）。因此，当教师演示算法、突出关键特征、提供问答机会，并精确地安排内容顺序时，学生学习得更好。专家组还强调，学习困难的学生需要定期接受明确的教学，以确保他们获得理解所在年级水平的材料所必需的基本技能和概念知识。

美国数学顾问专家组还观察到，有明确的证据表明，当教师监测学生的进步时，他们的数学成绩会显著提高。专家组建议，所有的数学教学都应伴随对学生朝目标进步的持续监测。

请阅读本章的评估场景，它说明了在没有提供明确的教学且没有教师提供系统指导的情况下学习时，一些学生会发生什么情况。

评估场景

艾尔弗雷德

艾尔弗雷德是一名五年级学生，他在解决数学问题时遇到了特殊的困难。艾尔弗雷德的学校采用了一种教学程序，按照这种教学程序，学生必须发现问题并说明解决过程。现在快到年底了，他对基本的整数运算还不太熟练（如加、减、乘、除）。分数和小数对他来说是个谜。教师为他提供了额外的时间和鼓励，以及同伴榜样示范，还根据教学计划为他提供了所有的相关建议。这些额外的干预措施都没有带来学习成绩明显的改善。

艾尔弗雷德的父母与教师见面，表达了对孩子缺乏进步的担忧，并想知道他们在家能做些什么来帮助孩子。教师解释说艾尔弗雷德需要学会如何自己解决问题，父母应该鼓励他努力尝试。艾尔弗雷德的父母没有被教师说服,而是与校长会面,要求对艾尔弗雷德进行评估,以确定他是否有数学学习障碍。

作为第一步,校长将艾尔弗雷德推荐给学校的学生援助团队进行第2层级干预。回顾艾尔弗雷德的档案,包括以前的成绩单、教师的评语和三年级末的团体数学评估与诊断性评估(Group Mathematics Assessment and Diagnostic Evaluation,G·MADE)的分数。档案表明,艾尔弗雷德的数学问题并不是新问题,至少从三年级起,数学就成了他的痛点。团队决定首先对艾尔弗雷德的整数运算水平进行系统的评估。学习专家对艾尔弗雷德进行了评估,要求他进行口头和书面回应。艾尔弗雷德流利地回答了一些加法问题(如包括1、2和5的加法问题),还用手指精确地计算出了其余的加法问题。他能够计算所有减数是1的减法问题,并能准确计算被减数为10或更小被减数的减法问题。他不知道如何正确计算其他的减法或乘除法。

团队决定在成对加法(paired addition)的记忆方面提供直接教学(例如,根据交换率,把3 + 4和4 + 3一起教)。学习专家每天会观察艾尔弗雷德两次,每次10分钟。此外,艾尔弗雷德的父母每天晚上都和他一起复习加法问题。艾尔弗雷德取得了很大的进步,并为自己感到骄傲,他在两周内掌握了基本的加法问题。教学目标随后转变为基本的减法问题(同时对加法问题也进行定期温习)。艾尔弗雷德取得了一点进步,但即使他对之前学过的加减法知识的记忆非常好,他的进步程度仍然不够。总体上,艾尔弗雷德的课堂学习没有表现出应有的效果。

此时,团队面临着一个决定。艾尔弗雷德是应该继续在第2层级接受干预,还是转移到更密集的干预层级?答案取决于学区政策。在有些学区,艾尔弗雷德仍将在第2层级;在有些学区,他将向第3层级干预迈进;还有一些学区,会评估他是否应该接受特殊教育。

这个场景强调,一些学生需要接受系统、明确的基本数学概念教学才能取得成功。所以,为什么艾尔弗雷德还要在之前的课堂里继续挣扎呢?

16-3 诊断性数学测验的行为取样

美国数学教师协会(NCTM)针对数学学习和教学制定了一套标准。标准的最新说明是在2000年发布的一份名为《学校数学原则和标准》(*Principles and Standards for School Mathematics*)的文件中。NCTM 规定了 5 个内容标准（content standards）和 5 个过程标准（process standards）。诊断性数学测验通常根据这 10 个标准中的一部分来评估知识和技能，或者详细说明其评估内容与 NCTM 标准的关系。相关标准如表 16.1 所示，对于每一个标准，我们都列出了 NCTM 认为重要的行为或技能种类。

在 2006 年，NCTM 出版了先学前班至八年级数学课程关键要点。关键要点是每个年级教师应该关注的一小部分数学主题或领域。最近，数学方面的州共同核心标准发布了。尽管 NCTM 课程要点和州共同核心标准中特定主题的顺序在年级水平上有一些细微的差异，但这两套标准对特定主题的覆盖范围和时间是相似的，不过州共同核心标准往往更加具体。我们预计，随着时间的推移，诊断性数学测验将更加与州共同核心标准一致。

一些数学测验还包括调查学生对数学的态度的问题。学生们会被问及他们喜欢数学的程度，朋友比他们更喜欢数学的程度，等等。

表 16.1　NCTM 数学学习与教学标准

内容标准

数与运算　从先学前班到十二年级的教学计划应该使所有学生能够
- 理解数字，理解表示数字的方法、数字之间的关系和数制；
- 理解运算的含义以及它们是如何相互关联的；
- 熟练计算并做出合理的估算。

代数　从先学前班到十二年级的教学计划应该使所有学生能够
- 理解数的集合、关系和函数；
- 用代数符号表示和分析数学情境和结构；
- 使用数学模型表示和理解数量关系；
- 分析不同数学情境下数的变化。

几何　从先学前班到十二年级的教学计划应该使所有学生能够
- 分析二维和三维几何形状的特征和性质，阐明几何关系的数学论证；
- 使用几何坐标和其他表征（representational）系统指定位置和描述空间关系；
- 运用转换（transformations）和对称分析数学情况；
- 使用可视化、空间推理和几何建模解决问题。

测量　从先学前班到十二年级的教学计划应该使所有学生能够
- 理解对象的可测量属性以及测量的单位、系统和过程；
- 应用适当的技术、工具和公式确定测量值。

数据分析与概率　从先学前班到十二年级的教学计划应该使所有学生能够
- 建构可以用数据解决的问题，并收集、组织和呈现相关数据来回答；
- 选择和使用适当的统计方法分析数据；

（续表）

- 阐释和评估基于数据的推断和预测；
- 理解和应用概率论的基本概念。

过程标准

问题解决　从先学前班到十二年级的教学计划应该使所有学生能够

- 通过问题解决构建新的数学知识；
- 解决在数学和其他方面出现的问题；
- 应用和调整各种适当的策略来解决问题；
- 监测并反思解决数学问题的过程。

推理和证明　从先学前班到十二年级的教学计划应该使所有学生能够

- 认识到推理和证明是数学的基本；
- 进行数学猜想和研究；
- 发展和评估数学论证和证明；
- 选择和使用各种类型的推理和证明方法。

沟通　从先学前班到十二年级的教学计划应该使所有学生能够

- 通过交流，组织和巩固自己的数学思维；
- 将自己的数学思维清晰连贯地传达给同龄人、教师和其他人；
- 分析和评价他人的数学思维和策略；
- 用数学的语言来精确地表达数学思想。

联系　从先学前班到十二年级的教学计划应该使所有学生能够

- 认识和运用数学概念之间的联系；
- 理解数学概念是如何相互联系和建立在另一个之上的，从而产生一个连贯的整体；
- 在数学之外的情境下认识和应用数学。

表征　从先学前班到十二年级的教学计划应该使所有学生能够

- 创建和使用表征来组织、记录和交流数学思想；
- 选择、应用、转换数学表征解决问题；
- 使用表征建模和解释物理、社会和数学现象。

来源：Reprinted with permission from Principles & Standards for School Mathematics. copyright © 2000–2004 by the National Council of Teachers of Mathematics（NCTM）. All rights reserved. Standards are listed with the permission of the NCTM. NCTM does not endorse the content or validity of these alignments.

16-4　特定诊断性数学测验

常用的诊断性数学测验如表16.2所示。本章详细综述了两种测验：团体数学评估与诊断性评估、基玛斯诊断性数学评估第三版（Keymath-3 Diagnostic Assessment, Keymath–3 DA）。

表 16.2 常用的诊断性数学测验

测验	研发者	出版年份	出版机构
基玛斯诊断性数学评估第三版（Keymath-3 Diagnostic Assessment, KeyMath-3 DA）	康诺利（Connolly）	2007	Pearson
数学综合能力测验（Comprehensive Mathematical Abilities Test, CMAT）	赫雷斯科（Hresko）、施利夫（Schlieve）、赫伦（Herron）、斯温（Swain）、谢尔本努（Sherbenou）	2003	Pro-Ed
团体数学评估与诊断性评价（Group Mathematics Assessment and Diagnostic Evaluation, G·MADE）	威廉斯（Williams）	2004	Pearson
早期数学能力测验第三版（Test of Early Mathematics Abilities-Third Edition, TEMA-3）	金斯伯格（Ginsburg）、巴鲁迪（Baroody）	2003	Pro-Ed
数学能力测验第三版（Test of Mathematical Abilities-Third Edition, TOMA-3）	布朗（Brown）、克罗宁（Cronin）、D.布赖恩特（D. Bryant）	2012	Pro-Ed

© 2017 Cengage Learning

16-4a 团体数学评估与诊断性评价

团体数学评估与诊断性评价（G·MADE; Williams, 2004）是一个团体施测、常模参照、基于标准的测验，用于评估学前班到十二年级学生的数学技能。之所以说它是常模参照测验，因为它的标准化基于美国代表性的学生群体；它又是基于标准的，因为评估的内容是基于 NCTM 的标准。

G·MADE 是一种诊断性测验，旨在识别学生在特定数学技能发展方面的优势和劣势，并旨在促进教学策略的改进。该测验利用团体施测的效率，可为每个受测学生提供数学技能和错误模式的信息。测验材料包括一张 CD，提供了特定数学技能和数学教学资源之间的交叉参考。教学资源也有印刷版本。

测验有 9 个级别，每一级有两个复本形式。9 个级别中有 8 个级别有 3 个分测验（最低级别有 2 个分测验）。这 3 个分测验分别是：数学概念理解、运算和计算、过程和应用。每个分测验中的题目都是来自以下数学领域的内容：算术、数量、几何、测量、时间/顺序、金钱、比较、统计和代数。测验对技能发展优势和需求的诊断是相当广泛的。例如，教师通过该测验可以了解学生个体在数学概念理解上存在的困难。

分测验

数学概念理解 这个分测验测试学生的语言、词汇和数学表征的知识。测验要求学生从四个选项（包括符号、单词或短语等类别）中选择一个正确的答案。允许教师给学生读单词，但不能诠释或解释单词的意思。图 16.1 是测试数学概念理解题目的示例。

运算和计算 这个分测验测试学生使用加减乘除基本运算的能力。R 级别（准备水平和测验的最低水平）中不包括这个分测验。每一级别各有 24 个题目，每个题目由一个不完整等式构成，

图 16.1 M 级别和 H 级别中的数学概念理解示例

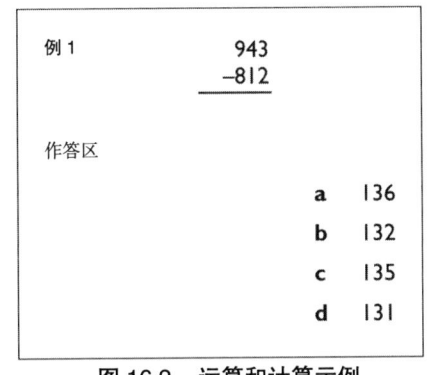

图 16.2 运算和计算示例

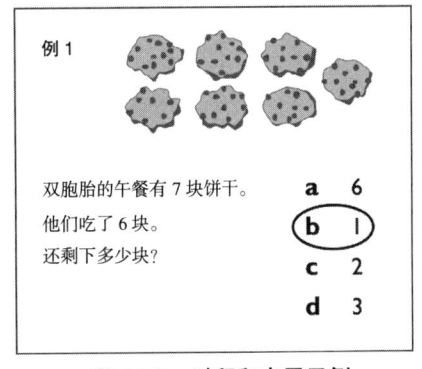

图 16.3 过程和应用示例

有四个答案选项。图 16.2 显示了一个示例。

过程和应用　这个分测验测试的是学生运用语言和数学概念，以及运用适当的运算和计算解答应用题的能力。每个题目由一条短文和四个选项构成，短文由一个或多个句子组成。如图 16.3 所示。在低级别的测验中，题目是单步骤问题，而在更高的级别中，它们需要应用多个步骤。

G·MADE 的每个级别都包含与各个年级水平相当的题目、略高于年级水平的题目和低于年级水平的题目。每个级别可以以年级水平的题目施测，也可以以超出和低于所在年级水平的题目施测（与学生的能力水平相匹配）。可以由教师选择施测较低还是较高年级水平的测验。

分数

G·MADE 的原始分数可以利用秋季或春季常模转换为标准分数（平均数＝100，标准差＝15），也可以转换为年级当量、标准九分数、百分位数和正态曲线当量等。增长量表值的目的是为了跟进学生数学技能的提升（这些学生在过去的几年中取得了不同的测验分数）。G·MADE 可以用来追踪学生当年或逐年的增长。

测验出版机构提供了诊断工作表，其中包含分测验与内容领域的交叉表格。表格用于识别学生个体或整个班级是否掌握相应的技能。这些工作表用于编写报告，确定需要的具体领域。例如，形式 B 第 1 级别测验的第 28 题，评估的目标是解决基于模式识别（recognize a pattern）的单步骤问题技能。在报告这个题目的情况时，教师可能会记述"乔没有解决基于模式识别能力的单步骤问题"，他还可能会指出，"班上三分之二的学生没有解决基于模式识别的单步骤问题"。

常模

G·MADE 的标准化分为两个阶段。第一阶段，在一次全国范围的试测中，研究者对 1 万多名学生进行了基于性别、种族/民族和地区偏见的研究。第二阶段，一组代表少数族裔观点的教育工作者对测验进行了审查，他们对明显有偏见的题目进行了修改或删除。

2002 年秋，G·MADE 以基于美国 72 个区域的学生样本进行了标准化。2003 年春季，在 71 个区域进行重复取样。每个年级大约 1000 名学生参与了标准化工作（共约 28000 名学生）。样本的选择基于地理区域、社区类型（农村及其他）和社会经济地位（享受免费和减价午餐的学生比例）。残疾学生如果参加了普通教育全部或部分课程，就会被纳入标准化样本。G·MADE 的每个层级都提供了基于秋季和春季年级以及基于年龄的标准。水平外测验的常模呈现在"G·MADE 水平外常模补充手册"中，并且可通过评分和报告软件获得。测验提供手工评分模板，测验人员也可在计算机上进行评分和报告。

信度

有关内部一致性和稳定性的数据在 G·MADE 手册中均有所报告。G·MADE 各分测验的内部一致性信度以及各级别和形式的测验总分都是用分半法计算的。所有的信度都超过了 0.74，超过 90% 的信度大于 0.80。低信度的部分是七年级测验的数学概念理解部分，以及四年级以上年级测验的过程和应用部分。真正有问题的分测验只有四年级以上年级的过程和应用分测验。各个级别的测验总分的内部一致性都在 0.90 以上。

研究基于 651 名学生样本建立了复本信度，所有信度都超过了 0.80。测验的稳定性是通过对 761 名样本学生进行两次测验来确定的。该组学生的重测信度系数均超过 0.80，只有第 4 级别、形式 A 测验的信度系数为 0.78。总的来说，研究很好地支持了基于年级的信度。内部的一致性和稳定性的证据足以说明可以使用测验结果对个体做出决策。两种复本测验形式具有可比性。

效度

G·MADE 是在回顾州标准、课程标准、常用数学教科书的得分和顺序，以及对教授数学概念和技能的最佳实践研究长达一年后制订的，但它的内容框架参考的是 NCTM 数学标准。研究者为 G·MADE 的内容效度提供了有力的论据。

一些研究支持该测验具有效标关联效度。这些研究报告了该测验与艾奥瓦州基本技能测验（ITBS）的分测验、特拉诺瓦成就测验和艾奥瓦州教育发展测验（Iowa Tests of Educational Development）的分测验的相关性。令人惊讶的是，G·MADE 的分测验和 ITBS 阅读分测验的相关性，与 G·MADE 分测验和 G·MADE 数学分测验之间的相关性一样高。但 G·MADE 的分测验与特拉诺瓦成就测验的相关性却不是这样的，G·MADE 的分测验与其数学分测验的相关性远远超过了它与特拉诺瓦成就测验中阅读分测验的相关性。在基玛斯诊断性算术测验（KeyMath Diagnostic Arithmetic Test，KeyMath）和 G·MADE 的表现比较中，所有相关性都超过了 0.80，二者测验的技能具有高度可比性。

总结

G·MADE 是一个团体施测、常模参照、基于标准的诊断性测验，该测验可以针对学生三个独立领域技能的发展进行测试。该测验具有良好的内容效度，而且标准化工作是适当和充分的。G·MADE 的信度和效度证据良好。唯一的例外是，该研究发现，测验与其他一些基于标准测量的阅读分测验高度相关，就像与这些测验的数学分测验高度相关一样。

16-4b 基玛斯诊断性数学评估第三版

基玛斯诊断性数学评估第三版（KeyMath-3 DA; Connolly, 2007）是该测验自 1971 年最初发表以来的第三个版本。在这三个版本的测验中，已经发布了一些常模更新的信息。KeyMath-3 DA 是一项不限时、个别施测、常模参照的测验，旨在为 4 岁 6 个月 ~ 21 岁的学生进行基本数学概念和技能的综合评估。低年级学生的测验时间为 30 ~ 40 分钟，高年级学生为 75 ~ 90 分钟。该测验有四种用途：①全面覆盖常规数学教学中涉及的概念和技能，可以评估学生的数学水平；②可以评估学生数学学习的进步情况；③可以支持教学计划；④支持教育安置决定。在本章前面已经描述过，研发者对这个测验的修订进行了设计，以反映前述 NCTM 的内容和过程标准。

KeyMath-3 DA 包括一个手册、两个针对 A 或 B 形式的独立支撑性题本（freestanding easels）、25 张可拆卸的书面计算手册的记录表。KeyMath-3 DA 有两个辅助部分：一是 ASSIST 评分和报告软件程序（ASSIST Scoring and Reporting Software program），二是 KeyMath-3 DA 核心资源教学程序。测验有两种平行形式（A 和 B），每一种有 372 个项目，分为以下几个分测验：数学、代数、几何、测量、数据分析和概率、心算和估算、加减乘除、基础问题解决和应用问题解决。

分数

该测验可以人工评分或使用 KeyMath-3 DA 软件计分。测验人员可以获得 3 个相对地位指数（量表分数、标准分数和百分等级）和 3 个发展性分数（年级当量、年龄当量和增长量表值）。测验人员还可以获得三个合成测验分数：基本概念（概念知识）、运算（计算技能）和应用（问题解决）。此外，评分软件还可以帮助测验人员分析学生在数学方面的功能范围（functional range），提供学生重点题目和行为目标表现的分析。该评分软件可用于创建多次测验的进步报告，生成叙述性总结报告，将得到的分数导入到 Excel 电子表格中进行统计分析，并为家长生成报告。

常模

KeyMath-3 DA 对 3630 名年龄在 4 岁 6 个月 ~ 21 岁的学生进行了标准化。该测验是通过联系测验人员，让他们获得评估学生的许可，并将许可证明发送给出版机构，然后随机挑选学生参与标准化工作。该样本与 2004 年人口普查报告的比例分布非常接近，手册中还进行了交叉表分析（例如，有多少男性来自东北部地区）。此外，该测验的标准化样本还纳入了符合代表性比例的特定学习障碍、言语语言障碍、智力障碍、情绪 / 行为障碍和发育迟缓学生。该测验的标准化工作看来比较充分完善。

信度

研发者报告了内部一致性、复本信度和重测信度的数据。学前班和一年级学生的内部一致性信度较低。在其他年龄段，内部一致性信度系数普遍超过 0.80。除 K 年级到二年级外，合成分数的内部一致性系数都超过 0.90。除了两种形式的几何、数据分析和概率分测验的信度外，复本信度的系数超过 0.80。基于 103 名 K 年级至十二年级学生（每种形式大约各占一半）校正后的重测信度系数，一般都超过 0.80（除了基础问题解决分测验的信度系数是 0.70 和几何分测验的信度系数是 0.78 外）。所有分测验和合成测验的信度用于以筛查为目的的决策是足够的，用于诊断目的也是良好的。

效度

研发者在手册中报告了广泛的效度信息。所有的效度数据都是针对合成测验的。KeyMath-3 DA 合成测验与基玛斯基本数学诊断性检测表（修订本）、考夫曼教育成就测验（除了该测验的应用和数学合成测验）、艾奥瓦州基本技能测验、学业进步测试和 G·MADE（除了运算合成测验相关性为 0.63）的分数都具有紧密的相关性。基于与州和 NCTM 标准的一致性，内容效度的证据是好的。研发者提供了有代表性的特殊群体相对于普通群体的表现数据，分数在预期范围内。

总结

KeyMath-3 DA 是一种个别施测的常模参照测验，对数学技能和问题解决进行综合评估，适用于 4 岁 6 个月 ~ 21 岁的学生。该测验标准化的工作较为充分完善，具有很好的信度和效度证据。该评估提供了关于残疾学生表现的比较数据。

当前实践中的困境

数学技能的诊断性评估主要存在三个问题。第一个问题是反复出现的教学匹配问题。尽管最近美国出台了数学领域的州共同核心标准等举措，但在数学教学程序的设计中仍有相当大的差异。这种差异意味着诊断性数学测验不能同步代表所有的教学程序，甚至不能对一些常见的教学程序效果进行评估。因此，在使用诊断性数学测验来做出各种教育决定时，必须非常小心。评估者必须非常谨慎地留意测验内容和教学程序之间的匹配。对于不熟悉具体课堂教学程序的人来说，不应该仅仅走马观花地了解测验题目。例如，专业人员可以查看教师手册，以确保教师只评估已经教过的内容，并确保教授材料和测验材料的相关重点之间有合理的对应关系。要做到这一点，专业人员可能需要为数学教学程序开发一个说明表，将测验题目与该表进行比较。然而，一旦制定了说明表，更好的方法是从标准参照系统中选择测验题目，使其与表中的内容匹配。

第二个问题是基于决策类型选择适当的测验。在特殊教育资格决定中，学校工作人员通常需要使用个别施测的常模参照工具。然而，关于学生是否有资格获得特殊服务的决定，不必参照诊断性测验提供的关于学生优点、缺点的信息；相反，提供学生相对地位的信息可能更合适。在我们看来，最好的数学成绩调查测验是团体施测性质的分测验。一个实际的解决方案是，不使用诊断性数学测验做资格服务的决定，而是单独实施一个较好的团体施测性质的成就测验的分测验。

第三个问题，大多数诊断性数学测验并没有测试足够详细的知识和概念掌握水平。因此，评估者必须从学生已作答题目上的表现归纳其未作答题目的表现。诊断性数学测验的分测验信度往往不够高，所以教育工作者在基于此测验做推论时的信心也不够足。因此，这些测验在评估准备情况（readiness）或优点、缺点以规划教学计划时并不是很有用。我们认为，诊断性数学测验的首选做法是，让教师开发与所提供的教学完全匹配的成就测验。

章节理解题

根据本章内容，回答以下问题：

1. 我们为什么要实施和使用诊断性数学测验？
2. 分别提供两个诊断性数学测验内容和过程取样的示例。
3. 数学内容评估与数学过程评估有何区别？
4. 在两种常用的诊断性数学测验 G·MADE 和 KeyMath-3 DA 中，找出行为取样的两个差异。
5. 简要描述诊断性数学测验的三个主要困境：

   a. 教学匹配；

   b. 选择正确的测验，做出特定的决策；

   c. 充分和足够的行为取样。

第 17 章

书面语言测验的使用

学习目标

17-1 了解我们为什么要评估书面语言能力。

17-2 解释教授书面语言的方式。

17-3 说明诊断性书面语言测验的行为取样。

17-4 阐述两种书面语言测验各自的优点、缺点。

本章中提到的标准

CEC 美国特殊儿童委员会初级准备标准

标准 4: 评估

4.0 初级特殊教育专业人员在做教育决策时，使用多种评估方法和数据来源。

CEC ADVANCED 美国特殊儿童委员会高级准备标准

标准 1: 评估

1.0 特殊教育专家开展有效和可靠的评估实践来减少偏见。

Ψ 美国学校心理学家协会专业标准

1 基于数据的决策和问责

3 发展学业技能的干预和教学支持

书面表达涉及多种技能的协调，以产生一个连贯的产物（coherent product），供他人阅读和理解。书面表达虽然只是四个主要的沟通过程之一，但通常是最具挑战性的。四个主要的沟通过程是：口语理解（听和理解话语）、书面理解（阅读）、口头表达（说话）和书面表达（写作），如图 17.1 所示。因为书面表达的很多技能建立在其他三个沟通过程的基础上，因此通常要对四个过程进行全面的语言能力评估。通常来说，在语言发展方面受过专门培训的学校工作人员会把重点放在口语理解和口头表达能力的评估上，而在学术发展方面受过专门培训的人员则把重点放在书面理解（阅读）和书面表达上。在书面表达方面有困难的学生，常常在其他三个沟通过程中的一个或多个过程中也会遇到困难，但情况并非全都如此。例如，一个理解能力正常的学生，不一定具有正常的书面表达能力。此外，具有相对正常表达能力的学生可能在接受性语言方面存在问题。当教育工作者和言语语言病理学家在语言问题上合作时，他们会更仔细地鉴别学生在特定语言领域的问题。这一章的重点是书面表达能力的评估。

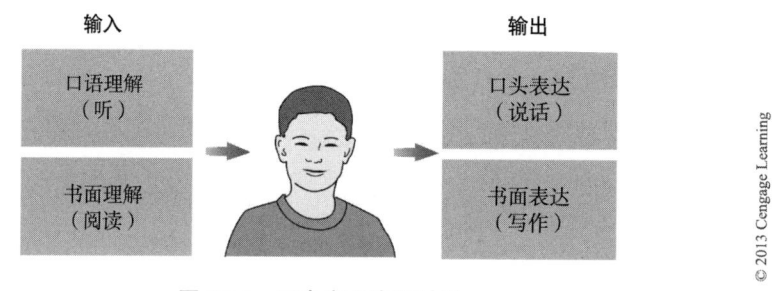

图 17.1 四个主要沟通过程

17-1 为什么要评估书面语言能力？

评估书面语言能力的原因主要有两个。其一，发展良好的书面语言能力是每个人所追求的。通过写作来表达思想和感情，这是大多数人的目标。其二，学校定期教授书面语言，《残疾人教育法》中专门提出要对这一领域进行评估。书面语言和口语测验可以用来做出以下决策：儿童筛查、计划和调整教学、资格认定及进步监测。在书面语言各个方面都有困难的人，往往有资格获得特殊教育教师和相关服务人员的支持服务。

17-2 教授书面表达技能的方式

教授书面表达技能的方法存在巨大差异——可能比前几章讨论的基本技能（如阅读和数学）的教学情况差异更大。与前几十年相比，现在人们对书面表达教学的关注度更高，但书面表达教学的研究基础并不像阅读和数学教学那样的扎实。考虑到书面表达和基本阅读技能的密切联系，英语 /

语言艺术课中会有很多书面表达的教学。然而，特定书面表达技能的教学顺序和重点在不同学区、不同学校甚至不同教室之间可能会有很大差异。虽然现在采用国家层面的州共同核心标准会有更好的一致性，但实质性差异可能会继续存在。

书面语言有两个主要组成部分：内容和形式，这为教学奠定了基础。**书面表达的内容**（content of written expression）是大量智力和语言活动的产物，包括构想、阐述、排序，然后澄清和修正想法，选择准确的词来表达意思等。此外，我们认为的大部分内容，都是创造性努力的结果。我们使用语言来激发、生动描绘、暗示和描述复杂想法的技能，远比简单地将符号放在纸上复杂。

书面语言的形式（form of written language）是指在书面输出中明显存在的惯例或规则，形式比内容更有应用限制。为了让作者和读者进行交流，有三套惯例或规则得以使用：书写技巧、拼写和体例格式规则。最基本的规则为书写技巧，即构成单词的单个字母和字母序列的笔顺。尽管字母的笔顺会随着年龄的增长变得更加个人化，但书写技巧的方式是有限的。例如，可以写出 A 并且仍将其识别为字母 A。此外，关于单词之间和字母之间的相对间距也有惯例。

拼写也有规则约束。尽管美式英语在语音上比其他语言更不规则，但在很大程度上仍然是有规则的，学生应该能够通过使用一些语音规则拼写大多数单词。例如，我们都知道，20 世纪 60 年代中期开始，大约 80% 的辅音只有一种单一的拼写（Hanna, Hanna, Hodges & Rudoff, 1966）。短元音的拼写是大多数写作者写作困难的主要来源。第三套规则是体例格式。体例是规范写作的总称，它包括语法（例如词性、代词使用、一致[1]、动词语态和语气）和结构（例如标点符号、大写、缩写和引用）。

与阅读和书写一样，形式特征的明确教学对有写作困难的学生是有帮助的。例如，向那些有书写困难的学生教授字母的笔顺是有效的（Berninger & Graham, 1998）。有关拼写模式的明确教学同样是有效的（Berninge et al., 1998）。此外，明确的教学在计划、修改和编辑书面作品的过程中也很重要（Graham, 2006）。

然而，各个学区、学校和课程在提供明确教学的程度和教授具体技能的顺序上有很大的不同。拼写问题要等到学生在能够比较流畅地表达自己的想法之后才会涉及。这类学校可能是"创造性拼写"的倡导者，鼓励学生简单地输出内容，而不关心他们的拼写是否正确。另一类学校强调让学生从一开始就正确地拼写单词。这对于如何更好地评估学生的书面语言成绩具有非常重要的意义。阅读本章评估场景，了解以上不同的观念如何影响评估。

---

[1] 编注：此处原文为 agreement，意为在单复数、单词的词性、人称方面一致。

评估场景

若泽

在费尔菲尔德学区,从学前班到二年级,学生都被鼓励"创造性拼写"。换句话说,学校鼓励学生自己拼写出还不知道如何拼写的单词。在完成独立的书面作业时,费尔菲尔德学区的教师只是鼓励学生专注于在纸上表达自己的想法。虽然该学区教授学生如何拼写,但学校并不要求学生在独立的书面作业中正确地拼写单词。学生们会得到写作中有关内容描述和组织的质量反馈。只要拼写有意义,错误的拼写就不会被更正。

在莱克伍德学区,费尔菲尔德学区的北边,书面教学和反馈的重点是书面形式(字迹、拼写、标点符号等)。在每周独立的书面作业中,学校鼓励学生使用本周教过的那些单词。在写作教学中,教师花费大量的时间教授字母笔顺、字间距、大写和拼写。学生书面作业的成绩是基于单词拼写的正确率。

若泽是一名一年级学生,在参加费尔菲尔德学前班和部分一年级课程后,他搬入莱克伍德学区。当若泽交出以下独立书面作业时,他的新教师感到震惊。

Mi trip to flourda

I went to flourda on brake and it was rely wrm and i wint swemmin in a pul. I jummd of a dyving bord and mad a big splaz that mad evrywon wet. I wood like to go thare agin neckst yeer.

教师认为这个作业的质量远远低于明佳的书面作业,后者要短得多,但包括正确的拼写和大小写。明佳的书面作业如下:

My Winter Break

I had fun with my sister. We played games. We watched T.V.

教师非常担心若泽在其课堂上难以取得成绩,并请学校心理学家帮忙,确定他是否可能有写作障碍,是否需要额外的支持服务。尽管若泽在标准化书面语言测试中的表现与明佳相似(该测试的得分基于拼写成绩和总字数),但是当应用两个不同学区的写作标准时,二者的成绩差异很大。在费尔菲尔德,以三分钟内写出的总字数为衡量标准,他的得分排在第85百分位。在莱克伍德,以三分钟内正确拼写的总单词数作为衡量标准,他的得分排在第9百分位。

> 学校心理学家建议不要考虑全面的特殊教育评估，若泽在他的写作中只使用他知道如何拼写的词语就好。随着若泽接受更多关于写作技巧的教学，他开始根据新学区的标准提高自己的书写能力。最终在三分钟的写作任务中，无论是写的总单词数还是拼写正确的单词数，他的成绩都超过了平均水平。
>
> 这个场景强调了对学生表现的测量应该如何与教学保持一致。对于未接触过相关教学的学生，重要的是要有耐心并提供相应的学习机会。你认为明佳在费尔菲尔德学区的表现会怎么样？

17–3 诊断性书面语言测验的行为取样

因为规则与书面语言的形式有关，所以各方面的形式是最容易进行客观评估的，它们是诊断性书面表达测验中评估的主要技能。为了评估与形式有关的技能，学生通常需要听写各种单词、短语和句子。是否拼写正确，以及是否使用了适当的语法、大小写和标点符号，都会影响得分。

由于相关的技能可能在不同的年级教授，所以标准化诊断性书面表达测验的结果可能不是学生所学知识的准确指标。在不同的教学计划中，学生学习拼写的单词有很大的不同。例如埃姆斯（Ames,1965）检查了七个拼写系列，发现它们为二年级和八年级之间的学生平均引入了3200个单词。但是，所有系列中只有大约1300个单词是共同的，大约1700个单词只在一个系列中教授。此外，那些在多个系列中教授的单词在年级安排上有很大差异，有时甚至相差5个年级。各种大写字母和标点符号规则的教学在年级安排上也有很大的不同。为了行之有效，对这些方面表现的测量必须与所教的内容紧密相连。例如，学生们可能在学前班、一年级、二年级或更晚的时候，学到一个句子总是以大写字母开始。他们可能在六年级或更早的几个年级，学习商业品牌名称是大写的。在二年级或三年级，学生可能通过教导得知有撇号的"it's"是"it is"的缩写，或者他们可能在高中仍在学习"it's"。还有，在评估单词用法、组织和书写时，我们必须考虑个别教师对书面语言这些组成部分的重视程度，以及何时、如何教学生。

客观地评估书写内容可能特别困难。为了评估写作内容，可以为学生提供一个故事开头或写作提示，然后学生必须在一定的时间内完成写作。学生的书写内容可以根据所写单词的总数，或正确的单词序列总数进行量化。此外，我们可以采用评分规则确定写作内容各方面的分数，例如组织、支持性细节、句子复杂性等。但是，用评分规则打分通常无法达到预期的信度门槛值，除非它们与提供给学生的教学一致，否则它们不太可能提供关于学生所学知识的充分信息。

评估书面语言的更常用方法是评估学生的书面作业，组词和拼写测验，以及制定与课程并行的书面表达的评分规则。通过这样的方式，教师可以确信他们正在精确地测量所教的内容。大多数教师版语言艺术教科书系列都包含教学范围和顺序的图表，这些图表清晰地列出每个单元的教学目标。参考这些图表，教师可以制订合适的标准参照评估和课程本位评估。研究文献中有一些可用的评分规则，教师可以用这些规则来指导他们对写作内容的重要组成部分的教学（Tindal & Hasbrouck, 1991）。

17-4 具体的诊断性写作测验

表 17.1 列举了常用的书面语言测验。下面介绍其中两项测验书面语言测验第四版（Test of Written Language–Fourth Edition, TOWL-4）、口语和书面语言量表第二版（Oral and Written Language Scales–Second Edition, OWLS-2）。

表 17.1 常用的诊断性写作测验

测验	研发者	出版年份	出版机构
口语和书面语言量表第二版（Oral and Written Language Scales–Second Edition, OWLS-2）	卡罗—伍尔福克（Carrow-Woolfolk）	2011	Western Psychological Services
早期书面语言测验第三版（Test of Early Written Language–Third Edition, TEWL-3）	赫雷斯科（Hresko）、赫伦（Herron）、皮克（Peak）、希克斯（Hicks）	2012	Pro-Ed
书面语言测验第四版（Test of Written Language–Fourth Edition, TOWL-4）	哈米尔（Hammill）、拉森（Larsen）	2009	Pro-Ed
书面拼写测验第五版（Test of Written Spelling–Fifth Edition, TWS-5）	拉森（Larsen）、哈米尔（Hammill）、莫茨（Moats）	2013	Pro-Ed

17-4a 书面语言测验第四版

书面语言测验第四版（TOWL-4；Hammill & Larsen, 2008）是一种常模参照工具，旨在评估 9 岁 0 个月～17 岁 11 个月之间学生的书面语言能力。虽然 TOWL-4 是一种个别施测的测验，但研发者提供了一系列修改说明，也可进行团体施测，并对个别学生进行后续测验，以确保测验有效。TOWL-4 可用于鉴别有明显书写困难的学生、确定学生的优势和劣势、记录学生进步情况和开展研究。该测验有两种复本形式（A 和 B）可用。

TOWL-4 使用两种写作形式（有意性写作和自然写作）评估书面语言。在有意性写作形式中，测验人员有意地限制学生的语言选择，要求学生采用特定的单词或惯例。TOWL-4 用这两种形式评估书面语言的三个组成部分：惯用法、语言和构思。惯用法部分涉及使用广泛接受的标点符号和拼写规则，语言部分涉及句法和语义结构，构思部分涉及创作出"有逻辑的、连贯的和有上下文语境的书面材料"（Hammill & Larsen，2008）。

分测验

此处先简要地介绍设计语境下写作的 5 个分测验。

词汇　　通过让学生写出包含刺激词的正确句子对该领域进行评估。

拼写　　评估拼写的方法是给学生听写句子。

标点符号　　评估学生听写的句子中的标点符号和大小写。

逻辑性的句子　　让学生对不符合逻辑的句子进行改写，使之有意义。

合并句子　　要求学生根据几个短句中的信息写出一个语法正确的句子。

最后 2 个分测验是为了评估学生在以图片内容作为故事开端的提示下完成的更多自然的、有情境的写作。完成故事书写（以及其他 5 个分测验）后，从两个维度对其进行评分。每个维度都被视为一个分测验。以下是这些分测验的简要说明：

上下文的惯用法　　通过学生书写的故事，评估学生在上下文使用恰当的语法规则和惯例的技巧的能力，如标点符号和拼写。

故事写作　　正如哈米尔和拉森（Hammill & Larsen, 2008）所描述的，这个分测验根据"故事的编写质量（例如词汇、情节、行文、角色变化和是否吸引读者）"，评估学生补充故事的能力。

分数

每个分测验的原始分数都可以转换为百分位数或标准分数。标准分数的平均值为 10，标准差为 3。分测验可以组合形成 3 个合成测验：有意性写作（词汇、拼写、标点符号、逻辑性句子和合并句子）、自然写作（上下文惯用法和故事写作）及整体书写（所有分测验）。分测验的标准分数可以相加并转换为标准分数（指数分数），以及每个合成测验的百分位数。合成测验指数分数的均值为 100，标准差为 15。虽然年龄和年级当量均可获得，但研发者适当地提醒不要报告这些分数。

常模

研发者采用两种不同的抽样方法建立 TOWL-4 的常模。第一种，研发者在美国四大地理区域分别设立了取样点，对 977 名学生进行了施测。第二种，另外 1229 名学生为在出版机构处购买过材料的志愿者。总样本中每个年龄段至少有 200 名学生样本，但是在有些年龄段中，秋季或春季的学生数量很少。总样本与美国人口普查局提供的 2005 年学龄人口的各种人口统计变量（性别、地理区域、种族、家庭收入、父母受教育程度和残疾情况）的信息相差不超过 5%，但家庭收入很高的人所占比例过高（35%样本的家庭收入超过75000美元，而人口普查中只有27%的人口有这种水平的家庭收入）。研发者还提供了三个年龄段（9～11岁、12～14岁和15～17岁）的数据，数据显示，每个年龄段的情况接近2005年美国学龄人口的信息。然而缺少了每个常模群体接近人口普查数据比例程度的信息。

信度

TOWL-4手册中介绍了三种信度：内部一致性（克伦巴赫α系数和复本信度）、稳定性和评分者一致性。

研发者使用两种方法计算TOWL-4的内部一致性。第一种，计算了一系列克伦巴赫α系数。研发者利用整个常模样本，通过克伦巴赫α系数估计每个分数（年龄和年级）的内部一致性，并在每个年龄的每个表格上进行组合。在报告的238个克伦巴赫α系数中，85个在0.90区间内[1]，80个在0.80区间内，62个在0.70区间内，10个在0.60区间内，1个在0.60以下。词汇、标点符号和拼写分测验的克伦巴赫α系数始终较高，而逻辑性句子和故事写作分测验最低。通常，合成测验的克伦巴赫α系数明显更高。对于有意性写作和整体书写，所有系数都等于0.95或超过0.95。自然写作的系数则低得多，均在0.70和0.80之间。因此，有2个合成测验是足够可靠的，可以用于做出学生的重要教育决策。

研发者还报告了几个人口统计小组和残疾学生的内部一致性，其中人口统计小组为男性、女性，以及白种美国人、非裔美国人、西班牙裔美国人和亚裔美国人，学生的残疾类别包括学习障碍、言语障碍和注意力缺陷多动障碍。计算得出的各种人口统计小组的系数与整个常模样本的系数相当。

第二种方法，研发者对整个常模样本的各个年龄和年级的分测验和合成测验计算了复本信度。这些系数的分布方式与克伦巴赫α系数的分布大致相同。

两种复本形式的各个分测验和合成测验的两周稳定性（two-week stability）信度，是通过对84名9岁～17岁的学生计算而来的，并根据两个年龄和年级范围对结果进行了核查。在80个相关系数中，30个系数等于0.90或超过0.90，34个在0.80区间内，15个在0.70区间内，1个在0.60区间内。这些指标与其他信度指标的情况相同，即有意性写作和整体书写合成测验的系数比自然写作合成测验更高。

研发者随机选择了TOWL-4方案中的41个题目进行评分，以估计评分者一致性。评分者之间的相关性相当一致。与分测验和合成测验评分一致性相关的40个系数中，36个在0.90区间内，2个在0.8区间内，2个在0.70区间内。对书面语言样本进行评分是很困难的，令人难以接受的低水平系数似乎成为一个惯例而非例外。这么看来，TOWL-4手册中包含的评分标准足够精确和清晰，故而可以进行一致的评分。唯一的评分者信度低于0.90的分测验是故事写作。

---

1 译注：即 $0.9 \leq \alpha < 1$.

效度

对内容效度的支持证据来自测验的研发方式、评估书面语言的多个维度和评估书面语言能力的方法。效标关联效度的证据来自一项研究，其中包含三个测量指标——书面语言观察量表（Written Language Observation Scale; Hammill & Larsen, 2009）、阅读观察量表（Hammill & Larsen, 2009）和阅读理解测验第四版（TORC-4; Brown, Wiederholt & Hammill, 2009）——与TOWL-4的每个分数相关分析。结果发现，相关系数从0.34（与书面语言观察量表相关的故事构成）到0.80（与TORC-4相关的拼写）不等，这些数据对TOWL-4的效度提供了一定的支持。TOWL-4与教师评定的阅读得分的相关性和TOWL-4与教师评定的写作得分的相关性差不多，甚至前者更好。研发者还根据TOWL-4的结果，对三种识字测试进行了很好的预测分析。结果显示，TOWL-4在敏感性和特异性上可以满足0.70的门槛水平。基于该结果，研发者认为TOWL-4可以用于识别有识字困难的学生。

TOWL-4手册相当详尽地讨论了结构效度。第一，研发者提供的证据表明，TOWL-4分数随着年龄和年级的增长而增加。在年龄相关性方面，与13～17岁学生相比，9～12岁学生与年龄的相关性更加明显。第二，在检验分测验相关性和因子分析时，TOWL-4似乎是把全部测验作为一个整体，只评估了一个因子。因此，尽管个别分测验（或有意性和自然的合成测验）可能很有意思，但它们并非与TOWL-4的其他分测验是相互独立的。第三，有学习障碍和言语语言障碍的学生在TOWL-4中的分数普遍低于其他组别，可以预见这些学生将会在书面语言方面遇到困难。但需要注意的是，这些特殊群体的得分差异一般不会比均值低一个标准差。

研发者还在评估工具中仔细核查了种族或民族偏见的可能性。测验按性别、种族/民族和特殊组别分别进行了信度分析。研发者还对不同的题目功能进行了分析，检查了题目特征是否因性别和种族而异，因为这些可能会导致题目的偏差。虽然有两个题目在组间的题目特征分析上存在差异，但这些题目不到全部题目的5%。

总结

TOWL-4旨在评估9岁0个月～17岁11个月学生的书面语言能力。基于有意性和自然的测验形式，对书面语言规则、语言和认知成分进行评估。TOWL-4的内容和结构是合适的。虽然TOWL-4的常模在一般情况下具有代表性，但秋季和春季样本的年龄组往往是不均匀的，其中一些季节性样本包括极少数特定年级的学生。这类测验的评分者信度是非常好的。有一个合成测验（有意性写作）和总测验的内部一致性足够高，可用于做出个人决策；分测验和其他合成测验（自然写作）的稳定性较低。

虽然测验的内容看起来很恰当，构思也很好，但是根据分数做出推论的有效性尚不清楚。具体而言，只有小组平均值（group means）可以表明：TOWL-4可用于鉴别残疾学生或确定个别学生的优势和劣势。学习障碍和言语语言障碍的学生获得的TOWL-4分测验分数仅低于均值一个标准差（或更少），他们的合成测验分数低于均值不超过1.2个标准差。然而，我们不知道这些学生是否有书面语言障碍，他们的分数很难说明TOWL-4可以用来识别有特定书面语言需求的学生。尽管研发者进行了正向预测分析，以确定TOWL-4是否可以用来识别有识字困难的学生，但同样未提供相关的证据。鉴于TOWL-4只有有意性和自然的两种题目形式，且测验稳定性相对较低，该测验在评估学生进步方面是有限的。

17-4b 口语和书面语言量表第二版

口语和书面语言量表第二版（OWLS-2；Carrow-Woolfolk, 2011）是一个个别施测的接受性和表达性语言测验，适用于3~21岁的儿童和年轻人，其中部分测验仅用于5岁以上的学生。该测验包含4个分测验：听力理解、口头表达、阅读理解和书面表达。合成测验包括口语合成测验、书面语言合成测验、接受性语言合成测验、表达性语言合成测验和整体语言合成测验。测验结果用于确定广泛的语言技能水平及听力、口语、阅读和写作的具体表现。OWLS-2用于鉴别有语言困难和障碍的学生，为其制订干预计划，监测其进步。

分测验

听力理解 测量口语理解能力，由130个题目组成。测验人员大声朗读口头刺激材料，学生必须从4张图片中找出对刺激的最佳反应。实施该分测验需要10~20分钟。

口头表达 测量口语理解和表达能力，由106个题目组成。测验人员大声朗读口头刺激材料并展示图片。学生口头回答，形式包括回答问题、完成一个句子、说出一个或多个句子。实施该分测验需要10~30分钟。

阅读理解 测量3~21岁学生对印刷文本的语义、句法和超语言（supralinguistic）的理解能力，由140个题目组成。学生会看到一张图片或一些书面文字，以及听到口头提出的问题或说明，他们必须从4个选项中选择一个最佳选项。实施该分测验需要10~30分钟。

书面表达 评估5~21岁学生的书面语言能力，旨在测量使用惯常用法（拼写、标点符号等）的能力以及文本组织和衔接的质量，由50个题目组成。学生对测验人员直接提供的写作线索做出回应。实施该分测验需要15~30分钟。

常模

OWLS的常模样本由2123名学生组成，这些学生与美国人口普查局2009年发布的数据是匹配的。手册中的表格展示了样本与美国人口在性别、种族/民族、父母受教育水平和地理区域方面的比较结果。每个年龄段（3~21岁）都包括在内（研发者未提供列交叉表分析），从39人（20岁）到226人（5岁）不等。该样本中的学生的父母受教育水平较高，完成四年制大学学业的父母比例偏高，而读过两年制社区大学的父母比例偏低。

分数

OWLS 得出的原始分数可以转换为均值为 100、标准差为 15 的标准分数。此外，我们可以获得测验的年龄和年级当量及百分位数，以及 4 个分测验和 5 个合成测验的分数。

信度

内部一致性信度是通过标准化的学生常模样本计算的，结果按 2～5 岁年龄组分层呈现。听力理解的信度系数范围是 0.93～0.98，口头表达的信度系数范围是 0.93～0.97，阅读理解的信度系数范围是 0.97～0.99，书面表达的信度系数范围是 0.94～0.99。口语合成测验的信度系数范围是 0.96～0.99，书面语言合成测验的信度系数范围是 0.97～0.99，接受性语言合成测验的信度系数范围是 0.97～0.99，表达性语言合成测验的信度系数范围是 0.96～0.99，整体语言合成测验的信度系数范围是 0.98～0.99。重测信度是根据标准化常模样本中的 117 名学生样本计算得出的。分测验的系数范围是 0.73～0.94，合成测验的系数范围是 0.85～0.95。如果用于做出学生个人的重要决策，较低的重测信度甚至是合成测验的分数有点令人担忧，只有总体语言综合成绩的两种形式的重测信度在 0.90 以上。

效度

研发者介绍了 OWLS-2 的分测验与整合语言理论（Integrative Language Theory）之间的关系，因素分析结果支持该测验与整合语言理论的对应性。他们还报告了一系列效标关联效度研究的结果，每个研究都包括 OWLS-2 表现与其他测验表现的比较，这些测验包括初级版本的 OWLS 和语言基础临床评估第四版（Clinical Evaluation of Language Fundamentals–Fourth Edition, CELF-4）。这些效度研究是基于障碍学生的临床样本实施的。OWLS-2 与初级版本的 OWLS 分测验的相关性介于 0.56～0.79 之间。CELF-4 的理解和表达量表与 OWLS-2 合成测验的相关性相对较低（相关系数分别为 0.45 和 0.59）。另外进行了一项研究，OWLS-2 阅读理解分测验与伍德科克—詹森成就测验第三版（WJ-III）广泛阅读理解的相关系数为 0.86，而 OWLS-2 书面表达分测验和 WJ-III 广泛书写合成测验的相关系数为 0.79。

总结

OWLS-2 是一种结合口头和书面语言评估的语言测验。该测验对同一群体进行了标准化，因此加强了学生口头和书面测验表现的比较。测验手册的数据显示，标准化样本代表了整个美国人口，但无法提供按年龄组划分的人口统计数据。除了广泛性语言合成测验外，整个测验的信度可能太低，以至于在为个体做出重要决策时存在困难。效度的证据不错，尽管它是基于一组特殊学生样本的研究。

当前实践中的困境

书面语言评估中的问题

书面语言的评估存在两个严重的问题。

第一个问题涉及评估书面表达的内容。书面语言的内容通常是从整体和主观上进行评分。整体评价往往不可靠。当对同一主题和同一类型（如叙事）的内容进行评分时，评分者之间的一致性从 0.50 ~ 0.65 之间（Breland，1983；Breland，Camp，Jones，Morris & Rock，1987），到强化训练后立即进行评分的 0.75~0.90 不等（美国教育考试服务中心，1990）。当主题和类型不同时，评分一致性则更加难以达到。当写作任务不同时，评分一致性的范围可以降低到 0.35 ~ 0.45（Breland，1983；Breland et al., 1987）。主观评分和决策容易受到与种族、民族、社会阶层、性别和残疾的刻板印象相关的偏见影响。

我们认为，相对于整体和主观评分方案，最好的替代方案是使用书写流畅性作为书写内容的评估指标。关于书写流畅性的评估有两种方式，在文献中得到了一些支持：第一种是书写的字数（Mather, Roberts, Hammill & Allen, 2009; Shinn, Tindall & Stein, 1988）；第二种是正确书写单词的百分比（Isaacson, 1988）。

第二个问题是如何确定根据学校教学计划所教授的内容与测验内容之间的匹配。教授各种技能的时间差异很大，因此对这些技能进行一般性测验是不合适的。基于商业目的的测验对于计划个别项目和评估个别学生的进步情况来说，其效度值得怀疑。

我们建议，教师和诊断人员来构建标准参照的测验，测验应与受测学生教学计划密切相关。一旦获得了常模数据，诊断人员就有三种选择：选择与教学计划最接近的评估体系；开发本地常模；选择个别学生进行比较。应谨慎选择评估书面语言技能的方法。例如，用学生熟悉的方法测验他们可能会更好。如果教师每周的拼写测验是听写，那么使用听写的拼写测验可能比要求学生识别拼写错误单词的测验更好。

章节理解题

根据本章内容,回答以下问题:

1. 描述与沟通相关的四个过程。
2. 通过教学解决书面语言问题的两个主要组成部分是什么?
3. 如何评估与书面语言两个主要组成部分相关的行为?
4. 与书面语言评估相关的一些困境是什么?

第 18 章

智力测验的使用

学习目标

18-1　明确我们为什么要评估智力。

18-2　阐释学生的特点如何影响他们在智力测验中的表现。

18-3　识别智力测验中常见的取样行为。

18-4　总结研制当今常见智力测验的基础理论。

18-5　识别智力测验中常见的组成因素。

18-6　描述在鉴别学习障碍中评估认知优势和劣势的法律基础。

18-7　认识各种类型的智力测验。

18-8　描述三种智力测验各自的优点和缺点。

本章讨论的标准

CEC 美国特殊儿童委员会初级准备标准

标准 4: 评估

4.0 初级特殊教育专业人员在做教育决策时，使用多种评估方法和数据来源。

CEC 美国特殊儿童委员会高级准备标准

标准 1: 评估

1.0 特殊教育专家开展有效和可靠的评估实践来减少偏见。

Ψ 美国学校心理学家协会专业标准

1 基于数据的决策和问责

没有任何其他领域的评估像智力测验一样引起如此多的关注、争议和辩论。几个世纪以来，哲学家、心理学家、教育家和外行都一直在争论智力的含义。人们提出了许多关于智力的定义，这些定义之间很多都是相互排斥和互有争议的。人们还提出了多种理论来描述和解释智力及其发展。一些理论家认为智力是人们做各种事情的一般能力，而另一些理论家认为存在多种智力，有的人在某些事情（智力）上比其他人更擅长。有些人认为，在很大程度上，智力是由基因决定（遗传）的、与生俱来的，是从父母那里得到的。另一些人认为，智力在很大程度上是后天习得的——它是通过经验获得的。今天，大多数理论家认识到遗传和经验的双重重要性，包括家庭教育、父母经验、母亲营养、母亲药物滥用和许多其他因素的影响。然而，大多数理论家对这些因素的相对重要性持不同的立场。

对智力测验中群体差异表现的解释，以及对学龄儿童智力测验的实践，一直是争议和争论的话题。在某些情况下，法院会采取行动，限制或阻止公立学校使用智力测验；而在某一些案件中，法院会明确智力测验的组成部分。关于是否应该进行智力测验，它们测量的是什么，以及如何解释不同个体在测验上的差异表现，仍然是非常有争议的。

在过去的 25 年里，由于几个原因，智力测验在学校的使用率显著下降。教师和相关服务人员发现，知道学生在智力测验（IQ 或智龄）中的得分，对决定具体的教学干预或教学方法没有特别的帮助。这只是为他们提供了关于教学节奏需要多快的大概信息。此外，有人认为，智力测验的分数经常导致教师给学生设定较低的期望，而且不愿意教低分数的学生，尤其是那些因在智力测验得分低而被贴上智力障碍标签的学生。特定学生群体（如非裔美国人或西班牙裔学生）的测验成绩较低，导致他们不成比例地被安排在特殊教育中，或人们降低对他们表现的期望。法院发现智力测验具有歧视性，于是要求停止使用智力测验。

没有人见过一种叫作"智力"的具体东西。相反，我们观察到人们行为方式的差异——要么是在各种情况下日常行为的差异，要么是对标准刺激或系列刺激的反应的差异；然后我们把这些差异归因于智力的不同。从这个意义上说，智力是一个推断出来的实体——一个我们用来解释当前行为和预测未来行为差异的术语或结构。

我们一再强调，所有测验（包括智力测验）都是对行为样本的评估。不管如何看待和解释一个人在既定测验中的表现，智力测验（以及这些测验中的题目）都只是取样的行为。人们使用多种不同类型的行为样本评估智力；在大多数情况下，取样的行为类型反映了测验研发者的智力理念。不同的研发者根据自己对智力的理解，以不同的方式对行为样本进行组合构建。在这一章，我们将回顾智力测验取样的行为类型，重点分析不同题目类型的心理要求（作为学生特征的功能）。我们还会描述智力理论家和测验研发者对智力结构进行概念化的几种方式。

评估个人在智力测验中的表现时，教师、管理人员、咨询师和诊断专家必须超越测验的名称和分数，检查测验中取样的行为类型。他们必须积极主动地质疑测验刺激呈现的方式，质疑反应作答的要求，并评估测验对个人的心理要求。

18-1　我们为什么要评估智力？

考虑到围绕智力测量的争议，以及许多关于智力测验分数是否能有意义地指导教学决策的重要议题，你可能会想弄明白今天我们为什么在学校使用它们。我们确实知道，在一些地方，包括位于艾奥瓦州中部的几个学区，从来没有做过智力测验。然而，在美国其他大多数学区，智力测验的结果可以用于特殊教育资格决策，特别是用来判定学生是否有资格作为智力障碍学生或学习障碍学生获得特殊教育服务。在许多学区，智力测验成绩特别低的学生，如果有额外的资料明确表明其智力和适应性行为都受限，就可以作为智力障碍学生获得特殊教育服务。用智力测验成绩判断学生是否有学习障碍是有争议的，但在当今的学校里，这仍然是一种相当普遍的做法。

18-2　学生特点对智力评估的影响

在智力测验中，文化适应是需要考虑的最重要的特征。**文化适应**（acculturation）是指个人适应新的文化的过程，它通常取决于个人特定的背景经历，以及在正式和非正式教育环境中学习的机会。这些又取决于一个人的初始文化和现在接触的文化，所处环境中可获得的经验以及吸收这些经验的时间长短。一个人生活的文化背景和在该文化背景中生活的时间长短，可能会影响测验题目的心理要求。仅仅知道测验中的行为是不够的，因为相同的测验题目可能会给不同经历和文化适应的人带来不同的心理要求。

例如，假设我们通过让孩子们说出冰雹和雨夹雪的相似之处来评估智力。孩子们可能会因为完全不同的原因而获得不利的结果。以胡安（一个最近从墨西哥移居美国的学生）和马西（一个密歇根州的学生）为例。胡安不知道冰雹和雨夹雪是什么，所以他几乎没法说出冰雹和雨夹雪是怎样的，他会因为不知道单词的意思而答错。马西可能知道什么是冰雹，什么是雨夹雪，但她没有做对这个题目，因为她无法将这两个词整合到一个概念范畴（降水）中。题目的心理要求随着儿童自身知识的变化而变化。对于没有学会单词含义的孩子，该题目评估了词汇量。对于掌握了单词含义的孩子来说，这个题目是一个概括任务。

考虑个人在智力测验中的表现时，我们需要知道文化适应是如何影响测验表现的。智力测验中的题目是连续性的，从对相对不受受测者学习经历影响的基本心理行为取样，到对其主要学习行为的取样。为了具体地确定考查哪些内容，我们需要了解学生的基本背景。思考以下题目：

> 杰夫去森林里散步了。他看到了一只豪猪,想把它带回家当宠物。豪猪走开了,但当他回到家时,他的父亲带他去看医生了。为什么?

如果一个学生知道豪猪的特点,知道它有刺并且刺很锋利,那么这个题目可以考查他的理解能力、抽象推理和解决问题技能。但不知道有关豪猪这些知识的学生很可能会答错。在这种情况下,答错不是由于无法理解或解决问题,而是由于背景知识的不足。

类似地,我们可以让孩子识别一年中的季节。儿童在生活环境中获得的经验会体现在他们答题的反应方式上。来自伊利诺伊州中部的儿童,经历了四种明显不同的气候条件,很可能会对"夏、秋、冬和春"做出正确的反应。来自宾夕法尼亚州中部的儿童,也经历了四种明显不同的气候条件,但他们生活在狩猎区环境中,可能会对"雄鹿季节、母鹿季节、小猎物和捕鱼"做出较好的反应。在特定的文化中,这两种反应都是合乎逻辑和适当的,但是测验中只有一个反馈答案是正确的。

根据受测儿童的年龄,智力测验题目也会对不同的行为进行取样。年龄与文化适应呈正相关:年龄较大的儿童一般有更多机会接触智力测验涉及的技能和文化知识。一个题目要求5岁的儿童说出北美红雀、冠蓝鸦和燕子如何相似,这几乎完全取决于他们对单词含义的了解。大多数大学生知道这三个词的含义,对他们来说,该题目主要评估他们识别相似性和将单词或物体整合到概念范畴中的能力。随着儿童年龄的增长,他们有越来越多的机会获得智力概念中的文化元素知识。

文化适应与取样行为之间的交互作用决定了智力测验题目的心理要求。因此,不可能说任何一个智力测验可以对任何一个学生进行评估。相同的测验题目往往对不同的孩子提出了不同的心理要求。在本章后面描述了智力测验取样的13种行为。这些行为类型会根据受测者的经验和文化适应程度而有不同的心理要求。考虑到每种行为类型都有大量的潜在问题,以及问题类型的组合,问题的数量实际上是无限的。

为了减少语言差异对学生智力测验成绩的影响,人们经常实施非言语智力测验。然而,非言语测验实际上只是减少了语言差异方面的担忧,文化差异的影响依然存在。

本章的评估场景强调智力测验必须谨慎地进行,并适当考虑学生的文化和语言背景。如果使用得当,通过智力测验就可以得到有效信息,增加学生的个人机会和权利保护。如果使用不当,它们就会减少机会和权利。

评估场景

智力测验能够帮助学生

达拉斯旺出生在老挝。之后，她和她的家人被一个教会团体带到美国明尼阿波利斯的郊区。达拉斯旺和她的妹妹随即进入了一所小学。她和妹妹一起上二年级，尽管没有迹象表明这两个孩子曾经上过学。在每天的一部分时间里，这两个女孩需要参加英语学习者项目，并在教室里与说英语的教师和学生一起学习非学术性材料。随着时间的推移，达拉斯旺的普通教育老师越来越担心她在学习英语和学校常规方面缺乏进步。她在英语学习者项目中进步很慢。达拉斯旺的妹妹进步得稍快，她会数数、识别字母，还会写自己的名字。最后，普通教育教师转介达拉斯旺进行评估，以确定她是否有资格接受智障学生特殊教育服务。

相关人员对她进行了若干评估。言语语言专家拒绝评估达拉斯旺的语言障碍，因为她很少接触英语，家人仍旧在家里说他们的母语。学校心理学家勉强尝试进行了一些评估，部分原因是达拉斯旺的进步明显慢于她的妹妹。评估遵循了正当程序，一名翻译与达拉斯旺的母亲讨论了父母的权利问题，得到了她的许可。

在评估过程中，心理学家遇到了挑战。她尝试使用翻译，但语言题目超出了达拉斯旺的文化经验。她打算使用非言语分测验，但它们在文化上仍然不适合。这位心理学家还施测了雷特国际通用操作量表第三版，这是一项不需要说话或用言语回应的测验，达拉斯旺的得分略高于平均水平。达拉斯旺的老师和母亲都填写了针对达拉斯旺的适应性行为量表。尽管文化因素可能会对她的分数产生偏差，但心理学家报告说，她的分数仅略低于平均水平。

一个多学科个别化教育计划团队开会讨论了评估数据。个别化教育计划会议遵守了所有州和联邦的指导方针，并遵循了适当的程序（有一名口译员在场，介绍并分享了评估数据）。学校心理学家坚持认为，测验数据明显排除了达拉斯旺患有智力障碍的可能性。此外，基于达拉斯旺的文化和教育经历，他不同意学习障碍的诊断。该团队建议达拉斯旺接受更密集的英语教学，以及阅读、数学补救教学。最后，相关人员还对她进行了言语语言评估，以确定她是否可以从个别化治疗中受益。

这个场景强调了谨慎进行的智力评估如何有助于确保学生不被误贴残疾的标签。如果评估者没有考虑达拉斯旺有限的英语水平和文化背景，可能会发生什么？

18-3 智力测验的行为取样

不管对智力测量的解释如何，智力测验只是进行了行为的取样[1]，这是一个事实。下面这部分内容将描述取样的行为类型，包括辨别、概括、操作、一般知识、词汇、归纳、理解、排序、细节识别、类比推理、完形、抽象推理和记忆。

18-3a 辨别

智力测验中对辨别能力进行测验的题目，通常会呈现各种各样的刺激，要求学生找出某个与其他刺激不同的项目。图18.1示意了评估辨别能力的题目：题目a和b评估图形的辨别度，题目c和d评估符号的辨别度，题目e和f评估语义的辨别度。在题目中，学生必须辨别与其他选项不同的项目。

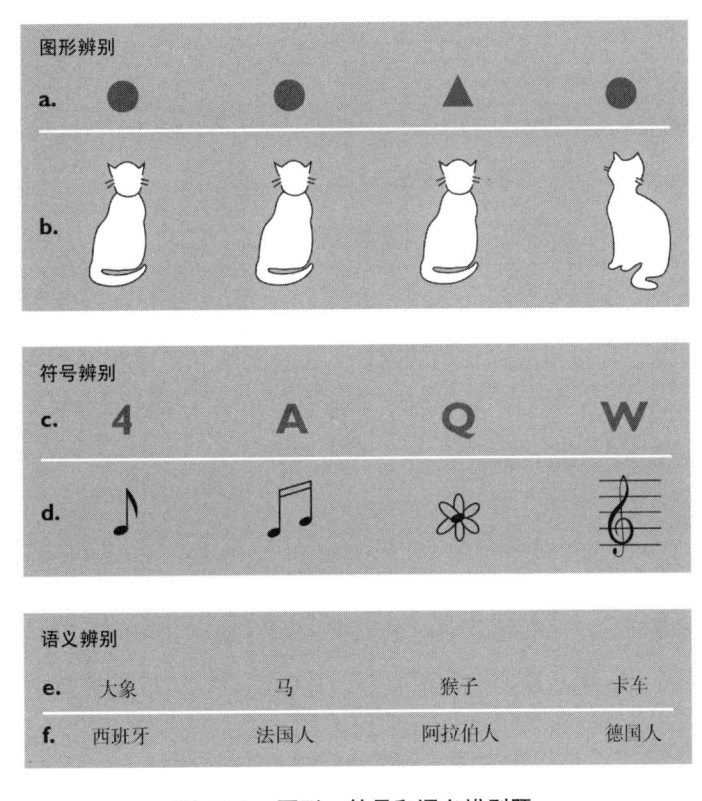

图18.1 图形、符号和语义辨别题

18-3b 概括

评估概括的题目，会呈现一个刺激，并要求学生识别选项中哪一种与刺激有关。图18.2示意了几个评估概括的题目。题目给予学生一个刺激元素，并要求其识别与之相似或与之相关的刺激元素。

---

1 译注：只对表现出的行为进行测量。

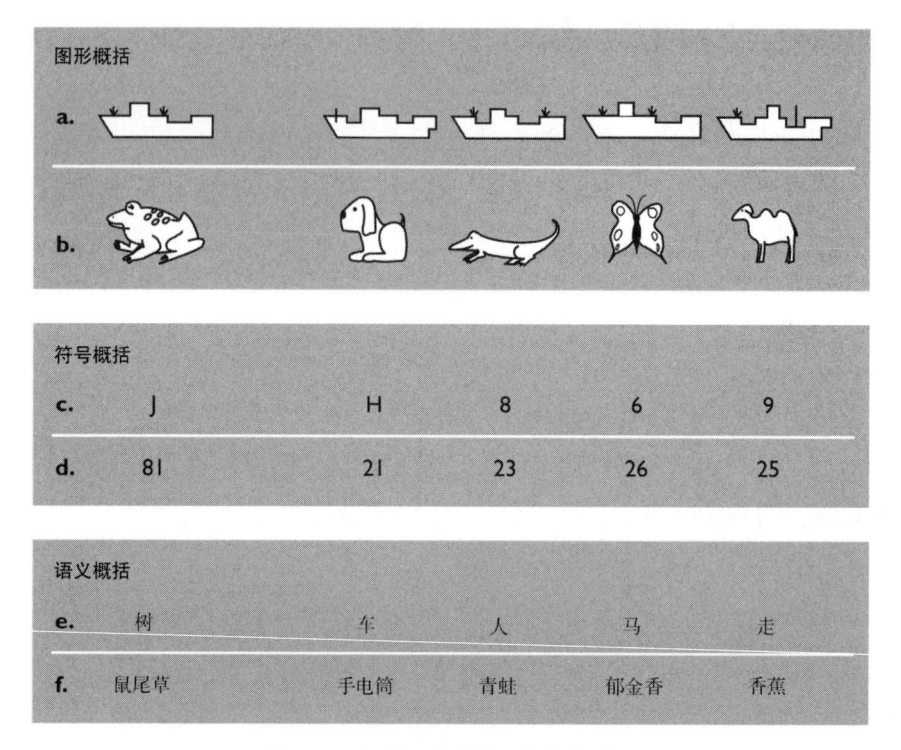

图 18.2 图形、符号和语义概括题

18-3c 操作

智力测验中的许多题目都需要动作反应[1]。例如，在评估非常年幼的儿童的智力水平时，通常要求他们投掷物体、走路、用视线追踪移动的物体、手指抓握、搭建积木和在凹形板中放置几何图形。大多数高年龄层次的动作的题目实际上是关于视觉运动的。题目可能要求学生再现几何图案，跟踪迷宫中的路径或根据记忆重构图案。

18-3d 一般知识

智力测验中的题目有时要求学生回答具体的事实问题，如"如果你从波兰到阿根廷，你会朝哪个方向行动？"和"8的立方根是多少？"本质上，这类题目就像成就测验中的题目，主要评估学生已经学习过的知识。

18-3e 词汇

许多类型的测验题目可以用来评估词汇量。在某些情况下，学生必须说出图片的名字；在另一些情况下，学生必须根据测验人员念出的单词指认目标。有些词汇题目要求学生口头回答单词的定义，而另一些则要求学生先阅读某个定义，再从几个单词中选择一个与之匹配。

---

1 译注：操作。

18-3f 归纳

考查归纳能力的题目会提供一系列例子，要求学生归纳出主要原则/原理。例如，给学生一个磁铁和多个不同的布料、木头和金属物体，要求学生尝试用磁铁拾起物体。经过几次试验后，学生需要陈述关于磁铁可以拾取的物体种类的规则或原理。

18-3g 理解

有三种类型的评估理解能力的题目：与指示说明有关的题目，与文字材料有关的题目，与社会习俗有关的题目等。在某些情况下，测验人员提出一个具体的情境，询问学生会采取什么行动（例如，"如果你看到一辆火车驶向一座被冲毁的桥，你会怎么做？"）。在另一些情况下，测验人员向学生朗读段落，然后就段落的内容提出具体问题。还有一些情况下，学生被问到关于社会习俗的问题，比如"我们为什么要信守诺言？"

18-3h 排序

评估排序的题目由一系列刺激组成，这些刺激之间具有递进关系。学生必须识别出一个延续关系的刺激选项。图 18.3 是四个排序题目的示例。

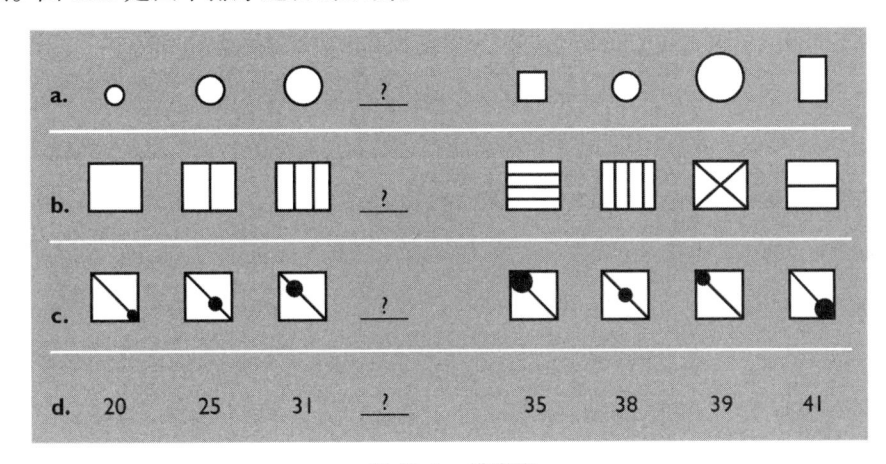

图 18.3 排序题

18-3I 细节识别

一般没有多少测验或测验题目评估细节识别。这些题目评估学生解决问题的完整性和细节性的能力。例如，题目可能要求学生数图像中的积木堆，其中一些积木方块不是直接可见的，也可能要求学生再现几何图形，或识别图片中缺失的部分。要想做对，学生必须注意刺激图中的细节，并在反应作答时，体现出对这些细节的关注。

18-3j 类比推理

"A 之于 B，正如 C 之于 ___"是类比的常见形式。元素 A 与元素 B 相关。学生必须基于 A 与 B 的关系，识别与元素 C 相同的关系的元素。图 18.4 是几个不同类比推理的示例。

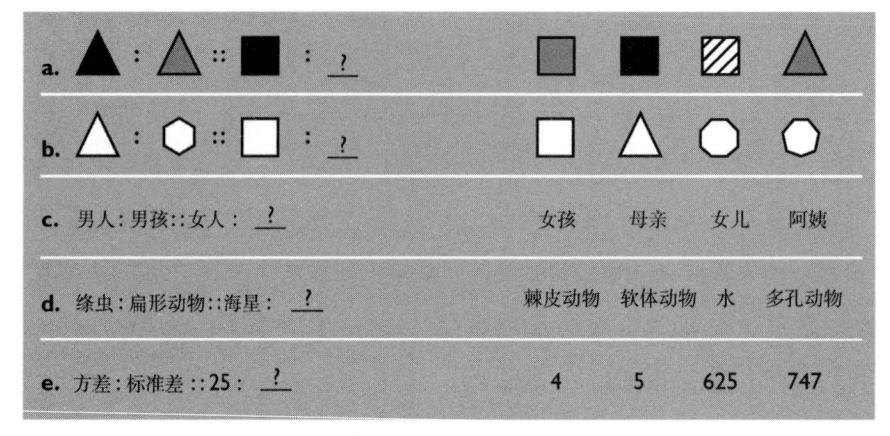

图 18.4　类比题

18-3k 完形

一些测验和测验题目要求学生从几个选项中选择刺激图案或矩阵缺失的部分。图 18.5 和 18.6 是两个不同模式完形题目的示例。图 18.5 中的题目要求识别图案中缺少的部分。图 18.6 中的题目要求通过补充三角形、圆形、矩形的序列，以及实心、条纹和空心的序列来完成矩阵。

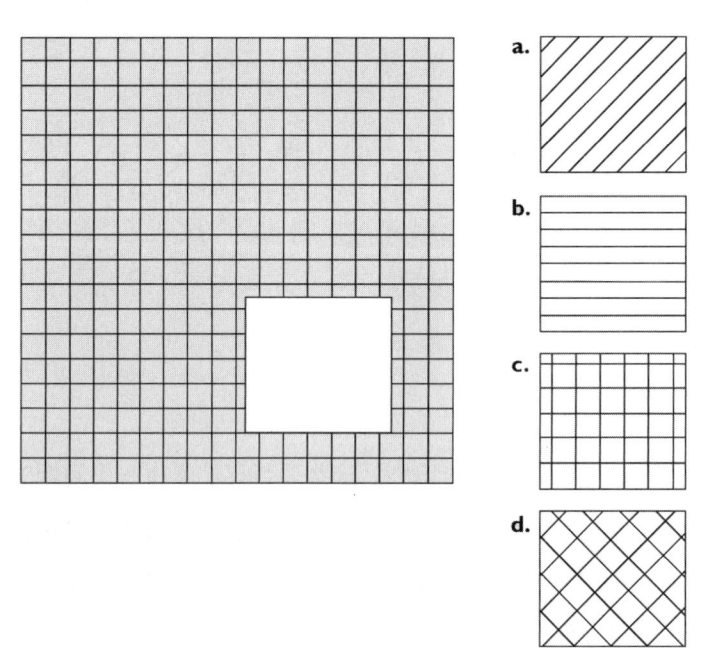

图 18.5　完形题

图 18.6　矩阵完形题

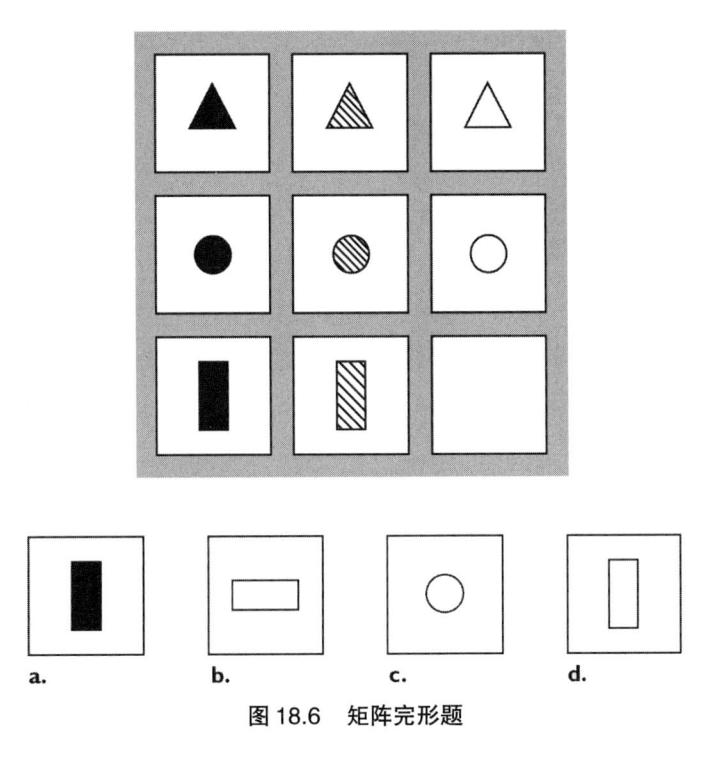

18-3l　抽象推理

智力测验的许多题目样本都考查抽象推理能力。例如，斯坦福—比奈智力量表会呈现异常的文字叙述和图片，要求学生识别异常之处。在斯坦福—比奈智力量表和其他量表中，算术推理问题通常是对抽象推理能力的考查。

18-3m　记忆

有多种不同类型的任务可以评估记忆：复述口头呈现的数字序列、从记忆中再现几何图案、逐字复述句子，以及重构段落或故事的基本内涵。表面上单从题目看太简单了。我们需要问：记忆任务是要考查什么？记忆任务的心理要求随着评估方法和回忆材料意义的不同而变化。

18-4　智力测验的理论

在智力研究的早期，用来评估智力的这些行为之间很明显是高度相关的。二十世纪早期的心理学家查尔斯·斯皮尔曼（Charles Spearman）证明，单一的统计因子可以解释行为之间的高度相关性。他把这种单一因素命名为一般智力（g）。尽管他指出，在不同任务上的表现，受到其他特定智力因素的影响，但他也认为，了解一个人的智力水平可以大大促进对其各种任务表现的预测。如今，几乎所有的智力测验都允许计算一个总的测验分数，这个分数经常被认为是某个人与其同龄人相比较的智力水平指标。

后来，因为分析的变量和使用的统计程序不同，自然就出现了不同的因素结构。瑟斯通（Thurstone, 1941）对智力测验行为之间的相关性提出了另一种解释。对智力和知觉的几个测验进行因素分析后，他得出结论，存在七种不同的智力，称之为"基本心理能力（primary mental abilities）"：言语理解、言语流畅性、数字、空间表象、联想记忆、知觉速度和推理。虽然瑟斯通认识到这些不同的能力通常是相关的，但他更强调智力结构中的多样性而不是统一性。雷蒙德·卡特尔（Raymond Cattell）及其同事进一步扩展了解释智力表现的方法。卡特尔认为存在两种主要的智力因素：流体智力和晶体智力。**流体智力**（fluid intelligence）是指一个人学习和完成各种任务的效率。这种智力随着年龄的增长而增加，直到成年早期，然后随着时间的推移逐渐降低。**晶体智力**（crystallized intelligence）代表一个人随着时间推移而获得的知识和技能，并在其一生中稳步增长。一些智力测验为代表流体智力和晶体智力的行为提供了单独的合成分数。流体智力测验的得分可能代表了这样一些题目的表现，它们要求个体先识记一些符号，然后回忆这些符号的名字，或以特定顺序回忆这些不相关的词语。晶体智力分数可能代表个体在词汇测量或一般知识题目上的表现。詹姆斯·霍恩（James Horn）和约翰·卡罗尔（John Carroll）在这一理论的基础上扩展了其他智力因素，提出了现在的卡特尔—霍恩—卡罗尔（Cattell-Horn-Carroll, CHC）理论。这些因素包括一般记忆和学习、广义视知觉、广义听知觉、广义检索能力、广义认知速度和决策/反应时间/速度。CHC理论模式是伍德科克—詹森认知能力测验第四版所依据的理论基础。

18-5　智力测验中常见因素阐释

教育专业人员会遇到许多不同的术语来描述各种智力测验因素（factor）、集群（cluster）、指数（indexe）和过程。我们在表18.1中描述了几个常见的（和重叠的）术语。

表18.1　常见智力测验术语、相关理论和测验，以及相关行为取样示例

术语	定义	理论家[*]	测验	行为取样示例
注意力	警觉性	达斯（Das）、纳列里（Naglieri）	CAS2[1]	当给出一个目标图形和许多干扰注意力的刺激选项时，个体必须迅速选择那些与目标图形相同的刺激。
听知觉/听觉加工	分析、操纵和辨别声音的能力	卡特尔（Cattell）、霍恩（Horn）、卡罗尔（Carroll）	WJ-IV[2]	当呈现一个声音时，学生必须说出以该发音开头的单词。

1　编注：CAS2指认知评估系统第二版（Cognitive Assessment System - Second Edition）。
2　编注：WJ-IV指伍德科克—詹森认知能力测验第四版（Woodcock - Johnson IV Tests of Cognitive Abilities）。

（续表）

术语	定义	理论家*	测验	行为取样示例
认知效率/认知速度	快速自动化加工信息的能力	卡特尔（Cattell）、霍恩（Horn）、卡罗尔（Carroll）	WJ-IV	当呈现一张有一行字母图案的表格时，受测者必须圈出每行中相匹配的两组字母图案。
知识理解	交流和使用所获得的知识	卡特尔（Cattell）、霍恩（Horn）、卡罗尔（Carroll）	WJ-IV	当提供一个词时，受测者必须提供一个同义词。
流体推理/智力	个体学习和完成各种任务的效率	卡特尔（Cattell）、霍恩（Horn）、卡罗尔（Carroll）	WJ-IV	当给定一组信息时，受测者必须确定并应用该信息的规则。
长时记忆提取/延迟记忆	能够在较晚时间点存储和轻松地回忆信息	卡特尔（Cattell）、霍恩（Horn）、卡罗尔（Carroll）	WJ-IV	在听完一个故事后，受测者必须回忆故事中的细节。
知觉速度	识别图样的能力		WJ-IV	当呈现一张带有数字的多行表格时，必须圈出每行中相匹配的两组数字。
计划	识别有效策略以达到特定目标的能力	达斯（Das）、纳列里（Naglieri）	CAS2	当呈现一个图例，将数字与一组符号和一系列编号框配对时，受测者必须在适当的框中写出相关的符号。
加工速度	快速完成限时的、需要复杂思维任务的能力	卡特尔（Cattell）、霍恩（Horn）、卡罗尔（Carroll）	WJ-IV, WISC-V	个体会收到一个数字转换为符号的说明，并必须迅速写下数字的相关符号。
量化推理	使用数字推理的能力	卡特尔（Cattell）、霍恩（Horn）、卡罗尔（Carroll）	WJ-IV	呈现一系列符合某个规律的数字，之后缺少一个数字，受测者必须提供缺少的数字。
短时记忆或工作记忆	在短时间内快速存储信息然后立即提取的能力	卡特尔（Cattell）、霍恩（Horn）、卡罗尔（Carroll）	WISC-V, WJ-IV	测验人员说出几个数字，个体必须按倒序准确地复述。
同时加工	将信息整合到一个完整模式的能力	达斯（Das）、纳列里（Naglieri）	CAS2	测验人员口头提问一个问题并以图片呈现，个体必须选出能提供答案的图片。
继时加工	能回忆起以特定顺序呈现的事物的程度	达斯（Das）、纳列里（Naglieri）	CAS2	当给出一组单词时，个体必须按同样的顺序复述它们。
言语理解	"运用推理、理解和概念化语言的能力"（第6页，WISC-V测验人员手册）		WISC-V	个体必须口头说明两个事物的相似之处。
视知觉/视觉加工	视觉信息的整合与解读	卡特尔（Cattell）、霍恩（Horn）、卡罗尔（Carroll）	WJ-IV	当给出各种形状和相应的一组碎片时，受测者必须识别哪些碎片对应哪些形状。

*理论家、研究人员和测验相关人员通常有许多，我们在这里只提供了两三个在定义这些术语和涉及测量这些术语相关行为的关键个人。

18-6 认知强项、弱项的评估

根据最新修订的 IDEA，如果"相对于年龄、州颁布的年级标准或智力发展而言，学生在表现、成就或两方面呈现出优势和劣势的模式，只要排除这些模式的其他潜在原因（例如文化因素、英语水平有限、智力障碍等）"［34 CFR 300.309（a）（2）］，就可以确定学生存在学习障碍。一些学区目前使用这种方法来鉴别学习障碍，并因此使用学生的智力测验成绩来做出相关的资格决定。尽管将某些表现视为"强项"或"弱项"的具体标准因学区而异，但学校工作人员一般会在分测验成绩中寻找一种模式，表明至少有一个强项、至少有一个弱项。除了本章前面提到的关于智力测量的问题之外，采用这种方式鉴别学习障碍时还有两个更具体的问题。第一，分测验的信度往往很低，所以决定可能是根据充满误差的测验分数做出的。第二，几乎任何学生在各种分测验中的表现都会有差异，有高分，也有低分。除非使用非常严格的标准来衡量什么是优势和弱势，否则很可能每个人都在智力功能上表现出优点和缺点。为了解决这一问题，人们开发了一种规避分测验信度低的智力测验方法，即**跨测验评估**（cross-battery assessment，XBA；Flanagan, Ortiz & Alfonso, 2013）[1]。使用这种方法，测验人员可以根据 CHC 理论使用多个测验测量学生的智力。尽管可能会提高测验的信度，但它也使人们对学生表现的理解变得复杂，因为不同的测验涉及的行为取样不同。此外，这些测验除了可以直接测量学生的学业技能，在多大程度上能有意义地为教学提供信息仍存在不确定性。

18-7 智力测验类型

根据所做决定的类型以及学生的具体特点，可以选择不同类型的智力测验进行施测。我们将在以下几节中描述三种不同类型的测验。

18-7a 个别施测的测验

个别施测的智力测验最常用于做出特殊需要、资格认定和教育安置的决定。州特殊教育资格鉴定指南和标准通常规定，关于智力功能数据的收集，必须是在特殊教育资格和安置决定的决策过程中，经由认证的学校心理学家进行的个人智力评估。学区可能会比州提供更具体的指导方针。

18-7b 团体施测的测验

团体施测的智力测验用于以下两个目的：筛查出某些学生，或是作为学生群体描述性信息的来源。大多数情况下，它们被用作筛查工具，以鉴别与平均水平有巨大差异的学生，这些学生将接受

---

[1] 编注：又译为跨系列测评、交叉群体评估模型。

进一步的评估。在这些情况下，测验的优点是教师可以相对较快地对大量学生进行施测。同其他任何团体测验一样，它们也都有一样的局限性：测验只能很困难地获得定性信息，测验要求学生静坐约 20 分钟，用铅笔标记，而且通常还要阅读。过去 25 年来，学区取消团体智力测验的做法变得越来越普遍。当管理者被问及为什么要这样做时，他们指出：①这些测验对学生能力的了解相对有限，并不能获知学生是否掌握了学业技能（如阅读和数学）；②教师在尝试将测验结果用于教学决策时存在困难；③学校在智力筛查项目的费用方面有问题。

18-7c 非言语智力测验

非言语测验是评估智力最广泛使用的测验之一，尤其是人们对不精通英语的人或听力障碍儿童的智力存在疑问时，非言语测验具有一定的用途。一些非言语测验旨在广泛地测量智力，还有一些被称为"图片词汇测验"，本身并不是专门测量智力的。相反，它们只测量智力的一个方面——接受性词汇。在图片词汇测验中，图片呈现给受测者后，受测者需要识别与测验人员所读单词相对应的图片。一些图片词汇测验的研发者指出，这些测验只测量接受性词汇；还有一些研发者将接受性词汇等同于智力，并声称他们的测验可以评估智力。因为测验只测量智力的一个方面，它们不应该被用来做出资格决定。

18-8 智力评估：常用的测验

在本节中，我们提供了一些最常用的智力测验的信息。表 18.2 提供了教育环境中可能会遇到的智力测验。我们还对几个智力测验进行了更详细的介绍，特别是行为取样的种类和技术充分性。虽然有些个别施测的智力测验可以由教师、咨询师或其他专家适当地进行，但学校工作人员最依赖的智力测验必须由心理学家进行。

表 18.2 常用的智力测验

测验	研发者	出版年份	出版机构
认知能力测验（Cognitive Abilities Test, CogAT）	洛曼（Lohman）、黑根（Hagan）	2001	Riverside
认知评估系统第二版（Cognitive Assessment System - Second Edition, CAS2）	达斯（Das）、纳列里（Naglieri）	1997	Riverside
非言语智力综合测验第二版（Comprehensive Test of Nonverbal Intelligence - Second Edition, CTONI-2）	哈米尔（Hammill）、皮尔逊（Pearson）、维德霍尔特（Wiederholt）	2009	Pro-Ed
底特律学习能力测验第四版（Detroit Tests of Learning Aptitude - Fourth Edition, DTLA-4）	哈米尔（Hammill）	1998	Pro-Ed

(续表)

测验	研发者	出版年份	出版机构
考夫曼儿童成套评估测验第二版（Kaufman Assessment Battery for Children-Second Edition, KABC-2）	考夫曼夫妇（Kaufman & Kaufman）	2004	Pearson
雷特国际通用操作量表第三版（Leiter International Performance Scale-Third Edition, Leiter-3）	罗伊德（Roid）、米勒（Miller）、庞普伦（Pomplun）、科赫（Koch）	2013	Stoelting
奥蒂斯—伦农学校能力测验第八版（Otis-Lennon School Ability Test-Eighth Edition, OSAT-8）	培生（Pearson）	2003	Pearson
皮博迪图片词汇测验第四版（Peabody Picture Vocabulary Test-Fourth Edition, PPVT-4）	邓恩夫妇（Dunn & Dunn）	2007	Pearson
托尼非言语智力测验第四版（Test of Nonverbal Intelligence-Fourth Edition, TONI-4）	布朗（Brown）、舍本诺（Sherbenou）、约翰逊（Johnsen）	2010	Pro-Ed
斯坦福—比内智力量表第五版（Stanford-Binet Intelligence Scale, Fifth Edition, SB-5）	罗伊德（Roid）	2003	Riverside
通用非言语智力测验第二版（Universal Nonverbal Intelligence Test-Second Edition, UNIT-2）	布拉肯（Bracken）、麦卡勒姆（McCallum）	2016	Riverside
韦克斯勒儿童智力量表第五版（Wechsler Intelligence Scale for Children-Fifth Edition, WISC-V）	韦克斯勒（Wechsler）	2014	Pearson
韦克斯勒学龄前和学龄初期儿童智力量表第四版（Wechsler Preschool and Primary Scale of Intelligence-4th Edition, WPPSI-IV）	韦克斯勒（Wechsler）	2012	Pearson
伍德科克—詹森认知能力测验第四版（Woodcock-Johnson IV Tests of Cognitive Abilities, WJ-IV）	施兰克（Schrank）、马瑟（Mather）、麦格鲁（McGrew）	2014	Riverside

18-8a 韦克斯勒儿童智力量表第五版

韦克斯勒儿童智力量表第五版（WISC-V；Wechsler, 2014）是韦克斯勒儿童智力量表（WISC）的最新版本，旨在评估6岁0个月至16岁11个月个体的认知能力和问题解决过程。

由戴维·韦克斯勒（David Wechsler）于1949年开发的WISC，对初始的韦克斯勒量表即韦克斯勒—贝尔韦智力量表（Wechsler-Bellevue Intelligence Scale, 1939）中的11个分测验进行了改编，适用于儿童，并增加了迷津分测验。1974年，研发者编制了韦克斯勒儿童智力量表修订版（WISC-R）。本次修订保留了原韦克斯勒儿童智力量表中的12项分测验，但将年龄范围从5～15岁扩展为6～16

岁。韦克斯勒儿童智力量表第三版（WISC-III）于1991年研制完成。这个量表保留了12个分测验，并增加了一个新的分测验——符号检索。韦克斯勒儿童智力量表以前的版本提供言语智商、操作智商和全量表智商（full-scale IQ, FSIQ）分数。WISC-III保留了这一传统，但引入了4个新的指数分数：言语理解指数（Verbal Comprehension Index, VCI）、知觉组织指数（Perceptual Organization Index, POI）、抗分心指数（Freedom from Distractibility Index, FDI）和加工速度指数（Processing Speed Index, PSI）的分数。在韦克斯勒儿童智力量表第四版中，研发者对4个指数的术语又进行了更新，即言语理解指数、知觉推理指数（Perceptual Reasoning Index, PRI）、工作记忆指数（Working Memory Index, WMI）和加工速度指数，取消了言语和操作智商。

  WISC-V提供了一个新的评分模式，同时保留了先前量表的智力理论基础。韦克斯勒总结了这一理论，他说"智力是一个人理解和应对周围世界的总体能力"（Wechsler, 2014）。这个定义与他最初的定义是一致的，他在最初的定义中说，智力是"个人有目的地行动、理性地思考和有效地处理周围环境的能力"（Wechsler, 1974）。

  智力既是整体的（将个体的行为看作为一个整体），又是特定的（由不同的元素组成），基于这样的前提（Wechsler, 2014），WISC-V测量了整体全面的智力，以及认知功能的不同领域。

  WISC-V提出了一个新的评分模式。与WISC-IV相似，它不提供言语和操作智商分数。然而，它保留了全量表智商作为一般智力功能的衡量标准，并包括5个指数分数作为特定认知领域的衡量。这5个指数是在分析WISC-IV数据的基础上提出的，并开发了3个新的分测验，旨在为以下3个指数提供更好的测量：视觉空间（Visual Spatial）、流体推理（Fluid Reasoning）和工作记忆。WISC-V的5个主要指数包括言语理解指数、视觉空间指数、流体推理指数、工作记忆指数和加工速度指数。下面将具体描述每个指数包含的分测验。熟悉WISC-IV的人会注意到，WISC-V中删除了2个分测验，保留了13个分测验，增加了8个分测验。WISC-V将分测验分为主要的（primary）、次要的（secondary）和补充的（complementary），而不是核心的（core）和替补的（supplemental）分测验。要获得全量表智商分数需要做7个主要分测验，在某些情况下可以使用次要分测验来替代主要分测验以获得指数分数。此外，可以施测补充分测验以获得附加信息。

分测验

言语理解分测验

  类同（主要分测验）。这个分测验要求受测者识别表面上不相关的词语之间的相似性或共同性。

  词汇（主要分测验）。这个分测验评估受测者诠释单词的能力。前面的题目要求受测者对图片进行命名。后面的题目要求受测者口头诠释由测验人员大声朗读的单词。

  理解（次要分测验）。这个分测验评估受测者理解语言指令或理解特定习俗的能力。受测者会被问到诸如"为什么大雪过后穿靴子很重要"这类问题。

常识（次要分测验）。这个分测验评估受测者回答具体事实问题的能力。内容是后天学习而来的；它期望对人们在正式和非正式教育环境中获得的常识进行考查。受测者会被问到诸如"哪个快餐店的特征以金拱门为标志"这类问题。

视觉空间分测验

积木（主要分测验）。在这个分测验中，呈现出视觉刺激图案，要求受测者在一定时间内操作积木块复现刺激图案。

视觉拼图（次要分测验）。在这个分测验中，测验人员会向受测者展示一个完整的拼图，然后受测者必须从各种各样的反应选项中选择三个图形，把它们拼成目标拼图。每一题的作答都有时间限制。

流体推理分测验

图画概念（次要分测验）。在这个分测验中，测验人员会向受测者展示 2～3 行图片，然后受测者必须从每一行中选择一张图片，组成一个具有共同特征的图片组。例如，受测者会选择第一行"马"的图片和第二行的"老鼠"的图片，因为它们都是动物。这实际上是一个图片分类任务。

矩阵推理（主要分测验）。在这个分测验中，受测者必须在既定的 5 个相应选项中，选择不完整矩阵中缺失的那个部分。矩阵的范围从 2×2 到 3×3。最后一项不同于这种形式，而是要求受测者识别第六排中的第五个方块。

图形重量（主要分测验）。在既定的时间限制内，受测者必须选择一张显示恰当重量值的图片，保持天平两侧的重量平衡。

算术（次要分测验）。这个分测验评估应用算术运算解决问题的能力。在这个测验中，受测者必须在指定的时间内解决测验人员口头提出的问题。

工作记忆分测验

数字广度（主要分测验）。这个分测验评估受测者即时口头复述数字的能力。在顺背数字题中，受测者按照相同的顺序复述测验人员大声念出的数字序列。在倒背数字题中，受测者按照相反的顺序复述测验人员大声念出的数字序列。在数字排序题中，受测者必须心算，将测验人员大声念出的数字，以从小到大顺序排列。

图片广度（主要分测验）。在这个分测验中，受测者在预先指定的时间内浏览带有各种图片的页面，然后在呈现的作答页面中选择之前浏览的图片（如果可能，按顺序呈现）。

字母—数字排序（次要分测验）。这个分测验评估受测者回忆和处理口头呈现的一系列数字和字母的能力。在听到测验人员随机念出的一系列数字和字母后，受测者必须先从小到大排列数字，然后按字母顺序排列字母。

加工速度分测验

译码（主要分测验）。这个分测验评估受测者将符号与几何形状或数字联系起来的能力，以及在指定的时间内将这些符号抄写到纸上的能力。

符号检索（主要分测验）。这个分测验由一系列成对的符号组成，每对符号包括一个目标组和一个搜索组。受测者需在浏览这两个组后，在指定时间内说明目标符号是否出现在搜索组中。

划消（次要分测验）。在这个分测验中，测验人员首先向受测者呈现一组随机排列的图片，然后按结构顺序呈现同一组图片，要求受测者分别在规定时限内标记出目标图片。

补充分测验

命名速度—文字（Naming Speed Literacy）。在这个分测验中，测验人员向受测者呈现各种各样的彩色物体或字母和数字，受测者必须尽快正确地对它们命名。

命名速度—数量（Naming Speed Quantity）。在这个分测验中，测验人员向受测者呈现各种包含不同数量盒子的大盒子，受测者必须以最快的速度说出每个大盒子里的盒子数。

即时符号转换（Immediate Symbol Translation）。在这个分测验中，测验人员向受测者呈现符号，并告知每个符号代表什么单词。然后，测验人员向受测者呈现长串的符号，受测者必须按顺序陈述相应的单词。

延迟符号转换（Delayed Symbol Translation）。受测者得到与即时符号转换分测验相同的符号，但在完成即时符号转换分测验大约20～30分钟后，受测者必须回忆尽可能多的符号。

符号转换识别（Recognition Symbol Translation）。在延迟符号转换测验后，测验人员将向受测者呈现与之前相同的符号，受测者必须从多个选项中选择正确的单词与符号相对应。

分数

在WISC-V上获得的分测验原始分数可以转换为平均数为10和标准差为3的量表分数。将2个言语理解的分测验、1个视觉空间的分测验、1个工作记忆的分测验、2个流体推理的分测验和1个加工速度的分测验的量表分数相加，转换后可得到全量表智商分数。每个指数（言语理解、视觉空间、工作记忆、流体推理、加工速度）下面2个分测验的量表分数可组成指数分数。韦克斯勒量表的智商是平均数为100、标准差为15的离差智商分数。它提供了相关表格，这些表格对分测验量表分数和合成分数进行了百分等级和置信区间的转换。原始分数也可以转换成年龄当量。附加指数（additional indexes）分数可以通过各种分测验的量表分数之和得到，这些指数包括定量推理、听觉工作记忆、非言语能力、一般能力和认知能力。附加指数还可以导出10个过程分数。过程分数"旨在提供关于认知能力更详细的信息，这些信息有助于了解儿童的分测验表现"（Wechsler, 2004）。WISC-V提供了各种分测验、指数和过程分数的差异比较。表格提供了每个年龄组在0.15、0.10、0.05和0.01显著性水平上被认为具有统计学意义所需的差异分数，并提供了标准化样本中获得相同或更大分数差异的儿童的百分比信息。

WISC-V在一些主要和次要测验中采用了差异计分系统。对数字广度、译码、图形重量、视觉拼图、图画概念、字母—数字排序、矩阵推理、划消、算术和常识分测验的反应分为"通过"或"不通过"。类同、词汇、图画广度和理解分测验采用加权评分系统。不正确的回答得 0 分，低水平或低质量的回答得 1 分，较好的回答得 2 分。积木设计和符号检索是限时的，在更短的时间内完成任务的受测者获得更多分数。当限时测验用于运动障碍儿童时（他们的速度可能会受到影响），人们必须对不同反应的权重予以特别考虑。

常模

WISC-V 对 2200 名 6 岁 0 个月～16 岁 11 个月的儿童进行了标准化，年龄范围为 11 个整龄组（例如 6 岁 0 个月～6 岁 11 个月）。每组各有 200 名参与者。根据 2012 年美国人口普查局的信息，标准化组是根据年龄、性别、种族/族裔（白人、非裔美国人、西班牙裔美国人、亚洲人和其他人）、父母受教育水平（基于受教育年限和所持有的学位）和地理区域（东北部、南部、中西部和西部）进行分层的。每个年龄组的标准样本中都包括了特殊儿童（例如有特殊学习障碍的儿童、超常儿童、注意力缺陷多动障碍的儿童等），以便准确地代表入学儿童群体。手册中提供了大量表格对取样数据与普查数据进行比较说明。这些表按以下特征分层设计：①年龄、种族/族裔和父母受教育水平；②年龄、性别、父母受教育程度；③年龄、性别和种族/族裔；④年龄、种族/族裔和地理区域。总体而言，这些样本基本代表了分层变量中的美国儿童群体。

信度

由于译码、符号检索、命名速度、符号转换和划消分测验是限时的，因此这些分测验的信度可以采用重测信度系数。而其他所有分测验和合成测验的得分都是采用校正后的斯皮尔曼—布朗公式的分半信度 α 系数。同时，所有分数还报告了测量标准误。此外，测验也报告了每个年龄组的分数和所有年龄组的平均分数。正如所预期的，16 个主要和次要分测验的信度（总体平均值信度从 0.81～0.94，年龄水平信度从 0.67～0.96）低于指数信度（总体平均值信度从 0.88～0.96，年龄水平信度从 0.86～0.97）。全量表智商的信度非常好，年龄水平信度系数分布在 0.96～0.97 不等。

在 218 名儿童样本中收集了重测稳定性数据。这些数据由 5 个年龄组（6～7 岁，8～9 岁，10～11 岁，12～13 岁和 14～16 岁）组成，是基于皮尔逊积差相关法计算出来的。分测验系数的范围在 0.53～0.93 之间，指数系数得分范围在 0.68～0.96 之间，全量表智商稳定系数范围在 0.90～0.94 之间，测验为每个分测验、指数和全量表智商提供了代表所有年龄级别结果的稳定系数[1]。全量表智商的稳定系数为 0.92，指数稳定性在 0.81（定量推理）到 0.94（言语理解）之间，分测验稳定性在 0.71（图画概念）到 0.90（词汇）之间。

全量表智商和一些指数分数是可靠的，足以用来做出重要的教育决定。分测验和许多指数得分

---

[1] 原注：所提供的稳定系数是基于校正后的相关系数。

并不足够可靠，无法用来做出重要决定。

效度

研发者从测验内容、反应过程、内部结构和与其他变量的关系四个方面提出了效度的证据。在测验内容方面，他们强调广泛的修订过程，以全面的文献和专家审查为基础，用于选择题目和分测验，然后在他们试图测量的智力功能领域充分取样。

适当的反应过程（儿童在分测验任务中的认知过程）的证据是基于：①先前研究支持保留的分测验；②支持新的分测验的文献综述、专家意见和实证检验。此外，在发展过程中，研发者对受测者的反应过程进行了定量的（例如，为识别经常出现的错误答案而进行的反应频率分析）和定性的（例如，直接询问受测者对问题解决策略的使用情况）审查，并做出相应的调整。

在内部结构方面，基于每个年龄组和跨年龄组的分测验之间的相关性，利用费希尔 Z 转换，提供了会聚效度和区分效度的证据。研究发现，各分测验之间存在显著的相关性，正如预期的那样，它们都可能测量一般智力。此外，相同指数下面的分测验之间彼此高度相关。通过验证性因素分析，进一步证明了其内部结构。验证性因素分析采用的是结构方程模型，五个拟合优度测量证实了五因素模型为最佳的拟合数据。

在与其他变量关系方面，证据是基于 WISC-V 与其他韦克斯勒测验之间的相关性。WISC-V 的全量表智商分数与其他韦克斯勒量表的全量表智商或学业成就量表总分进行了相关计算。相关关系如下：WISC-IV，$r=0.86$；韦克斯勒学龄前和学龄初期儿童智力量表第四版（WPPSI-IV），$r=0.83$；韦克斯勒成人智力量表第三版（WAIS-III），$r=0.89$；WIAT-III，$r=0.81$。与其他的智力测验也有相关性，包括考夫曼儿童成套评估测验第二版（KABC-II）和考夫曼教育成就测验第三版（KTEA-3）。全量表智商与这些测验合成指数分数的相关性在 0.44 ~ 0.82 之间。研究还提供了与文兰适应性行为量表第二版（Vineland Adaptive Behavior Scales, Second Edition, VABS II）相关的信息，结果显示 WISC-V 与该适应性行为量表相关的显著性水平为 0.01。

研发者最后介绍了在标准化期间为检查 WISC-V 的临床效用进行的特殊群体研究。他们注意到这些研究的四个局限性：①没有使用随机选择的样本；②由于不同的临床环境下的鉴定标准不同，选取的被试也存在一定问题；③使用了仅覆盖 WISC-V 年龄范围的小样本；④只报告了群体表现。研发者提醒说，这些研究提供了一些例子，但不能完全代表各种诊断类别。这些研究是针对超常、轻中度智力障碍、边缘智力、特定学习障碍、注意力缺陷多动障碍、破坏性行为、创伤性脑损伤和孤独症谱系障碍的儿童及英语学习者进行的。

总结

WISC-V 是一种广泛使用、个别施测的智力测验，评估儿童年龄范围在 6 岁 0 个月 ~ 16 岁 11 个月。

证据表明量表信度是不错的。全量表智商和一些指数分数的信度很高,但其他指数分数的信度较低,分测验的信度更低,因此分测验分数不能用于做出安置或教学规划的决定。手册中提出的效度证据基于四个方面:测验内容、反应过程、内部结构和与其他变量的关系。效度证据存在一定的局限性。

WISC-V 在做出教育决策方面的用处有限。如果在教育环境中使用 WISC-V,最好不要在做出关于学生的决定时过度使用全量表分数。

18-8b 伍德科克—詹森第四版:认知能力测验和成就测验

伍德科克—詹森心理教育成套测验第四版(The fourth edition of the Woodcock-Johnson Psychoeducational Battery, WJ-IV)于 2014 年开发完成(Schrank, McGrow & Mather, 2014)。WJ-IV 是一个个别施测、常模参照的评估系统,用于测量一般智力能力、特定认知能力、口语和学业成就。我们在这里只介绍认知能力测验和成就测验,而不介绍口语测验。该测验适用于 2 岁至 90 岁以上的人群。完整的 WJ-IV 认知能力测验(WJ-IV Tests of Cognitive Abilities, WJ-IV-COG)和 WJ-IV 成就测验(WJ-IV Tests of Achievement, WJ-IV-ACH)的材料,包括展示刺激题目的 4 个支撑性题本:一个用于标准认知成套测验,一个用于扩展认知成套测验,一个用于标准成就成套测验,一个用于扩展成就成套测验。其他材料包括认知能力和成就测验的手册、基于 DVD 的技术手册、施测某些认知分测验的 DVD 音频记录、测验记录、评分框架和受测者反应册。

在前一个版本(WJ-III)的基础上,WJ-IV 做出了一些修改。它对认知能力测验进行了修订,侧重于对最重要的广义和狭义能力的具体考查,几个分测验的修订已经完成。几个额外的集群以及流体推理(Fluid Reasoning, Gf)和理解—知识(Comprehension-Knowledge, Gc)的合成测验(Gf-Gc 合成测验)也派上用场了。在成就测验中增加了新的分测验,以及几个新的集群。认知能力和成就测验中的几个分测验已经被移除,并放在口语测验中。为了简单起见,为检查内部能力和能力/成就比较而开发的程序略有改动。鉴于这是一个新版本的测验,所有新的常模已经建立,第四版信度和效度的信息也是可查的。

WJ-IV 认知能力测验

WJ-IV 认知能力测验(WJ-IV-COG)的 18 个分测验的理论基础是基于认知能力的 CHC 理论。一般智力能力(General Intellectual Ability, GIA)分数旨在代表所有智力表现背后的共同能力,由 7 项标准成套分测验(口头词汇、数列、言语注意、字母—图案匹配、语音加工、故事回忆和可视化)的表现确定。简洁智力能力(Brief Intellectual Ability, BIA)分数也可用于筛查性目的,它是根据 3 项标准成套分测验(口头词汇、数列和言语注意)的表现确定的。Gf-Gc 合成测验由口头词汇、数列、一般知识和概念形成分测验组成。

WJ-IV-COG 的其他解释分数基于广泛的 CHC 能力。此外,还可以导出与几个狭义能力(narrow

ability）和其他临床集群相关联的分数。我们下面描述了 CHC 因素集群（factor cluster），以及与这些集群对应的分测验。

理解—知识（Comprehension-Knowledge, Gc）　　评估获得知识和交流运用这些知识的能力，以及运用获得的知识进行推理的能力和过程。包括以下两个分测验：口语词汇（通过同义词和反义词测量词汇知识）和一般知识（测量某些物品可以在哪里找到以及它们是做什么的知识）。

流体推理（Fluid Reasoning, Gf）　　评估在新情境中的推理和解决问题的能力。包括以下两个分测验：数列（识别数字规律的能力）和概念形成（识别与一组表述的信息相对应的规则的能力）。

长时记忆提取（Long-Term Retrieval, Glr）　　评估在之后的某个时间及时地存储和检索提取信息的能力。包括以下两项分测验：故事回忆（考查回忆故事中呈现的细节的能力）和视觉—听觉学习（考查学习和回忆代表单词的符号的能力）。

视觉加工（Visual Processing, Gv）　　通过两个分测验评估用视觉模式思考的能力：可视化（在目标形状或图案旋转或翻转时，识别与之匹配的碎片和图案的能力）和图片识别（视觉记忆任务）。

听觉加工（Auditory Processing, Ga）　　评估综合和辨别听觉信息的能力，包括两个分测验：语音加工（测量用特定的语音元素回忆和命名单词的能力）和非词复述（测量复述一组越来越复杂的无意义单词的能力）。

认知加工速度（Cognitive Processing Speed, Gs）　　评估快速执行认知任务的能力。包括两个分测验：字母—图案匹配和对组划消（这两个测验都是对图案识别流畅性的考察）。

短时工作记忆（Short-Term Working Memory, Gwm）　　评估在执行特定任务时保存即时信息的能力。测量这一能力的两个分测验是：言语注意（测量记住呈现的一系列信息并回答关于该系列特定问题的能力）和数字反转（测量倾听和操纵呈现的一系列数字的能力）。

WJ-IV 成就测验

WJ-IV 成就测验（WJ-IV-ACH）包含 20 个分测验，它们可以组合成几个集群。一个简版的成就集群（achievement cluster）可以由字母—单词识别、应用问题和拼写方面的表现构成。为了形成广泛的成就集群，测验额外组合了 6 个分测验（文章理解、计算、写作范例、句子阅读流畅性、数学知识流畅性和句子书写流畅性）。阅读、数学和写作的各个集群，以及与之相关联的分测验描述如下。

阅读　　评估解码和理解文本的能力。它由字母—单词识别和文章理解两部分组成。

广义阅读　　除了作为阅读集群的一部分外，它还评估阅读速度。它由组成阅读集群的 2 个分测验（字母—单词识别和文章理解）以及句子阅读流畅性组成。

基本阅读技能　　评估语音和单词分析能力，包括字母—单词识别和猜词两部分。

阅读理解　　评估理解、推理和长时记忆提取的能力，包括文章理解和阅读回忆。

阅读理解—拓展版　　除了作为阅读理解集群的一部分，它还包括阅读词汇分测验，因此也测量词汇量。

阅读流畅度　　评估阅读的流畅性，包括准确性、韵律（口语中的节奏模式）和自动性。它包括朗读和句子阅读流畅性。

数学　　评估计算和问题解决能力，包括应用题和计算两部分。

广义数学　　除了作为数学集群的一部分，它还评估流畅性。它包括与数学集群相同的分测验（应用题和计算），以及数学知识流畅性。

数学计算技能　　评估计算和解决基本数学问题的自动化能力。它包括计算和数学知识流畅性两部分。

数学问题解决　　评估数学知识和推理。它包括应用题和数字矩阵两部分。

书面语言　　评估拼写和书面表达质量。它包括拼写和写作范例两部分。

广义书面语言　　除了作为书面语言集群的一部分，它还评估写作产出的流畅性。它包括书面语言集群的2个分测验（拼写和写作范例）以及句子书写流畅性。

基本写作技能　　评估拼写和标点符号知识。它包括拼写和编辑两部分。

书面表达　　评估书面表达的流畅性和质量。它由写作范例和句子书写流畅度2部分组成。

分数

与WJ-III常模更新版（WJ-III NU）[1]一样，WJ-IV必须由计算机程序评分，这样就避免了复杂的手工计分。WJ-IV包括年龄常模（2岁~90岁以上）和年级常模（从学前班到研究生一年级）。虽然WJ-IV的年龄和年级当量不是外推法计算出来的，但它们仍然会产生一个错误的标准，并增强了典型思维（关于这些问题的讨论见第4章）。测验还提供了其他转换分数：百分等级、标准分数和相对熟练程度指数（Relative Proficiency Indexes, RPIs）。RPIs可以用来找出教学领域（instructional zones），或者根据学生的分数找出可能特别容易或特别难的任务。此外，原始分数可计算为W分数，以代表不分年龄或年级的表现；其中，500分接近一个10岁孩子在特定任务上的平均表现。最后，每个测验记录还包含一份7个测验阶段的观察检查表，对学生的交谈熟练程度、合作、活动、注意力和专注、自信、回答的仔细程度以及对困难任务的反应进行评价。

常模

WJ-IV的常模数据是基于居住在美国46个州和哥伦比亚特区的7416人的表现计算的。研究采用分层抽样设计的随机化方式选取样本，同时控制了12个特定的社区和个体变量。学龄前样本包括664名2~5岁的儿童（还没有进入学前班）。K-12样本包括3891名学生。学院/大学的样本

1　译注：WJ-III Normative Update.

包括775名学生。成人样本包括2086人。人口统计信息按照样本（学龄前、K-12、学院/大学、成人）的地理区域、性别、种族/族裔、出生国（美国/其他国家）提供。一些样本（例如，除学院/大学样本外的所有样本的社区类型、学龄前和K-12样本的父母受教育程度）可获得额外的人口统计信息。在K-12样本中，有几个类别的样本人口统计数据与实际的人口统计数据之间存在差异。例如，来自南方人群的比例似乎偏低，父母最高受教育水平是高中的比例偏高。加权是为了使实际的标准更能代表美国人口的比例。研究采用了多矩阵抽样设计（multiple-matrix sampling design），对所有常模样本参与者进行了几个关键分测验的施测，然后对常模组中的某些子样本施测了其他分测验。

信度

WJ-IV技术手册上有关于WJ-IV信度的广泛信息。对每个测验和集群测验得分的精确度的报告中含有测量标准误。每个年龄层次的W分数和标准分数都有测量标准误。在每个测验和集群中，通过信度系数报告可以说明组中相对地位的精确度（而不是潜在分数的精确度）。由斯皮尔曼—布朗公式修正的奇偶相关性被用来估计每个不限时测验的信度。

人的某些特质比其他特质更稳定。因此，WJ-IV可以对一些特质精确测量，但是有些特质不太稳定，这可以在20世纪70年代和80年代出生人群气质的信度系数中体现出来。

然而，可以将WJ-IV的个别测验结合起来，形成集群测验，从而为教育提供决策依据。标准广义认知能力和成就集群测验的中位数信度系数（跨年龄组）主要在0.90及0.90以上，除了少数例外。

效度

题目的谨慎选择符合认知能力测验和成就测验的内容效度要求。多维标度分析技术（multidimensional scaling techniques）也被用于审查测验的内容效度，并为其提供支持。基于横向数据的发展模式与人们的集群能力随时间推移而发展的预期基本一致。所有保留的题目必须符合Rasch测量模型[1]以及与偏差和敏感性相关的标准。

因素分析研究支持认知能力的七个CHC因素和学业成就的两个领域（阅读/写作和量化知识）的存在。为了增加内部结构效度证据，研发者检查了每组成套测验的分测验之间的相互关系。正如预期的那样，评估同一广泛认知能力或成就领域的测验之间的相关性，通常比评估不同认知能力或成就领域的测验之间更高。

对于认知能力测验，研发者提供了与其他测量指标关系的效度证据。研发者将测验分数与儿童在其他智力测验（均为符合儿童所处年龄的测验）上的表现进行了比较。这些效标量表包括韦克斯勒儿童智力量表第四版、差异能力量表第二版（Differential Ability Scales - Second Edition）、考夫曼

---

1 译注：Rasch模型是基于概率理论的项目反应模型，因其克服了传统测量理论的局限，实现了测量的客观等距目标，为社会科学领域内的测量建立了一套客观标准。现已广泛应用于教育学、心理学、医学等诸多领域。

儿童成套评估测验第二版和斯坦福—比奈智力量表第五版。WJ-IV 总分与 WISC-IV 全量表智商的相关系数为 0.86。

对于成就测验，研发者将测验分数与其他适当的成就测验（例如，韦克斯勒个人成就测验第三版、考夫曼教育成就测验第二版以及口头和书面语言量表—书面表达部分）进行了比较。相关系数的类型和大小表明，WJ-IV-ACH 与其他成就测验测量的技能相似。

总结

WJ-IV 由三个部分组成——WJ-IV 认知能力测验、WJ-IV 成就测验和 WJ-IV 口语测验。前两种测验是当前关注的重点。这些测验提供了一个全面的系统来测量一般智力能力、具体的认知能力、学习能力，以及在广泛的年龄范围内的学业成就。WJ-IV 认知能力测验有 18 个分测验，WJ-IV 成就测验有 20 个分测验。测验提供了多种分数，并且可以形成集群服务于各种解读。各种各样的转换分数也比较好用。WJ-IV 的常模、信度和效度证据比较充分。

18-8C　皮博迪图片词汇测验第四版

皮博迪图片词汇测验第四版（PPVT-4；Dunn & Dunn，2007）是个别施测、常模参照的不限时测验，评估儿童和成人的接受（听力）性词汇量。研发者指出了测验结果的其他用途："在评估语言能力、选择教学水平和内容以及测量学习情况时，它是有用的（可作为更广泛评估的一部分）。在以英语为主要语言的个体中，词汇量与一般言语能力高度相关。"（Dunn & Dunn，2007）在评价受伤或疾病的影响时，词汇的评估也很有用，而且这是阅读理解的一个关键组成部分。

该系列测验的前三个版本分别是 1959 年、1981 年和 1997 年编写和修订的 PPVT、PPVT-R 和 PPVT-III，PPVT-4 是最新版。新版本包含了旧版的多个特点，如个别施测、计分高效，以及不限时等。该测验继续提供两种平行的形式。在题目方面，提供了广泛的刺激词样本，可以用来评估广泛的人群。PPVT-4 可以流程化施测，并包含较大的彩色图片、新的刺激词、按词性分析题目的扩展解释选项、可测量变化的新增长量表值，以及提供给家长的报告和致家长的信（有西班牙语和英语版本）。其他便利包括提供手提包和可选的计算机评分系统。

PPVT-4 使用支撑性的测验题本进行施测。测验人员给受测者呈现一系列的题目，每个题目包含一组四幅彩色图片。测验人员说出一个词，要求受测者选出最能代表这个刺激词的图片。PPVT-4 是一个不限时的能力型测验（power test），通常在 20 分钟或更短的时间内完成。它由 12 个刺激集组成，评估受测者的能力或年龄水平。因此，研发者按年龄提供了推荐的作答起点，不需要施测太难或太容易的部分。

分数

受测者在基础题目和上限题目之间正确识别的图片数量，就是他所获得的原始分数。基础题目是测验题目开始得分的最低集（lowest set），这个集群可能没有错误或有一个错误。上限题目是测验题目结束部分的最高集，这个集合有 8 个或更多个错误。上限点一旦确立，测验就停止了。通过用上限题目减去错误题目总数来确定原始分数。PPVT-4 有两种类型的常模分数：偏差分数（标准分数、百分位数、正常曲线当量和标准九分数）和发展性分数（年龄当量和年级当量）。该测验还产生了增长量表值，用于测量受测者随时间变化在 PPVT-4 上的表现变化情况，由于它不涉及与常模组比较，因而是一个非常模分数。

常模

研发者于 2004 年和 2005 年在全美进行了两次试测，以确定测验的刺激题目。采用经典项目分析法和 Rasch 项目分析法确定题目难度、区分度、偏差度、干扰项情况、信度以及每个年龄段的原始分数范围。在开发 PPVT-4 时保留了以前版本中的一些题目。PPVT-4 包含了两种平行的形式，共有 456 道题目，其中 340 道是从第三版改编而来的，116 道是新增的。

PPVT-4 的标准化基于一个有代表性的全国样本，样本包括 3540 名年龄在 2 岁 6 个月 ~ 90 岁以上的群体（用于年龄常模）和 2003 名从学前班到十二年级的群体（用于年级常模）。常模群体的目标是每个年龄组约有 100 ~ 200 人，但年龄最大的两个年龄组除外，其目标是 60 人。由于学前班儿童词汇量的快速增长，2 岁 6 个月 ~ 6 岁之间的样本采用半年间隔。7 岁 ~ 14 岁的样本采用一年间隔。成人组样本采用多年间隔。测验手册包括一个表格，显示常模包括的每个年龄层级的人数。

PPVT-4 的标准化样本由美国四大地理区域 320 个地点的人群组成，数量超过 450 人。样本群体的背景信息包括出生日期、性别、种族/族裔、受教育年限、入学状况、特殊教育状况和英语能力，这些信息是从受测者（18 岁以上）或其父母（子女为 17 岁或 17 岁以下）那里收集的。研发者输入所有潜在的受测者信息，然后进行分层随机抽样，并确定每个取样点的测验任务。研发者收集的样本比计划的要多，这使得有机会选择与美国人口特征匹配的年龄和年级的最终样本。该样本似乎充分代表了每个年龄和年级的人口情况。

信度

PPVT-4 有多种信度信息的报告。测验手册上有关于信度数据的详细信息。PPVT-4 报告了分半信度和 α 系数，作为内部一致性信度的指标，还报告了复本信度和重测信度。在整个年龄和年级范围内，每种形式的分半信度平均为 0.94 或 0.95。所有年龄和年级的 α 系数一直很高，测验形式 A 平均为 0.97，形式 B 平均为 0.96。在标准化的过程中，共有 508 名受测者同时参加了形式 A 和形式 B 的测验（大多数人一次性做完 2 个测验，但有些人相隔长达 7 天做完）。复本信度很高，介于 0.87 到 0.93 之间，平均值为 0.89。349 名受测者在第一次测验 4 周后以同样的形式进行重测，平均重测信度为 0.93。关于信度的信息表明 PPVT-4 评分非常精确，使用者可以相信 PPVT-4 的一致性分数。

效度

手册详细讨论了效度信息。PPVT-4 与其他 5 项测验进行了对比，这 5 项测验分别是：表达性词汇测验第二版（Expressive Vocabulary Test, second edition）、口语综合评估测验（Comprehensive Assessment of Spoken Language）、语言基础临床评估第四版、皮博迪图片词汇测验第三版、团体阅读评估与诊断性评价。PPVT-4 与这些评估的得分高度相关。值得注意的是，PPTV-4 与广泛语言领域的相关性低于与主要词汇的相关性。

研发者提供了特殊群体（言语语言障碍、听觉障碍、特定学习障碍、智力障碍、超常、情绪/行为障碍和注意力缺陷多动障碍）与普通群体相比较的数据，结果表明 PPVT-4 在评估特殊群体时具有重要价值。

总结

PPVT-4 是一个个别施测、标准参照以及不限时的测验，评估儿童和成人的接受性词汇知识。该测验是充分标准化的，有很好的证据证明它具有一定的信度和效度，同时它还包括了关于残疾学生测验和表现的数据。

当前实践中的困境

目前，评估儿童智力的做法备受争议。智力测验只是评估行为的样本，不同的智力测验对不同的行为进行了取样。因此，谈论一个人的智商是错误的。相反，我们只能在特定的测验中提及一个人的智商。斯坦福—比奈智力量表第五版的智商与其他任何智力测验中的智商并非是从相同的行为样本中得出。因为不同测验的行为样本不同，教育工作者和其他人总是要问："智商得用什么来测？"

在解释不同智力测验的因素分数时，也应考虑这一点。正如对总体智力的测量因测验而异，因素结构和组成因素的行为也因测验而异。虽然不同的智力测验可能包括类似的因素名称，但这些因素可能代表不同测验的不同行为。在很大程度上，智力测验中的特殊题目和分测验，是测验研发者定义智力和思考代表智力的行为的方式，理解这一点对我们是有帮助的。

在解释智力测验分数时，最好避免做出涉及过多推论的判断（否则就意味着涉及了比取样行为更多的东西）。始终记住，这些因素、指数和集群分数仅代表学生在某些取样行为上的表现，并且测量的质量可能会受到许多需要考虑的学生特征的影响。

为一名学生解读智力测验成绩时必须非常谨慎。第一，需要注意的是因素分数往往比总分更不可靠，因为因素结构中包含的条目更少。第二，同样的测验可能会使不同的学生因其年龄和文化适应程度的差异而产生不同的心理要求。测验对不同的学生有不同的意义。我们必须特别注意一个人的文化适应，以及与之相比较的常模群体的文化适应之间的关系。

我们认为同样重要的是，要注意到在智力测验中取样的许多行为更能表明实际的成就，而不是已达到的能力。例如，量化推理（通常是智力测验中的一个因素）一般会包括数学知识和技能的测试。有更多学习机会和接触机会的学生在智力测验中可能会比获取信息较少的学生表现得更好，即使他们有同样的整体学习潜力。目前市面上的智力测验绝不能纯粹地代表学生的学习能力。

我们要认识到很重要的一点，使用智力测验中的分测验来鉴别学生存在学习障碍可能会出错，并且这些分测验用来指导学生似乎很有限。因此，我们对这些做法提出警告，直到我们有进一步证据表明这些做法是可靠的。

章节理解题

根据本章内容，回答以下问题：

1. 列出目前在学校使用智力测验的两个原因。
2. 阐释文化适应对智力测验成绩的可能影响。
3. 描述智力测验中四种常见的取样的行为。
4. 阐述智力测验发展中三位专家的理论贡献。
5. 描述智力测验中常见的四个诠释性因素（interpreted factors）。
6. 说明智力测验有时是如何用来鉴别学习障碍的。
7. 智力测验的三种类型有哪些，你会出于什么目的使用它们？
8. 比较和对比三种常用的智力测验。
9. 描述在学校环境中使用智力测验分数时的两个困境。

第 19 章

社会和情绪行为测验的使用

学习目标

19-1　明确我们为什么要评估社会情绪功能和适应性行为。

19-2　识别社会情绪和适应性行为评估中的关键考虑因素。

19-3　识别四种评估社会情绪功能的方法和一种评估适应性行为的常用方法。

19-4　阐释功能性行为评估的步骤。

19-5　描述评估社会情绪功能和适应性行为的量表的优点和缺点。

本章讨论的标准

CEC 美国特殊儿童委员会初级准备标准

标准 4: 评估

4.0 初级特殊教育专业人员在做教育决策时，使用多种评估方法和数据来源。

CEC 美国特殊儿童委员会高级准备标准

标准 1: 评估

1.0 特殊教育专家开展有效和可靠的评估实践来减少偏见。

Ψ 美国学校心理学家协会专业标准

1 基于数据的决策和问责

4 发展社交和生活技能的干预和心理健康服务

社会和情绪功能在学生学业技能的发展中起着重要的作用。当学生缺乏或未能表现出某种预期的行为、应对方法和社交技能时，他们的学业学习可能会受到阻碍，反之亦然。学校经历会影响学生的社会情绪幸福感和相关行为。为了在学校取得成功，学生经常需要做出某些积极的社会行为，如轮流、对批评做出恰当的回应。其他行为，如骂人和自嘲，尽管可能会引起别人的关注，但也许表明这个人有潜在的社会和情绪问题。在第9章中，我们注意到，教师、心理学家和其他诊断学家会系统地观察学生的各种行为。在本章中，我们将对各种行为（社会行为、情绪性行为和问题行为）评估的其他方法和因素进行讨论。

此外，学生适应物理环境和社会环境、保持安全及避免危险很重要。这些通常被称为**适应性行为**（adaptive behavior）。例如，在过马路前向两边张望，在寒冷的天气选择合适的服装，以及能够在一定的距离内找到回家的路，这些都是适应性行为的例子。除了对当前环境的要求做出恰当的反应外，适应性行为还表现为人们也可能需要为未来所面临的环境做好准备。当前的某些行为（例如吸烟或高风险性行为）可能会在未来产生危及生命的结果。同样，接受更多的教育或工作培训以及攒钱，也会增加之后几年生活蓬勃发展的可能性。适应性行为因年龄而异。成年人通常要合理地照顾自己（管理自己的健康、穿衣、饮食等），工作，参加社会可接受的娱乐或休闲活动。在儿童和青少年中，受到关注的行为有两种：一种是我们评估的那些需要表现出与年龄相适应的独立性和责任感的行为，另一种是我们评估的那些需要表现出能够发展或获得成人期望的行为。

19-1 我们为什么要评估社会情绪和适应性行为？

评估社会情绪和适应性行为的两个主要原因是：鉴别和分类、计划干预。第一，一些残疾的界定中部分包含了不适当行为。例如，IDEA笼统地描述了表明情感障碍和孤独症的不适当行为类型。因此，为了将某个学生归类为这些残疾之一，且确定是否有特殊教育需求，教育工作者需要评估社会和情绪行为。IDEA还要求，为了有资格获得智力障碍特殊教育服务，个体必须同时存在低下的智力和有限的适应性行为，因此适应性行为必须作为疑似智力障碍学生评估的一部分。请参见评估场景中"克里娜"的案例，了解何时对适应性行为进行评估是必要和重要的。

第二，对社会情绪和适应性行为的评估能够导向恰当的干预。对于存在行为问题的残疾学生来说，干预的必要性是显而易见的。然而，社交和应对技能的发展与培养，以及问题行为的减少，对任何学生来说都是值得追求的目标。在干预期间和干预后，对行为进行监测和评估，可了解干预处理是否成功，期望的行为能否泛化。

> **评估场景**
>
> 克里娜
>
> 还记得第5章的克里娜吗？她是一个来自东欧的女孩，在10岁时被一个美国家庭收养。克里娜接受了学区多学科团队的评估，该团队建议她上生活技能班，因为她在英语版的智力测验和成就测验中的分数很低。克里娜的母亲不同意学校的诊断，并获得了一份独立的教育评估，其中包括对克里娜适应性行为的评估。评估表明，对于她而言，克里娜的适应性行为表现属于其所在年龄的平均水平。尽管如此，该学区仍然坚持自己推荐的教育安置，家庭和学区的争议最终在正当程序听证会上得到了解决，父母在听证会上获胜了。
>
> 对于克里娜一案的裁决，听证官员是这样陈述说明的：
>
> 关于智力障碍的定义，IDEA是明确的。它是"明显低于平均水平的一般智力功能，同时在发育阶段表现出适应性行为的缺陷，对儿童的教育成绩产生不利影响"[§300.7(c)(6)]。这个案例的证据是非常充分的，克里娜虽然有严重的学业问题，但在适应性行为方面没有缺陷。因此，她不能被归类为智力障碍学生。该学区在分类上犯了错误，这项命令禁止她被标记为这样的学生。
>
> 不仅克里娜的父母在听证会上获胜，该学区还因未能遵守州和联邦法律而受到严厉谴责。
>
> 这个场景强调了适应性行为评估在确定智力障碍者是否有资格接受特殊教育方面所起的作用。对于克里娜这样的情况，进行这样的评估，将如何影响相关的决策？

19-2 社会情绪功能和适应性行为评估中的重要考虑因素

某种程度上，社会情绪行为以及适应性行为的适当性取决于社会期望，而社会期望可能因儿童的年龄、行为发生的环境、行为的频率或持续时间以及行为的强度而异。比如，在开学第一天，家长在送学龄前儿童上学时，儿童会当着其他人的面哭泣，这种现象很常见。然而，如果一个十一年级的学生也表现出同样的行为，就会被认为是有问题的。如果这位十一年级的学生每天在学校的同龄人面前哭，那就更成问题了。有些行为即使很少发生，但如果非常强烈，也是值得关注的。例如，在动物身上点火是很严重的，即使它很少发生——哪怕每年只有一次。

尽管学生所经历的某些社会情绪问题是显而易见的，但其他问题可能不太容易被观察到，它们对学生的整体功能有着类似的负面影响。外显问题，尤其是那些导致课堂常规中断的问题，通常很容易被发现。过度喊叫、打或推搡同学、与教师顶嘴等行为也很容易被发现。内隐问题，如焦虑和抑郁，往往不太容易识别。这些问题可能表现为社会孤立、过度疲劳或自虐行为。在评估外显和内隐问题时，识别行为过度（例如，离开座位的行为或打断他人）和行为不足（例如，欠缺分享、积极的自我对话和其他应对技能）是有帮助的，这些行为都可以成为干预的目标。

有时学生不能按照期望的方式行事，因为他们没有必要的应对技能或社交技能；有时，学生可能实际上拥有必要的技能，但在某些条件下未能展示这些技能。班杜拉（Bandura, 1969）指出，在社会行为评估中，区分这种习得（acquisition）不足和表现（performance）不足很重要。如果学生从来没有表现出某种期望的社会行为，他们可能需要被教导如何这样做，或者可能需要有人更频繁地为他们示范期望的行为。如果期望某种行为能在所有环境中都出现，但是这种行为仅出现在一个或几个环境中，那么可能在这些环境中存在区别性刺激，或者在这些环境中有特定的偶然性因素强化或至少维持了这些行为。对相关环境变量的分析可以帮助确定如何最好地进行干预。当问题行为在各种环境中都普遍存在时，它可能特别难以改变，并且可能有多种决定因素，包括生物学基础。

19-3 社会情绪和适应性行为的评估方法

通常，有四种方法单独或结合起来用于收集关于社会和情绪功能的信息：观察程序、访谈技术、情境测量（situational measures）和评定量表。直接观察社会和情绪行为往往是首选，因为使用这种方法的结果通常相当准确。然而，在多个环境中观察，获取有用的数据可能会非常耗时，尤其是当行为的频率或持续时间非常有限时。此外，内隐问题可能不会被发现，因为相关的行为不太容易被识别，除非提出特定的假设。使用评定量表和访谈往往可以更有效地收集多个环境和知情人士的数据，这在社会情绪行为评估中尤其重要。当作答者是成人时，使用评定量表是评估适应性行为的最常用方法。第9章讨论了观察程序，其余的三种方法将在下面进行阐述。

19-3a 访谈技术

访谈是经验丰富的专业人士最常使用的方法，目的是获得关于各种知情人士的观点信息，以及进一步了解学生的整体思维和行为模式。马丁（Martin, 1988）坚持认为，"不管心理学家的理论导向如何，志向、焦虑、自我价值感、对行为的归因以及对学校的态度"的自我报告是重要的。访谈方法有很多变化——大多数是沿着从结构化到非结构化或从正式到非正式的连续体进行的。不管是哪种方法，梅里尔（Merrell, 1994）认为，大多数访谈都是在以下某个或多个功能和发展领域探寻信息：医疗/发育史、社会情绪功能、学业进步和社区参与。越来越多的家庭（或单个家庭成员）作为一个单位成为访谈的焦点，这些访谈旨在确定可能对学生产生影响的突出的家庭环境因素（Broderick，1993）。

19-3b　情境测量

社会情绪行为的情境测量几乎可以包括任何合理的活动（D.K.Walker，1973），但两种众所周知的方法是同伴接纳度提名量表（peer-acceptance nomination scale）和社会测量排序技术。这两种类型的测量都是对个人社会地位的评估，并可能有助于描述特定群体（如班级里的同学）对目标学生的态度。**同伴提名技术**（peer nomination techniques）要求学生根据一些标准（例如他们希望作为学习伙伴的同学）确定他们喜欢的同学。从这些测量中，可以创建社交网络图（sociogram），即用图形呈现社交关系。**社会测量排序技术**（sociometric ranking techniques）要求家长在各种社会维度上对学生进行排名。总的来说，社会测量技术为比较学生在特定群体中的地位提供了一个现代的分析方法。

19-3c　评定量表

评定量表有几种类型。一般来说，家长、教师、同伴或学生环境中的"重要他人"必须对该生某些恰当或不恰当行为的程度进行评分。评分者通常需要确定某一特定行为存在与否，并可能需要对该行为的发生数量、强度或频率进行量化评定。评定量表很受欢迎，因为它们易于施测，并有助于提供关于学生功能水平的基本信息。它们为评估带来了分析的结构，这种结构几乎可以在任何环境中使用，并可以从任何来源收集数据。需要记住的重要概念是，评定量表提供了某人对学生行为感知的指标。不同评分者可能对同一学生的行为有不同看法，并可能对该生做出不同的评分。每个人都可能对可接受和不可接受的期望或标准有不同的看法。查福利亚斯等（Chafouleas et al., 2010）建议，如果将多个评分者的结果用于决策，则应对评分者进行培训。自我报告也经常是评定量表系统的一部分。格雷沙姆和埃利奥特（Gresham & Elliott, 1990）指出，评定量表是不准确的，应该用其他收集数据的方法来补充。

正如学业技能（如阅读、数学等）一样，教育系统的每一层级都有社会情绪行为的评估，层级越高，评估的综合性和频率越高。一种包含了多种评估方法的评估社会情绪行为的方法得到了发展，这就是多重筛选法（Walker & Severson, 1992）。这一方法在行为障碍的系统筛查中表现得很突出，它先使用简要评定量表对所有学生进行系统筛查，之后，对那些被认为可能有社会情绪问题的学生使用更广泛的评分表，访谈和观察他们。多重筛选法可能有助于减少易忽视的问题的数量，也有助于减少针对最严重问题进行的耗时的评估。

19-4 功能性行为评估与分析

功能性行为评估（functional behavioral assessment, FBA）是一种更常用于解决问题行为的评估策略。功能性行为评估代表了这样的一套评估程序，它用于识别学生问题行为的功能以及问题行为倾向于发生的各种条件。它整合来自各种方法的数据，为干预工作提供有意义的信息。实施功能性行为评估的人可能会使用各种不同的评估方法和工具（例如，访谈、观察和评定量表），这取决于学生行为困难的性质。一旦功能性行为评估完成，就很有可能制订出一个减少问题行为的干预计划。根据 2004 年 IDEA，任何接受特殊教育资格评估的学生（其中问题行为是关注点）都必须接受功能性行为评估。因为儿童的残疾而做出休学决定时，在表现判定审查[1]后也需要对其进行（或回顾）功能性行为评估。功能性行为评估应由受过适当培训的人员进行。

19-4a 功能性行为评估的实施步骤

尽管可以使用各种不同的工具和措施来进行功能性行为评估，但某些步骤对该过程至关重要。FBA 包括以下内容：

界定行为。尽管学生可能会表现出各种有问题的行为，但为了进行功能性行为评估，重要的是缩小范围，仅限于 1 或 2 个问题最严重的行为。例如，安妮可能会表现出各种有问题的行为，包括过度哭泣、自残（反复用头撞击桌子，直到出现瘀伤）和不遵守教师的指令，但支持团队可能会集中关注她的自残行为，因为这种行为特别强烈，对她的身体有害。将行为定义为可观察、可测量的具体行为很重要（请参见第 9 章，了解行为的测量方法）。对档案的回顾、与教师和照顾者的访谈，以及直接观察可能有助于界定主要的关注行为。

识别行为表现的条件。一旦谨慎界定了行为，就有必要识别与行为发生相关的任何模式。这样做时，必须确定以下几点：

- 前因：它们代表问题行为发生前的事件。这些事件可能包括这样的场景，如需要完成一项特定的任务，让一个特别不喜欢的人进入房间，或得到一个不好的分数。
- 背景事件：这些事件使学生对问题行为的前因后果特别敏感。例如，因为上学前一晚睡眠不足，所以学生对教师要求她尽快完成任务特别敏感，然后做出反应。
- 后果：它们代表行为的结果。例如，学生撕掉不想做的作业，这样的结果可能是学生不必完成作业这一困难任务。或者，如果一个学生打了另一个学生的手臂，后果可能是他被送到办公室，他的父母被叫来带他回家。

---

1 原注：如果接受特殊教育服务的学生在一学年内受到超过 10 天的纪律处分，构成教育安置改变，则必须进行表现判定审查。（译注：表现判定审查是指审查与问题行为相关的所有信息以及学生的残疾与受处分行为之间关系的过程。）

形成一个关于行为功能的假设。通过利用档案回顾、访谈和观察收集到的关于前因、背景事件和后果的信息，人们可以开始形成关于行为功能的假设。在第9章中，我们描述了行为的几种不同功能，包括：①社交关注/交流；②获得有形物质或优先活动；③逃避、拖延、减少或回避令人厌恶的任务或活动；④逃避或者躲避其他人；⑤内部刺激。

检验行为功能假设。虽然这一步通常被认为是功能性行为分析（与功能性行为评估相反）的一部分，但验证关于行为功能假设的正确性是很重要的，否则，相关联的干预计划可能无法奏效。通过操作前因后果，可以确定功能是否正确。例如，如果假设逃避困难的任务是学生撕毁作业的问题行为的一个功能，那么可以为学生布置他认为容易并喜欢的任务，并检查他是否撕毁了作业。如果学生相应地停止撕毁作业，这就提供证据证明这种行为的功能是逃避困难的任务。如果布置简单的任务时，撕毁作业的行为仍在继续，人们可能会检验出不同的假设。例如，如果学生经常因撕毁作业而受到批评，并暂停活动，由教师助理照看，则另一种假设可能是，获得教师或教师助理的关注是学生问题行为的一个功能。为了验证这一点，教师和教师助理可以在学生行为恰当时频繁地关注他；在出现问题行为时，不批评学生，而只让学生暂停活动，且教师助理不加照看。如果这与问题行为的减少相对应，获得（教师的）关注很可能是行为的功能。本章评估场景"约瑟夫"提供了一个行为功能最初被错误识别的例子。

制订行为干预计划。虽然这是在实际的功能性行为评估之后进行的，但重要的是了解如何用收集的评估数据为干预计划的制订提供信息。理想情况下，行为干预计划将涉及以下内容：

○ 识别、教导和强化替代性行为。作为行为干预计划的一部分，支持团队需要确定学生可以以适当的方式满足功能的行为。例如，如果问题行为（例如撕毁作业）的功能是逃避一个困难的任务，学生可能会被教导如何在困难的任务中请求休息，这样当学生做出一个更合适的行为时，同样的功能（逃避）就会得到满足。虽然有些人最初可能认为教授替代行为（要求休息并得到批准）会导致标准降低，但重要的是要强调，让学生请求休息肯定比撕毁作业更符合社会要求，这是朝着正确方向迈出的一步。为了确保学生使用新教授的替代行为，干预计划中可能包括对学生最开始适当地使用替代行为的奖励。

○ 适当地处理背景事件、前因和后果。行为干预计划可能包括改变前因的条件和（或）改变后果。例如：如果逃避清单上的困难任务是一个行为的功能，而前因是这些困难任务的呈现，教师可以设置一个活动，从一些非常容易的任务开始，然后是一个中等难度的任务，之后再来一些更容易的任务，最后是一个困难的任务。如果同伴的注意力是一种行为的功能，教师可以教给全班学生如何忽视目标学生的问题行为。

一旦制订了行为干预计划，就必须建立一个测量执行程序正确性的方法，以及一个监控策略，以确定行为干预计划是否适当地解决了学生的问题行为。

评估场景

约瑟夫

约瑟夫是一名学前班的学生。在上学的前三周,他因不当行为超过15次被送进办公室,这些不当行为包括殴打同学和对同龄人大喊大叫。约瑟夫的教师在她的教室用暂停活动的方式来管教学生。约瑟夫常常在一个早上被多次暂停活动。于是教师认为他需要得到一个更严重的后果,如被送到校长办公室。

约瑟夫的教师在与学校一名特殊教育教师和另一名学前班教师进行了非常简短的讨论后,决定用下面的表格记录他这几天行为的前因后果。这是约瑟夫的教师所记录的:

前因	行为	结果
上午集体活动时间,学生坐在地板上,教师指着日历	打坐在旁边同伴的手臂	被训斥,被送去暂停区
上午小组时间,教师正在读一个故事	踢坐在旁边的同伴	被训斥,被送去暂停区
下午小组时间,看视频	大喊:"我讨厌这个,我讨厌这个视频!"	同伴大笑,约瑟夫被训斥并被送进办公室
上午小组时间,一个学生在描述天气	踢坐在旁边的同伴	被训斥,被送去暂停区
上午小组时间,教师就刚刚读过的故事提问	打坐在旁边的同伴	被训斥,被送去暂停区

约瑟夫的教师把这些信息带给另外两位教师,寻求他们的指导。根据这些信息,他们认为约瑟夫的行为起到了获取关注的作用。约瑟夫似乎也因为他的行为从教师和同伴那里得到了相当多的负面关注。当他被送到校长办公室时,他可能也得到了校长的注意。他们建议,当约瑟夫的行为恰当时,应给予他更多的关注;他们还建议采用一个非常简短的信号(而不是使用语言)来示意,当他的行为不当时,将他送到暂停区。这样,教师就不必口头训斥和提醒注意他的不当行为。

遗憾的是,这似乎对减少约瑟夫的行为并没有帮助。其他教师建议他们让学区的行为顾问关注这件事。在分析了收集到的数据并问了几个问题后,学区顾问决定在教室环境中观察约瑟夫。她做了几个有趣的观察,以探讨与问题行为相关的情境:①教师组织集体活动的区域非常拥挤;②约瑟夫倾向于在集体活动结束时出现问题行为;③约瑟夫在集体活动期间很难坐着不动。这让她相信,这种行为的功能是逃避一些他不得不做却还没有发展出相应技能的事情,即长时间地坐着听讲。如果是

> 这样的话，那么教师暂停约瑟夫参与活动的后果只会强化问题行为。顾问建议制订一种干预措施，在最开始减少集体活动的时间长度，并强化约瑟夫的恰当行为。一旦约瑟夫的恰当行为建立起来了，教师会告诉学生们集体活动延长三分钟。约瑟夫的恰当行为继续得到强化。在约瑟夫的行为适宜的情况下，教师继续增加集体活动的时间长度。使用这个干预计划后，约瑟夫的问题行为急剧减少。
>
> 这个场景强调了正确识别行为功能的重要性。为什么正确识别功能如此重要呢？

19-5 社会情绪行为的特定评定量表

在表 19.1 中，我们提供了几个常用的社会情绪行为量表的信息。在下面的部分中，我们将对儿童行为评估系统第三版（Behavior Assessment System for Children, Third Edition, BASC-3）和文兰适应行为量表第二版（Vineland Adaptive Behavior Scales, Second Edition, VABS II）进行全面评述，后者是一种常用的测量适应行为的工具。

表 19.1 常用的社会情绪行为测量工具

测验	研发者	出版年份	出版机构
阿肯巴克实证评估系统（Achenbach System of Empirically Based Assessment, ASEBA）	阿肯巴克（Achenbach）、瑞斯寇拉（Rescorla）	2001	Research Center for Children, Youth, & Families at the University of Vermont
阿斯伯格综合征诊断量表（Asperger Syndrome Diagnostic Scale, ASDS）	迈尔斯（Myles）、博克（Bock）、辛普森事务所（Simpson）	2001	Pro-Ed
行为与情绪评定量表第二版（Behavioral and Emotional Rating Scale, Second Edition, BERS-2）	爱泼斯坦（Epstein）	2004	Pro-Ed
儿童行为评估系统第三版（Behavior Assessment System for Children, Third Edition, BASC-3）	雷诺兹（Reynolds）、坎普豪斯（Kamphaus）	2015	Pearson
行为评分表第二版（Behavior Rating Profile, Second Edition）	L. 布朗（L. Brown）、哈米尔（Hammill）	2007	Pro-Ed
吉列姆阿斯伯格综合征量表（Gilliam Asperger's Disorder Scale, GADS）	吉列姆（Gilliam）	2001	Pro-Ed

(续表)

测验	研发者	出版年份	出版机构
吉列姆孤独症评定量表第三版（Gilliam Autism Rating Scale-Third Edition, GARS-3）	吉列姆（Gilliam）	2014	Pro-Ed
社交技巧提升系统评分表（Social Skills Improvement System Rating Scales, SSIS）	格雷沙姆（Gresham）、埃利奥特（Elliott）	2010	Pearson
气质和非典型行为量表（Temperament and Atypical Behavior Scale, TABS）	尼斯沃斯（Neisworth）、巴尼亚托（Bagnato）、萨尔维亚（Salvia）、亨特（Hunt）	1999	Brookes

19-5a 儿童行为评估系统第三版

儿童行为评估系统第三版（BASC-3；Reynolds & Kamphaus，2015）是一个"用于评估2～25岁的儿童和年轻人的行为和自我认知的多方法、多维度系统"。这个综合评估系统旨在评估个人的适应性行为和适应不良行为的许多方面。BASC-3由11个部分组成，包括5个主要的行为测量量表：教师评定量表（Teacher Rating Scale, TRS）、家长评定量表（Parent Rating Scale, PRS）、个性自陈量表（Self-Report of Personality, SRP）、结构化发展史（Structured Developmental History, SDH）、学生观察系统（Student Observation System, SOS）。该量表的研发者指出，BASC-3可用于临床诊断、教育分类和项目评估。研发者还指出它对干预计划有利，并描述了如何在法律评估和研究中使用它，以及如何用于表现判定决策。

取样的行为

教师评定量表是对儿童在学校和日常环境中表现出的适应行为和问题行为的综合测量。它包括三套不同的表格，分别适用于2～5岁的学前儿童、6～11岁的儿童和12～21岁的青少年，每个年龄段的题目都是根据儿童的情况研制的。教师、学校工作人员或看护人员根据行为描述列表对儿童进行评估，评估频率等级为四级（"从不""有时""经常""几乎总是"）。教师评定量表估计施测时间为10～15分钟。题目对"感冒了""在新环境中表现出恐惧""未经仔细思考就快速完成作业"和"与他人合作良好"等类似情境的行为进行评估。教师评定量表可以使用纸质表格或在线表格完成。

家长评定量表是对儿童在社区和家庭环境中表现出的适应行为和问题行为的综合测量。家长评定量表与教师评定量表使用相同的四级评定量表。此外，如前所述，它按年龄组提供三套表格。估计施测时间为10～20分钟。与教师评定量表一样，它可以用纸质表格或在线表格完成。

个性自陈量表有四个不同的版本，具体使用哪个版本取决于学生的年龄水平。第一个版本（SRP-I）是为6～7岁的孩子准备的，以访谈的形式进行评估，学生对各种"是/否"的问题和一系列相应的后续问题做出回答。其他三个版本是评定量表，与学生的年龄/学校教育水平相对应：儿童（8~11岁）、青少年（12~21岁）和青年/大学生（中学后教育环境中18~25岁的学生）版本。每份量表都包含一些简短的描述，学生应将其标记为"对"或"错"，或提供一个从"从不"到"几乎总是"的评级。估计施测时间为20~30分钟，可以在线或用纸笔完成。现已有家长评定量表和个性自陈量表的西班牙文译本。

结构化发展史是用于获取社会性、心理、发展、教育和医疗史等领域的信息而开发的一种基础广泛的发展史工具，结构性发展史可以作为访谈或问卷来使用。结构性发展史的组织架构可能有助于实施访谈，并获得重要的历史信息，对诊断过程有利。

学生观察系统是一个观察工具，它的开发是为了方便诊断，监测干预方案。在15分钟的课堂观察中，评估者对适应性行为和适应不良行为都进行了编码。学生观察系统的电子版可在笔记本电脑或掌上电脑（PDA）上使用。

学生观察系统分为三个部分。第一部分是关键行为检核表，其中包括71个特定行为，分为14个类别（4类积极行为、10类问题行为）。在15分钟的观察后，评估人员根据三级频率分级（"从未观察到""有时观察到"和"经常观察到"），对涉及儿童的71个题目进行评分。评估人员还要单独指出这种行为是否具有破坏性。

第二部分是行为的时间取样，要求观察者在15分钟的观察中，在每个30秒的间隔后的3秒内确定是否有某种行为出现。观察者在每个间隔内对14类目标行为进行观察，一旦发生了某个行为，就在该间隔对应的问题行为栏内标记。第三部分，记录教师互动情况，在15分钟的观察后完成。观察者从三个方面对师生互动情况进行评分，包括教师在观察过程中所在的位置、教师应对学生行为的方法，以及与评估过程相关的其他观察。

分数

BASC-3可以人工手动计分，也可以电脑计分。数字化测评是由电脑计分，而纸笔测评可以手动评分或由电脑制表。手动评分需要在评分工作表上手写，还需要计算得分。研究者将效度分数制成表格，用来评估表格填写的质量，并防止分数剖面出现正偏态和负偏态的反应模式。测验手册中详细地描述了每个评定量表使用的九步骤程序，并附有个性自陈量表第一版（SRP-I）的评分说明。

手动评分时，每个量表的原始分数可被转移到每个单项测量的汇总表中。为了进行分析比较，可选择适当的常模表，查到T分数（平均数=50，标准差=10）、90%的置信区间和百分等级。此外，测验还有一个高/低栏（high/low column），以一种快速高效的方法，评估个人的合成测验得分之间的差异是否具有统计学意义。

教师评定量表可以产生四个临床问题的合成测验分数：外显问题行为、内隐问题行为、适应性技能和学校问题行为。外显问题行为合成测验的临床量表包括攻击性、多动和品行问题。内隐问题行为合成测验的临床量表包括焦虑、抑郁和躯体化。学校问题行为合成测验的临床量表包括注意力和学习问题。适应性技能合成测验包括领导力、社交技能、学习技能、适应性和功能性沟通分量表等积极技能。行为症状指数提供了总体问题行为的广泛综合得分，除了包括前面提到的各种分量表，还包括行为异常和退缩2个分测验。测验还提供了一个选择性的内容量表（content scale），由愤怒控制、欺凌、发展性社会障碍、情绪自控、执行功能、负面情绪和心理韧性等领域组成。家长评定量表提供了相同的评分类别和分量表，但删掉了由学习问题和学习技能分量表组成的学校问题合成测验得分，增加了日常生活活动分量表。教师评定量表和家长评定量表还提供额外的临床指数和执行功能指数。

个性自陈量表共有4个合成测验分数——注意力问题/多动、内隐问题行为、个人调适和学校问题行为，此外还有一个被称为情绪症状指数（Emotion Symptoms Index, ESI）的综合合成分数。情绪症状指数合成分数包括消极和适应性量表得分。注意力问题/多动合成测验包括注意力问题和多动分量表。内隐问题行为合成测验涉及非典型行为、控制、社交紧张、焦虑、抑郁和感觉不足。个人调适合成测验涉及亲子关系、人际关系、自尊和自立。学校问题行为合成测验涉及对学校的态度和对教师的态度。其他分量表，涉及寻求感觉、酗酒、学校适应不良和躯体化，都包括在情绪症状指数中。还有一个选择性的内容量表，包括以下分量表：愤怒控制、自我力量、狂躁和考试焦虑。个性自陈量表第一版只简单包括一个总分，没有分量表。

量表提供了三个效度分数。为了检测学生回答中的一贯的消极偏见或积极偏见，量表有一个F指数［"假差"（fakes bad）］和一个L指数（"假好"）。V指数包括了一些无意义的题目（类似于"蜘蛛侠是一个真实的人"），如果某个孩子一直将这些题目标记为"对"，那么他可能表现出较差的阅读能力、不合作，或者与现实接触得不够。

结构性发展史和学生观察系统都不是常模参照测量，也没有提供单独的比较分数。相反，这些工具提供有关儿童的额外信息，可用于描述儿童的强项和弱项。

常模

2013年4月—2014年11月期间，研发者对教师评定量表、家长评定量表和个性自陈量表进行了标准化和常模研制的工作。在这个工作中，不同数量的儿童参与了各个量表的施测：教师评定量表的样本量是1700人、家长评定量表的样本量是1800人、个性自陈量表的样本量是900人。研究努力确保标准化样本能代表美国人口中2～18岁的所有儿童，包括特殊儿童。标准化样本按年龄组与2013年人口普查数据进行了地理区域、父母受教育水平、性别和种族/族裔的比较。通过西班牙语版本的家长评定量表和个性自陈量表收集的一些数据也包括在标准化样本中。研发者提出的数据支持大部分平衡常模（balanced norms）。然而，与真实人口相比，2～3岁的样本在父母受教育类别的代表性方面有一定的差异。量表提供了常模参照评估中包括的情绪和行为问题儿童的信息。

然而，这些儿童分布在很大跨度的年龄范围内（6～11岁和12～18岁）。

临床群体的常模样本包括因情绪、行为或学习问题接受学校或临床服务的儿童。教师评定量表的样本量是611人，家长评定量表的样本量是755人，个性自陈量表的样本量是519人。研发者指出，临床样本不受人口统计学的限制，因为这个亚组不是随机的儿童群体，但他们确实提供了相关样本的大量人口统计学信息。

信度

测验手册有3章专门介绍支持每个常模化量表（教师评定量表、家长评定量表和个性自陈量表）的信度和效度信息，还有一章描述了在这三种形式下进行的研究，以进一步证明其有效性。手册几乎为每个量表都提供了三种类型的信度：内部一致性、重测信度和评估者一致性。

内部一致性　　量表根据以下六个年龄层次，按性别提供了教师评定量表和家长评定量表的 α 系数：2～3岁、4～5岁、6～7岁、8～11岁、12～14岁、15～18岁。这些年龄/性别组教师评定量表的分量表信度在0.73～0.96之间。与内隐问题行为量表相关的分量表（包括焦虑、抑郁和躯体化）的信度，显著低于与外显问题行为量表相关的分量表，而且年龄较小的儿童也是如此。除2～3岁年龄段的内隐问题行为量表外，合成测验的信度均大于0.90。所有年龄/性别组的教师评定量表行为症状指数都在0.95或0.95以上。在这些年龄/性别组中，家长评定量表的分量表的信度从0.71～0.96不等，学龄前及以下年龄组的信度往往较低。家长评定量表的合成测验信度为0.88及0.88以上。除了2～3岁的男孩样本外，所有年龄/性别组的家长评定量表行为症状指数都在0.95或0.95以上。个性自陈量表 α 系数按以下年龄段提供：8～11岁、12～14岁、15～18岁和18～25岁。在不同的年龄/性别组中，该量表的分量表信度范围为0.69～0.95。所有年龄/性别组的合成测验的内部一致性都超过0.90。个性自陈量表第一版总分的 α 系数对于男孩为0.71，对于女孩为0.74。教师评定量表、家长评定量表和个性自陈量表的系数 α 也适用于按性别分类的临床样本中的ADHD儿童，适用于按性别分类的"所有临床"组，以及参加教师评定量表和家长评定量表西班牙语版本的人。然而，它们并没有像一般常模参照评估那样按年龄/性别分组。

重测信度　　教师评定量表的重测信度是通过让教师对同一儿童进行两次评分计算的，两次评分的时间间隔为7～70天，测查的对象为249名学生。结果按年龄层次（学前儿童、儿童、青少年）列出每个分量表和合成测验的得分。合成测验的校正信度在0.77～0.94之间，分量表在0.65～0.95之间。家长评定量表的重测信度是根据家长对266名学生的评分来确定的，其间隔时间也为7～70天。家长评定量表的校正信度在0.87～0.94之间，分量表的校正信度在0.80～0.93之间。教师评定量表的重测信度是基于281名学生得到的评分。校正后的合成测验信度在0.77～0.93之间，校正后的分量表信度在0.59～0.91之间。个性自陈量表第一版的重测信度是通过对102名学生进行的分析，为0.72。

评分者信度 两位教师利用教师评定量表对 267 名学生进行评分，以确定教师评定量表的评分者之间的信度。合成测验的校正信度在 0.37 ~ 0.83 之间，分量表的校正信度在 0.32 ~ 0.84 之间。家长和照护者为 356 名学生完成了家长评定量表，因此，每个学生的两个评定量表由不同的人完成。家长评定量表合成测验的校正信度在 0.59 ~ 0.87 之间，分量表的相关信度在 0.47 ~ 0.85 之间。鉴于个性自陈量表是一个自我报告的工具，因此没有对其进行评估者间的信度研究。

效度

研发者描述了 BASC-3 中用于开发和选择题目的程序。BASC-3 中的许多题目直接取自 BASC-2，而 BASC-2 则相应地取自最初的儿童行为评估系统（BASC）。在开发原始题目的过程中，研发者检查了复本行为评定量表（alternate-behavior rating scales）和相关工具，临床人员在选择测量问题行为和适应性行为的题目时进行了咨询。针对教师和学生的调查信息也被用于帮助研发原始题目，这些题目经过了专家和统计审查，并经过了几个周期的测试，才被纳入最初的 BASC。研发者根据针对教师、学生和家长进行的额外调查开发了 BASC-3，增加了一些新的题目，但其他大部分题目都与 BASC 和 BASC-2 相似。研发者利用题目与相应量表之间的相关性以及验证性因素分析确定的载荷等方法，确定哪些题目要保留，哪些题目不予考虑。之后，进行了差异项目功能分析，以检查题目是否对不同的学生人口群体（例如，女性与男性，非裔美国人与白人，西班牙裔与白人）进行了适当的测量。基于题目偏差审查（bias reviews），删除了少量题目。此外，探索性和验证性因素分析程序被用来审查教师评定量表、家长评定量表和个性自陈量表的综合量表的结构是否合适，这些分析明显支持 BASC-3 的因子结构。

效标关联效度 研发者将 BASC-3 教师评定量表与几个相关的行为评定量表进行了比较，包括阿肯巴克实证评估系统（ASEBA; Achenbach & Rescorla, 2000）的各个部分、康纳斯教师评定量表第三版（Conners Teacher Rating Scale - Third Edition; Conners, 2008）和 BASC-2 的教师评定量表的各个部分。该研究将 90 名 2 ~ 5 岁儿童的学龄前教师评定量表评分与 ASEBA 的相关部分进行比较，也将 45 名 6 ~ 11 岁的儿童和 70 名 12 ~ 18 岁的青少年在 BASC-3 和 ASEBA 相关分量表的表现进行了比较。BASC-3 与这些相关分量表的相关系数主要在 0.60 ~ 0.90 之间，但 ASEBA 的躯体化分量表除外，它与各个评定量表的相关性都很弱。ASEBA 与 BASC-3 的教师评定量表合成测验相关性一般在 0.70 区间左右，但内隐问题合成测验的相关性相对较低。

BASC-3 教师评定量表与康纳斯教师评定量表第三版的相关性，是基于 65 名 6 ~ 11 岁儿童和 44 名 12 ~ 18 岁青少年的教师评定分数计算出来的。康纳斯教师评定量表第三版与 BASC-3 有关分量表的相关性从 0.68（儿童执行功能量表）到 0.89（青少年攻击性量表）不等。合成行为量表（康纳斯总体指数和儿童行为评估系统行为症状指数）之间的相关系数在儿童水平为 0.70，在青少年水平为 0.80。对于标准化样本，提供了与 BASC-2 的相关性信息。研发者报告了这两种量表的高度相关性，这是意料之中的。

研发者还将 BASC-3 家长评定量表与各种类似的评定量表进行了比较，包括：ASEBA 的相关部分、康纳斯父母评定量表第三版(Conners Parent Rating Scale‐Third Edition)和 BASC-2 家长评定量表。有 66 名幼儿、61 名学龄儿童和 91 名青少年的家长完成了 ASEBA 和 BASC-3 的相关父母评分表。相关分量表的相关系数是在 0.40 ~ 0.67 之间，相关合成测验的校正相关性是在 0.50 ~ 0.70 之间。BASC-3 家长评定量表的内隐问题行为合成测验与 ASEBA 的相关性，要高于外显问题行为合成测验与 ASEBA 的相关性。

研究在 103 名 6 ~ 11 岁儿童和 70 名 12 ~ 18 岁青少年的基础上，确定了 BASC-3 家长评定量表与康纳斯父母评定量表的相关性。康纳斯总体指数和 BASC-3 行为症状指数在儿童水平上的相关性为 0.81，在青少年水平上的相关性为 0.41。相应的分量表相关性在儿童水平上是在 0.64 ~ 0.79 之间，在青少年水平上是在 0.37 ~ 0.76 之间。最后，正如预期的那样，与 BASC 家长评定量表的相关性非常高。

个性自陈量表的效标关联效度通过与 ASEBA、康纳斯自评量表第三版（Conners-3 Self-Report Scale；Conners，2008）、儿童抑郁量表第二版（Children's Depression Inventory‐Second Edition；Kovacs，2011）和儿童显性焦虑量表第二版（Children's Manifest Anxiety Scale‐Second Edition；Reynolds & Richmond，2008）的相关分析得到证明。在 60 名青少年中，同时测查 ASEBA 和个性自陈量表，相关的合成测验相关性是在 0.76 ~ 0.84 范围内。在 41 名儿童和 56 名青少年中，除"家庭问题"和"亲子关系"之间呈负相关外，康纳斯自评量表第三版自我报告的其他相关分量表均与 BASC-3 分量表呈正相关（0.48 ~ 0.77）。儿童抑郁量表第二版和儿童显性焦虑量表第二版的相关量表，与 BASC-3 个性自陈量表上的抑郁和焦虑量表呈正相关。这两个工具也与 BASC-3 个性自陈量表第一版的总分呈正相关。

虽然有证据表明 BASC-3 在诊断决策中的有效性，但没有证据表明它用于项目评估和干预计划的有效性。

总结

BASC-3 是一个综合性工具，用来评估 2 ~ 25 岁儿童的行为和自我觉察。该系统包括 5 个独立的行为量表：教师评定量表、家长评定量表、个性自陈量表、结构化发展史、学生观察系统。尽管多途径和多维的方法应该受到赞扬，但只有教师评定量表、家长评定量表和个性自陈量表能够在全部的分类上提供常模数据。BASC 的常模是充分的，它提供了一般和临床的常模数据。尽管合成测验中的内隐问题行为信度较低，以及在年幼儿童中的信度较低，但总体上的信度是良好的。BASC-3 和 ASEBA 一样，是当今市面上最全面的评估工具之一。因其具有标准化样本数据以及与附加行为评定量表的相关性分析，信度和效度证据良好。然而，研发者对所描述的可能用途的有效性证据并未全部提供。

19-5b　文兰适应性行为量表第二版

文兰适应性行为量表第二版（VABS Ⅱ）是个别施测的适应性行为量表，用于从出生到90岁的群体。VABS Ⅱ的目的是用于诊断性评估、监测学生的进步、制订教育干预计划，以及研究。量表由熟悉目标个体行为的受访者完成。受访者可以填写评定量表，也可以参加结构化的第三方访谈。VABS Ⅱ的研发者建议使用访谈表进行诊断决策，使用评定量表进行方案规划和评估。量表同时提供西班牙语版本和教师表格，附带的计算机软件可以将原始分数转换为转换分数，并生成分数报告。

量表的调查访谈表由5个领域的413个问题组成：

- 沟通。这个领域有2个子领域。表达沟通子领域有54题，如在被淋湿或饥饿时会哭，在被问及时能说出完整的家庭住址。书面表达子领域有25题，如认出自己的名字，写商务信函等。
- 日常生活技能。这个领域有3个子领域。个人日常生活技能子领域有41题，如能张嘴吃饭，预约定期体检和牙科检查。家庭日常生活技能子领域有24题，如小心烫的物体，计划和准备午餐。社区日常生活技能子领域有44题，如与熟人打电话，预算每月花费。
- 社会化。这个领域有3个子领域。人际关系子领域有38题，如能注视父母（或照顾者）的脸，单独去约会。玩耍和闲暇时间子领域有31题，如和父母（或照顾者）玩游戏，和朋友晚上出去玩。应对技能子领域有30题，如为无意中的错误道歉，尊重合作者。
- 运动技能。这个领域有2个子领域。大运动子领域有40题，如抬头15秒，骑三轮车6英尺。精细动作子领域有36题，如伸手去拿玩具，用键盘打10行字。
- 适应不良行为。这个领域有4个子领域。内隐的不良行为子领域有11题，如过于依赖，回避社会交往等。外显的不良行为子领域有10题，如冲动，行为不当等。其他适应不良行为子领域有15题，如吸吮拇指，逃学，在学校或工作日饮酒或非法滥用药物。危险行为子领域有14题，如从事不合适的性行为，自伤，因心理症状无法完成正常的学校学习或工作等。

家长/监护人评分表由6个领域的433个问题组成。

- 沟通。这个领域有3个子领域。听和理解子领域有20题，如听到名字能回答，倾听30分钟含有信息量的谈话。说子领域有54题，如在饥饿或被淋湿时会哭或求助，使用从属关系的短语或句子来描述长期目标。阅读和书写子领域有25题，例如认出自己的名字，在交书面作业前进行编辑或更正。
- 日常生活。这个领域有3个子领域。照顾自己子领域有41题，比如吃固体食物，关注药物用量并根据需要补充。照顾家庭子领域有24题，如在活动结束时清理玩耍空间或工作区域，日常维护。社区生活子领域有44题，如在开车时意识到各种情况并做出适当的行为，一整年拥有一份全职工作。
- 社交技能和人际关系。这个领域有 3 个子领域。交际能力子领域有 38 题，如表现出两种或两种以上的情绪，识别他人的好恶，发起他人感兴趣的谈话。玩耍和闲暇时间子领域有 31 题，如玩简单的互动游戏（例如躲猫猫），展现良好的运动风貌，策划安排有两件或两件以上事情的有趣活动。适应子领域有 30 题，如说谢谢，在不顺心的时候控制愤怒或负面情绪。
- 体能运动。这个领域有 2 个子领域。大运动子领域有 40 题，比如在成人型号的椅子上爬上爬下，从 10 英尺处接网球。精细动作子领域有 36 题，如拿起小物体，用铅笔在适当的位置写字或画画，打蝴蝶结。
- 适应不良行为第 1 部分。这个领域有 36 题，分为三个部分：内隐的不良行为、外显的不良行为和其他适应不良行为。适应不良行为既包括状态（如过度焦虑或紧张），也包括行为（如发脾气和逃学）。
- 问题行为第 2 部分。这个领域有 14 个"危险"行为，如过于沉迷于某物或活动，而没有意识到身边发生的事情。

分数

题目的评分采用四级评分制："通常"为 2 分，"有时或部分"为 1 分，"从不"为 0 分，"不知道"为 DK[1]。为了加快 VABS II 的施测，除评估适应不良行为外，所有分测验都采用基础规则和上限规则。

原始分数可以被转换成 V 量表分数，它的平均数为 10，标准差为 3。V 量表得分之和可以转换为标准化的标准分数（平均数 = 100，标准差 = 15）和各子领域的标准九分数。子领域得分可以加和并转换为领域指数和适应性行为复合分。原始分数也可以转换成年龄当量[2]。另外，还提供了领域分数和适应性行为合成测验的百分等级分数。百分等级是基于正态分布中标准分数与百分数的关系得来的。

常模

无论采用何种评估方法（访谈或评定量表），人们都只得使用同一套常模来解释 VABS II 的得分。决定使用同一套常模是基于一项研究的结果，该研究比较了 760 人的访谈评估和评定量表评估的结果。研发者进行的四项分析中，有三项支持使用一套常模。然而，对两种评估方法之间相关性的分析并不支持这一结论。对于 6 岁或 6 岁以上的个人，两种评估方法之间的相关系数等于或超过 0.90 的比例少于 10%，几乎一半都低于 0.80。显然，分数是不可互换的。

---

1 原注：如果在打分的题目中，DK 大于 2 项，则不应对该子领域进行打分。
2 原注：在 VABS II 中，年龄当量被定义为"所在年龄的平均分数"。尚不清楚平均分数是指平均数、中位数还是众数。

常模样本由代表美国人口的 3695 人组成。测验手册只提供了最粗略的解释，说明这些人是如何从一个庞大的潜在群体中选出的：选择是以电子方式进行的，"在每个年龄组中，进行人口变量的匹配"（Sparrow et al., 2005）。

每个年龄组的人数有较大差异。2 岁以下幼儿、4～4.5 岁幼儿、19～21 岁成人和 31 岁以上成人，这些群体的样本量少于 100 人。常模在种族（非裔美国人、西班牙裔和高加索人）、受调查者的受教育水平和地理区域方面普遍具有代表性。

信度

测验为 19 个年龄组提供了适应性行为内部一致性的分半估计：0～11 岁每 1 岁作为一个年龄组，12～21 岁每 2 岁作为一个年龄组，22～90 岁按多年划分为 4 个年龄组。19 个适应性行为合成测验有 18 个的信度等于或超过 0.90，32 岁～51 岁年龄组除外。领域得分通常不太可靠。在 19 个年龄组中，有 6 个年龄组的沟通领域信度小于 0.90，有 9 个年龄组的日常生活技能领域的信度小于 0.90，有 7 个年龄组的社会化领域信度小于 0.90，有 5 个年龄组的运动技能领域的信度小于 0.90。研发者还报告了 5 个年龄组的适应不良行为第 1 部分的 α 系数：3～5 岁、6～11 岁、12～18 岁、19～30 岁和 40～90 岁。它们内隐行为合成测验的 α 系数没有达到 0.90，只有一个组（12～18 岁）等于 0.90。只有 6～11 岁（0.90）和 12～18 岁（0.91）的适应不良行为指数的 α 系数足够大，可以用于做出重要的个人决策。

对 6 个年龄组的适应性行为进行了重测信度估计[1]。除了 14～21 岁年龄组的稳定性为 0.81 外，适应行为合成测验获得的稳定性[2]等于或超过 0.90。领域的稳定性较低，报告的 18 个稳定系数中，有 11 个小于 0.90。子领域得分的稳定性一般小于领域得分的稳定性，50 个子领域稳定性中，有 45 个子领域稳定性小于 0.90。测验还为适应不良行为第 1 部分提供了 5 个年龄组的重测估计：3～5 岁、6～11 岁、12～18 岁、19～39 岁、40～71 岁。只有 40～71 岁个体的外显行为和适应不良指数达到 0.90 水平。内隐行为的所有估计与外显行为和适应不良行为指数的所有其他估计值在 0.72～0.89 之间。

研发者对访谈者间一致性也进行了评估。两位访谈者在不同的时间访谈了同一个受访者。对于适应性行为，研究评估了 2 个年龄组：0～6 岁和 7～18 岁。结果发现 VABS II 评分者信度没有超过 0.90，大多数在 0.40～0.60 之间。对于适应不良行为第 1 部分，评分者一致性的估计涉及了 3 个年龄组：3～11 岁、12～18 岁和 19～70 岁。评分者间一致性的估计值在 0.44～0.83 之间。

受访者一致性是通过让两位受访者对同一个对象进行打分来评估的。对于适应性行为，再次涉及 2 个年龄组：0～6 岁和 7～18 岁。在 2 个年龄组中，适应性行为合成测验评分和所有的领域评

---

[1] 原注：虽然看上去研发者使用了标准分数来估计领域分数的稳定性，但不清楚是用的什么分数来估计子领域分数的稳定性。我们注意到，使用原始分数会夸大稳定性估计。

[2] 原注：研发者报告了获得的和校正的稳定性估计。我们更倾向于解释实际获得的可靠性估计，因此不讨论校正后的估计。

分都没有达到 0.90 的估计信度，大多数在 0.60 ~ 0.80 之间。对于适应不良行为第 1 部分，再次涉及 3 个年龄组：3 ~ 11 岁、12 ~ 18 岁和 19 ~ 70 岁。估计的一致性信度范围是 0.32 ~ 0.81。

效度

手册中包括了五类关于 VABS II 效度的信息：测验内容、反应过程、测验结构、临床组别以及与其他测量的关系。对测验内容发展的描述缺乏足够的细节，无法对该过程进行系统分析。同样，对于如何选择题目的描述也很模糊。相反，因子分析研究支持不同领域和子领域的存在，对性别偏见、社会经济地位偏见和种族偏见的测验内容检查表明，测验没有偏见。此外，正如所有适应性行为的测量所预期的那样，VABS II 原始分数显示了一致的发展模式。

先前确定的智力障碍、孤独症、注意力缺陷多动障碍、情绪障碍、学习障碍、视觉障碍和听觉障碍等群体的预期分数类型，测验都已获得。例如，智力障碍个体在适应性行为合成测验和领域得分上都表现出明显的缺陷。

VABS II 与上一版的量表有很好的相关性。相关性因年龄和领域而异，从 0.65（0 ~ 2 岁，沟通领域）到 0.94（3 ~ 6 岁，社会化领域）不等。VABS II 与适应性行为评估系统第二版（Adaptive Behavior Assessment System, Second Edition）和 BASC-2 具有中等相关性。

总结

VABS II 是一个个别施测、常模参照的量表，用于评估从出生到 90 岁个体的适应性行为。该量表可以以结构化访谈或评定量表进行施测，但用这两种方法产生的结果似乎存在差异（也就是说，它们的相关性并没有高到可以互换使用）。尽管两种施测方式的结果存在差异，但这两种方式评估得到的原始分数却共用了一套转换分数。因此，尽管常模似乎具有代表性，但用于两种施测方式时却存在问题。

对于做出关于学生尤其是青少年的重要个人决定来说，该测验的信度基本上是不够的。无论是访谈者之间的信度，还是受访者之间的信度都太低，无法放心地使用。适应性行为合成测验的内部一致性比较可靠，可以用于为学生做出重要的教育决定，但领域、子领域和适应不良行为的信度则不行。除青少年外，适应性行为合成测验的稳定性是足够的。然而领域、子领域和适应不良行为的稳定性太低，无法用于做出重要的个人决策。

测验效度的一般指标是充分的。然而，没有数据表明 VABS II 能够有效地监测学生的进步情况或规划教育干预计划。

章节理解题

根据本章内容,回答以下问题:

1. 我们为什么要评估社会情绪功能,为什么要评估适应性行为?
2. 在评估社会情绪功能和适应性行为时,两个重要的考虑因素是什么?
3. 评估社会情绪功能的四种方法是什么?
4. 描述你在进行功能性行为评估时遵循的步骤。
5. 列举并描述一种常用的社会情绪功能测量方法和一种常用的适应性行为测量方法。这些测量的信度和效度有哪些证据?

第四部分
基于评估结果的教育决策

PART 4

第 20 章

教学决策制定

学习目标

20-1 阐述当学生个体在学校面临困难时应该解决的一系列问题是什么，以及能为针对性教学调整提供信息的各种来源。

20-2 描述接受特殊教育服务的学生需要解决的问题是什么，以及如何设计个别化教育计划以提供必要的教学和服务。

本章中涉及的标准

CEC 美国特殊儿童委员会初级准备标准

标准 4: 评估

  4.0 初级特殊教育专业人员在做教育决策时，使用多种评估方法和数据来源。

标准 5: 教学计划和策略

  5.0 初级特殊教育专业人员选择、调整和使用一系列循证教学策略，以促进有特殊需要个体的学习。

CEC 美国特殊儿童委员会高级准备标准

标准 1: 评估

  1.0 特殊教育专家开展有效和可靠的评估实践来减少偏见。

Ψ 美国学校心理学家协会专业标准

  1 基于数据的决策和问责

  3 发展学业技能的干预和教学支持

  4 发展社交和生活技能的干预和心理健康服务

每位普通教育和特殊教育教师每天都要做出数以百计的专业决定。前面几章所讨论的评估工具和策略，可以用来协助做出许多这样的决定。在这一章中，我们主要关注的是，教师对面临学业风险的学生和残疾学生所做的教学决定，以及做这些决定时可以使用的程序。

普通教育工作者和特殊教育工作者都对残疾学生负有责任。普通教育者主要负责鉴别有感官、学习或行为问题的学生。此外，无论是否能获得他人的帮助，普通教育工作者都要负责解决这些问题。普通教育工作者和特殊教育工作者共同负责在普通教室中学习的残疾学生。特殊教育工作者还要负责残疾程度严重，以至于无法在普通环境中接受教育的学生，即使这些学生已经获得了完整的相关服务以及课堂环境调整。

在整个章节中，你将了解三位学生的故事，他们正在学校经历着某些困难，在评估场景中有详细介绍。有两个学生（詹娜和亚历克斯）面临着学业困难，另一个学生（尼克）有行为上的障碍。其中，一名学生接受普通教育服务即可，另外两个学生被认定为有特殊教育需要，相关责任人要为其制订、实施和评价 IEP。重要的是要认识到，在许多情况下，几乎无法在事前就知道谁需要特殊教育服务。必须通过干预措施、收集数据，了解每一个有困难的学生的需要。

20-1　对未接受特殊教育服务的学生的相关决策

中度或重度残疾儿童通常在 3 岁或 4 岁之前被发现，并以残疾学生的身份入学。大约 40% 的学生在学校生涯中会面临困境，这些问题大部分由普通教育工作者在普通教育情境中成功解决。但当普通教育工作者无法解决问题时，这些学生往往被转介给多学科团队，以确定他们是否有残疾，是否需要特殊教育（是否有资格接受特殊教育）。在本节中，我们将对享有特殊教育权利之前的决策进行讨论。如果学校在学生有困难的领域（如阅读、数学、行为）有强大的 RTI 或 MTSS 支持模式，那么本节中描述的许多教学决策的过程和程序是高度系统化的。

20-1a　学生有隐性残疾（hidden disability）吗？

绝大多数儿童都是在假定他们没有残疾的情况下入学的。然而，教育工作者明白，其中有些学生的残疾程度较轻，家长可能看不出来，而有些残疾学生会在上学期间出现残疾。如果尽早给残疾学生提供特殊服务，残疾的程度可能不会加重，因此，联邦法规（§300.125）要求各州制定政策和程序，以确保有特殊教育和相关服务需求的残疾儿童全部得以锁定、评估和鉴别。这项要求通常被称为"儿童发现"，这意味着当地学区和其他机构必须有策略地发放传单，在地方报纸上发通告等，告知所有残疾儿童的父母他们可享有的服务。

学区的普遍筛查可能会发现额外的残疾情况。一些儿童可能有未被诊断出的感官障碍（视力残疾或听力残疾），父母、医生及老师都没有察觉。因此，学校会定期对所有儿童进行筛查，查明潜在的听力和视力问题，并为有需要的儿童提供服务。听觉、视觉筛查通常由学校护士进行，目的是找出需要做进一步专业筛查的儿童，并将其转介给卫生保健专业人员（如听力专家，验光师或眼科医生等视力专家）进行详细诊断。关键的是，筛查本身并不能用来确定一名学生是否残疾，必须有后续的工作。

20-1b 学生有学业困难吗？

在普通教育中，一些学生在实现个人目标、课堂目标或州目标方面无法取得足够的进步。在学业能力的普遍筛查中，这些学生可以被尽早鉴别，以便进一步评估是否需要额外的学业支持。在那些没有设置筛查机制的学校中，教师必须鉴别出正面临学业困境且无法取得相应进步的学生。不同的教师判定学生学业能力的标准也有所不同，这可能由几个原因导致：教师的能力和经验、班级规模、可供选择的材料和课程的适用性、班上其他学生的能力和行为，以及教师对缓慢进步或行为的容忍度。一般来说，当一个学生的学习成绩处在整个学生群体的20%~50%之间时，教师就有理由担心了。学生的以下这些行为对于教师而言是警示信号：

- 提出的问题表明他（她）不理解新的学习材料。
- 不知道以前教过的、被认为已经掌握的学习材料。
- 经常做出错误的回答，正确回答的次数很少。
- 在一般情况下，或在他（她）的教学小组中，不能跟上同龄人的步伐。
- 远远落后于同伴，无法跟上班级最低水平的学习小组的进展——在教学上被边缘化了。
- 活动表现从做得好或可接受，变为做得不好或不可接受。
- 在大多数学业领域表现良好，但在一个或多个重要的核心技能领域上有极大的困难。

在决策过程中，学生学业困难的原因很少会在当时明确。造成学生困难的原因有两大类：无效的教学、个体差异。要集中精力找出造成学生学业困难且能通过干预来解决的原因才行，而不是找那些可能是"死胡同"的原因，并且还没法在学校环境中进行有针对性的干预。例如，一个学生在11个月大时耳朵被插了管子，在某种程度上，这可能导致了她在语音意识发展方面的困难。然而，这并不能帮助我们知道现在该如何进行干预。相反，当学生还没有掌握音节层面的拼读，需要这一先备技能的更多指导和练习时，知道学生目前的教学重点是在发音层面上的拼读，可以更好地了解干预工作。阅读"詹娜（第一部分）"和"亚历克斯（第一部分）"，了解学生经历学业困难的例子。

评估场景

詹娜（第一部分）

詹娜是一名四年级的学生，老师对詹娜的书写技能感到担忧。收集到的针对詹娜的评估信息有定性的和量化的两类。首先，老师指出，詹娜的算术、阅读、社会科学和音乐的水平在班里是最高的，她的成绩在班上名列前茅。然而，老师注意到她在书写上很吃力。詹娜书写的文字凌乱不堪，常常难以辨认。她的书面作业就像是班上水平最差的学生的那样。其次，老师用带有故事开头的限时写作来评估詹娜及其同龄人的能力水平。结果显示，詹娜的文章字数相对较少（每分钟写7个单词），而进步较快的同龄人每分钟写的字数几乎是她的两倍（13个）。詹娜经常犯拼写方面的错误（约占字数的30%），而进步较快的同龄人大约只有10%的单词有拼写错误。在没有量化的部分，詹娜表现出较弱的书写动作能力（例如，字形、字内和字间间距的把握，以及文本行在页面上的上下移动），同龄人的书写则要整洁和清晰得多。

詹娜和同龄人之间在阅读表现方面有什么量化的差异？

评估场景

亚历克斯（第一部分）

亚历克斯是一名三年级的学生，老师担心他的学习落后于同龄人。老师收集了他的信息，收集到的评估信息有定性的和量化的两类。首先，老师注意到他没有跟上班上进步水平最慢的学生，更没有像有些学生那样迅速习得阅读技能。其次，老师对亚历克斯及其同龄人进行了评估，发现阅读量最少的一组学生能以每分钟读50个单词或以更快的速度阅读初级材料，每分钟的阅读错误不超过2个。而亚历克斯只能以每分钟20个单词的速度读同样的材料，每分钟的阅读错误多达4个。而且，班上阅读量最少的学生使用的阅读材料对亚历克斯而言都有较大难度。为了有效教学，他需要更简单的阅读材料。

亚历克斯和同龄人之间在阅读表现方面有什么量的化差异？

无效教学

有些学生几乎在任何教学条件下都能取得进步。具备初级技能和丰富知识的学生进入学习情境时，只要得到机会，就能继续学习和发展技能。即便教师的教学方法无效，他们还是能学到东西。然而，有些学生进入学习情境时技能发展得不佳，需要有效的指导。如果没有获得良好的教育指导，他们就有沦为教育体制牺牲品的风险。这种情况至少会在五个方面发生。

1. 学生缺乏先备知识或技能。有些学生可能缺乏学习特定内容的先备条件，那么对他们来说，要学习的内容可能会太难，因为必须兼顾学习先备知识和新内容。例如，桑托斯先生可能会给亚历克斯一本读物，亚历克斯只认识其中70%的单词。他被迫学习不熟悉的视觉词汇，同时试图理解所读的内容。他很可能理解不了这份材料，因为这其中有太多他不懂的词汇。

2. 教学时间不足。学校的日程安排可能包括繁杂的活动和额外的内容，以至于教师没有足够的时间用在核心内容的教学上。一些学生需要密集而广泛的教学，以便更好地学习，然而他们可以用来学习的时间与实际需要的时间存在着巨大差距。

3. 教师缺乏学科知识。教师可能缺乏教授某些学科的技能。比如，在一些农村地区，可能无法招到物理老师，所以生物老师可能会教授物理课程，而且仅仅提前预习一两节课就开始教学。

4. 教师缺乏教学知识。教师可能缺乏足够的教学知识来教那些不会自学的学生。虽然教育工作者很早就知道提升学生学习的教学方法（方法可参见 Stevens & Rosenshine, 1981），但是教师和主管们对这些信息的了解，并不如人们期望的那样。因此，有些教育工作者可能不知道如何介绍新的学习材料，如何安排学习时机，如何提供领学和自学的机会，或者如何给予有效的反馈。此外，鉴于有太多孩子的养育者都要工作，他们很少会给孩子提供补充性教育去弥补学校的无效教学。

5. 教师坚持无效的教学。教师可能会坚持无效的教学方法。尽管已经投入了相当大的努力在各种教学方法的实证评估上，但是，其中很多研究成果都未能进入课堂。例如，一些学区拒绝系统的语音教学。然而，长期的实证研究清楚地表明，早期和系统的语音教学可以更好地提升阅读水平（Adams, 1990; Foorman, Francis, Fletcher, Shatschneider & Mehta, 1998; Pflaum, Walberg, Karegianes & Rasher, 1980）。

个体差异

尽管教师们坚持了合理的教学原则，将这些普遍证明有效的原则系统地应用到学生身上，但对少数学生而言，学习上的提升仍然收效甚微。究其原因，至少有以下三个方面：

1. 学生的能力影响学习。显然，对于那些有严重视觉或听觉障碍的学生来说，严重依赖视觉或听觉能力的教学就不太有效[1]。很明显，学得慢的人需要更多练习以掌握各种技能和知识。
2. 有些学生可能会对某一学科本身感兴趣，有动力去学习，而有些学生可能会觉得学科内容枯燥乏味，需要教师提供额外的激励。
3. 文化差异会影响课业学习和行为。例如，阅读是一个交互的过程，在这个过程中，作者的作品由读者凭经验和知识来解读。由于不同文化背景的学生经历不同，他们对书面材料的理解可能存在差异。比如，来自不同文化群体的学生可能对"人人生而平等"有不同的理解。教师和学生之间教学对话的文化规范也可能不同，尤其是当教师和学生的性别不同时。在某些文化环境中，对男孩和女孩的教养方式或社会期望是有差异的。因此，成年女性和女孩在男教师面前保持安分，在某些文化层面可能是恰当的举动。同样，教师可能会觉得自己没有能力教不同文化背景的学生。例如，教师可能会犹豫是否应当管教来自另一种文化背景的学生，或者难以结合学生的文化背景来列举相关例子，以阐明某些概念和想法。

20-1c 学生有行为困难吗?

有些学生可能在行为方面的表现不如预期。正如第9章中探讨的，任何超出正常期望范围的行为都可能是有问题的，例如依从性太高或太低，过分自信或缺乏自信。在其他情况下，个别行为可能是有问题的，会对学生自己或同伴的学习造成干扰。还有，不能忽视对学生自身或同伴造成危险威胁的行为。

正如学业问题一样，学生为什么有行为困难很难明确。这可能与教师管理不好学生课堂中的问题行为有关，或是个别学生的特殊行为所致，亦有可能同时存在以上两种原因。

教师可能缺乏足够的知识、技能或意愿来有效地组织和管理课堂。许多学生来到学校时已具备了良好的人际交往和个人能力，几乎在任何环境中都表现良好，易于教师指导和训练。但是有些学生在进入教室时，其技能却远未达到同龄人水平。对于这些学生，教师需要具备更出色的管理技能。在一个缺乏管理的教室里，这类学生的行为可能会干扰他们自己和同伴的学习。因此，教师必须知道如何管理课堂，并自觉付诸行动。课堂管理是比较感性的教育话题之一，教师个人的价值观和信念往往影响着他们掌控课堂的意愿。尽管一段时间以来，有大量的实证研究支持各种管理技术的有效性（可参见 Alberto & Troutman, 2005; Sulzer-Azaroff & Mayer, 1986），但这些技术可能会被个别教师因其坚持的哲学理念所拒绝。有时，教师可能知道如何管教学生的行为，也

---

1 原注：其他能力的教学重要性已经被证实，但几乎没有任何证据支持这些主张。智力与数学教学方法相互作用的观点仅得到有限且过时的支持。梅纳德和斯特里克兰（Maynard & Strickland, 1969）发现，虽然低智商学生使用较直接的方法有利于学习数学，但高智商的学生使用发现学习法学习数学更有效。

愿意管教，但可能由于某些原因而不愿意管教某些特定的学生。例如，有些教师在管教少数族裔学生时可能会犹豫不决。详情请阅读评估场景"尼克（第一部分）"，这是一个存在行为困难的学生的例子。

> **评估场景**
>
> 尼克（第一部分）
>
> 尼克是一名五年级的学生，他的学习成绩总是不尽人意。老师注意到尼克经常理解不了新的学习材料，也很少交作业。老师还注意到，尼克还经常在不恰当的时间盯着某一处发呆，或看着班级水族箱里的热带鱼。当老师点他的名字时，他偶尔会被惊吓到。他通常很早就开始做随堂作业，却经常做不完，不像班上的其他同学。他很少把家庭作业带回学校，即使尼克母亲说他已经完成了作业。
>
> 老师系统地观察了尼克和他的两名能很好地关注任务的同伴。此外，老师特意调查了尼克完成语言艺术和算术随堂作业的具体过程，定时查看他们的情况（查看学生的作业或阅读他们的习作）。经过一周的观察，老师在总结数据时发现，尼克在语言艺术和算术课上大约有60%的时间没有参与学习，而他的同伴不参与学习的时间只有不到5%。由于尼克存在注意力缺陷，在学校表现不好也就不足为奇了。
>
> 尼克和同龄人之间在行为方面有什么量化的差异？

教师即使使用了那些通常有效的管理策略，也还是有可能无法有效管教有些学生。例如，有些学生可能难以服从管理，或者因为他们从不控制自己的行为，或者因为他们拒绝将女性作为权威人物，或者因为他们总在寻求各种形式的关注——积极的或消极的。有些学生可能没有得到足够的睡眠或营养食物，无法保持警觉，不能准备好参与学校的学习。因此，普通的管理策略可能不适用于这类不好管教的学生。不良行为与行为背后的诱因之间很少存在一一对应的关系，因此，如果不对那些管理策略进行调整，并持续观察策略调整后学生的表现，就无法预知导致学生陷入困境的原因，究竟是价值观的不同、学习的欠缺，还是管理技术缺陷的结果。如果调整了管理策略，学生开始向好发展，那么最初使得学生陷入困境的原因就不是特别重要了（也无需再假设老师已经找到了学生遇到困难的原因）。

20-1d 我们可以提升教师的能力和学校的效能吗？

当任课教师进行快速有效的课堂干预时，许多学业和行为问题都可以得到纠正或消退。当教师发现学生遇到某些方面的困难时，通常会为学生提供一些额外帮助。

然而，当问题无法纠正或消退时，教师们就需要支持。支持有两种基本形式：①提高教师的能力，让他们能够独立处理问题；②提供额外的资源，解决问题。可能采取与其他教师或专家非正式协商的形式，可能用 Title I 提供的服务，也可能用 MTSS 模式里第2、第3层级的服务。

20-1e 干预援助团队可以提供帮助吗？

干预援助团队可以提供更密集的干预、短期咨询和长期支持，或为有需要的教师提供信息、资源及培训。通过为教师提供针对解决具体问题的支持和帮助，使他们在学生工作中变得更有技巧。尽管团队成员的组成和职务因州而异，但团队成员应该具备学习、评估、行为管理、课程修改和人际沟通等技能。

干预援助团队要为普通教育教师和特殊教育教师提供不同层次的干预。显然，如果更好的教学或行为管理能让学生在普通教育中取得令人满意的进步，学生就不需要、也不应该接受特殊教育。因此，当教师为解决学生问题寻求更密集的支持时，第一种辅助形式应该是额外的策略和材料。干预辅助的目标是：尽可能在学生的问题形成障碍之前及时纠正；在最少受限制的环境中解决问题；如果问题未能有效解决，要证明学生的问题并非由学校所致（也就是说，问题是个别学生独有的）。通常情况下，转介前活动有4个（Bergen & Kratchowill, 1990）或5个（Graden, Casey & Bonstrom, 1983），具体的步骤需要参考服务申请。通常，这些步骤包括：①提出正式的服务申请；②厘清问题；③设计干预措施；④实施干预措施；⑤评价干预措施的效果。

提出申请

因为转介前干预是一个正式的过程，可能需要一个正式的申请，类似于图20.1所示的形式。转介前表格[1]应包含身份信息（如教师和学生姓名）、教师寻求咨询的具体问题、在课堂上已经尝试的干预措施、这些干预措施的有效性以及当前的学业教学水平。这些资料可让负责提供咨询的人员决定是否需要进一步关注这个问题。

通常，在这一阶段，已经会有数据显示学生正处于困境中。对学业困难和行为困难情况进行普遍筛查，可以为申请提供必要的信息。普遍筛查也可以帮助确保所有可能需要干预援助的学生被识别出来，提前接受额外的评估。

1　原注：早期，特殊教育工作者采用了"转介"一词，指的是对学生进行特殊教育资格和权利评估的请求。随后，在该过程中插入了一个额外的步骤。因为转介已被广泛接受，新的步骤则被称为"转介前"，尽管这一步显然也涉及转介。我们使用"转介前"来描述在正式转介之前进行的评估和干预活动，确定学生是否有资格接受特殊教育。

转介前咨询申请

学生 _____ 性别 _____ 出生日期 _____

转介教师 _____ 年级 _____ 学校 _____

教育上/行为上的具体问题：
_____
_____

在弱势领域现有的发展水平和所用的学习材料：
_____
_____

提升弱势领域的干预措施和干预效果：
_____
_____

学生享有的特殊服务：
（例如：1.阅读、言语治疗）
_____
_____

最适合咨询的时间：
_____
_____

图 20.1　转介前咨询申请

厘清问题

在最初的咨询中，干预援助团队与任课教师合作，共同明确问题的性质或发生困难的具体领域。这些困难应该用可观察到的行为来说明，而不是假设的问题原因。例如，教师可能会说"詹娜的书写不清晰"或"尼克没有像班里其他同学一样按时完成家庭作业"来说明问题。重点在于体现实际表现和期望表现之间的差异。当这种差异可以被量化时，则有助于建立儿童表现的基线水平，监测所设计和实施的干预措施是否具有效果。

干预援助团队会寻找更多额外的信息。例如，要求转介教师详细描述学生问题发生的背景、所学课程、师生交流方式或教师对学生的回应方式、学生与教师和同学的互动、学生的教学分组和座位安排，以及学生行为的前因后果。也可能要求转介教师具体说明学生做出影响教师或其他学生的行为，以及所作行为与教师期望不一致的程度。当探查出多个问题时，团队可以按照问题干预行动的重要性进行排序。

还有，作为咨询的一部分，团队的一名成员可以在教室内观察学生，以核实问题的性质和程度。在相关的学校环境中，可以由指定的团队成员观察学生，记录目标行为的频率和持续时间，比较学生的行为与同龄人的不同程度。同时（或稍后的过程中），也可以征求学生和学生家长的看法。

设计干预方案

接下来，干预援助团队和转介教师设计干预方案，以解决这些迫在眉睫的问题。团队可能需要指导转介教师如何实施干预。开始时，干预措施应基于已知普遍有效的实证程序。此外，家长、学校其他工作人员和学生也可能参与其中。

决定教师尝试或实施干预的一个主要因素是可行性。评估教学情况和提出建议的人员应考虑，所建议的干预措施在多大程度上是可行的（遗憾的是，可行性往往是根据干预计划的繁琐程度或实施既定计划所需的工作量来确定的）。菲利普斯（Phillips, 1990）指出了在做出可行性决策时的八大考虑因素，建议评估人员加以注意。

1. 破坏程度。教师建议的干预措施会在多大程度上扰乱学校程序或教师常规？
2. 副作用（例如，社会排斥）。对学生、同伴、家庭和教师在多大程度上有不良的副作用？
3. 所需的支持服务。支持服务有多容易获得，费用是否合理？
4. 先备能力。教师是否有必要的知识、动机和经验来实施干预措施？教师是否对建议的干预措施有理念上的偏见？
5. 控制。教师能否控制必要的变量以确保干预措施的成功？
6. 结果的即时性。学生的行为变化是否足够快，使教师因实施干预措施而得到强化？
7. 不干预的后果。如果这些行为得不到纠正，学生会有怎样的短期和长期后果？
8. 推广的潜力。干预是否让学生得以掌握自我调节的能力？干预能否推广到其他环境、课程领域，甚至推广到其他经历类似困难的学生当中？

干预计划应明确阐述需要发展的技能或改变的行为、改变的方法、干预的持续时间、干预的地点以及负责干预各方的人员名单。此外，也要明确干预成功的标准。如第10章所述，使用系统的进步监测工具有助于制订目标。至少，干预要使学生的表现达到可接受或可容忍的水平。对于学业上的困难，这通常意味着要加快学习的速度。采取个别教学的方式，学生成绩必须有足够的提高，他们才能进入一个教学小组。例如，如果伯尼目前不能阅读最低能力水平教学小组使用的学习材料，团队就需要了解最低水平组使用材料的情况。此外，当伯尼完成干预时，还需要明确该小组即将使用的材料水平。学生取得成功的方式有很多种，因此干预的主旨是提高薄弱领域的能力，使弱势领域的水平达到或接近优势领域的水平。

制定行为干预的标准与确定学业问题的目标的过程是大致相同的。当行为干预的目标是改变行为时，应挑选两三个表现适中的学生作为参照。这些学生的行为表现处于可接受范围内的中等水平，而不是最好的水平。行为的频率、持续时间、潜伏期或强度都将作为衡量的标准。通常，表现中等的学生，他们的行为模式是比较稳定的，因此团队不需要预测他们的行为发展在干预结束时所处的水平。

这个讨论中隐含着这样的观点：干预措施会在规定时间内达到成功的标准。因此，团队不仅希望朝着目标准前进，更想以特定或更快的速度推动干预进展。最后，切记保留这些详细信息的书面记录，如团队会议记录等非正式记录，转介前干预计划（图20.2所示）等正式文件。

转介前干预计划

针对每个目标行为填写。

学生 _____ 性别 _____ 出生日期 _____

转介教师 _____ 年级 _____ 学校 _____

干预目标

　　需改变的行为：

　　成功／终止干预的标准：

　　干预期限：

　　干预地点：

　　负责干预的人员：

干预策略

　　教学方法：

　　教学材料：

　　特殊设备：

签名

　　转介教师：_____ 日期：_____

　　教师援助团队成员：_____ 日期：_____

图 20.2　转介前干预计划

实施干预

接下来，按计划进行干预。为确保干预如实进行，可由一名团队成员观察教师使用的计划策略或特殊材料，或者保存并审查详细记录，以证明干预是按计划进行的。

评估干预效果

干预援助团队需经常评估干预措施的实施效果，据此对教学方法和使用材料进行微调。通常，团队成员会把学生的表现绘制成图表来展示所取得的进步。旨在提高期望行为的有效计划产生如图20.3 所示的结果：学生表现出期望行为（正确反应）的增加，和错误行为（错误反应）数量的减少。有效的程序也有可能只增加正确反应，或只减少错误反应。无效的程序不会增加正确反应或减少错误反应，两者或许都不会有变化。团队固然要频繁地收集数据，但同样重要的是，在某些情况下，可能需要大量时间才能检测到干预的效果。因此，干预援助团队的关键在于要平衡对即时干预效果的期望，理解干预可能需要更多时间才能看到效果。在评估干预的有效性之前，干预团队应该提前明确需要多少干预时间，收集多少数据。

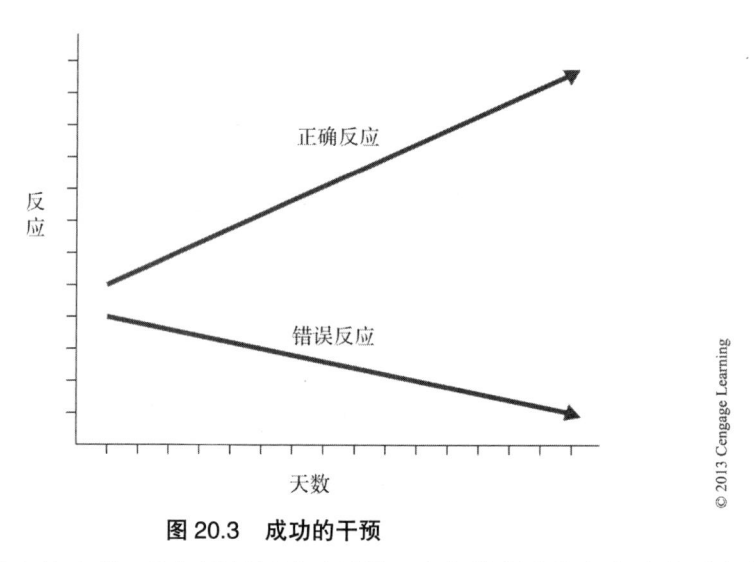

图 20.3 成功的干预

为了评估学生行为改变的速度，我们用目标线（见第 9 章）绘制出期望行为的增加幅度（或非期望行为的下降幅度）。目标线将学生当前的表现水平与代表期望的行为水平，跟达到该行为目标的时间的点联系起来。当目标是增加行为的频率时，我们期望学生的进步达到或高于目标线（如图20.4 所示）；当目标是减少行为的频率时，我们期望学生的进步达到或低于目标线（无图示）。因此，教师、干预援助团队和学生可以查看图表，判断学生取得的进步是否充分。

在取得有效进步时，应继续干预，直到达标为止。当学生取得高于预期的进步时，教师和干预援助团队可以在不改变目标日期的情况下，设定一个更高的目标（提高期望的表现水平），或者在不改变表现水平的情况下，设定一个更短时间内完成的目标。当进步不理想时，教师可以采取一些步骤微调课程。

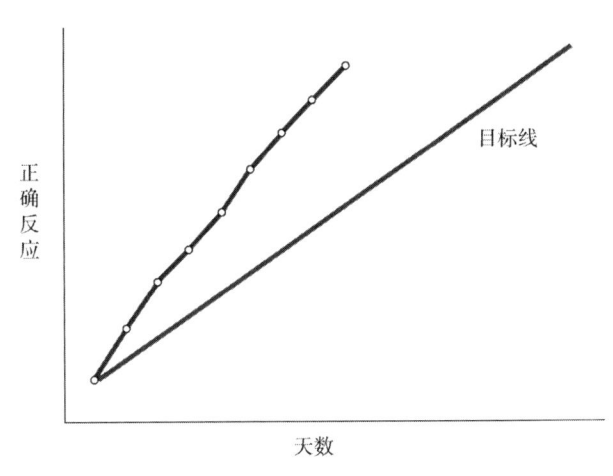

图 20.4　学生进步的目标线

20-1f　是否应该推荐学生进行多学科评估?

如果在 MTSS 的每个级别上进行了多次干预尝试都不能帮助学生成功,很可能要转介学生进行心理教育评估,确定其是否需要接受特殊教育。阅读评估场景第二部分,了解詹娜、亚历克斯和尼克在转介前过程中的决定。

> ### 评估场景
>
> **詹娜(第二部分)**
>
> 老师与詹娜单独会面,想要收集更多关于她书写困难的信息。詹娜告诉老师,自己在写字时手会痛,夏天的时候她有两根手指受伤了,虽然已基本痊愈,但如果长时间写字,还是会感到痛。詹娜、老师和父母针对这个问题进行了面谈,最后决定让詹娜使用电脑来完成写作任务。要检测拼写成绩时,就关闭拼写检查功能。詹娜的父母还带她去看医生,检查手指的愈合情况。医生指出,詹娜确实需要更多的时间恢复,而使用电脑完成六周的写作任务,詹娜就可以充分地养好伤。使用电脑后,虽然詹娜的拼写水平与同龄人仍有差异,但书写流利程度和同龄人不相上下。老师向援助团队咨询有关拼写的问题,团队倾向于使用"覆盖、复制和比较(Cover, Copy, Compare)"的干预策略来帮助詹娜完成每周拼写单词的任务。詹娜每周在电脑上的拼写情况(未启用拼写检查功能),整个学期都受到了监测。学期结束时,詹娜的手康复良好,她开始重新在纸上写字。此外詹娜的拼写也有明显改善,因此可以停止干预。
>
> 在处理詹娜的情况时,转介前流程的各个步骤是如何处理的?

评估场景

亚历克斯（第二部分）

老师为亚历克斯找了一份相对易读的材料，每天和他一起朗读15分钟。在这段时间里，老师会纠正他的阅读错误，教他如何正确发音。尽管亚历克斯能流利地阅读简单的材料，但仍然无法阅读更符合他所在年级水平的材料（亚历克斯的流畅性和错误率都在教学平均水平以下）。干预援助团队建议老师评估亚历克斯字音对应的知识。亚历克斯知道所有长元音，知道短 a 音和硬辅音。因此，团队针对他尚未掌握的辅音和元音，专门开发了一个干预程序。当地学区的一位阅读专家每天负责干预，每隔一天评估亚历克斯的学习进度，收集相关评估数据，确定干预的有效性，包括亚历克斯在学习字音对应方面的进步和朗读流畅性。专家在每天指导后，对亚历克斯进行字音测验，检测干预效果。经过四周的干预，亚历克斯已经学会了一半之前没掌握的软辅音，以及短的 e 音和 i 音。专家重新测试了亚历克斯的朗读流畅性，结果表明，对于下一个更高水平的阅读材料，他的朗读已经相当流利。但是按照他进步的速度，到本学年结束时，他至少还会落后同龄人半年的进度。尽管团队采取的干预措施在研究文献中证实有效，应用在亚历克斯身上却无显著进步，因此他被安排进行多学科评估，以确定是否有非学校因素阻碍他的学习（例如，残疾）。确定资格需要专家的进一步评估，可由学校心理学家使用商用评估工具来进行。

在处理亚历克斯的情况时，转介前流程的各个步骤是如何处理的？

评估场景

尼克（第二部分）

因为尼克的注意力不集中，老师就把他转移到教室前面，远离班上的水族箱。当他看上去注意力分散时，老师便用食指轻轻敲击他的桌子，让他回过神来。老师还和尼克的妈妈商定好，把每一份家庭作业以电子邮件的形式发给她。妈妈同意每天早上检查尼克的书包，确保他把完成的家庭作业带回学校。同时，老师还要监测这些干预措施对尼克的注意力和学习的影响，确定干预措施是否改善了尼克的状况。

此外，老师使用的评估数据包括家庭作业干预之前和之后，尼克上交作业的频率。老师还记录了尼克转移注意力的时间。

有关尼克行为干预有效性的数据显示，干预结果好坏参半。干预实施后，尼克的作业完成率立刻跃升到100%。干预的方法是给家长提供老师布置的每一份家庭作业的电子版，并让他们确保尼克把作业带回学校，完成作业的问题也就此解决。为了解决尼克注意力分散的问题，老师把尼克的座位移到教室前面，离老师更近，这样他就不再盯着水族箱了，但对他凝视天花板行为的影响很小。通过敲击提示重新引起尼克关注的方法百分之百地奏效，只是他重新集中注意力的持续时间很短，平均约为30秒。此外，老师还发现，敲击次数越多，力度就得越大，这种干预已经影响了坐在尼克旁边的同学。因为课堂干预收效甚微，而且尼克注意力分散的问题还在影响他的学习，老师决定咨询学校的儿童研究团队，听听他们的建议。

研究团队建议对尼克使用直接行为评定（DBR）的方法，尼克的老师和父母同意尝试这种策略。老师为尼克设定每节课的任务行为，在每节课结束时，给他完成任务行为的表现打分，从1分（用10%或更少的课堂时间完成任务）到5分（用90%或更多的课堂时间完成任务），并记录在行为记录单上，最后与尼克简要讨论评分。在一天结束的时候，老师将尼克的分数用电子邮件发送给他的父母。起初，尼克每天平均获得三个5分。尼克的父母就此打算，当他一天获得的全部是4分或5分时，就为他策划一个特别的电影之夜。在干预的第一周，尼克确实拥有了一个美好的电影之夜，但在接下来的三周内，便再也没有达到"全天都是4或5分"的标准。

在处理尼克的情况时，转介前流程的各个步骤是如何处理的？

20-2 特殊教育的决策

在入学的新生中，大约有10%~12%的学生会遇到很大的困难，在上学期间被判定为有残疾。其中，大部分学生因为需要特殊教学而接受特殊教育。还有一些残疾学生（如有某些慢性健康障碍疾病的学生）不需要特殊教育，而是根据1973年《康复法》第504条规定接受相关的特殊服务。

学生被认定有资格接受特殊教育之后，特殊教育决策将会围绕个别化教育计划（IEP）的设计和实施展开。IEP是教学的蓝图，它规定了目标、程序以及为每个特殊学生提供的相关服务。评估数据对 IEP 至关重要。大量书籍与数百篇专业和科学期刊上的文章探讨了评估数据对制订学生教学计划的重要性。《残疾人教育法》规定，应对学生进行全面评估，制订 IEP。学生根据 IEP 获得不同的特殊服务。此外，大多数教育工作者认为，为特殊学生制订普通教育方案并没有太大作用，应该为这些接受特殊教育和矫正教育的学生制订个别化计划。

20-2a 学生的 IEP 应该包括什么？

1997 年的《残疾人教育法》及其后续修订版对 IEP 提出了要求。在教学上，IEP 是学生一年的发展路线图，由 IEP 团队共同制订，团队包括家长、学生（可以参与的话）、普通教育教师（至少一位）、学生的特殊教育教师（至少一位）、学校行政代表（一位）、能解释评估结果教学意义的成员（一位），以及根据学生情况选择的其他具有知识或特殊专长的成员。

IEP 的制订和实施广泛涉及**方案规划**（program planning）的所有过程，包括确定问题、设定目标、制订和实施干预策略以及评估，方案的制订应满足儿童的需要。IEP 首先概述了学生当前的教育水平，这就像是旅程的起点。接下来，IEP 要确定可测量的、年度的、学业性目标和功能性目标（旅程的目的地）。也要说明如何测量年度目标的进度，以及何时向家长提供进度报告。还要根据同行评审的研究（在可行的范围内），确定学生达标所需的特殊教育和相关服务（交通方式和旅行供给）。最后，IEP 要求对学生年度目标的进度进行测量、评估和汇报（定期检查，确保学生在正确的道路上前行，并且速度足够快）。

现有水平

法规中没有对学生目前的现有水平做出具体定义。但现有水平是教学的起点，所以现有水平必须与教学相关，并以量化的方式呈现。虽然法律允许，但标准化成绩的分数并不是特别有用。即使测验和课程内容之间有充分的对应关系，但某个学生的阅读能力低于该年级 90% 学生这样的实际情况，对于教师应该从哪里开始教学，并不是有用的信息。如果某个学生在三年级的课堂上有身体攻击性，仅靠这一点，并不能让教师、家长和学生知道进步是否在向着可接受的行为方向发展。虽然在《残疾人教育法》中并未定义，但我们认为应该基于学生当前的学业水平，提供与之相适应的教学。例如，我们知道了萨姆的三年级阅读材料的教学阅读水平（能以 90%~95% 的准确率阅读该材料），就知道他的教学该从哪里开始了。

行为领域的现有教育水平也需要量化。行为的频率、持续时间、潜伏期和强度都可以被量化，干预对象的结果也可以与表现良好的同龄人进行比较。阅读评估场景"亚历克斯（第三部分）"和"尼克（第三部分）"，了解当学生被认定为需要接受特殊教育时，如何确定他们现有的水平。

评估场景

亚历克斯（第三部分）

亚历克斯作为一名有阅读学习障碍的学生，被认定为有资格接受特殊教育。为了确定亚历克斯目前在朗读方面的水平，老师让他阅读学校实际使用的材料，对他现有的水平进行再次评估。老师针对每个年级阅读课文的初级、中级和终级水平，从中各选取了2篇文章。了解到亚历克斯的阅读能力仅略高于学前水平，所以要求他从这个水平的材料开始阅读。亚历克斯需要阅读难度逐级增长的文章，直到他的阅读水平提高到平均教学水平以上（阅读的准确率达到85%～95%）[1]。最后，亚历克斯阅读一年级初级材料的准确率为95%，但阅读一年级中级材料的准确率仅为87%。因此，他目前的朗读教学水平被评为一年级中级。

为什么用亚历克斯学校目前使用的材料来评估他现有的水平会非常有帮助呢？

评估场景

尼克（第三部分）

尼克是一名有其他健康缺陷的学生，被认定为有资格接受特殊教育。为了调查尼克在教学期间对任务行为关注的持续时间，学校咨询师系统地观察了尼克和另一个没有注意力问题的学生。咨询师在阅读课和算术课上进行观察，每天的观察时段为10:00—10:45，持续一周。尼克的老师在这段时间内没有用手指敲击提示他。咨询师坐在尼克的身后，使用每隔30秒固定发出蜂鸣声的音频信号磁带进行计时。观察结束后，咨询师计算出每节课上尼克有35%的时间跟进任务，但另一个学生有95%的时间跟进任务。尼克目前对学业任务的关注度是35%。

为什么在界定尼克目前对学业任务的关注程度时，要与另一个学生做比较呢？

---

[1] 原注：计算准确率的第一步是，确定阅读的总字数（阅读错误和阅读正确的字数都要统计）。第二步是，统计阅读错误的字数。例如，没有正确解码的单词，或者在给定时间内犹豫不决的单词。阅读的总字数减去错误的字数，再除以读取的总字数，为准确率。有关朗读错误的讨论，请参阅第15章。

年度目标

IEP应包含可测量的年度目标，这些目标需要满足因学生残疾而产生的各项教育需求，确保学生能够学习普通教育课程（如果是学龄前儿童，应为参加适当的活动）。因此，对于每个需求领域，家长和学校必须就学生一年后的学习水平达成共识。

在一定程度上，长期目标的选择，取决于对学生毕业成绩的期望和预测。尽管联邦法律对未满16岁的特殊教育学生并没有这样的正式规定，但预期或期望的毕业成绩决定了他们所接受的特殊教育。对于有广泛性和严重认知障碍的学生而言，期望他们能够通过支持性就业来生活。据此，教育目标的设定可能集中在日常生活、社会技能和休闲方面，而不是学业领域。对于中度残疾的学生，期望他们可以独立生活，实现非技能性或半技能性就业。据此，教育目标很可能是完成基本的学业和掌握职业技能。对于轻度残疾的学生，可能会期望他们实现专业性或技能性就业。所以对他们来说，教育的目标就是为上大学或技校做好准备。

年度目标直接源于学生的课程和当前的教学水平。如果理想的教育结果是长期接受融合教育，那么学生的目标就是，与非残疾同伴以同样的速度掌握相同的内容。因此，在一年之后，学生将与同伴使用相同的学习材料。如果期望的教育结果是重返普通课堂，那么学生的目标应该是一年后达到同龄普通学生的学习水平。对于接受替代性教学项目的学生，IEP团队会对学生一年后应该达到的水平做出有根据的猜测。出版进步监测工具的机构所提供的信息越来越有意义地指导着目标的制订。请阅读"亚历克斯（第四部分）"，了解为亚历克斯设定年度目标的示例。

评估场景

亚历克斯（第四部分）

亚历克斯快读完三年级了，所以他的年度目标是，在四年级结束之前达到预期成绩。如果亚历克斯的阅读水平要完全赶上同伴，他就得具备独立阅读四年级材料的能力。在四年级结束时，班级阅读能力最低组别的学生将使用四年级中等水平的阅读材料。因此，要让亚历克斯"赶上"同伴，就需要他在一年内完成大约三年的学业。亚历克斯的父母和老师都担心，要让他在一年内完成三年的学业太难了。阅读能力不可能像其他关键学科（如科学和写作）那样，在短时间内实现惊人增长，所以IEP团队决定用两年的时间让亚历克斯的阅读能力赶上同伴。因此，亚历克斯的年度目标是"在一学年的朗读教学结束时，阅读二年级终级水平材料的准确率达到95%"。

特别设计的教学

《残疾人教育法》将"特殊教育"部分定义为,在教室、家庭或其他环境中提供的特别设计的教学(见 34 CFR § 300.26)。它包括调整教学内容、方法来满足残疾学生的需要。

目前,教导残疾学生的最佳方法似乎是依靠普遍有效的程序[1]。教师可以用几种技巧,让学生更容易地学习原理、概念、技能或行为。教师可以示范期望的行为,还可以将学生的最终目标分解成几个组成部分,教授每一个步骤和它们的整合步骤。教师可以在不同的环境中用不同的材料来教这个目标行为,以促进其迁移泛化。他们可以提供时间让学生练习,还可以安排练习的时间进程表(提供分散的练习或集中的练习)。在教师的直接掌控下,可以采用几种技术来有效地指导学生。为了帮助学生回忆已经教过的知识,教师可以将学生准备学习的材料组织起来,采用重复策略,或者采用过度学习(overlearning)[2]或分散练习的方法。教师还可以采取一些措施来激发学生已经习得的反应,目前已知各种强化和惩罚方法能有效地控制行为反应。

评估人员可以帮助教师确定存在教学困难的具体领域,也可以帮助教师根据评估获得的信息来计划干预措施。像学业行为功能性评估(Functional Assessment of Academic Behavior; Ysseldyke & Christenson, 2002)这样的程序,可以用来确定学生的学业或行为问题在多大程度上是由教学环境中的因素造成的,并确定为个别学生设计适当干预措施的可能起点。然而,现在还无法预知如何以最佳方式教导每个学生。

有充分的证据表明,教学干预在融入了与被评估学生同龄同年级的学生时,通常是有效的。在 NCLB 的要求下,学校工作人员应该实施循证干预。通过回顾支持循证干预的研究证据,可以发现普遍有效的干预方法的信息。可以从有效教育策略资料中心那里了解到哪些干预方法可能特别有效。在资料中心的网站上,可以查找中学数学的干预措施,其中的主题报告列出了资料中心审查的不同种类的中学数学干预措施。此外,网站上还可以获得某个干预措施在多大程度上得到实证支持的信息。阅读"亚历克斯(第五部分)"和"尼克(第四部分)",了解为每个学生确定需要的特别设计教学的相关信息。

---

1 原注:从历史上看,一些心理学家和教育家认为,当教学与测验确定的能力相匹配时,学生会学得更好。这种方法导致了教学程序的发展,即利用学生的优势领域或避免弱势能力。例如,视知觉发展测验第一版(first edition of the Developmental Test of Visual Perception; Frostig, Maslow, Lefever & Whittlesey, 1964)、伊利诺伊心理语言能力测验(Illinois Test of Psycholinguistic Abilities; Kirk, McCarthy & Kirk, 1968)和普度知觉—动作调查表(Purdue Perceptual-Motor Survey; Roach & Kephart, 1966)的测验分数一度被认为对教学很有用。但这种教学方法逐渐失去了人们的青睐,部分原因是测验识别的能力经常不可靠,部分原因是特殊的教学方法并没有带来更好的学习效果,尽管今天一些教育工作者仍在坚持。在20世纪80年代,试图将教学与特定的学生特性相匹配的做法再次出现。然而,假设的认知结构和学习过程取代了20世纪60年代的假设能力(Resnick, 1987)。这种方法很有趣,但还没有得到验证。

2 编注:指个体在掌握某项学习技能后继续进行的练习。

> **评估场景**
>
> 亚历克斯（第五部分）
>
> 评估数据还表明，亚历克斯需要特别设计的阅读教学。虽然他现在已经掌握了所有的辅音和元音，但在阅读自己所在年级水平的材料时，他的速度很慢，而且不准确。为了提高亚历克斯阅读的准确性，IEP团队决定，教授亚历克斯在语言艺术文本和内容领域课程中所需的基本视觉词汇。为了提高亚历克斯的阅读流畅性，IEP团队决定使用复述（rereading）的策略。
>
> 教学是如何与亚历克斯的困难独特地联系在一起的？

> **评估场景**
>
> 尼克（第四部分）
>
> 评估数据指出了尼克需要特别设计的教学计划。虽然尼克的医生给他开了利他林，但尼克还需要系统的行为干预，以尽量减少他的注意力缺陷多动障碍对学习功能的影响[1]。学校的儿童研究团队制定了一个特别设计的教学计划，包括系统地加强尼克的注意力和系统地指导他自我监控注意力。学区的行为管理专家将负责训练尼克准确地进行自我监控，而尼克的老师将接受培训，以执行学区专家制订的计划。
>
> 这个教学计划和尼克的困难有什么特别的关联呢？

但是，要记住特定教学干预只是部分奏效，并不普遍适用于所有学生。建议教师首先使用已知的或经证明能有效促进残疾学生学习的通用原则。即使研究表明，个别学习原则只对特定的研究样本有效，不确定它能否作用于特定课堂中的每个学生。虽然奏效的可能性很大，但没有十足的把握。因此，我们要把这些已知有效的原则的使用作为试验性质的措施。在真正意义上，我们假设某项干预会起作用，但效果有待验证。过去，德诺（Deno）和米尔金（Mirkin）就提出了这一观点（1977），至今仍旧适用：

---

[1] 原注：假设尼克的心理教育评估没有发现他除了注意力不集中之外的其他智力、身体或认知问题。

目前，我们无法为每个学生做出具体和有效的教学调整。因此，为个别儿童安排的教学计划调整只能视为假设，它必须经过实践来检验干预效果。

教学往往是实验性的。没有数据库可指导我们选择具体的任务或材料时，决定必须是试探性的。决策者对什么是有效的做出一些好的猜测，然后实施一个教学计划。在我们收集教学计划的实际工作效果的数据之前，决策的正确与否无从可知。我们永远不知道这个方案是否有效，直到我们尝试过这个方案，并监测学生是否在随后的表现中取得进步。

测验确实提供了一些关于如何教学的非常有限的信息。例如，智力测验可以为教师提供一些教学方面的提示。一般来说，学生的智力越低，越需要更多的练习去掌握技能。韦克斯勒儿童智力量表第四版的55分并不能告诉教师判断一个学生需要25%还是250%的额外练习，但它能提醒教师，这个学生可能比一般学生需要更多的练习。也可以得到其他微弱的暗示，但我们认为最好依据对学生学习情况的直接观察，对学习计划进行调整。因此，为了确定我们是否提供了足够的练习，应该观察萨莉对知识的回忆，而不是单单看她的智商。尽管我们对萨莉的智商无能为力，但可以调整她所需的练习量。

相关服务

除了特别的教学以外，如果想让符合资格的学生真正受益于特殊教育，他们还有权获得发展、矫正和其他支持性的服务。联邦立法使用的"相关服务"一词，已被各州和学区广泛采用。相关服务既包含学校通常不提供的服务，也包含通常提供的服务（34 CFR § 300.24）。

学校必须为残疾学生提供各项相关服务，这是普通学生无法享有的。34 CFR § 300.24 中描述的服务包括但不限于以下种类：

1. 听力服务。包括听力评估、康复训练（如听觉训练、唇读和发音省力原则等）、扩音（包括安装助听器）和听力保护项目。
2. 心理服务。包括心理测验、观察和咨询。
3. 物理治疗和作业治疗。这些治疗可用于改善、发展或恢复由疾病、伤害或剥夺造成的功能障碍，增进自主功能。也可用于学龄前人群，以防止功能受损或进一步丧失。
4. 娱乐。包括那些由学校和社区机构提供的一般娱乐、治疗性娱乐和休闲功能评估的项目。
5. 咨询服务。为学生及其家长提供团体或个人咨询。学生咨询包括康复咨询，重点关注职业发展、就业准备、个人独立以及工作场所和社区融入，还包括心理咨询。家长咨询包括帮助解决学生生活（家庭、学校和社区）中影响学生上学的问题，还包括帮助家长了解其子女的特殊需要，以及有关儿童发展的信息。
6. 医疗服务。确定与医学有关的残疾诊断和评估服务。

学校还必须向残疾学生提供他们通常向所有儿童提供的服务。因此，学校应根据需要向残疾学生提供言语语言服务、校园卫生服务、学校社工服务以及交通服务。学校提供的交通服务包括接送学生上下学，学校间或校舍间的衔接设施，还包括所需的特殊设施，如坡道。对受益于特殊教育的学生来说，学校提供的相应服务是强制性的，而且没有被禁止提供其他更多的服务。因此，学校可向符合资格的学生免费提供其他额外的服务。

虽然联邦法律明确地规定了向残疾学生提供相关服务的必要性，但应当如何确定这一需求仍不明确。实际上，大多数学校或家长都会寻求专家的评估。专家指出问题，并表示相信某种特定的治疗方法有效且能让学生获益。由此看来，学生的需求往往基于专业的意见。值得留意的是，相关服务的成本可能很高，一些学区会想办法避免提供。据了解，尽管联邦法律规定为有需要的学生提供相关服务，但还有很多学区坚持不执行。

最少受限制环境

联邦法律明确表示，残疾学生应就近上学，尽可能与普通儿童一起接受教育。"如果因残疾的性质或严重程度而导致其使用辅具和接受服务，无法在普通班级接受教育，那么只有在这种情况下，才能将残疾学生安置在特殊班级、特殊学校或其他特殊教育环境"（34CFR§300.550）。IEP中必须说明学生在多大程度上不能参与普通课程。

安置选择

安置的等级涵盖了从限制最少的（在普通教育教室里教育残疾学生，由普通教育教师提供咨询服务，这些普通教师接受特殊教育教师的指导）到限制最多的（在只为残疾学生提供服务的隔离的住宿设施中教育残疾学生）形式。在这两个等级之间，至少还有其他五个选择：

1. 特殊教育教师在普通课堂上提供教学支持。在这种安置中，符合条件的学生在住家附近学校的普通教室里，由特殊教育教师提供必要的专业教学。
2. 特殊教育教师在资源教室中提供教学支持。在这种安置中，符合条件的学生每天大部分时间都留在普通教室。当需要专门的指导时，学生到资源教室接受教学。由于学区可能没有足够多的残疾学生，不满足在每个学校建立资源教室的条件，学生可能被分配到一个不在住家附近的其他学校的普通教室里。
3. 在特殊教室里进行非全日制教学。在这种安置中，特殊学生有一部分课程或学科由特殊教育教师讲授，其余的在普通教室讲授。与资源教室一样，普通教室可能不在学生住家附近的学校。
4. 在特殊教室里进行全日制教学，融合程度很低。在这种安置中，符合条件的学生在一个特殊的教室里接受特殊教育教师的所有学业指导。符合条件的学生可以在特殊事件或活动（如午餐、课间休息和集会）以及非学术课程（如艺术和音乐）中，与非残疾的同伴融合。
5. 在特殊教室里进行全日制教学，不进行融合。在这种安置中，特殊学生与普通学生没有互动，他们的教室可能在一个专门为残疾学生服务的特殊日间学校（非寄宿制特教学校）里。

影响安置选择的因素　　选择某一特定安置方案应以特殊学生所需的教育强度为基础：学生所需的干预强度越小，环境的限制性就越少；学生需要的干预强度越大，环境的限制性就越多。但决定干预强度的程序不够科学。通常，学生残疾的严重程度与所需服务的强度之间存在某种对应关系，但这种对应关系并不总是正确的。因此，特殊教育教师和家长应考虑干预措施的频率和持续时间。干预越频繁（例如，每天上午与每周一个上午相比），持续时间越长（例如，每天上午30分钟与每天上午15分钟相比），学生就越有可能在限制更多而不是更少的情况下接受干预。当需要频繁和长时间的干预时，无论如何安置，特殊学生与普通学生一起参与的机会都将减少。显然，如果学生需要全天的干预，他们的需求无法单在一个资源教室中完全得到满足。

除了所需干预措施的性质外，家长和教师在决定安置类型时，还可合理地考虑以下因素：

1. 干扰因素。把特殊教育教师带进普通教室或把特殊学生带出普通教室，可能会给学生造成一定的干扰。例如，有些残疾学生适应不好，会在教室之间迷路，或者忘记去他们的资源教室。当残疾学生在改变时间安排或在不同活动之间过渡会遇到很多困难时，限制较少的安置方式就可能不合适。
2. 非残疾学生的福祉。当残疾学生对普通学生或教师构成明显的危险时，就融合得很少。例如，具有攻击性和破坏性的学生很可能被安排在更具限制性的环境中。
3. 残疾学生的福祉。许多残疾学生需要某种程度的保护——在某些情况下，普通学生可能会霸凌特殊学生。例如，残疾学生的家长可能不会把孩子安排到不良学生较多的教室里。
4. 标签化。许多家长，特别是那些轻度残疾学生的家长，拒绝接受残疾标签。他们需要特殊教育服务，但他们希望这些服务能避免给自己的孩子贴标签。这类父母往往更倾向于子女得到咨询或巡回服务。
5. 融合。有些父母宁愿放弃特殊教育的好处，让孩子完全跟普通儿童一样接受教育，从而获得潜在的社会利益。对于这样的家长来说，完全融合是唯一的选择。

在选择教育环境方面也要有务实的考虑。第一个现实的考虑因素是，由于经济原因，学区可能无法提供全面的选择。在这种情况下，除非家长愿意通过正当程序听证或法庭审判，否则他们只能在现有的选项中进行选择。第二个考虑因素是教学效率。当几个学生需要同样的干预时，特殊教育教师可以组成一个教学小组。这样，提供特殊教育服务的成本可能会降低。第三个考虑因素是具体的教师水平。有些教师的教学水平更高，家长很可能会因为一位获得高评价的教师而选择一个限制性更强的环境。

家长和特殊教育教师必须认识到，安置方式的选择不是绝对的。尽管联邦法规清楚地规定要在较少受限制环境中实现安置，但指导选择的标准并不明确。应该在安置方案中选择最合适的方式。阅读"亚历克斯（第六部分）"和"尼克（第五部分）"，了解如何确定学生的教育安置。

评估场景

亚历克斯（第六部分）

由于IEP团队设计的阅读干预措施并没有在亚历克斯的教室中使用，而且亚历克斯需要比在普通教室中提供的更多的阅读指导，IEP团队建议将亚历克斯安置在特殊教育资源教室，每天一个小时。团队决定，在班上其他同学学习社会研究和艺术时，亚历克斯去资源教室学习。

如何在亚历克斯身上体现出最少受限制原则呢？

评估场景

尼克（第五部分）

虽然尼克的行为并没有破坏或妨碍其他同学的学习，但班主任所使用的干预措施却分散了其他同学的注意力。经过讨论，学校的儿童研究团队决定采用特别设计的教学（用于适当注意和自我监控的系统强化），这样干扰性会小得多。因此，团队认为，在选用干预方式时，对尼克同班同学造成的干扰将不会考虑在内。

行为管理专家会给任课教师提供适当的培训，教他们正确地实施正面强化。虽然行为管理专家在教尼克自我监控时会把他从课堂上带走，但特殊教育教师和行为专家还要在课堂上评估尼克使用自我监控系统的情况。因此，尼克的需要可以很容易在普通教室中得到满足，他不必转去特殊班级。

如何在尼克身上体现出最少受限制原则呢？

教学计划有效吗？

IEP应能为残疾学生提供有效的教学。IDEA要求每个学生的IEP中都包含一份声明，详细说明如何测量年度目标的实现进展，以及如何向家长报告学生的进步情况（34 CFR § 300.347）。此外，

IDEA 要求 IEP 团队"每年不少于 1 次地定期审查每个学生的 IEP，以确定是否实现了学生的年度目标"（34 CFR § 300.343）。如果没有取得足够的进步，IEP 团队需要修改那些没有在年度目标方面取得预期进展的学生的 IEP。该规则有一个例外，根据 2004 年《残疾人教育法》，经家长同意，一些州可能会为那些障碍程度较轻的学生，制订全面的多年的 IEP（不需要每年制订年度目标）。阅读"亚历克斯（第七部分）"和"尼克（第六部分）"，了解这些学生项目的有效性信息。

评估场景

亚历克斯（第七部分）

亚历克斯的特殊教育教师每季度都会更新亚历克斯在阅读方面的进步情况，每次结果都表明他正在朝着两年内赶上同龄人的目标前进。在接受特殊教育服务一年后，IEP 团队会议将更正式地审查他的进步情况。特殊教育教师提供的信息显示，亚历克斯已达到并超过了他的年度目标，并且正在朝着实现两年内达到同龄人水平的目标迈进。团队决定，如果亚历克斯继续以目前的速度进步，他们将在本学年结束时，在他的下一次年度 IEP 会议之前举行会议，并计划其不再接受特殊教育服务，这样他就可以在无需任何额外支持的情况下上五年级。

为什么跟进亚历克斯的项目如何运作是有必要的？

评估场景

尼克（第六部分）

被指派负责尼克个案的特殊教育工作者，定期与普通班级的任课老师检查尼克的自我监控系统的情况。此外，教室里长期设置了一台摄像机，记录尼克的行为。特殊教育工作者每周随机选取一些录像，观察尼克在任务中的行为，并与其同伴作比较。用视频记录代替人工直接观察，是为了避免尼克察觉到他的行为何时会被观察，因为这可能会使结果产生偏差。尽管约三个月里尼克的独立任务行为有所改善，但此后波动很大。在提供服务的第一年结束时，与同伴相比，他的行为只有轻微的改善。IEP 团队在会议上决定，应该收集一些额外的信息，以确定目前对尼克更有效的特定自我监控和强化技术。

为什么跟进尼克的项目如何运作是有必要的？

在本章中，我们讨论了在收集学生学业成就和行为信息方面的有用程序。我们还讨论了如何使用图表将这些信息系统化。我们提供了关于如何促进学生进步的指导方针。所有这些讨论都与确定学生教学计划的每一个组成部分的有效性相关。判断这些组成部分的同时有效性极其复杂。根据个人经验，如果最重要的目标实现了，那么方案就是有效的。目标的重要性因学生而异。对于一个冲动但能力突出的学生来说，学会自我控制可能比学习二次方程更重要。对于一个有学习障碍的聪明学生来说，学会阅读可能比提高拼写能力更重要。

章节理解题

根据本章内容，回答以下问题：

1. 列出并解释在学生被认定有资格接受特殊教育之前做出的三项教学决策。
2. 列出并解释在学生被认定有资格接受特殊教育之后做出的三项教学决策。

第 21 章

特殊教育资格决定

学习目标

21-1 了解《残疾人教育促进法》中的残疾类型鉴别和定义。

21-2 阐明如何采用 RTI 方法和差异方法来鉴别学习障碍学生。

21-3 解释如何确立特殊教育的需求。

21-4 描述多学科团队的成员组成和职责。

21-5 描述认定特殊教育资格的过程（包括程序性保障措施、有效评估的要求以及团队实施过程）。

21-6 讨论认定特殊教育资格方面的常见问题。

本章涉及的标准

CEC 美国特殊儿童委员会初级准备标准

标准 1: 学习者的发展和个体学习差异

  1.0 初级特殊教育专业人员了解如何将个体的特殊性与学习发展结合起来，并利用这些专业知识为有特殊需要的个体提供有意义和富有挑战性的学习体验。

标准 4: 评估

  4.0 初级特殊教育专业人员在做教育决策时，使用多种评估方法和数据来源。

标准 6: 职业道德实践

  6.0 初级特殊教育专业人员以特殊教育的专业基础知识及其职业道德原则和实践标准来指导特殊教育实践，终身学习，并促进职业发展。

CEC 美国特殊儿童委员会高级准备标准

标准 1: 评估

  1.0 特殊教育专家开展有效和可靠的评估实践来减少偏见。

标准 6: 职业道德实践

  6.0 特殊教育专家以特殊教育的专业基础知识及其职业道德原则和实践标准来指导特殊教育实践，终身学习，促进职业发展，并履行领导职责，以促进同事和有特殊需要的个体取得成功。

Ψ 美国学校心理学家协会专业标准

  1 基于数据的决策和问责
  8 发展和学习的多样性
  10 法律、伦理和职业实践

  获得特殊教育资格取决于两个问题：学生是否有残疾？如果是，该学生是否需要接受特殊教育？这两个问题都必须得到肯定的回答，学生才有资格获得特殊教育和相关服务。有残疾但不需要特殊教育的学生不符合资格（尽管他们很可能有资格享有1973年《康复法》第504条规定的服务）。没有残疾但需要（或可受益于）特殊教育服务的学生也不符合资格。如第3章所述，一旦学生被确定有资格接受特殊教育，他们就自动有权获得程序保障、特殊服务和特殊的财政安排。此外，第22章将提到，一些接受特殊教育服务的残疾学生有过改变预期结果的经历感受。

21-1 官方归类的残疾学生

  学生可以依据若干法律被归类为有残疾，其中三个法律尤为重要：《美国残疾人法》（101-336公法）、1973年《康复法》第504条和《残疾人教育促进法》（34CFR 第300条第7款）。在学校和其他教育环境中，最经常出现的残疾是《残疾人教育促进法》（34CFR 第300条第7款）中列举的孤独症、智力障碍、特定学习障碍、情绪障碍、脑外伤、言语语言障碍、视觉障碍、聋和听觉障碍、肢体障碍、其他健康损害、聋盲、多重残疾和发育迟缓。《残疾人教育法》（IDEA）第300、306条规定了残疾鉴定要求：

- 由一个团队（合格的专业人员和学生家长）确定学生是否有残疾和学生的教育需要。
- 如果一名学生的残疾是基于在阅读或数学方面缺乏适当的指导、英语水平有限，或在其他方面不符合标准等问题，那么该学生不能被认定为有残疾。
- 团队从各种各样的资源中提取信息，可能包括能力和学业成就测验、父母和教师提供的信息，以及儿童的身体状况、社会或文化背景和适应性行为的信息。该团队要确保记录下从所有来源获得的信息，并审慎考虑。

IDEA 条例第 300 条第 8 款界定了具体的残疾。这些界定说明如下。

21-1a 孤独症

孤独症学生表现出"明显影响了沟通交流和社会交往的发育障碍，通常在 3 岁之前发病，这些障碍对其教育表现产生不利影响。与孤独症有关的其他特征是重复性行为和刻板动作、抗拒环境变化或日常生活的改变，以及对感官体验的不寻常反应。如果一名学生的教育表现主要是因为受到情绪障碍的不利影响，那么他就不能被鉴别为有孤独症"。

疑似孤独症的学生通常在教育表现的某些方面低于正常范围，各种补救措施尝试都失败后，将由言语语言专家及心理学家介入评估。通常，言语语言专家会在儿童身上寻找语言和非语言交流的障碍。孤独症儿童中有一部分是缄默的，这是一种显而易见的损伤。有言语和语言能力的孤独症学生可能表现出十分具体的思维方式。例如，面对诸如"不要为打翻的牛奶而哭泣"[1]这样的话，孤独症学生可能会做出字面上的反应（"我没有打翻任何牛奶"）。另一个表现是缺乏对话的交互性（通常是冗长乏味的、围绕挚爱话题的演说），也意识不到倾听者已逐渐丧失对话的兴趣。此外，这种社会交流障碍是孤独症学生的行为的稳定特征，并不是偶尔地出现。心理学家会寻找界定这种情况的行为：重复性活动（例如，自我刺激行为、旋转物体、排列物体和闻物体）、刻板动作（例如，拍打手、摇晃和撞头）、抗拒改变（例如，只吃特定的食物或在活动结束时发脾气）。心理学家也可能使用行为评定量表（例如，吉列姆孤独症评定量表）作为诊断的辅助手段。最后，心理学家会排除是否是情感障碍导致学生问题行为和缺陷的可能性。

21-1b 智力障碍

智力障碍学生是指那些表现出"一般智力功能明显低于平均水平，同时在发育期间表现出适应行为缺陷，对教育表现产生不利影响"的学生。最终确定为智力障碍的学生常常是因为全面的发育迟缓，他们在学业成就、社会和情感发展、语言能力，甚至身体发育等大部分领域都落后于同龄人。

通常情况下，心理学家会根据学生的年龄、文化适应程度、身体和感觉能力进行适合的智力测验。在大多数州，在有效组织的智力测验中，学生的智商须比平均值低两个标准差或更多（通常智商是 70 或更低），才能被鉴别为智力障碍学生。然而，仅有智力测验分数是不够的。学生还须表现出适应性行为的缺陷。联邦政府没有要求使用测验或评定量表对适应性行为进行心理测量学评估。在实践中，大多数学校心理学家会使用适应性行为量表（例如，文兰适应性行为量表第二版）。而当不能适宜地对学生进行评估时，心理学家会访谈其父母或监护人，对适应性行为做出临床判断。

---

[1] 编注：原文"don't cry over spilled milk"，为英文谚语。

21-1c 情绪障碍

情绪障碍学生"在很长一段时间内表现出以下一种或多种特征,对其教育表现产生显著的不利影响:①无法用智力、感官或健康因素来解释;②不能与同伴、教师建立或保持良好的人际关系;③在正常情况下产生不适宜的行为或情感;④普遍存在不快乐或抑郁情绪;⑤出现与个人或学校问题有关的身体症状或恐惧的倾向"[第300条第8款(c)(4)项]。这种情绪障碍学生包括精神分裂症患者,但不包括"社会适应不良的儿童,除非确定他们有情绪障碍"。最终确定为情绪障碍的学生,通常会因人际关系问题(例如打架或极端不顺从)或异常行为(例如不明原因的哭闹或极端的情绪波动)而被转介。

疑似情绪障碍的学生的某些在校表现超出正常范围的话,心理学家会在各种补救措施都失败后进行评估。各州对认定一名学生是否有情绪障碍的标准各不相同。但是,多学科团队通常会从学生的父母或监护人那里获得其发育和健康史,以便排除感官和健康因素导致无法学习的情况。通常团队与家长或监护人会就学生与同伴的关系、感受(例如愤怒、疏远、沮丧和恐惧)以及身体症状(例如头痛或恶心)进行面谈。家长或监护人也可能被要求填写行为评定量表,如阿肯巴克儿童行为量表(Achenbach's Child Behavior Checklist),以获得关于学生行为信息的数据。评估者可能会询问教师与学生的关系,以及学生与学校同伴的关系。评估者也可能要求教师完成一个评定量表(例如,儿童行为评估系统第三版),以获得学生在校行为信息的数据。此外,心理学家可能会实施常模参照成就测验,以验证学生的教育表现是否受到情绪问题的负面影响。

21-1d 创伤性脑损伤

创伤性脑损伤学生"由于外力造成的后天脑损伤,导致全部或部分身体功能残疾或心理障碍,或两者兼而有之,对其教育表现产生不利影响。创伤性脑损伤涉及开放性或闭合性头部损伤,会导致个体一个或多个领域的表现受损,如认知、语言、记忆、注意、推理、抽象思维、判断力、问题解决、感觉、知觉运动能力、心理社会行为、身体机能、信息处理和言语等领域。创伤性脑损伤不包括先天性或退化性脑损伤,也不包括由出生创伤引起的脑损伤"[第300条第8款(C)(12)项]。创伤性脑损伤学生在受到严重的头部损伤之前,发育都是正常的。正是因为有了这种损伤,学生才有了残疾。大多数头部损伤是事故(经常是汽车事故)导致的,但也可能是身体虐待或故意伤害(例如枪击)导致的。

创伤性脑损伤将由专科医生诊断,而这些医生通常是神经科医生。脑损伤学生的特殊教育需求基于以下事实:确定学生的在校表现超出正常范围,并且各种补救措施尝试都失败了;学校的心理学家可能会实施标准化的学业成就测验,以验证学生的成绩是否受到了不利的影响。

21-1e 言语语言障碍

言语语言障碍学生表现出"存在对其教育表现产生不利影响的交流障碍，如口吃、发音障碍、语言障碍或声音障碍"[第300条第8款（C）（11）项]。许多儿童在言语和语言方面会遇到一些发展性问题。例如，儿童经常在r音上有困难，会说"wabbit"而不是"rabbit"。同样地，许多儿童会使用错误的语法，尤其是内部复数（internal plurals）[1]。例如，孩子们可能会说"My dog has four foots"，这样的问题非常普遍，以至于被认为是正常言语发展的一部分。然而，当大多数儿童已经发展出正确的言语或语言之后，这些错误仍在继续发生，就是值得引起关注的现象。并非所有因言语或语言问题需要干预的学生都有资格接受特殊教育。比如，一个学生可能有资格获得言语或语言服务，但其学校表现并没有受到不利影响。因此，要使一名有言语或语言缺陷的学生有资格接受特殊教育，该生不仅必须有言语或语言残疾，而且应满足有特殊教育需要的条件。

鉴别言语语言障碍的学生以两种不同的维度进行。首先，学校工作人员鉴别言语语言障碍学生的方式与鉴别其他残疾学生的方式相同。当老师的额外帮助不能解决问题时，学生会被转由儿童研究团队进行转介前干预。如果这些干预措施仍不能解决学生的学业问题，则学生会被转介进行多学科评估。之后，心理学家或教育诊断专家可能会实施常模参照的学业成就测验来核实学业问题。同时，言语语言专家会使用多种评估程序（常模参照测验、系统观察测验和标准参照测验）来鉴别言语语言残疾。学生如果既有特殊教育需要又有残疾，将有资格获得特殊教育和相关服务。

21-1f 视觉障碍

视觉障碍学生的视力"即使矫正，也会对其教育表现产生不利影响。视觉障碍包括部分视力受损和全盲"[第300条第8款（C）（13）项]。视力受损严重的学生通常在入学前由眼科医生鉴定。许多视力不佳的学生一般会在小学阶段的例行视力筛查中被发现。还有一些学生则是当视觉任务加重时（例如，当阅读文本所使用的较大字体开始变小时），才被鉴别出来。普遍认为，严重的视觉障碍会对学生的教育发展产生不利影响，有这种障碍的学生需要特殊教育服务和课程调整（例如，定向行走训练、盲文教学和有声读物的使用）。为评估功能性视力，视力专家常常系统地观察学生对不同的纸张类型、印刷品尺寸、光照条件等的反应。

21-1g 聋和听觉障碍

聋是听力方面的一种损伤，"其严重程度使儿童通过听觉处理语言信息的能力受到损害，不论声音是否有被放大，都会对儿童的教育表现产生不利影响"[第300条第8款（C）（3）项]。重听的学生有永久性或波动性的听力损伤，这"对教育表现有不利影响。"

---

1 编注：内部复数，又称破碎复数，是指不规则复数的形式。

大多数被归为"聋"的学生，在入学前会被鉴别出来。人们普遍认为，耳聋会对学生的教育发展产生不利影响，有这种障碍的学生将需要特殊教育服务和课程调整。然而，在生命的最初几年，即使有严重的听力损伤也很难被鉴别，听力受损较轻的学生可能要在学龄时期才被鉴别出来。未确诊的听力受损学生在转介时会表现出一系列问题，如表达性和接受性语言问题、忽好忽坏的听力、听力任务处理方面的困难，或许还有同伴关系方面的问题。听力残疾的诊断通常由鉴别听力残疾的听力学家和鉴别教育残疾的学校工作人员共同进行。

21-1h 肢体障碍

肢体障碍是"一种对儿童的教育表现产生不利影响的严重损伤。它包括由先天性异常引起的损伤、由疾病引起的损伤（如脊髓灰质炎和骨结核），以及由其他原因引起的损伤（如脑瘫、截肢以及引起挛缩的骨折或烧伤）"［第300条第8款（C）（8）项］。

身体残疾一般在入学前就能确定。但是，事故和疾病可能会导致之前没有残疾的孩子出现残疾。医学诊断会证明这些残疾。残疾的严重程度可以同时根据医学诊断和对学生的系统观察确定。对于很多身体有残疾的学生来说，其学习能力并没有受到影响。这些学生可能不需要特殊教育，但他们将需要课程的适应和调整，甚至学校物理环境的支持，而这些可以通过504计划条款来实施。例如，学生可能需要自己固定位子的辅助、支具和插入导管等个人护理用具与教育技术（例如声控计算机）支持，以及可容纳轮椅的往返学校的交通工具。如果以上这些支持措施不能促进学生取得充足的进步，则需要对其进行特殊教育。特殊设计的教学可以包括替代作业、替代课程、替代性测验程序和特殊教学。

21-1i 其他健康损害

其他健康损害"是指有限的力量、精力或警觉性，包括对环境刺激的警觉性加剧的情况，这些问题会导致对教育环境的警觉性受限，一则是慢性或急性健康问题，如哮喘、注意力缺陷多动障碍、糖尿病、癫痫、心脏病、血友病、铅中毒、白血病、肾炎、风湿热、镰状细胞性贫血和抽动秽语综合征（Tourette syndrome）；二则对儿童的教育表现产生不利影响"［第300条第8款（C）（9）项］。健康残疾的诊断通常由确定健康问题的医生和认定教育残疾的学校工作人员进行。对于一些有其他健康损害的学生来说，其学习能力不受影响，可能不需要特殊教育课程，但他们需要通过504计划条款进行课程的调整。例如，学生可能需要护理服务来吃药、保证白天的休息，以及确保家中的教学。如果教育过程中已经进行了课程的调整，学生的残疾仍然对其学业进步产生了不利影响，那么就应该对其进行特殊教育。

21-1j 聋盲

聋盲学生"同时存在听觉和视觉障碍，这两种障碍的结合导致其极大的交流需求和其他发展、教育需求，以至于他们无法在专门针对聋童或盲童的特殊教育方案中获益"［第300条第8款（C）（2）项］。

只有一小部分学生有聋盲，他们的评估非常复杂。补偿视力损失的测验通常依靠听觉过程，补偿听力损失的测验通常依赖于视觉过程。聋盲学生的心理和教育评估，依赖于通过对他们的观察以及对熟悉他们的人员的访谈而获取的有用信息。

21-1k 多重残疾

多重残疾"指多种残疾集于一身（如智力障碍—盲，或智力障碍—肢体障碍），这些综合残疾造成了学生极大的教育需求，以至于他们无法在专门针对其中一种残疾的特殊教育方案中获益。该术语不包括聋盲"［第300条第8款（C）（7）项］。

21-1l 发育迟缓

尽管IDEA中没有规定，但各州可能会将发育迟缓这一类残疾适用在年龄在3～9岁之间的儿童身上，这些儿童"一则在以下一个或多个领域有州界定的、适当诊断工具和程序测量出的发展迟缓：身体发育、认知发展、沟通发展、社会情绪发展或适应性发展；二则需要特殊教育和相关服务"［第300条第8款（b）项］。发育迟缓的诊断通常是由认定教育残疾的学校工作人员和其他专业人员（如言语语言专家、医生和心理学家）做出的，由他们来鉴别是否发育迟缓。

21-1m 学习障碍

学习障碍是指"学习成绩不符合学生的年龄，……或在提供了适合学生年龄的学习机会和教学后，在以下一个或多个领域未能达到州认可的年级水平标准：口头表达、听力理解、书面表达、基本阅读技能、阅读流畅性技能、阅读理解、数学计算或数学问题解决"（34CFR第300条306款）。此外，学生的学习成绩不符合年龄或州年级水平标准时，需要排除视觉障碍、听觉障碍、运动障碍、智力障碍、情绪障碍、文化因素、环境或经济不利，或受英语熟练程度限制的因素。为了确保学生并非因缺乏适当的阅读或数学指导而没有进步，必须要有数据证明：学生在普通教育环境中接受过合格人员的适当指导，以及在合理的时间间隔内反复评估了学生的进步，并向其父母提供了进步报告（特殊教育办公室）。

因此，确定学生是否有学习障碍的初步评估有四个组成部分：排除其他干扰因素、学习困难的验证、补救学习困难的失败尝试记录、基本心理过程障碍的证据。

1. 排除其他干扰因素

要确定学生是否有学习障碍，必须排除各种可能导致学生成绩不佳的原因。IDEA 明确规定，学生的成绩问题不能是视觉、听觉或运动损伤导致的结果，也不能是由于智力障碍、情绪障碍或环境、文化、经济上的不利导致的结果。各种医疗方法也可以用来排除学习障碍的诊断。

2. 学习困难的验证

我们预计所有的学生都能达到符合其年龄或年级水平以及地方和州的成就标准，但是高智商学生如果只是达到平均水平也是不符合期待的。只有未达到预期年级水平学业标准的学生，才被考虑诊断为学习障碍。学习困难必须通过课堂教学中的直接观察来核实。此外，为了确定问题的严重程度和持续时间，学校工作人员可能会审查记录。学生以前的成绩、老师的评语和标准化成就测验的结果（例如，来自 RTI 第 1 层级的筛查），都是有用的记录。学校心理学家或学习专家也会对学生进行个人成就测验。学生也可以由言语语言专家评估，寻找学生在发展或理解语言方面的障碍表现。专家会对学生在访谈或游戏情境中的自发或被激发的语言进行评估，也会实施一个正式的测验[1]。没有法规用量化的准则来衡量语言障碍，但是语言障碍儿童的得分应该大大低于平均水平。

3. 失败的补救尝试

在假定一个学生不能学习之前，教育者必须证明学生有机会学习——教师使用了有效和适当的教学方法和课程。通常情况下，这意味着已经有许多记录在案的教学尝试，至少使用了 RTI 第 2 层级（有针对性的）干预措施，并且这些尝试都失败了。

4. 学习障碍的证据

以下两种模式中的任何一种，都可以用来推断学生是否有学习障碍：干预反应模式、显著差异模式。每一种方法都可以单独使用，也可以与另一种方法结合使用。

干预反应模式[2]　　在这种方法中，学生接受有针对性的（如 RTI 的第 2 层级）干预。在这个过程中，学生的学业问题得以核实，干预者提出关于如何补救问题的替代假设，开发和应用干预措施，收集和解释评估数据。如果学生没有进步，或者学生在几次干预后没有足够的进步，那就有初步的证据表明学生有学习障碍。但是，排除规则仍然适用，比如学生不能有智力障碍等。因此，在这一方法中，学生如果在接受使用循证实践的密集教学后，未能取得足够的进步，就被认为有学习障碍。我们将在本章后面详细介绍这种方法。

显著差异模式　　在这种方法中，学生必须表现出与年龄、州认可的年级水平学业标准或智力发展相符合的表现、成就，或两者兼有的优势、劣势模式［34CFR 第 300 条第 309 款（a）（2）项］。

1　原注：例如书面语言测验第四版，或口语和书面语言量表第二版。
2　原注：在第 12 章"干预反应模式和多层支持系统"中，全面地介绍了干预反应模式。

在这种方法中，心理学家通常会寻找学生在智力测验和成就测验之间的差异，即智力测验分数[1]和标准化成就测验分数之间的差异。当前面列举的标准存在时，能力和成就之间的显著差异就可以是学习障碍的证明。学校也可以考虑学生成就测验中的优势和劣势模式，例如，在一个标准化成绩测验中阅读和数学成绩之间的巨大差异。对某个测验上优势和劣势的分析是基于分数之间的差异，而这样的差异总是不如单独的测验那么可靠，例如，对某个测验中阅读和数学成绩之间的差异分析，总是比对单独的阅读或数学测验成绩的差异分析更不可信。差异分析在第5章"技术要求"中有更详细的讨论。

最后，心理学家也可以实施测验来评估特定的心理过程，如视知觉（例如视知觉发展测验），低分数也可用于支持学习障碍的诊断。

21–2 鉴别有学习障碍学生的 RTI 方法

美国国会在 2004 年修订了 IDEA，美国教育部在 2006 年公布了该法规。学校工作人员被允许使用 RTI 模式作为鉴别学习障碍学生的替代方法。在 RTI 模式中，干预者会在相对较长时间（一般会多于 8～12 周）内实施循证实践的教学干预，并以学生的进步速度来判断其是否对干预措施有反应。学生如果在接受多种循证干预措施后，仍然表现出进步不足，就会被认为有资格获得特殊教育服务。除了显示出缓慢的进步外，学校工作人员还必须证明，学生的表现相对于同龄或同年级的人来说是低水平的，并且没有显示其他障碍状况的证据（例如智力障碍、情绪障碍或视觉障碍）。但法规没有指出，水平低到什么程度才算低，进步慢到什么程度才算慢（Kovaleski, VanDerHeyden & Shapiro, 2013）。

在 RTI 模式中，干预者可能会依赖常模参照测验，尽管通常情况下并非如此。相反，所使用的评估程序是与教学过程更密切相关的程序：课程本位测量和与课堂教学更紧密相关的计算机自适应测量。

RTI 方法的使用需要系统地监测学生在一段时间内的进步，细致地分析进步速率（ROI），以及分析实际表现和预期表现之间的差距。我们在第 12 章讨论了计算 ROI 和进行差距分析的程序。科瓦莱斯基、范德海登和夏皮罗（Kovaleski, VanDerHeyden & Shapiro, 2013）也提供了非常好的描述计算 ROI 和进行差距分析的步骤［参考他们的著作《评估学习障碍的 RTI 方法》（*The RTI Approach to Evaluating Learning Disabilities*）第 61-77 页］。书中确定了一些步骤，这些步骤涉及使用 RTI 方法来确定学生是否有资格以学习障碍者身份接受特殊教育。

步骤 1　确定当前表现水平（present level of performance，PLOP）。通常采用通用的筛查测量，确定学生在特定内容领域学业表现的当前水平。在计算机自适应测验中，分数为标准分数；在课程

---

[1] 原注：智力测验的分数也可以用来排除智力障碍。

本位测量中，分数单位类似为"每分钟正确单词数"等。评估团队必须在各种数据来源中证明学生"未达到与孩子年龄相当的成绩，或州认可的年级水平学业标准"。

步骤2 记录学生进步速率的不足。要完成这一步，团队必须做到以下几点：

1. 计算该年级学生的典型进步速率。一些课程本位测量（如DIBELS Next、Easy CBM）和一些计算机自适应测量方法（如STAR阅读、STAR数学）的出版机构，持有学生表现的大型数据库。这些数据库可用于确定处于特定年龄和年级的学生的典型增长速率的标准水平，而这些标准可用于确定那些与被评估学生相同表现水平的学生的典型进步速率。
2. 设定教学目标或指标。学校工作人员必须确定他们希望学生取得什么成就。如果他们想让学生保持原来的表现，就会设定适度的目标；如果他们想要缩小低水平表现和平均水平（年龄水平或年级水平）表现之间的差距，就可能会设定较高的目标。有些出版机构提供了制订目标的工具，例如，STAR Enterprise measures（STAR阅读，STAR数学和STAR早期读写）的出版机构Renaissance Learning为用户提供的制订目标的工具，可用于为学生进步设置适度的、较高的或自定义的目标。
3. 监测学生的进度。通过计算机自适应测验或课程本位测量，我们可以定期管理和确定学生的进步速率。
4. 进行进步监测ROI和基准ROI差距分析。在第12章，我们描述了计算ROI的程序。我们还可以在出版机构的网站（例如DIBELS Next和Renaissance Learning网站，以及STAR Enterprise measures的发布网站）查找学生的实际ROI和预期ROI之间的关系。

团队可以使用这些信息来计算实际表现和预期表现之间的差距，也可以得出学生达到目标所需周数的说明。有了这些信息，团队就可以根据学生的ROI和普通学生的ROI之间存在的差距是合理的还是显著的而做决定。如果差距很大或不合理，则学生可能有资格获得特殊教育服务。但差距有多大才能认为学生有特殊教育服务的资格，目前没有这方面的规则、指南或公布的经验标准，这就是困难所在。作为一个"经验法则"，教育者在操作中一般考虑的是"一个学生在表现水平和进步速率方面都有充分的不足，以至于该生在合理的时间内无法达到可接受的表现"（Kovaleski et al., 2013）。显然，具有争议的两个词语是"可接受的表现"和"合理的时间"。一般来说，教育者并不期望学习障碍学生能在一年内达到年级水平。相反，他们考虑到学生的进步速率，认为学生无法在选定的时间内（例如一年、两年）达到目标。

豪尔瓦斯、布朗和斯科特（Hauerwas, Brown & Scott, 2013）对州级特殊教育法规、学习障碍标准和用于定义干预反应模式的指导文件进行了分析。他们发现，一些州（科罗拉多州、康涅狄格州、宾夕法尼亚州和俄勒冈州，截至2013年）提供了关于RTI数据收集和认定学习障碍资格过程的最佳实践描述。但是，他们报告说，对于如何将RTI数据用于学习障碍的鉴别，尚未形成全国性的共识。

步骤 3　排除其他残疾情况。评估团队必须始终排除其他残疾情况，如视觉障碍、听觉障碍、身体障碍、情绪障碍、智力障碍或孤独症。团队还必须排除文化因素、环境劣势或英语水平有限而造成学生学业表现和成长不佳的情况。

步骤 4　记录说明低水平表现并不是缺乏教学指导的结果。评估团队必须排除缺乏教学造成学生学业问题的可能性。为此，团队必须证明：学生已在普通教育课程中接受了由合格教师提供的循证核心教学。除此之外，团队还应记录实施的第2层级和第3层级干预措施，以及学生对这些干预措施的反应情况。

步骤 5　认定学生需要特殊教育服务。回顾本书，我们多次提到，特殊教育资格要求学生符合联邦鉴定残疾的条件标准，而且需要特殊教育服务才能在学校取得成功。上述步骤的重点是证明学生符合特定学习障碍条件的标准。确定是否"需要"特殊教育服务是很困难的，通常是根据学生需要的干预强度。科瓦莱斯基（Kovaleski et al., 2013）引用巴尼特、戴利、琼斯和伦兹（Barnett, Daly, Jones & Lenz, 2004）等人的观点，为干预强度提供了最佳定义，即"时间、精力或资源的质量让在典型普通教育环境中的干预支持随着强度的增加而变得困难，从而为专门服务确立了明确的角色"。特殊教育服务是指那些需要加强管理和规划，改变普通课堂常规，以及提供在普通教育课堂中没有的干预事件、教学材料和升级变革的服务。

科瓦莱斯基（Kovaleski et al., 2013）进一步描述了特殊教育的特征，指出：

> 加强特殊教育的管理和规划，包括更频繁地监测学生的反应、更频繁地监测进度、更明确的教师提示，以及更频繁和更详细地与家长和专业人士沟通。教师改变普通课堂常规，会涉及不同的教学任务和评估、在教学过程中对学生的额外帮助、给予学生额外的实践机会、对学生表现的加强反馈及满足期望的独特应急措施……提供特殊教育的前提是教师受过专门培训，能够给予高度明确的指示并根据学生的反应做出教学调整。

21-3　建立特殊教育的教育需要

除了具有IDEA中规定的一种（或多种）残疾外，特殊教育学生必定有学业困难。这一标准在残疾的概念定义中或隐或显，孤独症、听觉障碍、智力障碍和其他六种残疾的定义中都有"对儿童的教育表现有不利影响"，多重残疾（如聋盲）导致"严重的教育需求"，学习障碍导致学习基本学业技能的"能力不足"。

大多数没有明显感官或运动障碍的学生在入学时被认为是没有残疾的。然而，学校工作人员在教育过程中清楚地知道，这些学生存在很大的问题。即使获得了适当的教学，他们在一个或多个核心成就领域中也会表现不佳，或达不到州认定的年级水平标准。简而言之，他们表现出与主流期望或与典型同龄人的成绩和行为的明显差异。考虑学生接受特殊教育时所需的差异大小，是没有明文规定的，在这个问题上有许多不同观点。

单凭差异的存在并不能确定（特殊教育）需求，因为造成差异的原因有很多。因此，为了减少或消除差异，学校工作人员常常需要开展许多弥补性的额外活动。正如第20章所讨论的，干预最初可能是由任课教师设计和实施的。如果任课教师的干预不成功，学生将被转介给教师援助团队，由团队设计并帮助实施进一步的干预。当满足两个条件之一时（要么是差异模式，要么是RTI模式），即可确定学生需要特殊教育服务。正如我们在21-2部分讨论RTI方法时所指出的，学生如果未能对已证实并仔细实施的干预有反应，说明其有特殊教育的需求。另外，我们还注意到，一些成功的干预措施可能太密集或过多，而导致无法用于普通教育。也就是说，补偿学生学业或行为缺陷所需的干预措施具有过多的干扰性、干预密集性或针对性，以至于如果普通教师没有特殊教育教师的协助，或者不严重降低或损害课堂上其他学生的教育质量，就无法实施。

有些学生有明显的感官或运动问题，他们在入学前就发现有残疾。依据积累的研究和专业经验，教育工作者认为，有某些残疾状况（如盲、聋、严重智力障碍）的学生在没有接受特殊教育的情况下，在学校会面临困难。因此，教育工作者（和有关条例）认为，严重残疾的存在足以证明学生需要特殊教育服务。

21-4 多学科团队

学生是否有残疾，这是由多学科团队（multidisciplinary team，MDT）的专业人员来确定的。该团队通过收集、整合和评估信息来进行多学科评估（multidisciplinary evaluation，MDE），确定学生是否符合IDEA和州级法律规定的残疾定义条件[1]。

21-4a 多学科团队的成员组成

IDEA要求，多学科团队的成员必须与IEP团队的成员和其他酌情认定为有资格的专业人员具有同样的资质（34 CFR第300条第533款）。因此，评估团队必须包括学生的家长（如果合适，还应包括学生）、一名普通教师、一名特殊教育教师、一名学校行政代表，以及一名能够解释评估结果教学意义的成员。如果怀疑学生有学习障碍，该团队还必须包括"至少一名有资格对儿童进行个别诊断检查的成员，如学校心理学家、语言病理学家或阅读治疗师"（34 CFR第300条第540款）。在实践中，学校心理学家通常是多学科团队的成员。

---

[1] 原注：请注意，根据特殊教育相关法律的要求，有两种类型的团队：评估团队（通常称为MDT）和个别化教育计划团队（通常称为IEP团队）。这两个团队的人可能是相同的，也可能是不同的。此外，许多学校都有教师团队（通常称为儿童研究团队），在学生被转介进行评估之前处理学生的困难。

21-4b 多学科团队的职责

多学科团队负责收集信息，并确定学生是否有残疾。理论上，决策过程是直截了当的。多学科团队的成员对学生进行评估，以确定学生是否符合具体的残疾标准。因此，多学科团队起码应该收集所审议的残疾定义所要求的信息。此外，联邦法规（34 CFR 第 300 条第 532 款）要求"对学生进行与疑似残疾相关的所有领域的评估，最好包括健康、视力、听力、社会和情绪状况、一般智力、学业成绩、社交状况和运动能力"。

在确定学生是否符合资格时，团队必须做两件事。第一件，必须利用各种来源的信息，包括能力倾向和成就测验、家长提供的信息、实证干预尝试的反应信息、教师的建议，以及关于学生的身体状况、社会或文化背景和适应性行为的信息。第二件，从所有来源获得的信息都必须记录在案，并经过团队审慎考虑［第 300 条第 306 款（c）项］。

21-5 认定资格的过程

多学科团队在认定学生是否有资格接受特殊教育和相关服务时，必须遵循 IDEA 制定的规则。为了保障学生及其家长充分而有意义地参与评估过程的权利，第一套规则（first set of rules）规定了各种程序性保障措施。

21-5a 程序性保障措施

根据第 300 条第 504 款的规定，学区和其他公共机构必须向家长提供一份与以下事项有关的程序性保障措施的文本：

- 独立的教育评价；
- 事先以家长的母语或家长使用的其他交流方式发出书面通知；
- 家长同意；
- 获取教育档案；
- 有机会提出申诉以启动正当程序听证会；
- 在正当程序诉讼未决期间儿童的安置方案；
- 被安置在临时替代教育环境中的学生的安置程序；
- 家长单方面提出以公费入读私立学校的要求；
- 调解；
- 正当程序听证会，包括呈现评价结果和建议的要求；
- 州一级的上诉（如果在该州适用）；

- 民事诉讼；
- 律师费；
- 州级申诉程序。

21-5b　有效评估

第二套规则要求进行有效和有意义的评估。学区和其他公共机构必须确保对学生进行与其疑似残疾有关的所有领域的评估，如有必要，应包括健康、视力、听力、社会和情绪状况，以及一般智力、学习成绩、社交状况和运动能力。无论学生的特殊教育和相关服务需求是否全部与残疾的分类有关，评估都必须足够全面。

学区和其他公共机构必须确保评估包括各种技术，包括家长提供的信息，以获得下列相关信息：

- 学生是否有残疾；
- 学生在普通课程中的参与和进步情况。

评估必须由训练有素、知识渊博的人员实施，并根据测验的研发者提供的说明进行（如果评估不是在标准条件下进行的，则必须在评估报告中说明与标准条件的差异程度）。根据第300条第304款（c）项的规定，仅可使用符合以下条件的测验或其他评估材料：

- "无种族或文化歧视"；
- "以儿童的母语或其他交流方式开展"（此外，对于英语能力有限的学生，各区和其他公共机构必须选择和使用测量儿童残疾和特殊教育需要程度的材料和程序，而不是测量儿童英语语言技能的那些材料和程序）；
- "选择和使用测验时，如果测验对象是感官、动手能力或语言能力受损的儿童，应最好地确保测验结果准确反映儿童的能力或成就水平，或测量其他的因素，而不是反映儿童感官、动手能力或语言能力受损情况的因素（除非这些技能是该测验要测量的因素）"；
- 除了身体或发展因素外，技术可靠的工具还可评估与残疾相关联的认知和行为因素；
- "有针对性地评估具体领域的教育需求，而不仅仅是提供单一的一般智商"；
- 协助有关人士确定学生的教育需要。

21-5c　团队决策过程

最后一套规则规定了认定学生是否有资格接受特殊教育和相关服务的过程。多学科团队遵循第300条第305/306款中明确的四个基本步骤：

1. 审查现有的评估数据，以确定是否需要更多的数据。

2. 收集所需的其他所有数据，确保从所有来源获得的信息都记录在案。
3. 考虑来自各种来源的信息——能力和成就测验、家长提供的信息、教师的建议（包括对干预措施的反应）、身体状况、社会文化背景以及适应性行为，将这些信息与州和联邦关于疑似残疾的标准进行比较，以确定学生是否残疾。
4. 准备评估报告。

在实践中，团队确定学生是否有资格接受特殊教育的过程是很复杂的。有时，在团队看来，学生的问题暗示了一种明确的残疾类型。例如，难以专注、烦躁不安、杂乱无章，都可能表明学生有注意力缺陷多动障碍。又如，尽管团队采取了许多干预措施，学生在学习字母发音时仍存在严重的困难，这可能表明学生有学习障碍。但是，多学科团队应该做的不仅仅是确认残疾，还应该采纳一种观点，即证伪的观点——试图推翻先前假设的观点。

许多行为都表现出明确的残疾。例如，刻板的拍手行为与孤独症、智力障碍和一些情绪障碍有关。评估人员必须对行为的其他原因持开放态度，适时地收集信息，能够否定对某一明确残疾的可能假设。例如，如果汤姆在言语表达方面表现不一致，即使他其他的技能——尤其是在数学和科学方面——是正常的，多学科团队也可能怀疑他有学习障碍。要怎样才能否定他有这种残疾的假设呢？如果能够证明他的问题是由感音神经性听力损失引起的，或者是由他的主要语言即英语方言引起的，抑或是他患有反复发作的中耳炎（中耳感染）等，那么他就不会被认为有学习障碍。因此，多学科团队必须考虑其他可能导致行为的原因。此外，当有证据表明教育问题不是由假设的残疾导致时，为了评估其他可能原因，多学科团队需要收集额外的数据。因此，多学科团队经常（且正确）评估超出权利标准所要求的信息，以排除其他可能的致残条件或得出不同的诊断。

最后，在确定学生是否应该鉴定为有残疾时，我们必须在相互矛盾的程序和测验中做出选择。然而，正如第18章所述，个体的不同智力测验结果之间是不可互换的。它们在行为抽样、常模和信度的充分性方面有明显不同，在标准差方面也略有不同。一个迟钝但健全的人可能在前两次智力测验中智商低于70，但在另外两次测验中智商高于70。因此，如果我们必须评估这样一个学生，可能会陷入信息冲突的两难境地。

资格审查的方式是多种多样的，但这些方式必须以关键原则为指导。首先，我们应选择（并最相信）客观的、技术上适当（可靠的和标准的）的程序，而这些程序已证明对残疾分类的特定目的是有效的。其次，要考虑具体的效度，例如，我们必须考虑学生成长的文化环境，以及这种文化环境如何与测验内容相互影响。测验的技术说明书中可能包含对不同文化环境中的个体对使用该测验的普遍看法的信息，或者文献中可能包含学生所属的特定文化群体的信息。一般来说，理论可以在没有研究的情况下指导我们。但我们也必须认识到这一事实：有效的施测有时是做不到的。阅读评估场景中的案例，按照这样的程序来评估谢里尔是否有资格接受特殊教育服务。

评估场景

谢里尔

谢里尔是杰克和梅琳达·斯滕曼三个孩子中最小的一个。她是个足月儿,但出生时体重只有1800克。除了出生体重明显偏低外,她在新生儿重症监护室待了差不多3天,出生10天后才出院。尽管她早期的健康问题并不明显,但与她的兄妹相比,她在达到公认的发展里程碑方面(走路和说话)要慢得多。

谢里尔在3岁时进入了当地的一家日托中心。除了认为谢里尔没有参与适合发展的游戏活动外,这个中心提供的信息很少。日托中心没有提供干预,因为它的理念是每个孩子都会独特地发展,有足够的时间进行干预。

九月份,当谢里尔5岁零8个月大的时候,斯滕曼夫人为她安排了当地学区的半日制学前班。与同龄人相比,谢里尔发展慢了。她有如厕问题,说话方式和语言表达还不成熟,也不和大家一起玩游戏,只喜欢自己玩。在第一学期结束时,她还没有学会基本的颜色,而她的同龄人已经掌握了原色和复色(红、绿、蓝、黄、紫、蓝绿、棕、黑、白)。她只认得5个大写字母(A、B、C、D和S),而她的大多数同龄人能认得并能写出所有的大小写字母。她的老师说她跟在其他孩子后面,却不参与各种活动。

老师实施了一些已知在教学生识别和书写字母方面有效的干预措施以及社会互动干预措施。老师评估谢里尔的发展情况后,发现她一直没有取得进步。一月份的时候,谢里尔的老师寻求学校学生援助团队的帮助。老师还会见了谢里尔的父母,并商议好适当采取干预措施来帮助谢里尔取得学业进步。他们同意谢里尔上全日制学前班,并制订一个方案。这个方案由教师或阅读专家直接提供个人指导,帮助谢里尔学习识别和书写字母表中的所有字母。他们还制订一个行为计划,以逐渐加强谢里尔的合作游戏行为。

从一开始,课堂干预就不起作用。谢里尔似乎只学了一两个新字母,但第二天就忘了。团队与老师见了几次面,修改了教学程序,但谢里尔的进步仍然很慢。她每周掌握的字母不超过2个,这样的进步速度根本不足以让她为上一年级做好准备。行为干预的结果同样不成功。在这一年结束时,所有学前班的学生都接受了学区的筛查测验,谢里尔所有的学业领域成绩都在第一个百分位或第一个百分位以下。

老师和学生援助团队(包括家长)权衡了谢里尔下一年的各种选择:留级、在学生援助团队的帮助下升级，或转介给多学科团队以确定谢里尔是否有需要特殊教育和相关服务的残疾。经过一番讨论，团队一致建议对谢里尔进行特殊教育资格评估。

多学科团队成立了，成员包括谢里尔的学前班教师、与和谢里尔同龄的孩子一起工作的一位特殊教育老师、学校校长（主持会议）和派往谢里尔所在学校的学校心理学家。在第一次团队会议上，校长给了家长一份文件的副本，其中列出了IDEA和州级保障的程序性保障措施。校长还仔细解释了每一个要素，并对家长提出的所有问题都做了满意的回答。接下来，团队审查了所有相关文件：出勤记录、学生援助团队制订的干预措施数据、本区例行听力和视力筛查的结果（结果正常），以及本区一年级准备情况评估的结果。在审查了这些数据并讨论了谢里尔的优势、劣势之后，多学科团队认为需要额外的数据，以确定谢里尔是否有资格接受特殊教育和相关服务。团队讨论了特殊语言或文化考虑的可能性，结论是不存在这方面的可能性。团队希望获取以下信息：①有效的、个别实施的智力测验的结果；②有效的、个别实施的成就测验的结果；③有效实施的社会和情绪发展量表的评级；④有效评估的适应性行为的结果。校长负责分发和收集社会—情绪评定量表的结果。学校心理学家负责智力测验和适应性行为量表的实施和评分，也负责对教师提供的社会—情绪量表评级进行评分和解释。

测验进展得很顺利，教师完成了儿童行为评估系统第三版，父母完成了文兰适应行为量表第二版，学校心理学家完成了韦克斯勒儿童智力量表第五版和斯坦福—比奈智力量表第五版。学校心理学家起草了一份评估报告，并将文本分发给每个团队成员。多学科团队随后开会审议评估结果，并决定是否需要更多数据，从而确保评估测试了所有潜在的残疾领域。如果评估结果是完整和充分的，团队将根据IDEA和州法律确定谢里尔是否为残疾学生。学校心理学家确认所有的测验工具都是在标准条件下使用的，所以认为测验结果是有效的。接着，学校心理学家解释了评估结果，并回答了家长和教育工作者提出的所有问题。结果表明，谢里尔的一般智力分数为59±4分，在阅读、数学和书面语方面的成绩都在第二百分等级。谢里尔父母做的适应性行为评分结果为综合分数（总分）64，日常生活是功能最高的领域，沟通是功能最低的领域。尽管评估结果暗示谢里尔是一名智力障碍学生，但父母认为谢里尔的年龄太小，不应该得出这样一个污名化的诊断。经过一番讨论，团队一致同意，此时诊断为发育迟缓是合适的。谢里尔符合这种残疾的标准，而且她还有将近3年才满9岁。

> 多学科团队接着讨论特殊教育需要的问题。团队坚信,即使谢里尔在普通教室中接受最大程度的干预服务,也很难取得进步。显然,她需要更多的服务。多学科团队在评估报告中增加了关于特殊教育和相关服务的建议。团队指出,谢里尔在阅读、写作和数学等核心学业领域需要直接的指导。团队建议,在第一学期晚些时候监测谢里尔的社交活动,以便进行可能的干预。多学科团队还建议,由言语语言治疗师对谢里尔进行评估,以确定教师是否应该向治疗师就课程或方法进行持续的咨询,看谢里尔是否可以从直接的言语和语言服务中受益。团队还建议,谢里尔应该和她的同龄人一起参加所有的非学业活动。最后,团队建议,谢里尔在普通教室里接受一名巡回教师的特殊教育服务,这名教师还将与普通教师协商好,后者也将执行谢里尔的部分教育计划。
>
> 这个案例描述了认定谢里尔是否有资格接受特殊教育服务的过程和程序。用什么评估工具来确定她是否有残疾呢?使用了哪些评估信息来确定她需要特殊教育服务呢?

21-6 认定特殊教育资格的问题

认定获得特殊教育资格的标准,我们要特别注意四个问题。第一,我们发现一种普遍的(但错误的)观念,即特殊教育服务是为可从中受益的学生而提供的。因此,在许多社会领域,普遍认为,教育需求的满足是理所当然的。显然,这一信念与相关的法律、法规和诉讼相矛盾,学生虽然有(特殊)教育需求,但需要符合具体的残疾标准才有权利满足其需求。然而,一些教育工作者有着强烈的人道主义信念,看到学生有问题,就想让这些学生得到他们认为需要的服务。通常情况下,为了使学生符合资格标准,这些认定残疾的规定可能会被"倾斜"。

第二,州和联邦法规中的定义往往非常不精确。联邦法规的不精确造成各州之间定义标准和条例的差异性,而各州法规的不精确造成州内各学区之间定义标准和法规应用的差异性。因此,在某个州或学区有资格的学生,可能在其他州或学区就没有资格。例如,一些州和学区可能将学习障碍定义为可测量的智力能力和实际学习成绩之间的显著差异。然而,关于"显著差异"的含义尚未形成共识,自然也就没有一个被广泛认可的数学公式来确定显著差异。在某种程度上,成绩和智力之间的差异是由所使用的特定测验决定的。因此,一个成套测验可能会产生显著的差异,而另一个成套测验可能不产生这样的差异。其他州和学区可能通过学生对干预措施的反应不足来界定学习障碍。然而，构成反应不足的条件也是模棱两可的。

第三，这些定义将不同的残疾归为不同的类别。然而，医生很难区分先天性和后天性智力障碍，或者先天性和后天性情绪障碍。此外，孤独症患者和严重智力障碍伴随孤独症行为患者之间的区别，实际上是不可能确定的。

第四，父母往往更倾向于贴上某些残疾类型的标签（例如孤独症或学习障碍），而不是其他残疾类别（例如智力障碍）。为有特殊需要的学生及其家长提供了程序性保障后，学区有可能陷入冗长的和不必要的听证会。尽管这些标签的类别是矛盾甚至是相互排斥的，但在听证会上，双方都要有一名专家证明特定诊断是正确的。由于定义和操作的不精确，学校工作人员会处于一种取胜无望的境地。学区有时会给出家长们想要的标签类型，而不是教育者以专业判断的正确类型。因为家长们可以经常找到专家来反驳学区工作人员，所以学区不愿意面对被诉讼的风险。在一些州，特殊教育服务没有分类。在这些州，标签类型可以使学生获得接受特殊教育的资格，但并不能决定特殊教育服务的性质。特殊教育服务的性质是依据不同学生的需求而非标签类型来决定的，而带有不同诊断结果的学生则可能根据教学目的被分在同一组。

章节理解题

根据本章内容，回答以下问题：

1. 列出并定义 IDEA 认定的每一类残疾。
2. 区分 RTI 和基于差异的学习障碍的鉴别方法。
3. 特殊教育需要是如何建立的？
4. 多学科团队的职责是什么？
5. IDEA 明确了哪些程序性保障？
6. 陈述在做出特殊教育资格认定时遇到的三个重要问题。

第 22 章

参与问责项目的决策

学习目标

22-1 请说明《不让一个孩子掉队法》（NCLB）和《残疾人教育促进法》（IDEIA）中规定的州、学区评估和问责制的法律要求。

22-2 解释两种不同类型的问责。

22-3 定义用于问责决策的评估的重要术语。

22-4 描述标准在问责制中的作用。

22-5 阐释替代性评估的目的。

22-6 阐述学生参与问责制的重要考虑因素。

22-7 描述解释问责测验评估信息的重要注意事项。

本章涉及的标准

CEC 美国特殊儿童委员会初级准备标准

标准 4: 评估

4.0 初级特殊教育专业人员在做教育决策时，使用多种评估方法和数据来源。

标准 6: 职业道德实践

6.0 初级特殊教育专业人员以特殊教育的专业基础知识及其职业道德原则和实践标准来指导特殊教育实践，终身学习，并促进职业发展。

CEC 美国特殊儿童委员会高级准备标准

标准 1: 评估

1.0 特殊教育专家开展有效和可靠的评估实践来减少偏见。

标准 6: 职业道德实践

  6.0 特殊教育专家以特殊教育的专业基础知识及其职业道德原则和实践标准来指导特殊教育实践，终身学习，促进职业发展，并履行领导职责，以促进同事和有特殊需要的个体取得成功。

美国学校心理学家协会专业标准

  1 基于数据的决策和问责

  10 法律、伦理和职业实践

  我们的学校帮助我们取得了我们想要的结果了吗？每个学生在多大程度上达到了学校为其设定的目标、标准或成就？我们应该期望学生和学校达到什么目标或标准？我们应该如何评估达到教育标准的进步？在过去的 20 年里，人们越来越关注包括残疾学生在内的所有学生的教育成果。在这一章中，我们将研究评估信息的收集和使用，以决定学生应该如何参与学校、学区和州的问责制。

  一个强有力的观点主导着学校的政策讨论："学生应该需要达到高水平的、共同的学业表现标准，学校和学校工作人员应该为学生——所有学生——达到这些标准负责。"（Elmore，2002）现实并不总是这样，直到 20 世纪 90 年代初，学校工作人员一直专注在为学生提供服务的过程。他们提供了证据，证明他们在教学生，而且往往证明他们在教特定类型的学生（例如，Title I[1] 的智力障碍、聋或处境不利学生）。当行政人员被问及特殊教育学生或服务时，他们通常描述这些学生接受测验或教育的数量、种类，教学的环境以及特殊教育教师的数量（例如："我们学区有 2321 名残疾学生，其中 1620 名在有特殊教育支持的普通教育班级接受教育，其余的在资源教室、特殊教育独立班和校外环境中学习；有 118 名特殊教育教师和 19 名相关服务人员为这些学生提供支持服务。"）。很少有管理者能够为所提供服务的结果或产出提供证据。自 20 世纪 90 年代初以来，教育的重点从为残疾学生提供服务转向衡量服务的结果。这种转变与全面质量管理（TQM；Deming，1994，2000）、成果管理和企业目标管理运动（Olson，1964），以及联邦和州政府的改革是并行的。

  促成这种注重结果的转变的主要原因是《国家在危险中：教育改革势在必行》（*A Nation at Risk: The Imperative for Educational Reform*）（National Commission of Excellence in Education，1983）的出版。当时的教育部部长在其中指出，美国学生相对于其他国家学生的成就水平低下，并报告说，"我们这个社会的基础教育正在被日益增长的平庸浪潮所侵蚀，它威胁着我们国家和民族的未来"（第 5 页）。部长认为，国家正处于危险之中，因为平庸而非卓越成了教育的常态。建议学生需要

---

[1] 译注：1965 年，美国联邦政府颁布《中小学教育法》，其中第一部分是《提高处境不利者学业成就的一号标题法案》（Title I of the Improving the Academic Achievement of the Disadvantaged Act，Title I）。Title I 的最初目的是为了缩小处境不利儿童与高社会经济地位儿童的学业成就差距，联邦政府通过该法案的实施向学校提供资金支持，学校使用 Title I 资金开展项目以提高处境不利儿童的学业成就，这样的学校被称为 Title I 学校。

有更多的学习时间，更好的教科书和其他材料，更多的家庭作业，更高的期望，更严格的出勤要求，还建议改善教师的标准、工资、奖励和激励。整个国家开始关注提高教育标准、测量绩效和取得的成果。政策制定者和官员们花了大量资金来资助特殊教育，他们开始要求证明其有效性。从本质上讲，他们引用了一句老话："空谈不如实践（The proof of the pudding is in the eating）"——他们认为，如果你做的事情不能产生你想要的结果，那就没有任何意义。

1994年，克林顿政府提出了一套国家教育目标。这套目标被称为"2000年目标"，是学生到2000年应该实现的目标清单。美国于1994年对《中小学教育法》重新授权，授权后被称为《改进美国学校法案》（Improving American Schools Act），这项法律对Title I学校提出了一项要求，即在这类学校，处境不利学生应该达到与其他学生相同的挑战性标准。随后的普通教育和特殊教育立法（2001年的NCLB，1997年和2004年的IDEA）提出了特别的要求，旨在设计大型教育评估和问责制以测量所有学生迈向高标准目标的表现和进步，可以说是进一步地强调促进所有学生取得高成就的表现。我们将在22-1部分提供相关立法的状况，也鼓励你查阅网站以获得更多的信息。

22-1 法律要求

20世纪90年代，州教育机构大力发展教育标准制订，并实施大规模评估项目，以测量学生在这些标准上的进步情况。然而，残疾学生应在多大程度上参与以上项目是值得讨论的。美国于1997年对IDEA重新授权，要求残疾学生参加各州的评估系统，州范围的评估项目将报告包括残疾学生在内的所有学生达到州规定标准的信息。认识到一些残疾学生有独特的评估需求，如果他们参加州的常规评估项目，可能达不到基于州标准的成绩，于是1997年的IDEA引入了个别化教育计划团队，让其决定学生需要哪些便利措施（如果需要的话），从而让残疾学生有效地参与全州范围的评估项目。它还要求为那些即使享有便利也不能有效参与常规评估的学生制订替代性评估。2004年对IDEA的重新授权包含了同样的要求。

NCLB要求各州建立评估和问责制度，每年报告所有学生在阅读、数学和科学方面的表现和进步。2003年，美国教育部发布了一套替代性评估指南，其中包括替代成就标准的概念。NCLB要求学校系统不仅要考虑学生整体的表现，还要考虑特定学生群体的表现，重点关注以下群体：经济困难的学生、英语能力有限的学生、接受特殊教育服务的学生，以及来自特定种族/族裔群体的学生。如果目标是取得成功，学校必须让所有的学生一起成功。法律要求各州、学区和学校测量所有学生的表现和进步。每年没有取得足够进步的学校将受到某些惩罚（关于NCLB问责要求的更多信息，请参见后面的问责类型部分）。学校工作人员需要更多地了解州教育机构人员如何使用评估信息来做出问责决定。许多州已经申请豁免或免除NCLB的评估和问责要求，访问你所在州教育机构的网站，了解相应州问责项目的现状，可能会有所帮助。美国教育成果中心建立了一个网站，上面报告了获得豁免的州。通过查看美国教育成果中心网站，了解全美范围内的问责实践现状，对于你获悉所在州的实践情况可能会有所帮助。

NCLB 的重新颁布授权预计将在不久的将来发生[1]。鉴于联邦立法对州评估和问责制的影响，我们预计本章所写的许多内容将在出版时发生变化。我们当然不指望问责消失。事实上，大多数人认为立法改革将更加强调让学校对所有学生的成绩负责。你可以通过以下相关网站追踪查阅更多信息，包括 NCLB 网站，美国教育成果中心网站和美国评价、标准和学生测验中心（National Center for Research on Evaluation, Standards and Student Testing）网站，找到更多关于问责制和相关评估信息的最新立法变化的信息。关于主要评估联盟进展的信息可以在智能平衡评估联盟、为升学和就业做准备评估联盟、动态学习地图（Dynamic Learning Maps, DLM）、美国国家中心和州合作组织（National Center and State Collaborative, NCSC）的网站上找到。

22-2 问责类型

问责制（accountability systems）要求学校负责帮助所有学生达到高水平的、具有挑战性的标准，并且向达到这些标准的学校给予奖励，对没有达到这些标准的学校给予惩罚。今天，问责制的后果正变得越来越重要，通常被称为"高利害"。在我们撰写本章时，随着《中小学教育法》重新授权的启动，联邦问责的要求正在更新中，但尚未完成。近年来，许多州寻求并获得了 NCLB 的豁免，因此各州的做法也有所不同。各州可以在其问责制中增加一些特色性内容。虽然所有州都设置了系统问责，但有些州还包括了对学生的问责。

系统问责（system accountability）是旨在改善教育计划的问责，也是联邦教育改革工作的重点。NCLB 要求各州为学校制订适当的年度进步（AYP）目标，这些目标主要基于学生在州评估项目中的进步情况、评估参与率和学生出勤率/毕业率的情况。如果学校在规定的年份没有达到 AYP，将会有以下后果：

- 两年没有达成 AYP，学校必须允许学生可以在该学区选择表现更好的学校。
- 三年没有达成 AYP，学校必须为成绩差的处境不利学生提供补充支持。
- 四年没有达成 AYP，学校必须采取整改措施，可能包括更换学校工作人员或重组学校的组织结构。
- 六年没有达成 AYP，学校必须制订并实施替代性的管理计划（alternative governance plan）。

---

1 译注：2015 年 12 月 10 日，时任美国总统奥巴马签署《每一个学生成功法》（Every Student Succeeds Act，ESSA），取代施行了 13 年的 NCLB。

所有州都应公开报告其学生和学校系统的表现。各州还可以根据学生的表现对学校给予额外的奖励和惩罚。在这些惩罚中，州常常采用的措施包括给学校贴上负面标签、撤换教职员工和解雇校长。奖励措施包括给予学校表扬，为学校提供额外资金或向教职员工提供现金奖励。

学生问责（student accountability）是旨在激励学生尽最大努力的问责。NCLB 中没有任何规定要求各州对学生的表现给予奖励或惩罚，但一些州选择这样做。对某些学生来说，最常见的高利害评估证据是学生能否达到高中毕业的标准或其他类型的证明。已经出现另一种类型的学生问责，是使用考试成绩来确定学生是否能从一个年级上升到另一个年级。

22-3 重要术语

基于标准的评估和问责运动以及随之而来的联邦法律带来了新的评估词汇，其中包括诸如"替代性成就标准（alternate achievement standards）""AYP"和"需要改进的学校（schools in need of improvement）"等术语。其中一些术语在专业和大众文献中以许多不同的方式被使用。事实上，术语的多重使用会造成混淆。美国州首席教育官员理事会（Council of Chief State School Officers, CCSSO）发布了"评估术语和用于特殊教育评估的缩略语词汇表"（*Glossary of Assessment Terms and Acronyms Used in Assessing Special Education*），这是评估和问责制度中使用的术语概念的重要来源。表 22.1 中是此词汇表的改编版本。

表 22.1 基于问责制的评估术语列表

学业标准。有两种类型的标准：内容和成就。
- 内容标准。关于学校应教授学生的特定学科知识和技能的陈述，指学生在阅读／语言艺术、数学和科学方面应该知道和能够做的事情。许多州在其他学业领域上的内容标准也是如此。这些标准必须对所有学校和学生都相同。
- 成就（表现）标准。规范学生需要达到学业内容标准的程度。它们必须具备以下方面：
    1. 具体成就水平：各州必须至少具备三个级别程度的标准——基本、熟练和高级。许多州有三个以上的级别，并可能使用不同名称。
    2. 描述每个特定级别的学生必须要在任务上表现出的内容。
    3. 每个级别学生的示例，说明每个级别内的表现范围。
    4. 清楚地列出每个级别的分数线。

便利。改变测验的呈现、环境、作答或时间／进程安排，以便更准确地对学生预期掌握的知识和技能进行测验。

问责。使用评估结果和其他数据，确保学校朝着预期的方向发展。常见的要素包括标准、达到这些标准的进步指标、数据分析、报告程序以及奖励或惩罚措施。

问责制。这是一项计划，利用评估结果和其他数据，概括对学生、教师、学校、学区以及州的目标和期望，从而显示或满足问责的既定组成部分或要求。问责制通常包括奖励达到目标的人，惩罚那些未能达到目标的人。

（续表）

改编。这是一个通用术语，用来描述在测验的呈现形式、环境、反应或时间／日程安排上所做的改变，这些改变可能影响测验的结构，也可能不影响。

适当的年度进步。学区和学校预计每年都会有进步，以便 2014 年让每个学生都达到 NCLB 的熟练目标。为了满足 AYP 要求，学校的每个小组必须测验至少 95% 的学生，学校必须让 8 个小组中的每个学生（例如残疾学生、英语水平有限的学生，为特定种族／族裔群体的成员的学生）都表现出充分的进步。非测验指标，如出勤率或高中毕业率，也要被用作 AYP 的指标。

一致性。在对知识和技能的期望方面，内容标准、成就标准、课程、教学和评估要相似或匹配。

替代性成就标准。这种标准期望的学生表现与年级水平学业成就标准在复杂性上不同，但与内容标准紧密关联。

基于替代性成就标准的替代性评估（Alternate Assessment Based on Alternate Achievement Standards, AA-AAS）。该评估类型与年级水平成就标准在复杂性上有所不同，用于无法参加常规年级考试的严重认知障碍的学生。

基于年级成就标准的替代性评估（Alternate Assessment Based on Grade-level Achievement Standards, AA-GLAS）。一种与常规考试形式不同的评估，但对残疾学生而言，这种评估的"熟练"表现水平与所在年级的学业成就水平和州常规的年级水平考试难度相同。

基准。所有学生在特定时间点所需的最低学业成就水平，通常是特定等级的末端标准。

证据主体（body of evidence）。用来确定学生能够掌握特定技能或达到特定内容标准的数据或信息，这些数据要么由学生产生，要么由了解学生的人收集提供。

分数线。分数表（score scale）上的指定分数。该分数或该分数以上的分数与以下的分数的解释不同。

分类（Disaggregation）。收集和报告特定小组学生（例如残疾学生和英语水平有限的学生）的成绩，以确定不同小组的学业进步情况。分类可以让学生与小组或同伴进行比较。

常模参照测验。这是一种经过设计和验证的标准化测验，它通过将学生与同龄学生的表现进行比较，对学生的表现进行排序。

学习机会。提供学习条件，包括适当的便利，以最大限度地提高学生获得预期学习成果的机会，例如内容标准的掌握。

水平外测验（年级外或非水平）。学生自身年级水平以上或以下级别的考试，使学生能够在教学水平而不是入学水平上得到评估。根据联邦教育法，这种做法不允许用于问责目的的决策。

标准参照测验（有时被称为效标参照测验）。这是一种经过设计和验证的标准化测验，它通过将学生的表现与学生居住州的标准进行比较，对学生的表现进行分级。根据结果，确定学生是否符合州标准。

学生问责。基于学生个人评估表现，在个人层面产生后果。例如，如果某个学生的评估结果没有达到预先确定的水平，则可能不会升入到下一年级或毕业。

系统或学校问责。基于一群人（例如学校、学区或州教育机构）的评估绩效，在学校层面产生后果。例如，学校可能会因为有很大一部分学生达到特定的评估绩效水平而获得经济奖励或特别认可。

来源：Adapted from the Council of Chief State School Officers (CCSSO) (2006). "Assessing Students with Disabilities: A Glossary of Assessment Terms in Everyday Language." Washington, DC: Author; and Cortiella, C. (2006). *NCLB and IDEA: What Parents of Students with Disabilities Need to Know and Do*. Minneapolis, MN: University of Minnesota, National Center on Educational Outcomes.

22-4 一切为了达到标准

基于问责目的的评估包括测量学生在多大程度上学习了我们期望他们学到的东西，或者学校系统在多大程度上完成了我们期望他们完成的事情。所以，州教育机构人员必须明确学校和学生须努力达到的标准。为此，他们一般会设定一组内容标准。这些标准是学校应该教给学生的特定学科知识和技能的陈述，说明学生应该知道什么和能够做什么。法律要求各州在阅读、数学和科学方面有具体的学业内容标准。在相当长的一段时间内，每个州教育机构都期望制定自己的学业内容和学业成就标准。因此，标准和年级教学的重点因州而异。艾丽西亚可能在密歇根州的三年级学习乘法，而她的表妹丹尼斯，住在密苏里州，可能直到四年级才学习乘法。这可能会给从一个州搬到另一个州的学生带来很大的麻烦，错过重要知识的教学。此外，旨在促进学校和学生达到州标准的州评估也各不相同，使得各州之间不适合做比较。亚利桑那州可能报告有76%的学生在全州评估上表现"熟练"，而阿拉斯加州可能报告有90%。这是否意味着阿拉斯加州的学生有更高的学业成就？不一定——在学业内容和成就标准上的差异（以及由此产生的州评估的差异）可能导致一项测验比另一项测验难得多。鉴于这些情况和相关的考虑，CCSSO和美国州长协会最佳实践中心（National Governors Association Center for Best Practices, NGA Center）牵头制定和执行共同核心标准，倡议实施州共同核心标准。有48个州参与了数学和英语/语言艺术方面标准的制定，42个州通过了2010年6月发布的最终标准。此外，有两个联盟建立起来，它们分别发展了评估体系，以测量迈向共同核心标准的进展，这两个联盟分别是为升学和就业做准备评估联盟、智能平衡评估联盟。

州共同核心标准是从学前班到高中各年级在英语/语言艺术和数学方面可量化的基准。英语/语言艺术标准要求教师在阅读、写作、听说、语言媒体技术以及键盘打字（keyboarding）方面进行教学。各州也可以选择书写（cursive writing）作为第6项标准。数学标准要求了教学的八项原则。为此，学生们需要做到：

- 厘清问题，坚持解决问题
- 抽象、定量的推理
- 提出可行的论据并对他人的推理发表评论
- 用数学建模
- 有策略地使用合适的工具
- 力求精确
- 寻找和利用结构
- 在反复推理中寻找并表达出规律性

学前班至六年级的标准包括运算与代数思维、以10为基数的数字运算、测量与数据、几何等。

六年级至八年级，学生需要学习数字系统、表达式方程式、几何、统计和概率。在发展过程中有两类标准：①为升学和就业做准备标准（college and career readiness standards）规定了学生毕业时要知道的内容；②K-12标准，规定了学生从学前班到高中在特定年级要知道的内容。

在州共同核心标准网站，你可以找到最新的列表，看有哪些州采用了这个标准。有许多州决定建立他们自己的特有标准，而不是追随州共同核心标准。智能平衡评估联盟正在构建计算机自适应性测验，而为升学和就业做准备评估联盟正在构建计算机施测测验（computer-administered test），供各州评估学生迈向州共同核心标准的程度。

为了使残疾学生取得较高的学业成就，充分展示他们在数学和英语阅读、写作、听说等方面的知识与技能水平，教学上必须有支持和调整，包括：

○ 提供的支持和相关服务旨在满足这些学生的独特需要，使他们能够学习普通教育课程。
○ 个别化教育计划包括的年度目标，需要与学生相匹配，并有利于学生达到年级水平的学业标准。
○ 教师和专门的教学支持人员准备充分，并且有资质提供高质量的、循证的个性化的教学和支持服务。

推行对全体学生的高期望这样的文化是州共同核心标准的根本目标。为了让残疾学生成功地参与普通教育课程，可以酌情为他们提供额外的支持和服务，如基于通用学习设计（universal design for learning，UDL）原则的教学支持——通过多种方式呈现信息，允许开展多种行动和表达途径来促进学生的参与。

许多州规定了其他领域的学业内容标准。各州还必须明确规定**成就标准**（achievement standards），有时也被称为**表现标准**（performance standards），即学生掌握学业内容标准的水平或熟练程度。学业成就标准使用的术语直接来自NCLB，所以它们具有法律效力。而且，各州至少需要界定三个水平的熟练程度（通常为基础、熟练和高级）。一些州则规定了三个以上的熟练程度级别（例如，学生的成绩水平低于基础水平之类的表述）。法律要求所有学生都要按照州规定的考核内容和成就标准进行评估。各州必须为残疾学生提供必要的合理的便利，以便基于州的学业内容和成就标准来考查他们的学业成就。重要的是，所有的学生，包括残疾学生，都必须达到相同的内容标准。但对残疾学生进行教学和评估时，可以按照不同的学业成就标准进行要求。

另一种专门适用于残疾学生的标准是替代性成就标准。虽然大多数残疾学生都希望按照年级的成就标准进行教学和评价，但可以确定的是，有些学生将朝着替代性成就标准的方向发展。**替代性成就标准**（alternate achievement standards）是对学生表现的期望，在复杂程度上不同于年级水平成就标准，但与普通教育标准是相联系的。联邦允许各州利用替代性成就标准评估认知障碍最严重的学生的成就。

基于标准的评估的特点是，明确所有学生可以期望学会的学习内容，尽管期望实现的时间会有所不同，但所有的学生最后都能达到标准。各州必须对学生的学业水平进行基于学业内容标准的评估。以下是学校工作人员希望基于标准评估学生表现和进步的原因：

- 确定学生个体在多大程度上达到州标准——完成社会希望他们做的事情
- 找出学生的优势和劣势，以便制订教学计划
- 合理分配支持和资源
- 确定各州的特定学校能在多大程度上提供各种教育机会和经验，使学生达到所在州规定的标准
- 提供有关学生或学校表现的数据，以协助制定教学决策（课程或教学方法）
- 根据测验成绩是否符合表现标准，决定谁应获得文凭
- 向公众通报学校或学区的表现
- 了解特定学生组别达到指定标准的程度

22-5 替代性评估

无论学生在哪里接受教育，所有残疾学生都应该有机会接受普通课程、参与其中，并取得进步。因此，必须将所有残疾学生纳入州评估体系和 AYP 州报告，以达到州的标准。要特别留意，各州必须明确规定学业内容标准和学业成就标准，并且必须有与这些标准相一致的评估。为了满足学生的实际需要，各州可以根据对所有学生的期望，制定替代性成就标准。

各州必须将所有学生都纳入其评估和问责制度。然而，即使有为满足学生的特殊需求而设计的评估便利，也并不是所有的学生都能参与州的一般评估。1997 年的 IDEA 有一项规定，即到 2000 年各州对被证明为有严重认知障碍的学生进行替代性评估。2002 年 8 月，美国教育部部长提议，允许各州为认知障碍最严重的学生制定和使用替代性成就标准，以便确定各州、地方教育机构和学校的 AYP。2003 年 8 月，教育部明确规定，基于替代性成就标准的替代性评估中，达到熟练水平的学生不能超过所有学生的 1%。

在 NCLB 中，**替代性评估**（alternate assessment）被定义为"为少数即使享有适当的便利措施，也无法参加州常规评估的残疾学生而设的评估"。法规还指出，"替代性评估在收集学生信息时可包括以下几种情况：①教师对学生的观察；②在普通课堂教学中生成的学生作业样本，这些样本能表明对特定教学策略的掌握情况；③在'要求（on demand）'环境下产生的标准化表现任务，例如在考试当天完成指定的任务"。评估必须分别在阅读 / 语言艺术和数学方面得出结果，并且评估的设计和实施方式必须可以支持将评估结果作为 AYP 的一个指标。

替代性评估不是简单的学生作业汇编，有时被称为盒子或文件夹的填充（box or folder stuffing）。相反，它们必须有明确界定的结构、具体的参与指南，以及明确的评分标准和程序；必须满足技术充分性的要求；必须有一个报告格式，能够明确传达学生在州规定的学业成就标准方面的表现。它们必须达到与一般评估相同的技术充分性标准。为了满足这一要求，一些州一直在努力。不同残疾状况的学生都可能需要替代性评估，因此一个州可能使用不止一种替代性评估。

替代性评估可以基于年级水平标准或替代性成就标准测量学生的表现。回想一下，替代性成就标准期望学生的表现在复杂程度上不同于年级水平的标准。例如，马萨诸塞州的课程框架包括以下内容标准："学生具备识别、分析和应用真实或信息材料目的、结构和元素的知识，并能从文本中提取证据来论证他们的理解。"这个标准相对简化的示例是"从环境中的标志、符号和图片中获取信息"；更复杂的示例是"从信息文本中的题目、标题和目录中获取信息"（马萨诸塞州教育局，2001）。

目前有两个联邦资助的评估联盟正在设计供各州使用的替代性评估：动态学习地图、美国国家中心与州合作组织。各州参与这些联盟的活动随时间推移而变化。你可以通过访问各联盟的网站获得当前州成员资格和最新活动的有关信息。

22-6 为学生做出参与决定时的重要考虑

所有学生，包括残疾学生，都需要纳入问责系统。联邦法律要求各州各学区每年汇报所有学生，包括残疾学生的表现和进步情况。教师、相关服务人员以及 IEP 团队需要对学生个体如何参与问责体系做出决策。残疾学生可以通过常规评估，或提供便利的常规评估，或替代性评估进行。IEP 团队决定如何将他们纳入评估体系。在做出这些决策时，团队应该回答以下问题：

1. 学生的学习标准是什么？如果学生正朝着常规的内容和成就标准努力，那么他（她）应该参加常规的评估。如果学生正朝着替代的成就标准努力，那么他（她）应该参加替代性评估。
2. 有没有个别学生或测验的特殊情况，可能对目标技能/知识的最佳测量构成障碍？也就是说差的测验成绩可能是障碍造成的，而不是学生在目标测量技能方面的实际成就。例如，如果学生有视觉障碍，而阅读理解测验要求阅读印刷材料，那么阅读测验的低分可能是由于视力残疾造成的，而不是阅读理解能力低下造成的。如果学生存在这样的特点，则应考虑提供适当的便利。再比如，如果学生平常接受盲文教学，盲文版本的测验可能是必要和恰当的。各州通常会提供问责测验的便利标准明细，以及做出关于便利的决策的指导。在某些情况下，各州提供的明细表并不是面面俱到的，可以请求允许使用其他独特的便利，只要这些便利被认为是学生个体所必需的。

3. 学生在教学期间是否享有过便利？只有当学生在测验前接触过评估便利并有过这些便利经验时，才应提供评估便利。在评估过程中，学生享有的便利不应是首次出现。

学校工作人员应经常监测提供便利的效果，以确保它不会对学生的表现产生不利的影响。家长（尽可能让学生自己）应该参与决定学生的评估类型和便利措施的安排。

阅读评估场景，了解如何为残疾学生做出参与决定。

评估场景

史蒂文

史蒂文是一名三年级的学生，被诊断为孤独症。史蒂文每天大部分时间都在普通教育环境中接受教学，但他需要一名教师助理来协助执行他的综合行为计划（comprehensive behavior plan）。这个计划包括为他提供各种提示和提醒，让他了解每天的课堂安排以及在各种活动中应该如何表现。当课堂时间表发生变化时，他很难有适当的行为。他常常变得非常焦虑，有时会发脾气，而且很少完成作业。

今年是史蒂文第一次被要求完成基于问责的全州性评估，他的 IEP 团队必须确定他如何能够最好地参与。起初，史蒂文的父母非常担心他会对测验产生焦虑的反应，不希望他参加。他的普通教育老师也担心他无法集中注意力完成考试。

史蒂文所在的学区受到州的警告，学区需要提高残疾学生参与全州性评估的比例。过去，许多残疾学生被排除在全州性测验之外。史蒂文所在的学校面临着相当大的压力，需要证明它将所有学生，特别是残疾学生纳入了问责计划。在会议上，行政管理者、特殊教育教师和学校心理学家解释了史蒂文参与的重要性——为了让他和其他类似学生的教育情况，受到那些决定如何在整个学区分配资源的人的关注。他们还指出，史蒂文正在努力达到与其他学生相同的年级成就标准，他的参与可能有助于团队确定他能做什么和不能做什么。他们解释说，在测验期间，史蒂文可以通过各种方式得到照顾。例如，他们可以继续让教师助理实施他的行为管理计划。他们可以在测验前几天进行角色扮演，让史蒂夫了解测验。同时，他们还可以开发出一个类似于他在课堂上使用的图片时刻表来配合测验进程。

相关人员介绍了史蒂文参与的基本理由，以及将在测验过程中如何提供便利，团队认为让史蒂文尝试基于年级水平学业成就标准的全州性评估是合适的。教师助理接受了具体的培训，学习如何在测验期间帮助史蒂文，以确保测验结果尽可能准确。

考试的那天对史蒂文和教师助理来说是相当煎熬的，但史蒂文却设法完成了考试。尽管最终他的总分低于熟练标准，并且他的教师质疑这是否是他知识和技能的最佳测量标准，但教师和家长对他的得分没有落在最低成绩等级上的事实印象深刻。事实上，史蒂文能够正确回答测验中的许多题目，在测验过程中提供适当的便利时，他能够表明自己所知道的一些东西。

这个场景强调了将残疾学生纳入问责测验的决策过程。为什么像史蒂文这样的学生有效地被纳入问责计划是这么重要呢？

22-7 理解问责评估信息的重要考虑

由于问责制的实施，公众更容易获得学生的评估数据。尽管这种公开报告的目的是促进更好的教学和学习，但重要的是，那些能够接触到数据的人是否知道如何正确解释这些信息。如果没有这些技能，就可能对学生做出不利的判断和决定。例如，问责信息的使用者必须明白，用于问责目的的大多数测验旨在测量整个学生群体的表现，并不一定能提供关于单个学生技能的可靠数据。如果不了解这些知识，使用者可能会根据学生的考试成绩对他们做出不合理的判断和决定。

此外，重要的是，人们要认识到，并非所有的学生都需要以同样的方式接受测验。对学生来说，使用不同的方式进行测验通常是很重要的。有些学生的特点使得他们很难用传统的纸笔测验来展示他们所学的知识，可能需要通过便利措施来展示。最重要的是，学生基于成就标准的知识和技能得到了测量。评估专家可以帮助学生确定哪些是必需的便利措施或替代性评估，以便最好地展示他们的知识和技能。

章节理解题

根据本章内容，回答以下问题：

1. NCLB 和 2004 年 IDEA 对州和学区的评估和问责制提出了哪些法律要求？
2. 系统问责和学生问责有什么区别？
3. 说出描述问责制的五个重要术语及其定义。
4. 内容标准与成就标准有何区别？为什么会有发展州共同核心标准的运动？
5. 什么是替代性评估？它是针对谁的，为什么它很重要？
6. 在为残疾学生做出参与决定时，有哪些重要的考虑因素？
7. 说明理解问责决定的评估信息的两个重要考虑因素。

第 23 章

协作型团队的决策制定

学习目标

23-1 明确有效的学校团队的特征。

23-2 描述一般学校环境中形成的协作型团队的类型。

23-3 描述有效地向家长传达评估信息的策略。

23-4 描述以书面形式传达和维护评估信息的各种方式,以及关于数据收集和记录保存的各种相关规则。

本章讨论的标准

CEC 美国特殊儿童委员会初级准备标准

标准 4: 评估

4.0 初级特殊教育专业人员在做教育决定时,使用多种评估方法和数据来源。

标准 7: 协作

7.0 初级特殊教育专业人员与家庭、其他教育工作者、相关服务提供者、有特殊需要的个体和来自社区机构的人员合作,以文化响应性的方式,基于一系列的学习经验解决有特殊需要的个体的需求。

CEC 美国特殊儿童委员会高级准备标准

标准 1: 评估

1.0 特殊教育专家开展有效和可靠的评估实践来减少偏见。

标准 7: 协作

7.0 特殊教育专家与利益相关者协作,为有特殊需要的个体及其家庭改善方案、提升服务和改进成果。

> **美国学校心理学家协会专业标准**
> 1 基于数据的决策和问责
> 2 协商与协作
> 7 家校合作服务

许多重要的决定都不是由个体单独做出的，而是由团体做出的。在学校里，重要的决定也是由团队做出的。一些团队成员可能精通评估概念，然而，美国评价、标准和学生测验中心进行的研究表明，许多教育专业人员并不知道如何谨慎检查和使用评估数据（Baker, Bewley, Herman, Lee & Mitchell, 2001; Baker & Linn, 2002）。家长可能需要得到很多的支持来理解和恰当利用收集到的评估信息。一些专业协会（例如，美国心理学协会、特殊儿童委员会和美国学校心理学家协会）在其道德标准或原则中规定，其成员有责任准确和敏锐地传达评估信息。

在这一章中，我们提供了许多不同的团队信息，这些团队可能会组队检查评估数据，并为做出适当的团队决策提供建议。我们提供了以口头和书面形式交流评估信息的指南，以及对在学校环境中收集的信息进行记录保存和传播的规定。

23-1 有效的学校团队的特征

许多人在促进学生学习方面发挥着重要作用，每一个人都拥有专长，可以在决策过程中发挥作用。在使用评估数据做出决策时，你将与特殊教育工作者、普通教育工作者、行政人员、言语语言病理学家、学校心理学家、社会工作者、护士、医生、物理治疗师、作业治疗师、听力学家、辅导员、课程主任、律师、儿童倡导者（child advocates）以及许多其他可能的人合作。有效的沟通和合作对促进学生取得积极的成果至关重要。尽管每个人提供的专业知识在决策时具有价值，但重要的是要认识到，群体性决策并不一定比个体决策产生更好的效果。不幸的是，群体动态变化（group dynamics）会有许多方式阻碍恰当的决策。古特金和内梅特（Gutkin & Nemeth, 1997）总结了群体决策可能出错的方式，包括：①群体倾向于向多数意见让步，而不管其准确性如何；②**群体两极分化**（group polarization），即群体在决策中往往变得比个体最初的想法更加极端（这可能会阻碍或促进最佳实践）。为了避免做出糟糕的决定，团队在工作时，坚持以下原则很重要。尽管不同的学校团队的目标和目的可能各不相同，但有效合作的某些原则似乎是通用的。

- 有共同的目标和目的。当团队成员不理解团队目的时，当他们的活动不能反映该目的时，决策过程中就会出现效率低和不必要的冲突。例如，在针对学生进行转介评估以认定特殊教育资格之前，转介前干预团队的一些成员可能认为团队的目的是"仅仅只是再跳过一个环节"，而其他人可能认为这是一个确定学生在什么条件下学习最好的机会。持有前一种观点的人可能不太愿意在相关的团队活动中投入大量精力，这可能就会降低团队的效率。重要的是，当团队成立时，要清楚地阐明团队的目的和功能，而且所有成员都要朝着这个目标努力。

- 清晰地阐明团队成员的角色和职能。团队的成员组成需要认真确定，团队需要在成员个人专长和有效完成委托任务的需求之间做好平衡。被选中参与的团队成员需要充分意识到自己的独特专长，也要意识到自己的知识局限性。团队成员并不总是越多越好。大型的团队在管理上可能会让人不知所措，也可能会让团队中的重要成员感到惧怕（例如，一些家长可能会在参加有许多学校专业人员的团队会议时感到压力巨大）。此外，大型的团队可能只会由一两个特别重要的团队成员做出决定（Moore, Fifield, Spira & Scarlato, 1989）。任命一名团队会议主持人有助于协助团队成员遵循适当的组织程序，并确保所有团队成员都能充分分享自己的专长和知识，促进团队目标的实现。

- 倾听并尊重每个团队成员的意见。团队有时倾向于**群体思维**（groupthink）（同意多数人的意见），即便事实上群体决策可能是不准确的（Gutkin & Nemeth, 1997）。重要的是，要让持少数意见的人有机会表达自己的立场，并在小组的运作中尊重和考虑他们的想法。当所有人都在被鼓励做出贡献时，就可以有效地解决问题。

- 在团队会议中把控会议流程和灵活性。对于团队来说，开发和实施系统的操作程序通常是有帮助的。在许多情况下，团队的主持人会用表格引导团队会议的召开（参见表23.1，是此类表格的示例）。主持人可能会为团队会议创建一个书面议程，议程中会安排时间让信息收集者介绍他们的发现，让团队成员提供额外的信息，让团队进行决策。这样的程序和结构可以帮助团队成员保持对任务的专注，并提高实现团队目标的效率。当团队成员想要讨论一些重要话题，而这些话题与会议决策无关时，知道如何巧妙地处理这种情况很重要。我们发现一些处理方式是有帮助的，如主持人说，"这是一个重要的问题，但它会让我们偏离现在试图做出的决定。我们可不可以之后再讨论，或者在别的会议上讨论？"学校团队做出的一些决策往往与大量相互矛盾的意见和情绪有关。例如，讨论某些残疾标签，如"有情绪障碍的学生"，可能会让家长感到非常不安。重要的是，在会议出现情绪化的事件，使团队目标的实现过程无法取得进展时，团队会议主持人应改变议程，甚至终止会议并重新安排会议。

○ 使用客观数据指导决策。通常，教育决策是在没有适当关注学生数据的情况下做出的（Ysseldyke, 1987）。如果没有适当地收集和使用数据来指导团队决策，团队成员的主观偏好可能会优先于学生的最佳利益。要以客观的方式获取和解释数据，就需要人们关注和寻找能被证实和否定假设的数据。**证实偏见**（confirmation bias）描述了一种倾向，即主要关注那些证实自己原始假设的数据，而忽视或不重视那些与原始假设相冲突的数据（Nickerson, 1998）。因此，团队要努力获取数据，并且认真地分析这些数据，这很重要。适当地使用数据为决策提供信息，可以确保适当的实践活动落实到位，有助于消除关于如何继续工作的观点上的相互冲突。

○ 保密——这是法律规定！研究团队决策的人发现，保密性可能会被破坏。违反保密规则是违法的，这种违规行为可能是被解雇的理由。当保密规则没有得到遵守，并且有成员得知某人背叛了保密协定，团队就会停止正常运作。建议由管理员、学校心理学家或其他团队负责人定期提醒会议的讨论是保密的。我们建议负责人在第一次会议上就告诉成员保密至关重要，并定期提醒成员。之后提醒者就不会再提出"我想知道谁不恰当地谈论了我们正在讨论的事情"的问题。

○ 定期评估团队的实践成果和过程，以促进团队运作的持续改善。过程和程序总是可以改进的。重要的是，团队要定期进行自我评价，确保达到既定目标和目的，并尊重所有团队成员的贡献。在某些情况下，让团队成员以外的人对团队运作进行匿名评估可能会有所帮助。这有助于确保所有团队成员能够以对学生最有利的方式贡献他们的知识和技能。

表23.1　问题解决团队初次会议的表格示例
会议日期：01/30/11 学生姓名：杰西·约翰森 年级：3年级 老师的名字：达西·邓拉普 学校：东部小学 出席会议者（记录员、主持人和记录员）的姓名和职务： 卡丽·考特（三年级班主任），达西·邓拉普（记录员），格雷格·戈特（指导顾问），杰基·约翰森（学生母亲），埃里克·恩赖特（校长，调解人）
A. 学生优势（简要概述学生的优势 2～3 分钟） 杰西有很多朋友，和其他同学相处得很好。他喜欢踢足球，数学很好。

（续表）

B. 困难的方面（在2分钟内，圈出所有适用的） 　　　　　　　　　　　　　　　学术 　　　（阅读）　写作　拼写　数学　社会研究　历史　其他：_____ 　　　　　　　　　　　　　　　行为 　　攻击性　注意力任务　完成作业情况　出勤　迟到　其他：_____ 　　　　　　　　　　　　　　社会/情感 　　　　抑郁　（焦虑）　同伴关系　社交技能　其他：_____ 　　　　　　　　　　　　　　　身体 　　　体味　头痛　恶心　疲劳/上课睡觉　其他：_____	
C. 为上述困难收集的数据汇总（每领域2~3分钟） 杰西在三年级的秋冬DIBELS基准任务中的表现处于风险范围内。当被要求在课堂上阅读时，他的声音变得颤抖，他停下来，拒绝阅读。他的母亲说，他开始不喜欢上学，不吃早饭（很可能是因为他对必须上学感到紧张）。	
D. 确定困难的优先次序（2~3分钟） 　1. 以上列出的困难中程度最重的：阅读（团队认为他糟糕的阅读技能是导致他焦虑的原因） 　2. 以上列出的困难中程度次重的：焦虑 　3. 以上列出的困难中程度第三重的：_____	
E. 用可观察和可测量的术语界定问题（2分钟） 目前，当阅读一篇三年级的DIBELS基准文章时，杰西在一分钟内平均正确阅读60个单词。	
F. 目标（2分钟） 八周后，当阅读一篇三年级DIBELS基准文章时，杰西将在一分钟内平均正确阅读75个单词。	
G. 为解决第一个优先考虑的困难而提出的干预设想（15分钟） 　干预想法1：与一个八年级学生一起做课后辅导。 　干预想法2：拼音抽认卡，杰西的老师每周两天在放学后施测，杰西的妈妈每周其他三天在家施测。 　干预想法3：Read Naturally® 程序，在放学后实施。	
H. 所选最终干预的说明（10分钟） 　I. 学生会做什么？杰西将被教导如何使用Read Naturally® 程序，并将跟随磁带练习听力和朗读。 　II. 这种情况发生的频率和时间？每周2次，放学后45分钟（星期二/星期四）。 　III. 谁负责实施干预？杰西的妈妈和老师。 　IV. 如何测量进步？每周施测一次DIBELS进步监测探测性测验。 　V. 谁负责测量进步？杰西的老师。 　VI. 如何、何时以及向谁报告进步情况？将在后续会议上报告进步情况，除非连续四个数据点低于目标线，在这种情况下，将提前召开会议。	
I. 后续会议日期和时间（2分钟）：2011年4月9日	

23-2 学校团队的类型

有许多不同的团队组建起来检查评估数据，为学校的决策提供信息。这些团队可能有不同的名称，由具有不同专长的专业人员组成。尽管这里描述的团队通常都会参与基于决策目的而进行的数据检查，但这些团队在所做决策的类型，以及因此所收集、分析和解释数据的性质方面存在很大差异。虽然我们为这些团队赋予了名称，但重要的是要认识到，在你遇到的学校和学区，可能有各种不同的措辞来描述有类似功能的团队。

23-2a 全校援助团队（schoolwide assistance teams）

随着管理大量学生数据技术的发展，以及对学生结果问责的日益关注，教育专业团队正在更频繁地形成，以收集、分析和解释整个学校或学区的学生数据。这些团队的最终目的是为学校和学区层面的教学规划和资源分配提供信息，从而改善学生的成绩。全校援助团队旨在确保MTSS中基本支持水平（核心教学）是有效的。有时这些团队被称为"资源团队（resource team）"。团队成员可能由在数据分析、课程和教学方面具有特殊专长的人组成。这些人聚在一起检查全州范围内的评估数据、学校范围内筛查的结果和现有的教育方案，目的是确定提高学生成绩的策略。在某些情况下，这种团队可以按年级水平创建，来自特定年级的所有教师定期与管理员和评估人员会面，以确定教学改进的领域。在对数据进行系统分析后，团队可能会对专业发展和学校规划的改变提出建议。

在评估方面，具有专长的团队成员可以通过以下方式对团队做出贡献：①帮助学校确定有效地和高效地收集所有学生相关数据的方法；②创建和解释评估数据的视觉化呈现，以便做出决策；③在对学校规划进行重大改变之前，发现需要额外评估的领域；④确定用来监测学校项目中所有相关改变的有效性的方法。

23-2b 干预援助团队（intervention assistance teams）

干预援助团队的成立是为了解决学生小组或学生个人在普通教育课堂上遇到的困难。团队的目的是，明确具体问题、分析问题，以便制订有针对性的干预计划，实施干预计划，监测计划执行情况和学生的进步，并评估计划的有效性。最初，这个团队可能只是由一名普通教育教师和学生的父母组成。然而，如果问题没有得到解决，学校的专家可以加入，以便更系统地界定和分析问题，并为制订越来越密集的干预措施提供信息。家长—教师团队可以扩大到包括其他教师或学校指导顾问，这些人可以进行更深入的问题分析，集思广益提出更多的干预想法。如果计划没有取得进展，其他人员，如学校心理学家、社会工作者或特殊教育教师，可能会加入干预援助团队，为评估和干预提供额外支持。换句话说，当团队确定学生需要通过MTSS获得更高水平的支持时，将寻求利用更多的专门知识来制订更密集的干预措施。先前描述的与干预援助团队功能相似的团队的名称包括"教师援助团队""学生援助团队""建设援助团队""问题解决团队""儿童研究团队"和"教学咨询团队"。

那些在评估方面有专长的人可以在许多方面帮助团队，他们可以帮助团队选择和施测评估工具来界定和分析问题，以及监测干预的完整性和学生的进步情况。

23-2c 多学科团队（multidisciplinary teams）

当一名学生在经过多级 MTSS 提供的支持后仍未取得适当进步，并正在考虑接受特殊教育评估时，就需要召集这些团队。第 21 章对这些团队的功能和做法进行了更全面的讨论。根据 IDEA，他们负责确定学生是否有残疾以及是否需要接受特殊教育服务。

23-2d 个别化教育计划团队（individual education plan teams）

在学生被认定有资格根据 IDEA 获得特殊教育服务后，在儿童残疾的特定领域具有专长的人、负责实施计划的人和学生父母组成的团队则应共同为其制订 IEP。这些团队通常每年举行会议，审查每个接受特殊教育服务的学生的进步情况和计划。

23-3 向家长和学生传达评估信息

父母或监护人，通常比参与评估过程的任何其他人更了解孩子生活的某些方面。然而，许多父母在理解评估方面的知识和技能有限，很难理解不同人员提供的信息，以及为什么有些内容对自己的孩子最有利。鉴于父母在子女生活中所起的影响作用，他们对评估结果的理解至关重要，这将使他们能够充分参与决策过程。许多家长（以及其他团队成员）可能缺乏理解评估结果（这些结果没有得到实质性的解释）的知识。有些父母本身可能有残疾。然而，并不是所有的父母都缺乏知识或技术专长，有些父母本身就是专业人士——心理学家、特殊教育专家、律师、治疗师等。还有父母会针对自己孩子的需求进行自我学习教育。不管他们的背景如何，所有家长都需要被赋予权利，成为学校决策团队中有积极作用和有帮助的成员。

各种各样的事情会限制家长对评估信息的理解和在团队决策中的参与度。语言障碍显然会阻碍有效的沟通。许多家长可能没有时间参加由学校专业人员安排的会议。他们面对学校的各种专业人员时可能会感到不安。他们可能没有认识到自己可以带给团队重要的信息，或者不明白如何有效地将这些信息传达给团队。他们可能会对孩子学业成功和失败的相关数据有强烈的情绪反应，这可能会阻碍理性的决策。他们可能对子女的教育服务质量，以及教育专业人员如何更好地满足其子女的需要，有强烈的感受和意见。遗憾的是，家长对孩子的独到见解往往被学校专业人员忽略或忽视，他们经常在团队会议前就做出了相关决定。

学生也可以是团队决策的重要贡献者，评估信息需要以适合学生发展的方式传达给他们。法律要求年龄较大的学生参与 IEP 的决策，参加相关会议有助于确保他们的观点和愿望得到适当的考虑。有了会议目的和程序的前提信息，来自不同年龄组的学生可以以重要和有意义的方式参与其中（Martin, VanDycke, Christensen, Greene, Gardneer & Lovett, 2006）。

为了与家长和学生的沟通更加有效，学校可以采取以下几个步骤。良好的沟通可以使家长和学生更有效地参与相关的团队决策。

○ 经常与家长沟通。过去，通常在孩子被考虑接受特殊教育评估时，父母才意识到孩子面临的困难。当这种情况发生时，会导致父母强烈的情绪反应和沮丧感。如果父母认为特殊教育服务不符合孩子的最佳利益，可能会导致不必要的冲突。从孩子入学之初就频繁和准确地向父母传达孩子的进步信息是很重要的。获知这些信息时，一直表现不佳学生的父母可能会更多地参与或帮助制订干预计划，以减少孩子遇到的困难。此外，当父母经常收到关于孩子进步（或缺乏进步）的信息时，他们可能更容易理解为什么要转介进行特殊教育资格评估。在使用 MTSS 的学校，与家长的沟通往往更频繁，因为随着学生开始接受不同程度的支持，对他们的教学可能会发生变化。

○ 沟通孩子的优点和缺点。许多有特殊需要学生的家长经常被提醒孩子在学校的不足和困难，很少被告知孩子的成功之处和优点。或者，一些父母可能会高估孩子的相对优势，忽视或最小化估计孩子的不足。为了有效地与父母合作，将其作为团队的一部分促进创造性地解决问题，认识和沟通孩子的具体优势和劣势是很重要的。当学生在场或学生可以接触到相关的报告时，强调他们的优势特别有帮助。

○ 根据需要翻译评估信息和团队沟通情况。向父母报告的所有评估数据（例如，全州范围的评估结果和筛查结果）都应以父母的主要语言或交流方式呈现。为方便参加团队会议，应提供口译员[1]。为了做好口译，他们可能需要接受特别的培训，了解如何向家长传达相关信息，以及如何确保家长的问题、关注和见解能够被听到。对于所有的父母，即使是那些以英语为主要语言的父母，重要的是要避免使用术语和首字母缩写词，并尽可能用数字和图表来显示评估结果，以促进他们的理解。当学生在场时，促进他们对评估信息和结果的理解也很重要。

○ 意识到文化差异如何影响评估信息的理解。当存在文化差异时，应该有一个既了解学生文化背景又了解教育问题的人在场。即使不存在语言差异（例如，学生是阿米什人，学校的文化不是阿米什文化），这也是必要的。这可以帮助团队识别可能是文化属性的问题。有时，

---

[1] 编注：此处或指为失聪或母语非英语的父母提供口译员。

学校正常运用的沟通方式（例如电子邮件）不是某些家庭日常的一部分，意识到这些差异是很重要的。

○ 安排会议，方便家长出席。应努力把会议安排在父母能够到场的时间，努力解决与交通有关的问题。在某些情况下，学校专业人员可能需要与家长在比学校更方便的地方会面。学校工作人员可能也有必要与家长的雇主直接沟通，鼓励雇主允许家长请假。尤其是一个社区有一家公司（例如造纸厂、汽车厂或肉类包装厂）是许多父母工作的地方时，更是如此。在这种情况下，如果学校提出要求，公司可以做好一系列安排，允许家长参加学校会议。

○ 清楚地解释每个评估活动的目的，以及潜在的结果。尽管学校专业人员可能非常熟悉与评估相关的过程和程序，以及做出的相关决定，但通常情况下，家长在这一过程面前是新手。重要的是要让家长做好准备，以应对评估工具施测，评估数据结果的使用收集。重要的是要让家长提前知道，评估孩子时会涉及什么（例如何时进行评估、使用什么评估材料等），以及如何向孩子解释评估过程。有时，学校专业人员会在会议前联系家长，解释会议的目的和他们预计在会议上发生什么，这些是有帮助的。应该告知家长某一特定会议的所有潜在结果（例如，制订干预计划、决定收集更多数据、确定学生是否有资格接受特殊教育服务），防止家长感到措手不及。

○ 尽量使用非技术语言交流。到目前为止，你肯定已经发现，教育界使用的语言到处都是首字母缩略词。要向家长解释这些缩略词，以及可能使用的所有其他技术术语，以便他们能够与团队成员对话。虽然有些家长能够理解与评估数据相关的专业术语，但还有一些家长可能无法理解。比起假设父母能够理解学校专业人员使用的术语，在使用更容易理解的语言方面犯错更容易得到谅解。通常，数字和图表有助于以容易理解的方式来传达学生的进步信息。

○ 专注在以问题解决为中心的事项上，避免指责他人。几乎每一次举行学校团队会议都是为了提高学生的成绩，无论是直接还是间接的。为了实现这一目标，团队成员需要关注可改变而非不可能改变的情况。关注未来可以改变的事情，促进学生的学习，而不是停留在过去发生的事情上。遗憾的是，会议可能会有一种倾向，即关注团队过去可能做过或没有做过的事情，而不是为未来制订计划。尽管从过去的错误中吸取教训很重要，但团队成员应该专注于未来可以做些什么来提高学生的学习能力。专注于过去的失败会降低士气，并导致团队成员之间产生不必要的指责和冲突。

○ 为学生积极参与会议做好准备。虽然某些时候在学生不在场的情况下举行会议是有意义的，但在多数情况下，考虑到学生的兴趣和愿望，学生在场是有帮助的。如果学生要参加，重要的是让他为会议的内容做好准备，并在条件允许的情况下提供培训，以促进学生有效地参与团队决策。

阅读本章的评估场景，说明向父母传达评估信息的无效方法和有效方法。

> ### 评估场景
>
> 阿梅莉亚
>
> **无效地与家长沟通评估信息**
>
> 11月初,马丁内斯夫妇接到通知,学校计划举行一次会议,讨论他们正在读三年级的女儿阿梅莉亚在阅读方面进展缓慢的问题。这次会议是一系列干预援助团队会议的一部分,在这次会议上,由校长、指导顾问和普通教育教师组成的独立团队将讨论学校7名学生的问题。在讨论每个学生时,普通教育教师每隔10分钟轮换一次。虽然阿梅莉亚的教师通知马丁内斯夫妇要举行会议,但他们被告知参加会议对他们来说并不重要,他们最好计划参加可能在12月中旬举行的会议,讨论阿梅莉亚特殊教育服务的需求。几天后,阿梅莉亚的父母在邮件中收到了一封信和同意书,要求他们签字同意进行评估,以确定阿梅莉亚是否有资格接受特殊教育服务。阿梅莉亚的父母虽然明白这意味着什么,并感到气馁和困惑,但还是立即签了字并交回了同意书,因为他们认为学校知道什么最有利于阿梅莉亚的学业。
>
> 12月15日,学校举行了一次多学科团队会议。因为会议安排在工作日的下午,马丁内斯先生无法出席。马丁内斯夫人赶上了公共汽车,带着她两个年幼的孩子,在会议开始之前30分钟到达了学校。在会议上,几个不同的专业人士轮流进入房间,展示了来自语音/语言测验、智力测验、成就测验和阿梅莉亚课堂观察的结果。会议快结束时,一名特殊教育教师要求马丁内斯夫人在一些表格上签字,她被告知这些表格将使得阿梅莉亚获得需要的服务,因为用那位教师的话来说,她"显然是一名有学习障碍的学生"。
>
> **有效地与家长沟通评估信息**
>
> 在阿梅莉亚·马丁内斯读一年级那年的一月份,马丁内斯夫妇接到了老师的电话。老师表示,虽然阿梅莉亚交了很多朋友,似乎与同学相处得很好,但根据秋冬季对所有学生实施的早期读写筛查的测验评估,她在早期读写技能发展方面的表现低于预期。老师邀请阿梅莉亚的父母参加一个会议,讨论针对阿梅莉亚需求的教学策略,以及在家里实施的策略,以帮助她发展早期读写技能的可能性。
>
> 在会议上,马丁内斯夫妇、任课教师和一名更有经验的一年级教师,讨论了阿梅莉亚没有表现出足够的字音对应技能的问题。他们制订了一项计划,允许她此后六周每天在家庭和学校(与教师助理一起)接受这方面的额外教学和练习,之后他

们将再次举行团队会议，检查她取得的进步。考虑到阿梅莉亚没有取得必要的进步，拟让她在三年级结束前学习如何阅读。六周后，两位老师和阿梅莉亚的父母见了面，团队中增加了一位干预专家，帮助确定任何可能适用的额外评估和干预。他们一起检查了阿梅莉亚的进步情况，并认识到她因干预而取得了微小的进步后，决定在上学期间为她提供更多的干预时间，增强对她的支持，继续监测她的进步情况。团队指导阿梅莉亚的母亲如何做简单的发展语音意识的训练，晚上在家里母亲可以和她一起练习。

一年级的春假后不久，团队重新召集起来，检查阿梅莉亚的进步情况，进步情况仍低于预期。团队共同决定，有必要评估她是否需要接受特殊教育服务。为尊重其父母的权利，团队向马丁内斯夫妇报告了相关信息，即他们的孩子马上要经历特殊教育资格服务的评估。他们被简要地告知将要进行的测验类型，以及这将如何帮助确定阿梅莉亚是否需要特殊教育服务，并从中受益。在一年级结束时，团队再次召集起来，检查阿梅莉亚的评估结果。很明显，根据收集到的信息，阿梅莉亚符合州政府关于在阅读方面有特殊学习障碍的标准，团队确定了有效的教学策略，将其作为 IEP 的一部分。

这个场景描述了转介前和特殊教育资格认定过程中，与学生父母进行无效沟通和有效沟通的一些重要差异。在这两种场景下的交流有哪些关键的区别？

23-4 通过书面和电子记录传达评估信息

虽然评估信息和相关决策的介绍经常是口头传达和在团队会议上进行的，但评估数据是以书面形式收集、总结和解释的。以书面形式收集、维护和传播信息的政策和标准，必须平衡这两种有时相互冲突的需求。一方面，父母和儿童享有基本的隐私权；另一方面，学校需要收集和利用儿童（有时是父母）的信息，规划适当的教育方案。学校和家长有着共同的目标：提升儿童的福利。理论上，学校和家长应该就创造和促进儿童的福利方面达成一致，在实践中，学校和家长通常是合作的。

1974 年，当《家庭教育权和隐私权法案》（93-380 公法）颁布时，有许多推荐的指导意见成为该法律的文本。现在这些被纳入 IDEA（§300.560-300.577）。这些基本条款非常简单，所有接受联邦资金的教育机构（幼儿园、小学、中学、社区大学和大学）都必须给予家长检查和质疑学生档案的机会。然而，当孩子年满18岁时，家长通常会失去这一权利。无论学校是否决定根据家长的意见修改档案，家长都有权用他们所理解的真实情况来补充档案，或解释为什么他们认为孩子的档案不准确。唯一一类可以拒绝家长查阅的记录是教师、监督员、行政人员和其他教育人员的个人笔记，这些笔记只能由记录者保管。另外，教育机构在未经家长书面同意的情况下不得发布孩子基本信息的数据。然而，在18岁时，学生有权向其他人公开提供自己的个人数据。违反《家庭教育权和隐私权法案》规定的人会受到惩罚，违反规定的机构可能会被扣留联邦资金。

下一节将讨论通过书面记录和电子报告收集、维护和传播学生信息的具体问题和原则。

23-4a 学生信息的收集

学校经常大量收集关于学生及其家长的信息，并不是所有这些信息都需要家长的许可才能收集或保存。正如第2章所讨论的，信息可以用于许多合法的教育决策：筛查、进步监测、教学计划的制订和修改、资源分配、特殊教育资格认定、项目评估和问责。如果学校系统要有效地发挥作用，就必须收集大量的数据，既要向学生提供教育服务，又要向相关社区、州和联邦机构报告其教育项目的结果。

全校范围筛查

许多学校系统地收集和保存所有学生的听力、视力和基本技能发展的书面记录。筛查测量旨在尽早辨别所有可能遇到额外困难的学生，是为了尽可能辨别学生而有目的地制订的。这有助于确保真正的困难不会被忽略掉，并且可以尽早得到解决。当学生未能达到筛查测量的最低表现门槛时，他们可能会被转介进行补充评估，以确定是否存在真正的困难。视力和听力筛查记录通常在学校保存很长时间，回顾这些信息可以帮助确定学生的听力和视力等基本身体情况没有导致他们经历的困难。

除了听力和视力信息之外，书面记录中还有学生的个人学业档案，这些学业档案包含了基于团体施测的学区和州范围评估项目的结果。随着MTSS的应用越来越多，学校正在实施额外的筛查和监测计划，以确保尽早发现学生的学业问题。第10章中描述的诸如DIBELS、AIMSweb和其他程序可以用来筛查学业问题和监测学生的进步情况。一些筛查是在学校范围内进行的，但对于最初被认定为有困难的个别学生，可能会进行其他筛查。没有达到筛选测量基准水平和未能在熟练程度方面取得预期进步的学生可能需要进行额外的评估，并被转介给干预援助团队。虽然最好的做法是经常与学生的父母沟通，收集学生的数据，但不需要每次都得到他们的明确许可才能收集数据。例如，在召开一次干预援助团队会议之前，学校专业人员可能会收集数据，针对学生的学业不足提供干预信息。这种评估不一定需要父母明确的许可。

收集额外资料的许可

虽然最好的做法是经常与家长沟通学生的进步情况，并尽快提醒他们学生面临的所有学业困难，但除非根据 IDEA 考虑改变教育安置或提供免费适当的公共教育，否则学校无需征得家长同意才能收集额外的数据[1]。在关于程序性保障措施的内容中，IDEA 规定，当教育机构提议启动或改变（或拒绝启动或改变）儿童的鉴别、评估或教育安置，或向儿童提供免费和适当的教育时，必须事先向儿童的父母或监护人发出书面通知。它还要求，通知要用父母的母语充分告知所有可用的上诉程序。因此，学校必须告知家长，他们有权就其子女的鉴别、评估或安置提出任何申诉；有权获得公正的正当程序听证；有权对正当程序听证会上做出的决定提出上诉，如果有必要，可以对学区提起民事诉讼。

验证（verification）

验证信息是指确定或确认信息的真实性、准确性或正确性。根据信息的类型，验证可能有几种形式。观察或评定形式的验证，意味着由另一个人进行确认。标准化测验数据的验证，意味着进行可靠和有效的评估（第5章对信度和效度的概念进行了定义和详细讨论）。未经证实的信息也可以收集，但将这些信息保存在学生的档案之前，应尽一切努力核实这些信息，例如，学校非常关切的严重不当行为或极其退缩的行为，教师或辅导员对此类行为的最初报告，通常可以得到其他证人的证实。无法证实的行为仍然可以被用来做提示、假设和诊断的初始信息（starting points for diagnosis）。最终，当数据无法确认时，不应收集它们，也不得保留它们。我们认为，这一要求也适用于不可靠或无效的测验数据。

总结和解释

将收集的额外的数据作为评估的一部分，确定学生是否有资格接受 IDEA 的特殊教育服务时，人们通常在多学科团队会议举行之前撰写书面报告。报告的目的是总结所收集的评估数据。书面报告将信息传递给现有的团队成员和将来可能审查学生档案的人。虽然这些报告的内容因认定资格所需数据的性质不同，但应采用某些原则，促进对所收集数据的有效书面交流。下面是对这些原则的相关阐述。

- 组织报告。一般来说，资格评估报告包括以下信息：转介原因、学生身份和背景信息、所用评估方法和工具的说明、所用干预措施和相关结果的文件、在收集评估数据时进行的观察（证实测验的结果，这种结果代表对一般学生行为的精确测量）、评估结果、建议和总结。报告以表格和图表形式呈现评估结果，对读者查阅相关信息很有帮助。

---

1 原注：如果是为研究而收集数据，情况也是如此。研究数据的收集需要家长的单独知情同意。各种专业团体，如美国心理学会和美国学校心理学家协会，认为未经知情同意收集数据是不道德的；根据《家庭教育权和隐私权法案》，未经事先知情同意就对儿童进行实验是违法的。通常情况下，对相关研究数据的收集的知情同意，要求学生或家长了解调查的目的和程序、参与研究所存在的风险，知道所有参与者都将保持匿名，且可以随时退出研究。

- 使用团队成员容易理解的语言。就像口头交流评估信息一样，你的语言应该是家长和其他学校专业人员能够理解的，这一点很重要。避免使用行话，并详细解释对你的听众来说可能不熟悉的所有术语。报告分数时，使用容易理解的分数（如百分位数）是很重要的。最好的办法是"过度解释（overexplaining）"，而不是"不解释（underexplaining）"。
- 关注报告中观察到的行为。撰写报告时，清晰明了地描述评估任务和结果是很重要的。在你的报告中要清楚地表明，分数代表学生在特定任务上的表现，而不是天生的品质或特征。这样，你可以更准确地反映所收集数据的性质，这将有助于避免对数据的曲解和过度推断。

    糟糕的报告陈述示例：约翰的短期记忆能力一般。

    更好的报告陈述示例：在一个任务中，约翰需要按顺序听和回忆起测验者念出来的数字，结果显示，约翰的表现与班级同龄人相比处于平均水平。

    但是，重要的是要确保测验题目的内容安全（secure）[1]。在书面报告中提供示例题目时，避免提供测验题目的确切内容，或以与原始题目基本相同的方式对题目进行解释或修改。
- 重点关注相关信息。在进行特殊教育资格评估的过程中，你可能会筛选并收集大量信息。重要的是只报告最相关的信息，而不是审查和收集的所有信息。为了确定信息是否相关，你可以问自己以下问题：①回答特定转介问题所需的信息在多大程度上是必要的？②给予的信息能在多大程度上促进为学生提供更好的服务？记住，只列入那些解决问题的数据。
- 清楚地传达确定性水平（level of certainty）。错误的可能性总是存在的。在报告测验结果时，传达这种可能性是很重要的。在呈现测验成绩时，我们建议提供报告分数的置信区间并做出解释，以便适当地传达测验中存在的误差。
- 基于数据提供建议。评估摘要和建议内容是评估报告中被阅读最多的。建议内容也许是评估报告中最重要的，且需要基于所收集数据的支持，必须非常仔细地撰写。虽然我们期望在建议内容中记录学生的需要，以确保他们获得免费和适当的公共教育，但粗心大意和没有充分支持的建议可能会导致教育资源的低效使用。

23-4b 学生信息的维护

保留测验结果和其他信息的决定应遵循三个原则：①在限定的时间内保留学生的信息；②父母有检查和修改的权利；③确保免受不适当的窥探。第一个原则指，只有在有后续需要的情况下，才应保留这些信息。只有经核实的具有明确教育价值的数据才应保留。应该定期检查学生的学校档案，去掉与教育不再相关或不再准确的信息。应该在自然的转衔节点（例如，从小学升到初中），从学生档案中删除材料。

---

[1] 译注：在美国的测验中，一般会保护测验题目不被泄露，一是为了保护版权，二是为了对所有学生保持公平。

维护学生信息的第二个主要原则指，父母有权检查、质疑和补充学生档案。残疾儿童或具有特殊天赋和才能儿童的父母，有权在一段时间内检查、质疑和补充其子女的学校档案。必须让父母或监护人有机会检查与儿童的鉴别、评估和教育安置，以及儿童的免费和适当公共教育相关的所有档案，必须让他们有机会获得对儿童的独立评估。同样，如果家长要投诉，他们可以要求举行公正的正当程序听证会，对学校关于孩子的决定或档案提出质疑。

维护学生信息的第三个主要原则指，这些档案应该受到保护，免受学校系统内外的窥探。在过去，秘书、监护人甚至其他学生都可以接触到学生的记录。没有合法教育利益相关的、好奇的教师和管理人员也可以查看。学校以外的个人，如信用机构，往往很容易获得关于以前或现在学生的信息。为了确保只有有合法需求的个人才能获得学生档案中的信息，建议将学生档案保密。必须有充分的安全机制，确保未经授权的人员无法获得学生档案中的信息。随着电子记录和互联网存储越来越多，采取适当的安全措施避免未经授权的信息访问变得越来越重要。

23-4c 学生信息的传播

教育工作者需要考虑官方获取信息和向校外个人或机构传播信息的情况。这两种情况的指导原则是：①保护学生和家长的隐私权；②了解特定信息的合法需求，由索取信息的个人或机构证明这种合法性。

学校内部的许可

希望获取学生档案的学校专业人员必须签署一份表格，说明他们为什么需要检查学生的档案。父母应该可以得到查阅孩子档案者的名单和要求查阅的原因。《家庭教育权和隐私权法案》和IDEA都规定，所有希望获取学生档案的人、机构或组织都必须签署一份书面表格。该表格应永久保存在学生的档案中，仅供家长或学生查阅，并具体说明每个人、机构或组织在查阅这些信息时的合法教育权益或其他利益（§438，4A；§300.563）。

当学生从一个学区转到另一个学区时，其档案也应该被转移。《家庭教育权和隐私权法案》对转移的条件规定得非常具体。当一个学生的档案被转移到另一个学校或学校系统时，学校必须通知学生的家长档案已经被转移。另外，如果家长愿意，向家长发送转移档案的副本，并且给家长提供对转移数据内容提出质疑的机会。

个人和校外机构的许可

学校工作人员会为了教育相关目的，收集学校系统注册的学生信息。学校和家长之间有一个潜在的协议，即收集和保存任何学生数据的唯一理由是教育相关性（educational relevance）。然而，由于学校掌握了大量学生的信息，潜在的雇主、信贷机构、保险公司、警察、武装部队、法院和各种社会机构经常要求学校提供学生数据。除非学生（如果超过18岁）或父母要求公布信息，否则向任何机构泄露信息都是对这种潜在信任的违反。然而，许多学校创建了由家长签署的表格，表明他们愿意在学校和某些外部机构之间交换他们孩子的信息。请注意，法院和各种行政机构有权用传票提取学生档案。在这种情况下，《家庭教育权和隐私权法案》要求必须通知父母，学校将根据传票移交档案。

除用传票提取档案或将档案转移到另一学区外，未经家长书面同意，任何学校工作人员不得发布任何学生信息。《家庭教育权和隐私权法案》指出，除非"学生家长书面同意，具体说明将发布的档案、发布的原因、向谁发布，并在家长要求时向学生家长和学生提供副本"，否则任何教育机构都不得发布学生信息（§438，b2A）。

电子沟通

正如本书中有几章所指出的，电子技术的频繁使用使学校有很大的潜力来促进学生的学习。人们可以使用计算机来维护含有学生成绩数据的大型文件，并更有效地分析学生数据。电子邮件的使用还可以大大提高信息传播的速度。然而，随着这些发展，人们也需要制定指导原则，防止信息滥用和处理不当，因为这些信息可以更容易地传给那些无权获取或不相关的人。应开发和使用密码保护系统，确保只有合法需要的人能通过电子方式访问特定的学生信息（包括密码保护闪存驱动器或光盘）。应该针对包含敏感信息的大型数据库开发和使用单独的识别码，而不是学生实际的姓名和身份证号。此外，电子邮件信息应该加密，或调整措辞避免使用真实的学生姓名，以防止意外传输或转发给那些不需要相关信息的人。

章节理解题

根据本章内容，回答以下问题：

1. 描述有效学校团队的四个特征。
2. 列举并描述在学校环境中常见的三种类型团队的功能。
3. 与家长有效沟通评估的潜在障碍是什么？有哪些方法可以克服这些障碍？
4. 学校以书面形式传达评估信息的方式有哪些？有哪些规则说明哪些人能够访问这些信息？

术语表

ABC 事件记录（ABC event recording）：观察者记录感兴趣的行为以及与该行为相对应的前因和后果的一种定性的观察方法。

问责决策（accountability decisions）：使用评估信息来确定学区、学校和教师个人与他们所教的学生，取得了多大程度的进步。

问责制（accountability systems）：要求学校负责帮助所有学生达到高水平的、具有挑战性的标准，并且向达到这些标准的学校给予奖励，对没有达到这些标准的学校给予惩罚的制度。

文化适应（acculturation）：个人适应新的文化的过程。

准确率（accuracy）：正确回答问题数除以尝试回答总题数，乘以 100%；以百分比表示（例如，90% 的准确率）。

成就（achievement）：学生直接通过教学学到的东西。

成就标准（achievement standards）[**也被称为表现标准（performance standards）**]：对学生掌握学业内容标准的水平或熟练程度的说明。

适应性行为（adaptive behavior）：学生适应物理环境和社会环境、保持安全及避免危险。

年龄当量（age equivalent）：意味着某个学生的原始分数是其年龄组的平均成绩（中位数或平均值）。年龄当量以年和月表示。

发生一致性（agreement for occurrence）：两个观察者之间一致性的百分比指标，由以下公式算出，发生一致性＝（100 % × 一致的发生次数）/（观察次数——一致的未发生次数）。当发生次数和未发生次数相差很大时，它被认为是比点对点一致性更好的衡量标准，因为点对点一致性容易高估一致性。

替代性成就标准（alternate achievement standards）：对学生表现的期望，在复杂程度上不同于年级水平成就标准，但与普通教育标准是相联系的。

替代性评估（alternate assessment）：专门为少数即使享有适当的便利措施也无法参加州常规评估的残疾学生而设的评估。

复本信度（alternate-form reliability）：同一批人在两个不同的测验版本中得分之间的相关性。这两个版本不仅测量的是相同的指标或技能，而且在相同的人群中已进行了标准化。

美国心理学会（2010）的《心理学家伦理原则和行为准则》[American Psychological Association's (2010) *Ethical Principles of Psychologists and Code of Conduct for Psychologists*]：一份解释心理学家应遵循的伦理行为准则的文件，用来指导专业实践。

《美国残疾人法》（Americans with Disabilities Act, ADA）：要求接受联邦资助的机构为残疾人提供适当的活动机会的法律。

2008年《美国残疾人法修正案》（Americans with Disabilities Act Amendments of 2008, ADAA）：对《美国残疾人法》的重新授权和修订。

强度（amplitude）：行为的力度。

前因（antecedents）：在目标行为发生之前发生的事情，比如学生被要求做的事情，或者在行为发生之前与相关的教师或同伴的交流。

评估（assessment）：收集信息（数据）的过程，目的是为学生做决策或做与学生相关的决策。

学识（attainment）：在任何地方学到的东西。

基础规则（basal rule）：提供这样信息的一种规则，即学生必须连续答对多少题，才能使前面的题目不用作答就都能算对。

基础点（basals）：分测验的一个起始点，假定该点前面的题学生都回答正确。

行为形态（behavioral topography）：行为的表现形式。

基准（benchmark）：代表最低可接受表现的参考标准。

慈善（beneficence）：负责任的关怀。

偏差（bias）：系统的、可预测的测量误差。

上限规则（ceiling rule）：提供这样信息的一种规则，即学生需要连续答错多少题，之后的题才不用做。

州共同核心标准（Common Core State Standards）：从学前班到高中各年级在英语/语言艺术和数学方面可量化的基准。

基于能力的评估（competency-based assessment）：使用真实或模拟的情境，评估非常具体的知识和技能，以便受测者展示知识和技能。

计算机自适应测验（computer adaptive testing）：一种评估方法，根据学生在测验中早期题目的表现，选择后续相关题目进行施测。

证实偏见（confirmation bias）：倾向于主要关注那些证实自己原始假设的数据，而忽视或不重视那些与原始假设相冲突的数据。

后果（consequences）：在行为发生后立即发生的事情，比如暂停活动、同伴大笑/注意、教师态度反转、教师表扬等。

书面表达的内容（content of written expression）：大量智力和语言活动的产物，包括构想、阐述、排序，然后澄清和修正想法，选择准确的词来表达意思等。

设计观察（contrived observations）：对行为进行观察的一种方法，在被观察者进入观察情境前，观察环境就已经被人为地设置好了。

相关系数（correlation coefficients）：两个变量之间关系的数值指标。

标准参照（criterion-referenced）：对个人表现的解释，每个问题或问题的每一部分（如果有部分得分）的正确答案，都必须有一个明确、客观的标准。

跨测验评估（cross-battery assessment）：一种规避分测验信度低的智力测验方法。

晶体智力（crystallized intelligence）：一个人随着时间的推移而获得的知识和技能，并在其一生中稳步增长。

课程本位测量（curriculum-based measurement）：一套标准化的程序，能在相对较短的时间内直接测量个体重要技能的发展水平。

十分位数（deciles）：由范围为10的百分等级组成，每个十分位数包含了常模组的10%。第一个十分位的范围为0.1～9.9，第二个十分位的范围为10～19.9，第十个十分位的范围为90～99.9。

转换分数（derived scores）：有两种类型的常模参照分数，即发展分数和相对地位分数。

发展当量（developmental equivalents）：一种发展分数，可以是年龄当量或年级当量，并以个人的平均表现为基础。

差异化教学（differentiated instruction）：将教学内容和教学方法与学生的个别化学习需求相匹配，以便加速全体学生的学习过程。

直接行为评定（direct behavior rating, DBR）：一种涉及目标行为和观察时间段的选择、在所选的时间内对所选行为进行评分，并将评分传达给其他人的定量的观察方法；它越来越被用作学校问题行为评估和干预的一部分。

区辨刺激（discriminative stimuli）：当一个行为被强化时存在持续的刺激，即使后续在没有原始强化物的情况下，该行为也会发生。

分布形状（distribution's shape）：一条由获得每个分数的人数组成的二维的分数曲线。

正当程序（due process）：宪法保证在法律和准法律诉讼中遵循联邦和州条例中规定的各种程序。

持续时间（duration）：行为持续的时间长度。

《所有残疾儿童教育法》（94-142公法）（Education for All Handicapped Children Act, Public Law 94-142）：一部包括许多教学和评估相关要求的法律，用于服务和鉴别需要特殊设计教学的残疾学生。该法在1986年、1990年、1997年和2004年被重新授权、修订和更新。

资格决策（eligibility decisions）：涉及评估信息的收集和使用，确定学生是否符合国家规定的残疾标准，是否需要特殊教育服务才能在学校取得成功。

等距量表（equal-interval scales）：没有绝对零点和逻辑零点的比例量表。

循证教学法（evidence-based instructional methods）：经证明行之有效的教学方法。

多层支持系统中的第 1 层级（first tier within a multi-tiered system of supports）：向所有学生提供的核心教学。

流畅度（fluency）：每分钟正确回答的次数。

流体智力（fluid intelligence）：一个人学习和完成各种任务的效率。这种智力随着年龄增长而增加，直到成年早期，然后随着时间的推移逐渐降低。

书面语言的形式（form of written language）：在书面输出中明显存在的惯例或规则，形式比内容更有应用限制。

频率（frequency）：行为发生的次数。

功能性行为评估（functional behavioral assessment, FBA）：一套评估程序，用于识别学生问题行为的功能以及问题行为倾向于发生的各种条件。它整合来自各种方法的数据，为干预工作提供有意义的信息。

行为的功能（function of a behavior）：做出这种行为的原因，或者这种行为的目的。

差距分析（gap analysis）：先检查学生的实际进步速率，然后确定在特定时间点达到预期基准水平所需的进步速率，之后比较二者之间的差异。

年级当量（grade equivalent）：意味着某个孩子的原始分数是某个特定年级的平均成绩（中位数或平均数）。年级当量以年级加一位小数表示。

群体两极分化（group polarization）：群体在决策中往往变得比个体最初的想法更加极端（这可能会阻碍或促进最佳实践）。

群体思维（groupthink）：群体决策中倾向同意多数人的意见。

成长常模（growth norms）：反映在特定时间内为一个测验与另一个测验之间的分数差异分配百分位数和标准分数（例如，从前测到后测的增益量）的常模。

增长百分位数（growth percentile）：通过将目标学生的分数增长，与他们在相同初始得分水平上同龄人的分数增长进行比较来确定表现的一种测量。

融合教育（inclusive education）：是指促进所有学生，包括残疾学生和非残疾学生在同一环境中学习的教育途径。

个别化教育计划（individualized education program, IEP）：一种具有法律效力的文件，描述为有资格获得特殊教育服务的残疾学生提供的服务内容。

《残疾人教育法》（Individuals with Disabilities Education Act, IDEA）：对《所有残疾儿童教育法》的重新授权，包括鉴别和服务残疾学生的更新条款。为了反映实时变化，美国国会用"children with disabilities"取代了"handicapped children"的说法。

教学计划和调整决策（instructional planning and modification decisions）：收集评估信息，以规划个性化的教学或调整学生正在接受的教学。

内部一致性（internal consistency）：一种估算我们推广泛化到其他测验题目程度的方法，测量了测验题目之间的相关程度。

观察者一致性（interobserver agreement）：测验评分者之间的一致程度。

时距取样（interval sampling）：观察时段被细分为若干个行为观察的时距。

访谈（interview）：一种评估方法，涉及两个或两个以上的人之间的对话，由访谈者提出问题，从受访者那里获得事实或相关陈述。

峰度（kurtosis）：反映曲线的峰态，即曲线上升和下降的速率。

潜伏期（latency）：发出信号指令至行为开始之间的时间长度。

最少受限制环境（least restrictive environment, LRE）：IDEA规定，残疾学生应在最大程度上与普通学生一起接受教育。只有当残疾学生的障碍性质或严重程度无法使其令人满意地在普通教室里使用辅助工具或服务来接受教育时，才会将其转移到特教班级、特教学校或其他环境。

尖峰（leptokurtic）：快速上升的分布，具有明显的峰值。

维持（maintenance）：随着时间的推移，行为的反复发生。

平均值（mean）：分布中，分数的算术平均值；评估中使用的最重要的平均值。

中位数（median）：分布中高于50%的受测者（非测验分数）和低于50%的受测者（非测验分数）的分界点。

众数（mode）：最经常获得的分数。众数（如果有的话）可以出现在命名、顺序、比率或等距量表的数据中。

瞬时取样（momentary time sampling）：是最有效的观察取样程序。此时的观察时段被细分为多个时距。如果某个行为发生在时距的最后时刻，则会被记录为一个事件；如果行为不是在时距的最后时刻发生，则不会被记录。

多元技能成就测验（multiple-skill achievement tests）：评估学生对多个课程领域的知识和理解，如阅读、拼写、数学或语言。这些测验旨在评估学生与同龄或同年级的学生相比，从学校教育和其他生活经验中获益的情况。

多层支持系统（multi-tiered system of supports, MTSS）："基于证据的全系统范围实践的连贯统一体，支持对学生学业和行为需求的快速反应，并频繁地对教学决策进行数据监测，提升每个学生的能力，以达到高标准的要求。"（参考堪萨斯州多层支持系统的定义）

美国学校心理学家协会（2010）的《职业道德原则》[National Association of School

Psychologists'（2010）*Principles for Professional Ethics*］：一份解释学校心理学家应使用的伦理原则的文件，用来指导专业实践。

美国教育协会的《教育专业伦理规范》（National Education Association's *Code of Ethics of the Education Profession*）：一份解释教师应遵循的伦理规范的文件，用来指导专业实践。

自然观察（naturalistic observations）：在非人为设置的环境中进行的观察。

负偏态（negatively skewed）：在简单的测验中，获得高分的学生很多，而获得低分的学生很少时，分布就会出现负偏态。会有更多高于平均数的分数被更少的但更极端的低于平均数的分数所平衡。

2001年的《不让一个孩子掉队法》（No Child Left Behind Act of 2001）：是对联邦《中小学教育法》的革新，于2002年1月8日签署，其中几个主要条款对残疾学生和处境不利学生的评估和教学有影响。

命名量表（nominal scales）：以量表的值来命名，但相邻的值之间没有内在联系。

常模样本（normative sample）[**也被称为标准化样本**（standardization sample）**或常模**（norms）]：当一个人获得转换分数时，与之进行比较的样本。

非系统或非正式的观察（nonsystematic, or informal, observation）：观察者只需要关注环境中的某个人，并记录一些看起来重要的行为、特征和社交互动。

常模参照（norm-referenced）：将一个学生的表现与其他学生的表现相比较的解读——通常是具有相似人口学特征（年龄、性别、年级等）的学生。为了进行这种类型的比较，学生的分数被转化为转换分数。

常模参照基准（norm-referenced benchmarks）：进步监测工具中的一种基准，与基于从美国各地收集的数千名同年级或同龄人的成绩和典型增长信息相关的基准。

客观评分（objective scoring）：基于可观察的共同标准的评分。

观察时段（observation sessions）：进行观察的时间段。

干扰式（obtrusive）：当被观察者明显地知道自己正在被观察时，这种观察就是干扰式观察。

顺序量表（ordinal scales）：将数值从差到好进行排序的量表（例如，不合格—合格，差—一般—好—更好—最好），相邻的分数之间存在关系。

部分时距取样（partial-interval sampling）：观察取样时，如果某个事件发生在时距的任何部分，该事件就会被记录。

同伴提名技术（peer nomination techniques）：要求学生根据一些标准（例如他们希望作为学习伙伴的同学）确定他们喜欢的同学的技术。

正确率（percent correct）：正确数量除以问题的总数量，再乘以100%的计算结果。

百分等级（percentile ranks）/百分位数（percentiles）：转换分数，表明分数小于或等于某个原始分数的人数的百分比。

表现标准（performance standards）：见成就标准。

语音教学（phonics instruction）：系统地教授初学者字母符号、音素和单词之间的关系；这种教学方法日益成为前阅读和阅读教学的一部分。

平峰（platykurtic）：相对平坦的分布。

点对点一致性（point-to-point agreement）：一种更精确的计算一致性百分比的方式，因为每个数据点都被考虑在内。点对点一致性的计算方法是，两位观察者的一致次数（发生和未发生）除以观测总数，然后将商乘以100%。

正偏态（positively skewed）：当测验很难的时候，获得低分的学生很多，而获得高分的学生很少，分布就会出现正偏态。会有更多低于平均数的分数被更少但也更极端的高于平均数的分数所平衡。

探测性测验（probe）：一种特殊的测验形式，非常适合在短时间内直接测量学生的技能。

项目评估决策（program evaluation decisions）：重点衡量具体课程在满足学校目标和教学目标方面的有效性的决策。

方案规划（program planning）：包括确定问题、设定目标、制订和实施干预策略以及评估的过程。

进步监测决策（progress monitoring decisions）：回答以下问题的决策：①学生在个人目标上是否取得了足够的进步？②学生在州共同核心标准或特定州标准方面是否取得了足够的进步？

定性数据（qualitative data）：基于非系统化和非量化的观察收集的信息片段。

定性观察（qualitative observations）：描述行为及其背景（前因和后果）的观察，通常在不预先确定观察的行为、时间和背景的情况下进行。

定量数据（quantitative data）：列成表格或以其他方式给出数值的观测数据。

四分位数（quartiles）：由范围为25的百分等级组成，每个四分位数包含了常模组的25%。第一个四分位数的范围为百分位数0.1～24.9，第四个四分位数范围为百分位数75～99.9。

力争上游（Race to the Top）：一项联邦计划，政府向两个州的联盟提供资金，用于制定共同评估标准，依据学生在大学和工作场所中取得成功所需的技能标准来测量学生的学业成就。

随机误差（random error）：在测量中，是分数变化的来源，让特定的人在特定时间观察到的特定行为，无法泛化到不同时间或由不同观察者对类似行为的观察。

全距（range）：一个分布中极值之间的距离，通常由最大值减去最小值得出。

进步速率（rate of improvement, ROI）：进步的趋势或斜率，用作衡量学生对教学或干预反应程度的指标。

比率量表（ratio scales）：除了把数值按照顺序排列外，还有两个非常重要特征的量表。一是相邻值之间的差值的大小明确且相等；二是每个量表有绝对的和逻辑的零点。

档案回顾（record review）：一种查阅学生前期记录或病历的评估方法。

信度（reliability）：从一个特定的人在一个特定时间所做的观察或给出的测验分数，推广到不同时间或不同人群的类似表现的程度。

信度系数（reliability coefficient）：一组分数的变异性反映个体之间真实差异的比例。

资源分配决策（resource allocation decisions）：收集和使用评估信息，确定学生需要何种资源和支持，以便在学校取得成功。

记忆率（retention）：识记信息被回忆起来的百分比。记忆率也可称为对所学知识的回忆、维持或记忆的比率。

（评分）规则（rubrics）：规定评分标准的打分方法。

散点图（scatterplot）：使用笛卡尔坐标来描述一个人在两个度量上的得分——一个在 x 轴上，一个在 y 轴上的图形。

相对地位分数（scores of relative standing）：将某个学生的表现与类似（同龄或同年级）学生的表现进行比较的转换分数。

筛查决策（screening decisions）：涉及评估信息的收集，目的是确定学生是否存在被忽略、未被识别出的问题。

第 2 层级（second tier）：在多层支持系统中，为那些在第 1 层级服务没有达到基准，但又不符合第 3 层级服务资格的学生提供的一系列服务；相对第 1 层级，第 2 层级服务的强度和频率更高，比第 1 层级的服务更有针对性地满足学生的需求。

1973 年《康复法》第 504 条（Section 504 of the Rehabilitation Act of 1973）：一部联邦法律，给予残疾人平等的机会去获得由联邦资助的项目和服务。

层级系列（series of tiers）：多层支持系统的漏斗形或三角形中的各个层级，区分的是教学强度，而不是具体的地点、项目、学生类型或教职员工。

背景事件（setting events）：为某一行动的出现创造条件的环境事件。

简单一致性（simple agreement）：通过用较小的事件发生数除以较大的事件发生数，然后将商乘以 100% 计算出来的一致性。

偏态（skew）：分数分布的不对称性。

社会测量排序技术（sociometric ranking techniques）：要求家长在各种社会维度上对学生进行排名的技术。

特殊教育（special education）：为符合特定残疾标准的学生提供的一套独特的教育服务和支持；这些服务可以在单独的环境中提供，也可以在包含残疾学生和非残疾学生的（融合）环境中提供。

特定常模（specialized norms）：所有非全国性的比较。有一种特定常模被称为地方常模。地方常模可能基于整个州、学区，甚至是一个教室。

稳定（stability）**或维持**（maintenance）：行为在一段时间内反复出现。

标准差（standard deviation）：描述一组分数围绕均值的离散程度，计算结果为方差的正平方根。

标准化（standardization）：对每个受测者使用相同的材料、步骤（例如，完成一项测验的说明和时间），以及每次测验对每个受测者的评分标准都相同。

标准化样本（standardization sample）：见常模样本。

标准分数（standard scores）：由预先确定的平均值和标准差得到的转换分数。

《教育和心理测验标准》（*Standards for Educational and Psychological*）：测验开发和使用的要求的标准。

水平参照（standards-referenced）：根据与州标准的比较来解释个体的表现。

标准参照基准（standards-referenced benchmarks）：一些现有的进步监测工具包括了与州或共同核心标准相关的基准，相关人员可以根据这些标准对学生的表现进行评估。

学生问责（student accountability）：旨在激励学生尽最大努力的问责。

主观评分（subjective scoring）：依靠个人标准打分，标准因测验人员而异。

对称分布（symmetrical distribution）：高于平均分的分数与低于平均分的分数具有对称性的分布。

系统问责（system accountability）：旨在改善教育计划的问责，也是联邦教育改革工作的重点。

系统误差（systematic error）：可以预测的一致误差。

系统观察（systematic observation）：在实际观察之前确定五个步骤，一是准确和客观地定义行为，二是说明行为的特征（如频率），三是制定记录程序，四是选择和确定观察的时间和地点，五是制定评估观察者之间保持一致性的程序。

测验（test）：提供一组预先设定的问题或任务，并探究受测者在预定问题上的行为反应。

测验便利（test accommodations）：是指在测验的呈现形式、环境、反应或时间/日程安排上做出的改变，以便更准确地测量学生的知识和技能。

测验改编（test adaptations）：是指在测验的呈现形式、环境、反应或时间/日程安排上所做的改变，可能影响也可能不影响所测量的结构。

测验（testing）：向一个人或一群人提出一组特定的问题让其回答，以求得分数的过程。

测验修改（test modifications）：是指对所测知识和技能进行较大改变，因此测验结果能否准确反映学生的知识和技能是非常令人怀疑的。

第3层级（third tier）：在多层支持系统中，为那些仅靠第1层级和第2层级的服务不能达到基准，而被确定为有资格获得第3层级服务的学生提供的一系列服务；第3层级的服务强度和频率更高，比第1层级和第2层级的服务更有针对性地满足学生的需求。

典型基准（typical benchmark）：表现的最低标准，表明在正常教学过程中，为了满足所有学生达到的最低水平（特定年级或年龄水平标准）的需要，同龄人在学业上所需的增长速率。

评估通用设计（universal design for assessment）：在初次开发测验时，仔细考虑所有可能需要参与测验的个体的需求的概念。

非干扰式（unobtrusive）：观察时，被观察者不会意识到他们正在被观察的一种方式。

效度（validity）：以证据或理论支持测验分数解读测验目的的有力程度，是开发和评估测验时需要考虑的最基本的因素。

方差（variance）：分布中每个分数和其他分数之间的平均距离。

全时距取样（whole-interval sampling）：这种取样适用于在整个时距内只发生一个行为时的情况，这样才会被记录。

Z分数（z-scores）：最基本的标准分数，不管原始（获得的）分数的平均值和标准差是多少，它都能将原始分数转换为一个平均值总是等于0、标准差总是等于1的分布。